Crimimal Law

武汉大学刑法学博士文库

论刑法的趋同

——以当代中国刑法为视点

叶小琴／著

WUHAN UNIVERSITY PRESS

武汉大学出版社

《武汉大学刑法学博士文库》总序

　　《武汉大学刑法学博士文库》以出版武汉大学刑法学博士研究生的学位论文，促进刑法学的研究，扶植刑法学新生力量为宗旨。

　　刑法是国家的基本法律之一，刑法学是研究刑法所规定的犯罪、刑事责任和刑罚的法律科学。它既有深邃的理论，又与司法实践具有极为密切的关系。所以刑法学的研究，一直为法学工作者所重视。1979 年《中华人民共和国刑法》公布后，发表和出版了大量的刑法学论文和著作。80 年代中期以后，几所法学院系招收了刑法学博士研究生，给刑法学的研究注入了新鲜血液。一些博士生年轻有为，思想敏锐，功底扎实，研究深入，所撰博士论文，对刑法理论的研究具有相当深度。一本一本的博士论文出版成书，使刑法学的研究生机勃勃，呈现更加繁荣的景象。

　　武汉大学刑法学博士生是从 1987 年开始招生的。这些博士生都很注意学位论文的撰写，他们的论文大多具有真知灼见，理论水平较高。一部分论文出版之后，在社会上得到颇好的评价。但由于学术著作出版较难，致使有些论文未能付梓；研究成果无法与读者见面，实在令人婉惜。有鉴于此，遂筹措刑法学基金，用于资助优秀刑法学博士论文的出版。同时考虑到过去我们的几位博士生虽然出版了几本博士论文，但由于各自为战，分散在不同的出版社出版成书，未能集结一起，形成一股学术力量，因而与武汉大学出版社洽商，设立《武汉大学刑法学博士文库》，出版社慨然允诺，给予支持。这样每年出版两三本刑法学博士论文，积土成山，集腋成裘，经过若干年，便可形成一套洋洋可观的丛书，为刑法学界增添较有分量的学术成果。

　　《武汉大学刑法学博士文库》，由武汉大学法学院法律系刑法学教授组成编委会，负责编辑出版事宜，以每年答辩的刑法学博士论文为选题范围，审慎选择其中优秀的博士论文逐年编辑出版。希望我们的刑法学博士生，在攻读博士学位期间，认真学习，刻苦钻研，锐意进取，勇于探索，写出高质量的博士论文，使这套文库不断有优秀著作问世。

　　最后需要说明：《武汉大学刑法学博士文库》是由刑法学基金资助，在武汉大学出版社大力支持下出版的。刑法学基金是关心我校刑法学发展的校友、校外有识之士与刑法教研室的老师捐款成立的。没有这些同志的资助和出版社的支持，就没有这套文库的出版。对于他们的贡献，我们会铭记于心，永志不忘。这里谨向为建立刑法学基金出资出力的同志们和武汉大学出版社表示由衷的感谢！

马克昌

1997 年春于珞珈山

目　　录

1

引　言

第二次世界大战以后，科技革命的力量逐步席卷了社会各个领域，发展问题成为时代的主题；随着社会变迁的加速，发展研究与未来研究日益结合。国外学者对于刑法的趋同的研究非常活跃。尤其是欧洲学者，不断为欧盟范围内刑法的趋同进行论证，推动欧洲刑事司法一体化的进程。"在过去的几十年，多样化的欧洲化国家在不同的方面提倡刑法的趋同。在刑法领域，趋同或者相互施加影响本身已经不是新鲜事。"[①] 1997 年美国纽约市社会研究新学院世界政策研究所所长斯蒂芬·施莱辛格曾在《洛杉矶时报》撰文指出，"自冷战结束以来，世界不断朝全球标准体系发展，虽然我们不承认但我们已开始成为一个世界法治社会。……在本世纪结束前，我们将有第一个常设的国际刑事法庭来审理那些对人类社会法律破坏最严重的犯罪。这一趋势看来是必然的。……现在，迫使全球一体化的力量比以往大得多"。[②]《罗马规约》的生效，表明斯

---

① André Klip: Harmonisierung des strafrechts—eine fixe Idee? NStZ 2000 Heft 12 627.

② 《世界正在迈向"大同法治社会"》，载《参考消息》1997 年 11 月 13 日第 3 版。美国《洛杉矶时报》1997 年 10 月 27 日文章，题为《全球主义透视：世界向大同社会发展》。

蒂芬·施莱辛格对国际刑事法院的预言已成现实;① 而且, 从 2002 年 7 月 1 日到 2006 年 11 月, 国际刑事法院的检察官已经开始依据条约履行职责, 首席检察官 Luis Moreno-Ocampo 已经决定对民主刚果共和国情势 (Situation in the Democratic Republic of the Congo, 2004 年 4 月民主刚果政府提交, 2004 年 6 月 23 日决定调查)、乌干达情势 (Situation in Uganda, 2003 年 12 月乌干达政府提交, 2004 年 7 月 29 日决定调查)、苏丹达尔富尔情势 (Situation in Darfur, Sudan, 2005 年 3 月 31 日联合国安理会提交, 2005 年 6 月 6 日决定调查) 开始调查, 同时中非共和国情势 (Situation in the Central African Republic, 中非共和国政府 2005 年 1 月 7 日提交) 也正在第三预审分庭 (Pre-Trial Chamber Ⅲ) 的审查之中。②

那么, 是否诚如施莱辛格所言, 人类正迈向大同法治社会呢? 如果世界法治大同, 刑法是不是也正逐步趋同? 进一步来说, 当代中国刑法的发展是否与这趋同的节拍同步? 如果同步, 又当如何恰当阐释当代中国刑法的趋同现象呢? 如果同步, 当代中国刑法又当如何回应国际国内这股刑法的趋同的浪潮呢? "社会力有静状, 有动势。法律既为社会力之一种, 故亦有静状与动势。……依其静状为对象, 与依其动势为对象, 而有法律静学与法律动学之别……法律进化论属于法律动学者, 其目的在依法现象之时间的观察, 以明

---

① 《罗马规约》第 126 条第 1 款的规定, 《罗马规约》在第 60 份批准书、接受书、核准书或加入书交存联合国秘书长之日起 60 天后的第 1 个月的第 1 天开始生效。2002 年 4 月 9 日, 《罗马规约》的签署国已达 139 个, 交存的批准书、接受书、核准书或加入书已达 56 个; 2002 年 4 月 11 日上午 9 点 30 分, 超过《罗马规约》生效所需数目的批准书、接受书、核准书或加入书被代表联合国秘书长的法律顾问 Hans Corell 接受, 因此, 《罗马规约》已于 2002 年 7 月 1 日开始生效。Press Release Note No. 5725, http://www. un. org/News/Press/docs/2002/note5725. doc. htm. [2006-10-10].

② Situations and cases http://www. icc-cpi. int/Menus/ICC/Situations and Cases/. [2006-10-10].

法律之发生与发展之理法。"① 刑法趋同的研究属于法律动学范畴，研究目的在于阐释当代中国刑法领域的趋同现象，这对于确立当代中国刑法的发展战略从而避免在国际上刑法的趋同大潮中随波逐流而言，实乃当务之急。

　　刑法的趋同是法的趋同的下位概念。法律趋同化理论、法律国际化理论、法的世界化或全球化理论构成了当代中国学者对全球化与法律发展进行研究的三大理论。在这三大理论框架之内，还存在着诸如法律统一化、法律一体化、法律本土化、法律多元化等不同的术语表达。对于刑法的趋同的研究，目前尚无相关学术专著出版，即使论及此问题的研究成果也寥寥无几。有学者提出了法律趋同理论，对法律趋同化和国际私法趋同化现象进行了专门研究；同时，也附带从罪刑法定主义、犯罪构成、刑罚制度、国际刑法的兴起与发展、中国历史上刑法"输入"与"输出"的两个例证这五

---

　　① ［日］穗积陈重：《法律进化论（法原论）》，黄尊三、萨孟武、陶汇曾等译，中国政法大学出版社 1998 年版，第 1 页。着重号为笔者所加。穗积陈重教授计划撰写两部六卷十二册的巨著，具体写作计划为第一部法原论，第二部法势论；法原论分为原形论、原质论、原力论，法势论分为发达论、继受论、统一论；原形论主要阐明法律以如何之形态而发生者，原质论说明如何种类之规范为法律之元质，原力论试图说明如何种类之社会力量如何成为法律，发达论论述基于法之内因的进化，继受论就法之外因的进化而论述法之发展，统一论则论述法之世界的进化，即法随着文化的进步常有世界化之倾向，各国国民必至依其本国之特有法与世界之共有法以受支配。穗积陈重教授只完成了该书第一部法原论中的第一部分原形论和第二部分原质论中的第一项信仰规范中的第一个问题（禁忌）。参见何勤华：《穗积陈重和他的著作》，载［日］穗积陈重：《法律进化论（法原论）》，黄尊三、萨孟武、陶汇曾等译，中国政法大学出版社 1998 年版，第 8～9 页。笔者认为，穗积陈重教授的法律进化论主张研究法律之发生与发展之理法，系进行发生学与发展学的研究，法原论可谓之法律发生学的研究，法势论可谓之法律发展学的研究。刑法的趋同之研究属于穗积陈重教授统一论中拟研究论题的细化，亦可谓之刑法发展学的研究。

个方面简单论及了刑法领域的趋同化现象。①

还有四位学者对刑法的趋同进行了探讨，不过均是以法律趋同化的概念展开的。有学者赞同现代世界法律文明的趋同化概念，主张对世界法律文明成果兼收并蓄，将保安处分制度纳入我国刑法典。② 另有学者在分析后现代思潮对中国法治建设可能产生的消极影响时，明确赞同采用"趋同化"概念来表述各国刑法中共性因素增多的发展趋势，提出现代性是中国法治建设的支点，全球化背景下的法律趋同，包括刑法的趋同，对中国的刑事法治建设有其建设性的意义。③ 还有两位研究刑法国际化的学者在论及刑法国际化的内涵时，对刑法国际化与法律趋同化进行了辨析，结论稍有不同。其中一位提出，法律趋同化与法律国际化并不是截然对立的，二者之间有着密切的联系，但法律趋同化并不等于国际化，将法律的趋同化仅仅表述为国际化不够全面；法律国际化应该是法律趋同化的一定程度的表现，因为法律的国际化、法律的世界化、法律的全球化等都可以是法律趋同化的表现，只是在表现的程度上有别而已，只要存在民族国家，就不会存在所有法律的全球同一，"法律趋同"就永远是一个趋势。④ 另一位则认为，法律趋同化与法的国际化是对同一现象的不同提法，其外延与内涵是相同的，可以依同

---

① 参见李双元、于喜富：《法律趋同化：成因、内涵及其在"公法"领域的表现》，载《法治与社会发展》1997 年第 1 期，第 55～56 页。

② 参见屈学武：《保安处分与中国刑法改革》，载《法学研究》1996 年第 5 期，第 60 页。

③ 参见蔡道通：《后现代思潮与中国的刑事法治建设——兼与苏力先生对话》，载陈兴良主编：《刑事法评论》第 7 卷，中国政法大学出版社 2000 年版，第 94～118 页。

④ 参见胡陆生：《刑法国际化范畴研究》，载中国人民大学刑事法律科学研究中心组织编写：《现代刑事法治问题探索》第 1 卷，法律出版社 2003 年版，第 221 页。

一含义使用法的国际化与趋同化、刑法国际化与刑法的趋同化概念。①

笔者赞同法律趋同化理论的基本观点，主张"趋同"概念的必要性与独立性。总体而言，目前的研究成果仅仅给出了法律趋同化的定义，简单论及了刑法的趋同的表征和原因，对刑法的趋同缺乏系统深入的探讨，尚无力解读当代中国刑法领域的趋同现象。本书首先在分析生物学、经济学、政治学、社会学、法学领域趋同概念的基础上，提出了"法的趋同"的概念。笔者认为，"法律趋同化"这一概念的基本表达还可以商榷，应该区分趋同、趋同化、趋同性，"法的趋同"作为法学中趋同理论的基本概念更为妥当；法的趋同化、法的趋同性应该是派生概念。以此为基础，首先笔者系统定义了"刑法的趋同"的系列概念——刑法的趋同、刑法的大趋同、刑法的小趋同、刑法的域内趋同、刑法的区际趋同，初步构建了刑法的趋同之理论分析框架。

其次，本书以"刑法的趋同"作为概念分析工具，结合世界结构中刑法的发展趋势，从刑法文化、刑事立法、刑事司法三个方面，对当代中国刑法领域大趋同的表征进行了描述性研究。

再次，本书从国际基础、国内基础两个方面解析了刑法的大趋同在当代中国形成的基础。然后，本书深入剖析了国际、国内基础的融合与互动关系，并认为刑法的大趋同在当代中国形成的根本基础是自主的刑法趋同化。

最后，本书在对当代中国刑法领域大趋同之正负效应进行分析的基础上，提出了刑法的趋同在当代中国的总体发展策略为"继续趋同化之路：开放大趋同之门，固守小趋同之本"，并分别具体阐述了刑法的大趋同、刑法的小趋同在当代中国的发展策略。

"今天谈论世界大同并不是简单地表达一种虔诚的信念，也不

① 参见苏彩霞：《中国刑法国际化研究》，北京大学出版社 2006 年版，第 11～12 页。

是玩弄华丽辞藻，而是要承认现实，这一现实的明理将变得更加明显。"① 本书的研究并非从应然命题到应然命题，而是将刑法的趋同视为从全球化与法的发展中开发出的实然命题，以对趋同现象的描述性研究作为出发点，通过剖析当代中国刑法领域的趋同现象来探求当代中国刑法的发展战略。简而言之，本书将从全球大视野出发，采用描述性研究和规范性互动研究的方法论，② 以期解析当代中国刑法的大趋同现象，并通过刑法的趋同在当代中国的发展策略研究，对于指导当代中国刑法在立法与司法实践中协调本土性与国际性的关系作出一定理论贡献；通过对内地、香港、澳门、台湾刑法区际趋同的研究对区际刑法形成微薄的知识增量，开拓发展刑法学的研究。

---

① ［美］约翰·托夫勒编著：《第四次浪潮》，华龄出版社 1996 年版，第 35 页。

② 描述性研究（descriptive research）是研究特殊规律，目的是发现事实或社会真实；而规范性研究（normative research）是研究一般规律的，任务是探寻能够解释经验数据的一般构架。对于这两种方法论的对立，伊曼纽尔·沃勒斯坦指出："我认为我们不再需要充当知识的描述性形式与规范性形式之间的 Methodenstreit（方法论斗争）的俘虏。我认为在'两类文化'（科学与哲学/文学）之间假定的根本分裂纯属诱饵和欺骗，必须加以克服。"［美］伊曼纽尔·沃勒斯坦：《所知世界的终结：二十一世纪的社会科学》，冯炳昆译，社会科学文献出版社 2003 年第 2 版，第 134 页。沃勒斯坦从方法论的角度批判了传统社会科学将国家作为基础分析框架的做法，主张以"世界体系分析"作为分析的适当框架。社会科学研究应该具有开放性，必须克服描述性研究和规范性研究之间的分裂，在这一点上，笔者赞同沃勒斯坦的观点。

第一章　刑法的趋同的基本理论

第一节　法的趋同之系列概念的界定

"趋同"这个词并非刑法学的独创性术语，而是移植性术语，如何界定"刑法的趋同"这一概念必须追根溯源，首先探究"趋同"的词源及概念演变。

一、趋同的词源及概念演变

在汉语中，"趋同"本是生物学术语，2002 年增补的《现代汉语词典》未收录这一词汇，①《辞海》中这个词属于百科词语：

> 趋同：亲缘关系较远的异种生物，因所处的生活环境相同，显现相似的形态特征。例如哺乳类的鲸、生活于水中，体态似鱼，前肢呈鳍状，与鱼鳍相似。
>
> ——《辞海》②

在生物学著作中，趋同（convergence）也常被称为趋同进化，

---

① 该字典以"趋"为字头的词目中并未包括"趋同"，参见《现代汉语词典（汉英双语）：2002 年增补本》，外语教学与研究出版社 2002 年版，第 1589～1590 页。

② 《辞海》第 4 卷，上海辞书出版社 1999 年版，第 5211 页。

与适应辐射恰恰相反，后者也可以叫做趋异。① 从趋同的词源来说，"趋同"是翻译英文单词"convergence"形成的词。

随着社会文化形态的演变，"趋同"这个词一直处于动态的发展中。一方面，"趋同"（convergence）这一概念经历了从生物学、数学到经济学、政治学、社会学的渗透过程，在自然科学和社会科学中都成为了专门术语。"1960年索罗金发表《美国与苏联相互趋同为混合的社会化类型》一文，第一次使用'convergence'（趋同）一词，并对'趋同论'作了明确论述。……在这些思想的基础上，荷兰社会民主党人、著名经济学家简·丁伯根于1961年发表了他轰动一时的文章——《共产主义经济与自由经济是趋同的样板吗?》，系统使用'趋同'一词来说明两种社会政治制度互相向对方发展的趋势。'趋同'是丁伯根借用生物学和数学的用语。"② 丁

① 参见张昀编著：《生物进化》，北京大学出版社1998年版，第159页。"趋同"（convergence）为该书的既有表达。

② 王霁主编：《马克思主义与当代社会思潮——当代社会走向中的思潮论争》，中国人民大学出版社1994年版，第330~331页。不过，关于谁第一次使用"convergence"（趋同）一词，其他文献的介绍不同。例如：1961年荷兰经济学家丁伯根发表了《共产主义经济与自由经济是趋同的样板吗?》一文，第一次移植生物学的'趋同'词语，并系统使用'趋同'（convergence）一词来说明两种社会制度的互向对方发展，并向双方之间的中点靠拢。参见樊期曾主编：《现代科技革命与未来社会——评两种社会制度"趋同论"》，中国人民大学出版社1993年版，第3页。根据另一文献的分析，本书采用了索罗金第一次使用"convergence"（趋同）一词的结论。该文献的分析为："1960年索罗金发表《美国与苏联相互趋同为混合的社会化类型》一文，第一次使用'convergence'（趋同）一词，并对'趋同论'作了最具影响力的陈述（库马语）。对于索罗金最早使用'趋同'一词，'趋同论'的集大成者丁伯根也是承认的。"辛向阳：《"趋同论"研究》，中国人民大学出版社1996年版，第41~42页。

伯根①后来成为诺贝尔经济学奖得主，在他的经济趋同理论的影响下，经济学、政治学、社会学领域兴起了各种"趋同论"（Convergence Theory）思想。例如，"自20世纪80年代中期以来，趋同（convergence）的概念已成为经济增长理论中的核心概念。从英文语义的渊源来看，该词源于数学，含义是一个数列收敛于某一个值。而在经济分析中，'趋同'指的是地区间或国家间的收入差距随着时间的推移存在着缩小的趋势。当然，还另外存在着与趋同相反的概念——趋异（divergence），即不同的国家和地区存在着贫者愈贫、富者愈富的现象。"②

另一方面，近年来"趋同"这个词在汉语中也进入语文生活，逐渐从百科词语演变成为普通词语，《现代汉语词典》的最新版本中就增加了该词目：

【趋同】qūtóng 动 趋于一致：重复建设，产业~，是众多产品供过于求的主要原因。

——《现代汉语词典》（第5版）③

那么，英文"convergence"是否还有另外的译法？在法学领域将"convergence"译为趋同是否妥当呢？我国学者（包括台湾学者）有不同的译法，归纳起来大致有四种：（1）将"convergence"译为"合流"。这以台湾学者蔡伸章为代表。他在1984年翻译库马所著《社会的巨变：从工业社会走向后工业社会》一书中，就

---

① 简·丁伯根（Jan Tinbergen, 1903—1994年），莱顿大学物理学博士，荷兰皇家科学院和一些外国科学院院士，15个大学（主要是欧洲大学）的名誉博士，主要从事于把统计应用于动态经济理论，和拉格纳·弗里希（Ragnar Frisch, 1895—1973）共同获得1969年诺贝尔经济学奖。

② 参见邓翔：《经济趋同理论与中国地区经济差距的实证研究》，西南财经大学出版社2003年版，第25页。

③ 《现代汉语词典》（第5版），商务印书馆2005年版，第1126页。

将"convergence"译为合流。他在该书的汉译本第 176 页中译道:"在后来学术圈的社会学里,此种观点(即认为欧洲工业化所呈现的工业秩序的主要形貌,势将普及于全世界)的中心形貌被形式化为'合流理论'(the thesis of convergence)。"(2)将"convergence"译为"趋同"。这以荣敬本、吴敬琏等为代表。他们在 1985 年翻译的埃冈·纽伯格和威廉·达菲所著的《比较经济制度》一书中就是这样译的。他们在第 130~131 页中译道:"从最广泛的表现来讲,趋同论是指西方世界和共产主义世界的社会制度、经济制度和政治制度显示出一种使它们分离的基本区别得以缩小或消除的发展趋势。"(3)将"convergence"译为"聚合",这以高恬、王宏周、魏章玲等人为代表。他们在 1986 年翻译贝尔的《后工业社会的来临》一书中就是用这种译法。他们在第 129 页中译道:"这并不是要提出一项聚合的原理,聚合的思想基于这样的前提:确立社会性质的只有一个主要的体制。"(4)将"convergence"译为"收敛"。这以崔之元、钱铭今等为代表。他们在 1986 年翻译的科尔内著的《增长、短缺与效率》一书中就是这样译的。他们在第 189 页中译道:"今年是荷兰经济学家廷伯根(丁伯根,笔者注)关于收敛理论的具有深远意义的文章发表 21 周年。"①

那么,"convergence"的哪种译法更妥当呢?有学者认为,将"convergence"译为"趋同"较准确、妥当。原因是:(1)"趋同"是借用生物学的用语,它表示不同物种功能、结构的相似化趋势,而"收敛"是数学用语,它表示数列无限趋近于某个值,但又永远达不到,这与"趋同"含义有差异。(2)"趋同"首先强调一个趋向,是一个不断运动着的过程,在不断发展中达到结合,而"聚合"却体现不出这一过程的动态性。(3)"趋同"的

---

① 参见辛向阳:《"趋同论"研究》,中国人民大学出版社 1996 年版,第 41~42 页注②。笔者查阅了该书所提及的 4 种代表译法的著作,发现书目信息和译文原文略有不同,具体情况参见附录第 1 项。

目标比较明确、清晰，即趋向于一个共同的社会制度，而合流的目标趋向很模糊，有"同流合污"之嫌。① 基于这一研究成果，同时根据以下理由，笔者赞同将作为法学术语的"convergence"译为"趋同"：

第一，根据当前"convergence"的译法，"convergence"作为社会科学术语的主流译法是"趋同"，法学领域以遵循先例为宜。继续研究辛向阳博士所述四种译法的后续使用情况，可以发现如下事实：

首先，关于"趋同"与"收敛"这两种译法。大概由于所译著作以及译者在相关领域的影响力不同，重量级的著作加上重量级的译者使"趋同"、"收敛"两种译法分别在简体中文的经济学、数学文献中被广泛采纳。② 目前，数学、物理学、化学领域对"convergence"一词的主流译法是"收敛"。③ 数学著作中普遍可见收敛、收敛序列、收敛级数、收敛性、收敛速度、收敛条件、收敛半径、收敛区间等术语，《辞海》中也在"级数"这一词目中解释了"收敛级数"与"发散级数"这两个数学名词；④ 物理学著作中普遍可见收敛频率、收敛角等术语；化学著作中普遍可见收敛、收敛点、收敛现象、收敛趋势等术语。与此同时，在生物学、经济学、政治学、社会学中，对"convergence"一词则普遍采用"趋同"的译法。⑤

其次，关于"合流"与"聚合"的译法。"合流"与"聚合"

---

① 参见辛向阳：《"趋同论"研究》，中国人民大学出版社 1996 年版，第 42 页注②。
② 具体情况参见附录第 1 项。
③ 具体情况参见附录第 1 项。
④ "级数"这个词目的具体解释，参见《辞海》第 3 卷，上海辞书出版社 1999 年版，第 3109 页。
⑤ 具体情况参见附录第 1 项。

这两个词没有被《辞海》收录,① 但最新的《现代汉语词典》（第5版）均收录了此词。② 根据笔者的阅读范围，还没有发现标注了英文原文的翻译文献中对"convergence"一词采用"合流"这一译法的文献。至于"聚合"的译法，虽有"聚合物"、"聚合水"这类术语，不过并非是与"convergence"一词相对应的。③

此外，"convergence"在其他学科还出现了另外一种普遍译法。生理学或医学、计算机科学或电子信息科学中将"convergence"翻译成"会聚"，形成了眼球会聚、视轴会聚、多感觉会聚、会聚子层等术语。④

因此，既然社会科学领域对"convergence"已经有约定俗成的译法即"趋同"，法学领域以遵循先例为宜。

第二，"convergence"是多义词，对其不同含义可以采纳不同的中文翻译，其作为法学术语的翻译必须符合该词相应的义项。辛向阳博士所研究的是"convergence"一词在社会科学专业书籍中的译法，进一步研究权威工具书中"convergence"一词的完整释义及其翻译对于在法学领域翻译"convergence"也是具有重要参考价

---

① 《辞海》第1卷第863～869页以"合"为字头的词目中没有"合流"一词；第4卷第4892～4895页以"聚"为字头的词目中，只有聚合果、聚合物、聚合草、聚合酶、聚合反应、聚合杂交、聚合染料这些生物学、化学词语，没有"聚合"一词。

② 【聚合】（1）聚集到一起。（2）指单体合成为分子量较大的化合物。生成的高分子化合物叫聚合物。《现代汉语词典》（第5版），商务印书馆2005年版，第742页。

【合流】（1）（河流）汇合在一起。（2）比喻在思想行动上趋于一致。（3）学术、艺术等方面的不同流派融为一体。《现代汉语词典》（第5版），商务印书馆2005年版，第549页。

③ "聚合物"polymer、"聚合水"polywater、"横组合的与纵聚合的"syntagmatic and para-digmatic，收录于〔英〕布洛克、〔英〕斯塔列布拉斯主编：《枫丹娜现代思潮辞典》，中国社会科学院文献情报中心译，社会科学文献出版社1988年版，第446页，第447页，第571页。

④ 具体情况参见附录第1项。

值的。

根据《牛津高阶英汉双解词典》（第 6 版），① "convergence" 的动词形式 "converge" 的含义为：

1 ~ （on …）　（of people or vehicles 人或车辆）to move towards a place from different directions and meet to form a large crowd 汇集；聚集；集中；

2 （of two or more lines, paths, etc. 多条线、小路等）to move towards each other and meet at a point （向某一点）相交，会合；

3 if ideas, policies, aims, etc. converge, they become very similar or the same （思想、政策、目标等）十分相似，相同。

根据《美国传统词典（双解）》② 的解释，"convergence" 的含义为：

（1）The act, condition, quality, or fact of converging.

汇聚：汇聚的行为、情形、性质或事实

（2）Mathematics　　The property or manner of approaching a limit, such as a point, line, surface, or value.

【数学】收敛：接近某一极限（如点、线、面或值等）的性质或方式

（3）The point of converging; a meeting place：

---

① 引文除省略例句外，与字典原文完全相同。

② 载《金山词霸 2005 专业版》，金山软件股份有限公司出品，序列号：CXFTG-FQ639-2KPY3-FBP9G-Y374K。笔者认为本条目最后"【生物学】趋同"这一段翻译有笔误，故而删除了原译文中的"也作"两个字；电子词典该段原文为："互不关联的种群因处于相似环境中而逐步适应并形成表面上的相似结构，如鸟类和昆虫的翅膀。也作在此意义上也可称作 convergent evolution"。除这一点以及省略了例句外，引文其余部分与字典原文完全相同。

会合点：会合点；聚集的场所

（4）Physiology　The coordinated turning of the eyes inward to focus on an object at close range.

【生理学】会聚：眼睛向内的协调转动，从而聚焦在近处的某物体上

（5）Biology　The adaptive evolution of superficially similar structures, such as the wings of birds and insects, in unrelated species subjected to similar environments. Also called in this sense, also called convergent evolution

【生物学】趋同：互不关联的种群因处于相似环境中而逐步适应并形成表面上的相似结构，如鸟类和昆虫的翅膀。在此意义上也可称作 convergent evolution

从以上两部权威工具书的解释可以看出，汉语中对"convergence"一词存在不同译法的根本原因在于"convergence"是多义词。生理学术语"convergence"是引申《牛津高阶英汉双解词典》（第6版）义项1形成的，翻译成"会聚"比较合适；数学术语"convergence"是引申《牛津高阶英汉双解词典》（第6版）义项2的含义而形成的，翻译成"收敛"比较合适；生物学术语"convergence"是引申《牛津高阶英汉双解词典》（第6版）义项3的含义而形成的，翻译成"趋同"比较合适。作为法学术语的"convergence"所要表达的内涵是不同法域的法律文化或法律制度趋于相似或一致的现象，因此《牛津高阶英汉双解词典》（第6版）"convergence"一词的义项3是合适的义项，"合流"与"聚合"等是对其他义项的翻译，采用生物学术语对"convergence"的译法即"趋同"比较合理。

同时，必须予以说明的是，从法学术语的角度来看，"现在国外法学界，对于上述现象（即不同国家法律相互趋近或吸收以及国家统一法律条约不断增加的走势——笔者注），主要也是称之为法律的 convergence，即法律的趋近、趋向统一或一致等的。而经

常可见的则是称之为法律之间的 harmony 或 harmonization，亦即指法律趋于和谐或一致的。作者（李双元——笔者注）在《中国与国际法统一化进程》的序言英译本和荷兰《国际法年刊》1994 年刊登的胡振杰先生对该书所写的书评中则把这种现象称之为法律的 assimilate，也是取法律之间的相互吸收、同化以及使它们相一致、相同的意义。对于通过国际条约或公约而将彼此的法律统一起来这种情况，则径称为法律的 Uniform，即法律的统一"。① 而且，在欧共体法中，"harmonization of laws" 和 "approximation of law" 是可以互换作用的术语，② 英语文献中也可以看到将 harmonise 与 approximate，approximation 与 harmonisation 在同一含义上使用的用法。③ 因此，虽然 "harmony 或 harmonization"、 "assimilate 或 assimilation"、"approximate 或 Approximation" 的直译不一定是"趋同"这个词，④ 但这些词与 "convergence" 在某些场合的表达功能是相同的，⑤ 在使法律趋于一致这个含义上，汉语法学领域所论及的

---

① 李双元、李新天：《当代国际社会法律趋同化的哲学考察》，载《武汉大学学报（哲学社会科学版）》1998 年第 3 期，第 25～26 页。

② 参见［英］沃克：《牛津法律大辞典》，李双元等译，法律出版社 2003 年版，第 503 页；又参见薛波主编，潘汉典总审订：《元照英美法词典》，法律出版社 2003 年版，第 628 页。

③ 例如："harmonise/approximate national criminal laws" 和 "harmonization/approximation of national criminal laws"；Martin Wasmeier and Nadine Thwaites, "The ' Battle of the Pillars' : Does the European Community have the Power to Approximate National Criminal Laws?" （2004）29 *E. L. Rew.* 613, 635. 另，harmonise 与 harmonize，以及 harmonisation 与 harmonization 系同一词，分别为英式英语与美式英语的不同拼法。

④ 《牛津法律大辞典》将"Approximation of Law"译为"法律接近根据"（笔者认为这里存在笔误，"根据"两个字纯属多余，应该是 Approximation of Law 法律接近），将"Harmonization of Law"译为"法律的一致（法律协调）"。另一词典则直接将"Harmonization of Laws"译为"法律协调"。

⑤ ［德］K. 茨威格特、H. 克茨：《比较法总论》，潘汉典、米健、高鸿钧等译，法律出版社 2003 年版，第 46～47 页。

"趋同"与英语法学文献中的"convergence"、"harmony, harmonize 或 harmonization"、"assimilate 或 assimilation"、"approximate 或 approximation"可以认为是具有对应关系的术语。

综上所述，趋同的词源及概念演变过程可以总结如下：

——"趋同"是外来词，与"收敛"、"会聚"有共同的词源，均源于对"convergence"的翻译。

——在英语中，"convergence"是多义词，既是通用词汇，也是生物学、数学、生理学的专业术语，20 世纪 60 年代以后，被移植到经济学、政治学、社会学等学科中，形成各式各样的"theory of convergence"即"趋同论"思潮。

——"convergence"作为自然科学术语有"趋同"、"收敛"、"会聚"三种基本译法，作为社会科学术语的基本译法是"趋同"。

——"趋同"在汉语中首先属于百科词语，是生物学专门术语，近几年刚刚演变成为普通词语。

——从法学概念的角度看，在（使）法律趋于一致这个含义上，"趋同"与以下术语具有对应关系：convergence；harmony, harmonize 或 harmonization；assimilate 或 assimilation；approximate 或 approximation。

二、趋同概念在法学领域之提倡

（一）在法学领域提倡趋同概念的理由

面对全球化时代各国法律文化与法律制度中共性因素日益增多的现实，笔者提倡采用"趋同"这一概念进行阐释。原因在于：

第一，经济学、政治学、社会学等领域"趋同论"的发展要求法学理论进行回应。"当人们研究社会体系时，社会科学内部的经典式分科是毫无意义的。人类学、经济学、政治学、社会学以及历史学的分科是以某种自由派的国家观及其对社会秩序中功能和地缘两方面的关系来确定的。如果某人的研究只集中在各种组织，其意义是有限的，如果研究集中在社会体系，其研究将一无所获。我不采用多学科的方法（multidisciplinary approach）来研究社会体系；而采用一体化学科的研究方法（unidisciplinary approach）。"①
法是一种社会现象，法律体系是社会体系的重要组成部分，从经济
学领域发端的趋同论已经蔓延到了许多社会科学领域，无论是否赞
成趋同论的观点，法学研究都应该树立一体化学科研究的视野，采
用"趋同"的概念对全球化与法的关系进行研究。

　　第二，"趋同"这一概念与不同法域的法律文化或法律制度趋
于相似或一致这一现象具有性质上的对应性，但法律统一的概念不
适合对此进行事实研究。在全球化浪潮的冲击之下，不同法域的法
律文化或法律制度趋于相似或一致已经是一种可以切实感知的现象
了。但如果使用"法律统一"这类概念来描述这一现象是不合适
的。虽然，"比较法的重要功能最后是准备关于超国家法律统一的
各项规划。这种法律统一是为了一项法律的政治纲领，其目的是，
在理想与现实可能的范围内，通过超国家的各项原则的一致性，协
调或者消除各国法律秩序之间的差异"。② 但是，这种"法律统
一"是指比较法的功能与目的。而本书的研究并不在于树立一种
"世界法"之类的目标，而是对不同法域之间法律文化或法律制度
相似性或一致性增多的趋势进行事实研究。诚如有学者所言，
"'事实研究'这种提法，一方面可以标示本书的性质，同时也可
以用来强调研究者的立场，即旨在辨别异同而不是比较优劣，说得
更明白些，本书所关注的不是'应当怎样'一类的问题，而是
'实际怎样'以及'为什么这样'的问题"。因此，采用"趋同"
这样一个中性概念比较合适。而且，"法学和民族志，一如航行
术、园艺、政治和诗歌，都是具有地方性意义的技艺，因为它们的

---

　　① ［美］伊曼纽尔·沃勒斯坦：《现代世界体系（第1卷）：16世纪的
资本主义农业与欧洲世界经济体的起源》，尤来寅等译，罗荣渠审校，高等教
育出版社1998年版，第11页。
　　② ［德］K.茨威格特、H.克茨：《比较法总论》，潘汉典、米健、高鸿
钧等译，法律出版社2003年版，第34~35页。

运作凭靠的乃是地方性知识（local knowledge）"，① 即使是法律的部分领域，是否能实现真正的统一，也还是有待商榷的一个结论。

第三，法的趋同、刑法的趋同是世界性的现象，外国学者对此已经给予了相当程度的关注。由于欧洲一体化的逐步推进，特别是在欧洲联盟建立以后，欧洲学者对于法的趋同、刑法的趋同研究比较活跃。例如，德国马克斯·普朗克外国及国际刑法研究所所长（Director at the Max Planck Institute for Foreign and International Criminal Law, Freiburg）Urich Sieber 教授在武汉大学进行演讲时就旗帜鲜明地提出，"对于刑法的趋同化的理由，有两个最重要的趋势：第一个趋势是现在社会上不断增加的普遍的超国家、超民族的价值观，这种价值观需要刑法加以保障。第二个趋势是跨国犯罪不断增加，至少需要在一定程度上的国际刑法协作才能对其进行有效应对……普世价值的保护与跨国犯罪的猖獗导致趋同的必要性，而这一必要性又促使工具的必需；趋同法律内在的共同点，很大程度上是通过比较刑法来完成的。因此，对现代化社会的法律趋同不再是一国法律的胜利，或者说一国法律控制他国法律，而是各国法律共同发展，互相融合的趋势"②。中国刑法是世界刑法体系的有机组成部分，对于世界刑法发展的趋同趋势也应给予理论上的回应。

第四，中国的法学研究中，已经有不少学者主张或接受"趋

---

① ［美］克利福德·吉尔兹：《地方性知识：法律与事实的比较透视》，邓正来译，载梁治平编：《法律的文化解释》（增补本），生活·读书·新知三联书店1998年第2版，第73页。另外，吉尔兹的这一论述在另一文献中也可以查阅到，翻译略有不同："法律与民族志，如同驾船、园艺、政治及作诗一般，都是跟所在地方性知识相关联的工作。"载［美］克利福德·吉尔兹：《地方性知识——阐释人类学论文集》，王海龙、张家宣译，中央编译出版社2000年版，第222页。

② ［德］Urich Sieber：《全球化、刑法的趋同与比较刑法观点》，载http：//crimlaw. whu. edu. cn/showindcont. php？cls＝50&id＝1997，2005-06-05发布，2007-10-10引用。

同"这一概念及理论观点。① 李双元教授首先提出了"国际私法的趋同化"与"法律趋同化"的概念，系统地研究了法律趋同化理论以及国际私法趋同化等当代国际社会法的趋同化现象。② 这一理论提出之后，有学者对法律趋同化理论进行了高度评价，赞同"趋同化"的论断，③ 有学者采用"趋同"这一术语来表述有关学术观点。

此外，还有不少研究成果中开始采用"趋同"的概念来分析全球化与法的发展的具体问题。例如：法理学研究中，有学者提出法律趋同是法治现代化的必然选择；在人性中国的法学研究中，已经有不少学者主张或接受"趋同"这一概念及理论观点，提出人性的共同性是法律趋同的根基；有学者认为，无论是自然法中的法理念还是存在于现实法律中的法律理念，随着社会文明程度的提高，必然逐渐趋同；有学者提出东亚法治趋同论，认为东亚各国在法治领域存在同一类型化的发展趋势；还有学者研究了全球化对法律趋同的影响。在民商法研究中，有学者研究了海峡两岸民事立法的互动与趋同；有学者研究了海峡两岸亲属法的互动与趋同；有学者根据李双元的观点提出了"合同规则的趋同化"的概念，并对合同规则的趋同化现象进行了研究；还有学者对于法律趋同化进程中民法学课堂教学改革提出了若干对策性思考。在经济法、环境法、民事诉讼法、行政诉讼法的研究中，有学者对国际经济一体化

---

① 本部分提及的主张或接受"趋同"概念的主要法学文献，参见附录第 2 项。

② 李双元教授关于法律趋同化的研究成果，参见附录第 2 项。

③ 相关论述如：（1）"对法律趋同化研究无论对我国法理学研究还是对我国立法与司法实践都有着极为重要的现实意义，本书也正是从这些方面显示其学术研究价值的。"邓晓俊、李健男：《国际私法的趋同化及其障碍——兼评〈市场经济与当代国际私法趋同化问题研究〉》，载《中国法学》1995 年第 1 期，第 112 页。（2）"市场经济的法律许多方面是相通的，法律趋同化也是一种国际趋势。"吴建璠：《"一国两制"与香港基本法》，载《人民日报》1997 年 5 月 23 日第 3 版。

进程中法律规则的一体化现象进行了反思，有学者对全球环境立法的趋同化，对两大法系民事诉讼模式趋同的趋势，对英、美、法三国行政诉讼制度的趋同及其启示进行了深入研究。

具体到刑法学研究中，有学者赞同"现代世界法律文明的趋同化"的概念，主张在我国刑法中建制保安处分，① 另有学者赞同采用这一概念来解读各国刑法中共性因素增多的发展趋势;② 还有两位虽然对"法律趋同化"与"法律国际化"的关系存在不同看法，但并未否定这一概念本身。③ 这都表明了法学研究领域对"趋同"这一概念的认同和对法的趋同现象的重视。

（二）在法学领域移植趋同术语的方式

如本书开篇所分析的结论，"趋同"一词在汉语中源于生物学专业术语，如果在法学领域将它作为专门术语使用，就是从其他学科进行术语移植。具体而言，法学学科移植"趋同"这一术语，大体可以有两种方式：一是将"趋同"这一术语的概念意义加以引申使用，给"趋同"赋予法学的特殊含义；二是将"趋同"这一术语直接引入到法学领域中，以"法"、"刑法"或其他词作为限定语，以"的"作为助词，形成能够准确揭示法学现象的名词术语，如"法的趋同"，"刑法的趋同"等。

那么，应该采取哪种移植方式呢？这得参考其词源"convergence"的用法。由于"convergence"一词在英语中原本就属于通用词汇，本身就具有"similar or same"的含义，故而并没

---

① 屈学武：《保安处分与中国刑法改革》，载《法学研究》1996 年第 5 期，第 60 页。

② 蔡道通：《后现代思潮与中国的刑事法治建设——兼与苏力先生对话》，载陈兴良主编：《刑事法评论》第 7 卷，中国政法大学出版社 2000 年版，第 94～118 页。

③ 胡陆生：《刑法国际化范畴研究》，载中国人民大学刑事法律科学研究中心组织编写：《现代刑事法治问题探索》第 1 卷，法律出版社 2003 年版，第 219～221 页；苏彩霞：《中国刑法国际化研究》，北京大学出版社 2006 年版，第 10～12 页。

有被特别视为法律术语，也没有被收录在权威法学词典中。① 在英语法学文献中，"convergence"一词存在两类用法。一类是单独使用，表示相似性或一致性；② 另一种是与"law"，"rule"等名词合并使用，描述特定法律领域中具有相似性或一致性的现象。③ 笔者认为，在研究全球化与法律发展中各种法律现象的场合，根据表达需要，这两种移植方式都可以采纳。第一种移植方式是将"趋同"作为一般法学术语，在法学各二级学科通用。此时，"趋同"一词可以单独使用；也可以加其他限定词，采用"××的趋同"这类表达方式，只是这里的"××的趋同"并不是一种固定搭配，只是一种描述特定法律现象的临时表达方式。第二种移植方式是以"趋同"为基本词，在法学一级学科或二级学科中形成"××的趋

---

① 笔者查阅以下法律词典，均无"convergence"一词：[英] P. H. 科林编著：《英汉双解法律词典》（第 2 版），陈庆柏、王景仙译，世界图书出版公司 1998 年版；[英] 沃克：《牛津法律大辞典》，李双元等译，法律出版社 2003 年版；薛波主编，潘汉典总审订：《元照英美法词典》，法律出版社 2003 年版；[美] 加纳主编：《牛津现代法律用语词典》（第 2 版），影印本，法律出版社 2003 年版；*Black's Law Dictionary*, 8th ed. West Group Publishing, 2004.

② 单独使用"convergence"的例子，如："These are at least as important as the similarity and convergence which we may also find"; "Mere convergence in behaviour between members of a social group may exist (all may regularly drink tea at breakfast or go weekly to the cinema) and yet there may be no rule requiring it." ——H. L. A. Hart. *The Concept of Law*，影印本，中国社会科学出版社 1999 年版，第 8~9 页。着重号为笔者所加。

③ 与"law"，"rule"合并使用"convergence"的例子，如："Second, the integration of these states into the community of pluralist democracies will likely signify a convergence of the actual substantive and procedural rules followed by various nations."; "The convergence of law that one expects to occur across the old Iron Curtain has already taken place to a great extent among western democracies. One of the best examples of this convergence is found in the area of antitrust law." ——James J. Friedberg. The Convergence of Law in an Era of Political Integration: the Wood Pulp Case and the Alcoa Effects Doctrine. 52 *U. Pitt. L. Rev.*, 1991. p. 289. 着重号为笔者所加。

同"这类专门的法学术语，适用于特定的学科范围。实际上，第二种移植方式应该以第一种移植方式作为基础。所以，在这两种移植方式中，"趋同"这个词本身的含义应当是一致的。因为"趋同"这一概念经历了复杂的演变历程，本身承载了过多的语体色彩，因此在法学领域移植这个词时必须对其含义进行重新定义。

三、法的趋同之系列概念的定义

刑法的趋同是法的趋同的下位概念，只要科学地界定了法的趋同，界定刑法的趋同也就水到渠成了。李双元教授早在 1989 年 11 月纪念武汉大学国际法研究所成立十周年庆祝活动中作的一个学术报告中，根据当今时代全球化这一走势已见端倪的实际，并且以和平与发展是当今时代的两大主题的理论为依据，比较研究了 20 个世纪六七十年代以来国际社会纷纷进行经济体制改革所取得的立法成果，提出了当代国际私法趋同化走势正在逐步加强的论断。[1] 随后，李双元教授提出"国际私法趋同化，是指各国国际私法随着国际社会经济上相立依存关系的加强而将更趋协调或一致"。[2] 随着研究的深入，李双元教授更进一步把这一论断扩大至当今国际社会各个法律部门，从而进一步提出"法律趋同化，是指不同国家的法律，随着社会需要的发展，在国际交往日益发达的基础上，逐渐相互吸收，相互渗透，从而趋于接近甚至趋于一致的现象。在国内法律的创制和运作过程中，法律趋同化主要表现为越来越多的涵纳国际社会的普遍实践与国际惯例，在国际法律的创制和运行过程中，主要表现为积极参与国内法律统一的活动和接受或加入已有的国际造法条约"。[3] 在另一篇文章中，李教授又提出，所谓现代世

---

[1] 参见李双元：《再谈法律的趋同化问题》，载李双元主编：《国际法与比较法论丛》第 4 辑，中国方正出版社 2003 年版，第 631 页。

[2] 李双元主编：《中国与国际私法统一化进程》，武汉大学出版社 1993 年版，前言第 3 页。

[3] 李双元、张茂、杜剑：《中国法律趋同化问题之研究》，载《武汉大学学报（哲学社会科学版）》1994 年第 3 期，第 3 页。

界法律文明的趋同化，是指不同国家的法律，随着国际交往日益发展的需要，渐次相互吸收、相互渗透，从而趋于接近的现象。① 这两个概念的定义大同小异，只是基本概念的表达不太一样，在相关理论研究成果中，李教授基本采用前面一个概念及其定义。李双元教授是中国法学界法律趋同理论的首倡者和集大成者，其有关中国法律领域趋同化现象尤其是国际私法趋同化现象的研究，为趋同现象的继续研究奠定了良好基础。笔者赞同法律趋同化理论的基本观点，② 不过认为还可以在两个方面对这个概念展开进一步研究：第一，"法律趋同化"这一概念的表达是否可以再行商榷，"法的趋同"是否更加妥当？第二，"法的趋同"这一概念是否需要重新定义？

（一）应该确立以"法的趋同"作为基本概念

笔者认为，应该区分法与法律，趋同、趋同性与趋同化；"法的趋同"作为法学中趋同理论的基本概念更为妥当，法的趋同化、法的趋同性应该是派生概念。下面，从两个方面论述提倡"法的趋同"这一概念的原因。

1."法"、"法律"以及"法的趋同"、"法律的趋同"的区分

（1）"法"与"法律"的区分

笔者不赞同一些学者将"法"和"法律"不加区分并混合使用的做法，认为应该严格区分这两个术语。在法学史上，关于法与法律（立法）不外三种学说：第一种认为，法是客观精神（自然法、理性、神意等），法律（实在法）则是这种精神的外化或体现（这主要是自然法学、神法学、理性法学的主张）；第二种认为，法就是法律，不存在实在法以外的法（这主要是注释主义法学、分析主义法学和规范主义法学的主张）；第三种认为，法是一定的

---

① 参见李双元主编：《中华法商论丛第 1 集：现代法学论丛》，湖南师范大学出版社 1995 年版，第 1 页。转引自屈学武：《保安处分与中国刑法改革》，《法学研究》1996 年第 5 期，第 60 页。

② 参见李双元：《再谈法律的趋同化问题》，载李双元主编：《国际法与比较法论丛》第 4 辑，中国方正出版社 2003 年版，第 629~649 页。

社会事实，即在社会生活中起实际作用的"活的法"（这主要是法社会学的观点）。① 我国民法学界有学者受自然法思想启发，也主张区别法与法律，认为应该承认在一定社会条件下有一种正确的规则，以此作为评判法律的标准，这种正确的规则就是法，即"活法"，违背这种规则的法律为"死法"；判定行为合法与否应以"活法"而非"死法"为标准；法律规范不可能完全正确地反映法这种社会规则。② 因此，"法"与"法律"的区别，实际上蕴涵着对法的本质的探究，长期以来已成为法理学中一个颇具争议的话题。

关于"什么是法律"这个问题仁者见仁、智者见智，新分析实证主义法学大师哈特教授在《法律的概念》一书中对此已经作了鞭辟入里的分析，③ 笔者也无意在此班门弄斧。纠缠于"法"与"法律"的学说化分析并非本书区分这两个词的意旨所在，因为这些不同学说产生于西方法理学的发展过程中，汉语的"法"与"法律"这两个词并非因承载这些争议而产生的。各种学说的争议涉及实然法与应然法区别以及关系问题，之所以形成不同学说主要在于不同的学者在不同时空条件下具有不同价值观，对现行实然法的态度不同，心目中所具有的"理想的法"的图景不同。例如，孟德斯鸠将法分为自然法和人为法，提出"从最广泛的意义来说，法是由事物的性质产生出来的必然关系。……是有一个根本理性存在着的。法就是这个根本理性和各种存在物之间的关系，同

---

① 参见吕世伦编：《西方法律思想源流论》，中国公安大学出版社 1993 年版，第 159～160 页。转引自郭道晖：《论法与法律的区别——对法的本质的再认识》，载《法学研究》1994 年第 6 期，第 13 页。

② 参见刘士国：《"法"与"法律"的区别与民法解释》，载《法制与社会发展》2004 年第 6 期，第 154～155 页。

③ 哈特认为，法即第一性规则和第二性规则的结合。第一性规则是义务规则，第二性规则是承认规则、改变规则、审判规则，第一性规则是基本的规则，第二性规则在某种意义上依附于前者。参见［英］哈特：《法律的概念》，张文显、郑成良、杜景义等译，中国大百科全书出版社 1996 年版，第 81～100 页。

时也是存在物彼此之间的关系。……在人为法建立了公道的关系之先，就已经有了公道关系的存在"。① 孟德斯鸠在这里所指的"法"，基本上可以作为"自然规律"来理解了。所以，法与法律的学说反映的是观念上的对立。笔者所探讨的问题在于：在学术话语实践中，"法"与"法律"这两个术语有无区分的必要？进而，"法的趋同"与"法律的趋同"在表达效果上是否能够等同？因此，还必须进一步关注作为语言文字的"法"与"法律"这两个词汇本身。

西方法学具有的这种"法"和"法律"的二元化观念特征，也表现在词汇上。依日本学者星野英一的考证，在西方，区分"法"与"法律"为一般常识，用词各异，在罗马法上为 jus 与 lex；在法国为 droit 与 loi；在德国为 recht 与 gesetz；在意大利为 diritto 与 legge。lex、loi、gesetz 为权威者制定的依靠国家权力保证实施的"法律"；jus、droit、recht 的含义更为广泛，指社会规范的总体或社会秩序，又指正确的规则或一方对他方享有的权利。② 从法律文化的角度，有学者对中西方的"法"已经形成了基本的研究结论：（1）在西方，jus 的基本含义有二，一为法，二为权利，还有公平、正义等富有道德意味的含义；lex 得用于纯粹司法领域，可以指任何一项立法，jus 只具有抽象的性质。（2）英语 law（法）源于北欧，并不含有权利的意思；英语中与 jus 相近的词是 right，这个词的基本含义是权利，但也指作为一切权利基础的抽象意义上的法。（2）古汉语中，刑、法，法、律可以互训，我们今天称为古代法的，在夏、商、周三代是刑，在春秋战国是法，秦汉以后则

---

① ［法］孟德斯鸠：《论法的精神》上册，张雁深译，商务印书馆1963年版，第1～2页。

② 参见［日］星野英一：《关于法与法律的用语》，载《民法论集》第7卷，有斐阁1989年版，第8～9页。转引自刘士国：《"法"与"法律"的区别与民法解释》，载《法制与社会发展》2004年第6期，第152页。《"法"与"法律"的区别与民法解释》原文中，"jus"为"ius"，笔者认为这系笔误，故而在引用时将两处"ius"修改成"jus"，特此说明。

主要是律，三者的核心乃是刑；"法"的含义一方面是禁止，另一方面是命令，并不具有政治正义论的性质。(3) 拉丁语中的"jus"与"lex"在汉语里或可译为法和法律。不过，汉字"法"、"律"都有自己特殊的含义，作为独立合成词的"法律"是近代由日本输入的，以"法"作为 jus 一类词的对译不能言尽其义，这是中西文化之间的差异，很难在短的时间内把一种全新的观念注入其中。①

因此，西方法学语言中存在"jus"和"lex"的二元化，虽然中国古代法律文化中并没有形成法的具体概念与抽象概念之对立，但当代中国在面对比较精细的西方法学词汇时，从术语上区分"法"和"法律"，用"法"这一术语来指称抽象意义上的法的整体，用"法律"来指各项具体立法，无论对促进法律语言的精密化，还是引导现代人对"rule of law"这一法律意识的接受都大有裨益。

(2) "法的趋同"与"法的趋同化"的区分

法的趋同与法律趋同也需要区分吗？答案是肯定的。原因在于：首先，概念内涵的不同势必要求术语使用的区分。目前，学者们对于"法律"一词理解各异，不同学者论及"法律"一词时，其概念的内涵和外延往往并不一致。在学术话语实践中运用"法律"这一术语时，一般蕴涵这样两点基本含义：(1) 法律是国家制定或认可并由国家强制力保证其实施的；(2) 法律是一种规范体系，因此，在法学中使用"法律"这一术语时，无疑首先强调了法律体系的制度性因素，如果以"法律的趋同"作为概念分析工具仅仅探讨国家法当然没有问题，但是，如果在这一概念的统辖之下，再探讨原始法、国际法、民间法、法律文化这些问题，面对学术话语实践中定义宽窄不一的"法律"概念时，"法律的趋同"这一概念内涵与外延之间的逻辑一致性无疑会受到质疑。

那么，在法学领域探讨趋同现象是不是只讨论国家法就足够了

---

① 参见梁治平：《法辨：中国法的过去现在与未来》，中国政法大学出版社 2002 年版，第 63～67 页。

呢？答案当然是否定的。法的趋同是对法律体系发展变化的历史、现状与未来进行全面的整体性研究，当代国家法只是法律体系发展的结果，法的趋同理论所探讨的趋同之法是一个历史的概念，对不同时空的各类法现象应该具备一定的适应性与包容性，应该是一个广义的、一般性的概念。从法律体系的发展演变历史来看，除了由政权强加的法律规则外，还存在着某些法律规定，或至少是具有法律效力的规定。过去存在，现在仍然存在着一些并非从总体社会的组织权限中产生的法律；既有超国家法，也有亚国家法。超国家法包括宗教法、国际组织颁布的规章；亚国家法包括低于政治社团的集团制定的法律，国家以下的集体对普通法律不合法的修正规章。① 同时，国家法是主流精英法律文化的体现，但作为大众法律文化体现的民间法也是实际存在并影响着法律实践的。这一切，应该在探讨趋同现象时得到关注，但"法律"一词却未必能反映这种内涵。

　　其次，即使不考虑学者们是否区分使用"法"与"法律"，法理学著作中也基本上是将"法"而不是"法律"作为最基本的概念进行定义。② 这种绝非巧合的学术话语实践反映了这样一种倾向："法"相对于"法律"而言是更基本的法学术语；即使不区分

---

　　① 参见 ［法］亨利·莱维·布律尔：《法律社会学》，许钧译，上海人民出版社 1987 年版，第 22～27 页。

　　② 有关"法"的定义，例如："法是由一定物质生活条件所决定的统治阶级意志的体现，它是由国家强制力保证实施的规范体系，它通过对人们的权利和义务的规定，确认、保护和发展有利于统治阶级的社会关系和社会秩序"。孙国华主编：《法学基础理论》，法律出版社 1982 年版，第 59 页。其他将"法"作为基本概念定义的文献参见：倪正茂：《法哲学经纬》，上海社会科学院出版社 1996 年版，第 766 页；李龙主编：《法理学》，武汉大学出版社 1996 年版，第 27 页；孙国华主编：《马克思主义法理学研究——关于法的概念和本质的原理》，群众出版社 1996 年版，第 481 页；王勇飞、王启富主编：《中国法理纵论》，中国政法大学出版社 1996 年版，第 33 页；卓泽渊主编：《法学导论》，法律出版社 1998 年版，第 15 页；赵震江、付子堂：《现代法理学》，北京大学出版社 1999 年版，第 34 页。

"法"与"法律"这两个概念，在分析外延比较宽泛的现象时，应该尽可能使用"法"这个词作为基本概念。而且，也有学者明确将法和法律分别地予以定义，认为"法是人们在社会生产、交换、分配过程中长期习惯形成的，反映统治阶级普遍意志的，具有正当性的权利义务关系的社会共同规范"；"法律是由国家制定或认可的，并由国家强制力保证实施的，体现统治阶级的利益要求和意志为主导的，具有明确的权利与义务、权力与职责关系的普遍行为规则体系"，① 赋予了"法"与"法律"更宽泛的定义。

综上所述，考虑到不同法观念的对立，应该区分"法"与"法律"；考察学术话语的普遍实践，即使不严格区分，在使用"法律"的场合使用"法"来代替一般不会引起含义的混淆，但如果在应该使用"法"的场合使用"法律"来代替，在理解上则会引起歧义。因此，为保证概念的明确性，"法的趋同"更适合作为在法学领域研究趋同现象时的基本概念。

2. "趋同"、"趋同化"、"趋同性"的区分

李双元教授选择"趋同化"作为法律趋同化理论的基本概念，笔者认为作为基本概念应该严格区分"趋同"、"趋同化"、"趋同性"，"趋同"。原因在于：

其一，"趋同"是翻译的术语，其表达应与其词源一脉相承。一方面，诚如上文在分析"趋同"的词源时已经得出的结论，"convergence"翻译成"趋同"比较妥当。另一方面，"harmony"与"harmonization"这两个词语在翻译时，应该直译成"协调"、"协调化"；如上文所述，从法律术语的含义来说这两个词语谈论的也就是汉语所谓法的"趋同"、"趋同化"问题。此时，"harmonization"是派生词，与"harmony"相对应的"协调"应该是基本词；由此可见，"趋同"也应该作为基本词。

其二，"趋同"是移植的术语，从学科统一的角度，使用"趋

---

① 吕世伦、文正邦主编：《法哲学论》，中国人民大学出版社 1999 年版，第 201、203 页。

同"作为基本概念是必要的。中国目前在生物学、经济学、政治学、社会学领域论及趋同问题时的基本概念均为"趋同"。既然经济学、政治学、社会学从数学、生物学中移植"convergence"这一术语时采纳的基本概念均为"趋同",而且经济学中同时还移植了"趋异",法学领域也应该保持这种一致性,这样也有利于其他相关概念的整体移植。

其三,诚如现代化理论对于"现代化"、"现代性"的区分,区分"趋同"、"趋同化"、"趋同性"符合术语表达准确性的要求。"现代"作为表述当代社会性质的概念可以追溯到6世纪的晚期拉丁语。首先是拉丁语,继而是英语和其他语言用这个词来区别当代与"古代"的作家和作品。到17世纪,"现代性"、"现代派"和"现代化"被用于各种多少有点限定性的和专门性的场合。早先,"现代"一词常含有平凡、陈腐等贬义。但是"现代"也在较客观的意义上使用,17世纪和18世纪,欧洲的历史学家逐渐放弃了基于基督教的历史分期,开始使用古代、中世纪和现代的分期法。起初,近代史的开端被认为是随着君士坦丁堡的陷落(1453年5月29日清晨)或美洲的发现(1492年10月12日凌晨两点)而到来的,但是现在更通常的看法认为近代史"大约开始于1500年"。从上一代人开始,"现代性"逐渐被广泛地运用于表述那些在技术、政治、经济和社会发展诸方面处于最先进水平的国家所共有的特征。"现代化"则是指社会获得上述特征的过程。① 与现代化理论的概念运用相仿,从汉语的表达来说,趋同陈述一种事实,表现了客观的概念秉性;趋同化侧重于描述一种过程,这一概念具有目的性、计划性的倾向;趋同性则是具有趋同的特性,是一个描述事物属性的概念。因此,这三个术语有不同的内涵,应该区分使用,以利于发挥不同的表达功能。

其四,法理学中有关"法律统一"、"法律统一性"、"法律统

① 参见 [美] C.E. 布莱克:《现代化的动力———一个比较史的研究》,景跃进、张静译,浙江人民出版社1989年版,第5页。

一化"的区分也表明了相同的旨趣。正如有学者所言，"法律的统一性，从始至终都坚持'内部视角'，关注法律自身的合法性。这虽然正是法律统一的核心关切，但如果据此将法律的统一性等同于法律统一，那就大错特错了。因为除了关注法律内质的统一性，法律统一还包含法律与外界的形式统一——不同的法律规则之间，法律规则与道德、习俗、宗教规则之间，直至法律与文化，法律与社会之间的统一和契合。这可以统称为'法律的统一化'，与'法律的统一'不同，它不局限于法律间的统一，而是着眼于法律形式与外部规则的整体协调"。① 有鉴于此，区分"法的趋同"、"法的趋同化"、"法的趋同性"也有必要。

其五，"法律的趋同性"概念的提出也表明了区分法的趋同系列概念的必要性。以"法律趋同化"的定义为模板，有学者在论及法律移植的可行性时提出了"法律的趋同性"的概念，认为"法律的趋同性是指不同国家或地区的法律随着社会的发展和国际经济文化交流的不断加深，逐渐相互吸收，相互渗透，相互融合，从而使法律规范内容趋于接近或在某些方面保持一致的现象。这种现象的产生绝非偶然，它在很大程度上构成了法律移植的可行性基础。"② 既然区分"法律趋同化"与"法律趋同性"，进一步区分"法的趋同"也理所当然。

（二）法的趋同之系列概念的定义

1. 趋同之系列概念的定义

如上文所述，趋同作为普通词语，在《现代汉语词典》（第5版）中被解释为动词，含义是"趋于一致"，这解释了趋同的基本含义，在定义作为法学术语的趋同时可以参考。不过，在法学术语中，趋同是作为名词出现的，因此还应该在趋同的定义中确立一个基本名词。"趋同"这一概念是首先对全球化与法律发展中的特定

---

① 参见汪习根、廖奕：《论法治社会的法律统一》，载《法制与社会发展》2004年第5期，第110~111页。

② 陈金威：《论法律移植》，载《求实》2002年第4期，第47页。

情况进行事实研究，"现象"这个词可以与之匹配。其次，就法学领域而言，作为"趋同"的内涵，"一致"这种表达显然过于绝对，将不同国家的法律文化或法律制度表述为"一致"总是具有相对性和有限性的，借鉴《辞海》中对作为趋同词源的生物学术语"相似的形态特征"这样的解释，我们可以得到启发，"相似"应该成为趋同的定义要素。

因此，结合上述分析以及上文提及的现代化、现代性概念的发展，① 本书将趋同的系列概念定义如下：

——趋同：趋于相似或一致的现象。

——趋同化：趋于相似或一致的过程。

——趋同性：趋于相似或一致的特性。

2. 法的趋同之系列概念的定义

（1）法的趋同之基本系列概念的定义

"法律趋同化"的概念是从法律制度层面而言的，强调国家的主动性，而且强调国际交往增加作为趋同化的前提条件；同时趋同的对象也是仅限于国家间的法律。那么，法的趋同是否也包括法律文化的趋同？法的趋同的对象是否仅限于不同国家之间的法律？笔者认为，法的趋同的内涵不能局限于国家法的趋同，应该扩大概念的外延，对法的趋同进行重新定义。

第一，法的趋同应该包括法律文化与法律制度两个方面。

文化是一个弹性很大的概念，与之相应，法律文化的概念也具有一定的含糊性。有学者对文化、法律文化、刑法文化的概念进行了深入系统的研究，认为文化概念的界定可以分为广义文化概念、中义文化概念和狭义文化概念三种类型。广义文化概念将文化视为物质文化和精神文化的总和。中义文化概念认为文化是指人类在长

①　"'现代性'逐渐被广泛地运用于表述那些在技术、政治、经济和社会发展诸方面处于最先进水平的国家所共有的特征。'现代化'则是指社会获得上述特征的过程。"［美］C. E. 布莱克：《现代化的动力——一个比较史的研究》，景跃进、张静译，浙江人民出版社 1989 年版，第 5 页。

期的历史实践过程中所创造的精神财富的总和，即精神文化，可以解析为社会意识形态和与社会意识形态相适应的制度、组织机构。狭义的文化概念认为文化就是指社会的意识形态，或社会的观念形态。该论者进一步提出，文明是文化的一种价值表现，文化垃圾作为一种客观存在则是文化的负价值的表现。文明有物质文明与精神文明之分，文化则不能进行所谓物质文化与精神文化的划分，物质不过是文化的承载者，二者不容混为一谈，广义的文化概念不合理。中义的文化概念所涵盖的文化内容与马克思关于上层建筑的内容完全等同，但上层建筑既包括政治、法律制度和实施这些成分组成的政治上层建筑，也包括政治、法律、宗教等各种观念体系组成的思想上层建筑。恩格斯将政治、法律制度和设施叫做思想的"物质附属物"就足以说明这些成分是文化的载体，将文化的载体涵盖于文化的内涵之中是不科学的，因此中义的文化概念也不合理。狭义的文化概念将文化聚焦于人类的思想层面、思维模式上，比较合理。因此，该论者将文化、法律文化、刑法文化分别定义为：（1）文化是由社会的经济基础和政治结构所决定的，历史积淀下来的，在人类认识和实践中流变着的、普遍而恒常的集体性思维模式以及与之相关的价值模式和审美模式之集合。（2）法律文化是由社会的经济基础和政治结构决定的，在历史进程中沉淀下来的，并在人们关于法和法律的认识和实践活动中流变着的、普遍而恒常的集体性思维模式以及与之相关的认知模式、心态模式、评价模式和审美模式之集合。（3）刑法文化是由社会的经济基础和政治结构决定的，在历史进程中沉积下来的，并在人们关于刑法认识和刑法实践活动中流变着的、普遍而恒常的集体性精神模式或指向。① 笔者赞同这种观点，主张狭义的文化概念，并以此作为"法的趋同"定义分析的基础。

研究法的趋同现象时，除了法现象的制度层面，也应当关注法

① 参见许发民：《刑法文化与刑法现代化研究》，中国方正出版社2001年版，第77～186页。

现象的精神层面，不应该固守正统法理学的国家法律传统，"这种方法论倾向于切断社会和文化背景中法律因素和非法律因素的相互联系和影响，并据此把自己限在官方的法律的孤独领域中。在这个范围内这样做也许合乎情理，然而一旦涉及民间法和法律多元，这种方法论就不能成立了。因为，很清楚，正是由于承认一些正统法理学拒绝纳入其领域的非法律因素，民间法和法律多元才获得了自己的独特性"。① 法律制度的生长是深深植根于特定法律文化的，在法秩序的建构中法律制度与法律文化互为表里，包括民间法在内的法律文化与法律制度的形成、运行有着千丝万缕的联系。在法的趋同的发展中，法律文化的趋同、法律制度的趋同也必然存在互动关系。法律文化的趋同、法律制度的趋同是否具有共时性，还是有发生的先后时序？法律制度的趋同是否必须以法律文化的趋同为前提，还是法律制度的趋同可以引导法律文化的趋同？这些问题是研究法的趋同现象时不可回避的问题。如果将法律文化的趋同拒之于法的趋同概念之外，则无异于釜底抽薪，不仅可能无法挖掘某些法的趋同现象所蕴含的深层次原因，而且也可能导致对法的趋同现象的错误理解。

第二，法的趋同这一术语所包括的对象应该为不同法域之间的法。

将"国家"一词定义为统治者与被统治者分离，并在某一特定范围的领土内建构最高政治权威的公共权力形式显然是在现代。意大利人文主义者的继承学者特别是 16 世纪法兰西和英格兰的此类学者是在一种更为抽象和公认的现代意义下使用国家一词的。在 16 世纪以前，拉丁文的"stare"一词和"status"一词表示的含义是地位、身份、条件和状况；古法语中的"estat"（estate 的一个构词形式）一词表示着与"等级"、"地位"、"集团"相关的

---

① ［日］千叶正士：《法律多元——从日本法律文化迈向一般理论》，强世功等译，中国政法大学出版社 1997 年版，第 90 页。

含义。① 因此，如果将法的趋同的外延局限于不同国家之间的法，由于国家概念的历史局限性，在对法的趋同现象进行历时性考察时，只能局限于现代法律规范的狭窄视角，原始法就会被排除在外。美国著名法人类学家霍贝尔对原始法进行了系统研究，提出"这样的社会规范就是法律规范，即如果对它置之不理或违反时，照例就会受到拥有社会承认的、可以这样行为的特权人物或集团，以运用物质力量相威胁或事实上加以运用"，并将法律划分为原始法律、古代法律和现代法律，认为法律行为的领域如果出现在尚无文字的人类文化中，就称之为原始法律；如果在刚跨进文明门槛的古代社会中被人们发现，就称之为古代法律；而当人类从经过文明发展的社会结构中找到它，就称之为现代法律。② 霍贝尔实质上是从行为主义视角对法进行定义，主张法的强力说，具有一定的合理性；他对原始法概念的提倡值得关注。

同时，在对法的趋同现象进行共时性考察时，同一国家内部适用不同法律制度的地区之间法的趋同也会被排除在外。法的产生与发展是一个漫长而复杂的演化过程，如果将对法的趋同现象的考察仅仅局限于国家制定法，无疑会使对法的趋同现象的考察变得支离破碎，难以把握其历史缘起、现状以及未来发展趋势。因此，法的趋同的研究应该拓展到不同法域之间的法，这样，就可以扩大概念的包容性和适应性，当代复合法域国家内不同地区间法的趋同现象也可以涵纳在这个概念之中。

因此，以上述趋同的系列概念为基础，本书将"法的趋同"之

① 参见昆廷·斯金纳：《现代政治思想的基础，第 2 卷：议会改革时期》(*The Foundations of Modern Political Thought, II: The Age of Reformation*)，剑桥大学出版社 1978 年版，第 353 ~ 354 页；安德鲁·文森特：《国家的理论》(*Theories of the State*)，Basil Blackwell Ltd, 1987 年版，第16 ~ 19 页。转引自 [日] 筱田英朗：《重新审视主权——从古典理论到全球时代》，戚渊译，商务印书馆 2004 年版，第 13 页。

② 参见 [美] E. 霍贝尔：《原始人的法——法律的动态比较研究》(修订译本)，严存生等译，法律出版社 2006 年版，第 5、27 页。

基本系列概念定义如下：

——法的趋同：不同法域的法律文化或法律制度趋于相似或一致的现象。

——法的趋同化：不同法域的法律文化或法律制度趋于相似或一致的过程。

——法的趋同性：不同法域的法律文化或法律制度趋于相似或一致的特性。

（2）法的趋同之衍生系列概念的定义

法域是一个外延宽泛的概念。"所谓法域（law district, legal region, legal territory 或 legal unit），又称法区或法律区域，系指具有或适用独特法律制度的区域。……通常一个法律统一的国家就是一个独立的法域。但是，世界上有不少国家的国内法制不统一，由数个以地区为单位的法域构成，这种国家被称为多法域国家或复合法域国家。"① 国家是最重要的法域，分析法的趋同现象和当代中国刑法领域的趋同现象必然要以国家间法的趋同为核心。因此，为了更加细致地描述某些法的趋同现象，还需要特别对以国家作为单位的"法的趋同"建立相应的概念分析工具。

借鉴生物学大进化与小进化的概念，笔者以国家为标准从"法的趋同"这一概念中分解出"法的大趋同"与"法的小趋同"两个子概念。"遗传学家哥德斯密特（R. B. Goldschmidt）在《进化的物质基础》（The Material Basis of Evolution, Yale University Press, 1940）一书中用小进化（microevolution）和大进化（macroevolution）两个概念来区分进化的两种方式。他认为，自然选择在物种之内作用于基因，只能产生小的进化改变，他称之为小进化；由一个种变为另一个新种是一个大的进化步骤，不是靠微小突变的积累，而是靠所谓的'系统突变'（systematic mutation），即涉及整个染色体组的遗传突变而实现的，他称之为大进化。古生

---

① 黄进：《中国法制的新发展：从单一法制到多元法制》，载《武汉大学学报（哲学社会科学版）》1999 年第 6 期，第 4 页。

物学家辛普孙（G. G. Simpson）在其《进化的速度与方式》
(*Tempo and Mode in Evolution*, Columbia University Press, 1944）一
书中重新定义小进化与大进化概念：小进化是指种内的个体和种群
层次上的进化改变，大进化是指种和种以上分类群的进化。在哥德
斯密特看来，大进化与小进化是两种不同的（无关的）进化方式；
而在辛普孙那里则是研究领域的区分或研究途径的不同。也就是
说，生物学家以现生的生物种群和个体为对象，研究其短时间内的
进化改变，是为小进化。生物学家和古生物学家以现代生物和古生
物资料为依据，研究物种和物种以上的高级分类群在长时间（地
质时间）内的进化现象，是为大进化。我们赞同辛普孙的关于大
进化、小进化概念的新定义。我们此处引用的小进化与大进化概念
中也多少包含了哥德斯密特的原意，即小进化乃是进化中的'跬
步'，大进化中的进化革新毕竟不是一蹴即至的，在大多数情况下
乃是小进化'跬步'的积累。"①

　　生物学界对于大进化、小进化的定义以及相互关系有分歧，笔
者借鉴辛普孙关于大进化、小进化定义的基本思想，提出大趋同、
小趋同的概念。之所以如此借鉴，基于三点：其一，概念的源流关
系。大进化、小进化是研究生物进化的概念，趋同是研究刑法发展
的概念；而社会科学领域的进化、趋同概念原本就是从生物进化理
论中移植而来的。其二，研究思路的一致性。大进化、小进化通过
划分进化的基本单位，区分了生物进化的研究领域和研究路径。以
国家作为趋同单位的刑法的趋同现象，和国家内部的法域之间或法
域之内的刑法的趋同现象具有不同的特点，大趋同、小趋同概念的
分野可以在刑法的趋同现象的研究中划分不同研究领域，以确定不
同的研究路径。其三，研究对象的相似性。大进化、小进化研究的
均为进化方式，而且两种进化方式之间有联系。大趋同、小趋同均
研究趋同现象，国家间以及国家内部的法域之间或法域之内的法的
趋同也互相关联。

----

　　①　张昀编著：《生物进化》，北京大学出版社 1998 年版，第 100 页。

同时，就国家与法域的关系而言，有单一法域国家与复合法域国家之分。为了对这两种情形进行研究，根据法域的单一性与复合性，可以从"法的小趋同"中分解出"法的区际趋同"这个子概念。复合法域的情形，具体到中国，"香港和澳门分别于1997年7月1日和1999年12月20日回归中国，意味着中华人民共和国已由一个单一法域国家转变为一个多法域国家或复合法域国家。因为依'一国两制'理念，在中国恢复对香港和澳门行使主权后，香港和澳门仍将实行资本主义制度，原有法律基本不变，而这两个地区都有自己独特且分属普通法系和大陆法系的法律制度。因此，香港和澳门虽然回归中国，但相对内地而言，它们都是中华人民共和国领域内具有独特法律制度的独立法域。当然，内地经过50年的建设和发展，已建立和形成自己的法律体系，内地作为中华人民共和国领域内具有独特法律制度的一个独立法域，自不待言。如果把台湾地区的情况考虑进去，中国已出现一国两制三法系四法域的共存共荣的局面，中国也因此成为一个典型的多元法制国家。"① 中国社会科学院吴建璠研究员在给中共中央举办法制讲座时就曾经指出："市场经济的法律许多方面是相通的，法律趋同化也是一种国际趋势。要采取具体措施，避免法律上的冲突，解决香港特别行政区和内地的司法联系和协助问题。"② 因此，对于法的趋同的研究，须注意到中国内部多法域的情况，借鉴国际法中的"区际"一词建立相应的概念分析工具，积极探求内地、香港、澳门、台湾四地法律的协调发展方式。

另外，必须加以补充说明的是，法的小趋同还要讨论另外一个问题：法的域内趋同。因为在同一个法域内部，虽然从形式上具有

---

① 黄进：《中国法制的新发展：从单一法制到多元法制》，载《武汉大学学报（哲学社会科学版）》1999年第6期，第4页。

② 吴建璠：《"一国两制"与香港基本法》，载《人民日报》1997年5月23日第3版。

统一的"书本上的法律"（law in the book），但是由于法律亚文化、民间法的影响，"行动中的法律"（law in action）也是客观存在的。"如果我们深入研究，书本上的法与行动中的法之间的区别、用于支持政府调控人与人之间关系的规则和实际上控制他们之间关系的规则之间的区别就会显现出来。而且我们还会发现法学理论与司法实践之间确实存在着差异鸿沟，并且这个鸿沟还很深。"① 因此，关注法的域内趋同问题，研究如何缩小"书本上的法律"与"行动中的法律"之间的鸿沟，促进"行动中的法律"与"书本上的法律"的契合，对促进法律的有效运行，分析当代中国内地执法不严、有法不依的严峻现实有重大意义。

综上所述，本书将"法的趋同"之衍生系列概念定义如下：

——法的大趋同：不同国家的法律文化或法律制度法趋于相似或一致的现象。

——法的小趋同：一个国家内部的法律文化或法律制度趋于相似或一致的现象。

——法的域内趋同：一个法域内部的法律文化、司法、执法趋于相似或一致的现象。

——法的区际趋同：复合法域国家内部不同法域之间的法律文化或法律制度趋于相似或一致的现象。

第二节　刑法的趋同之系列概念的界定

一、刑法的趋同之系列概念的定义

刑法的趋同是法的趋同的子概念，刑法的趋同的定义应该以法

---

① Roscoe Pound. Law in Book and Law in Action. *The American Law Review*, Vol. 44 (1910), p. 15. 转引自付池斌：《现实主义法学与社会法学的思想交锋——评卢埃林-庞德的法理论战》，载 http：//dzl. legaltheory. com. cn/info. asp? id = 12992，2006-10-25 发布，2006-11-27 引用。

的趋同的定义作为模板。不过，对于刑法的趋同之定义中对象这一因素，有必要具体化，可以将法的趋同定义中"法律文化或法律制度"这类表述进一步修正为"刑法文化、刑事立法或刑事司法"。在刑法的趋同的定义中包含"刑事立法"自然无可厚非，但是包括"刑法文化"与"刑事司法"是否妥当呢？本书如此立论的原因在于：

第一，学术界倡导对刑事立法、刑事司法进行一体化研究由来已久，刑法、刑事诉讼法的学科划分不应妨碍在刑法的趋同概念中包含刑事司法的要素。李斯特在近百年前就大力倡导"整体刑法学"，并以此为名创立刊物出版至今，其基本框架是"犯罪—刑事政策—刑法"的三角关系，依据犯罪态势形成刑事政策，刑事政策又引导刑法的制定和实施，这样的刑法便可有效惩治犯罪。① 在中国，甘雨沛早就提出成立"一个具有立法论、适用解释论、行刑论、刑事政策论以及保安处分法的全面规制的'全体刑法学'"；② 储槐植也一直倡导关系刑法学，主张"刑事一体化"思想，指出"刑事一体化"的内涵是刑法和刑法运行处于内外协调，即刑法内部结构合理（横向协调）与刑法运行前后制约（纵向协调）。③ 虽然这三位学者所论及的"整体"、"全体"、"一体"的范围和侧重点不同，但对刑事立法与刑事司法应当一体研究的思想是一致的。犯罪现象是统一的整体，刑法、刑事诉讼法的学科划分只是研究主题分化的结果，不能因此而割裂对犯罪现象的研究，《加拿大刑事法典》这类包括刑事实体法和刑事程序法之综合法典的

---

① 参见储槐植：《再说刑事一体化》，载《法学》2004 年第 3 期，第 74 页。

② 甘雨沛、何鹏：《外国刑法学》上册，北京大学出版社 1984 年版，前言第 1 页。该书第 3~4 页进一步指出，刑法、刑事诉讼法、监狱法、侦查学、法医学等都属于刑事法的范围，据此刑事法可称为全体刑法。

③ 参见储槐植：《刑事一体化与关系刑法论》，北京大学出版社 1997 年版，第 394 页。关于刑事一体化的具体内涵，又参见储槐植：《再说刑事一体化》，载《法学》2004 年第 3 期，第 80 页。

客观存在也表明刑事实体法和刑事程序法的研究是不能分离的。因此，刑法的趋同的研究应该成为一种整体性研究，既研究规定犯罪、刑事责任、刑罚的规范，也关注这些静态规范的具体实现过程，拓宽学术视野，不固守"饭碗法学"，①构建既面向立法又面向司法的刑法学。

第二，目前，中国有关宏观刑法问题的研究成果中，"精神层面的刑法＋制度层面的刑法＋运作层面的刑法"的三要素分析框架已经逐渐成为通行模式。例如，在刑法现代化的研究中，有学者认为，"尽管不同国家的刑事法制文明具体构成各异，但均有一个共同点，即都不外乎是刑事法律规范、刑事司法运作和刑事法律观念三个要素的不同排列组合"。② 另有学者从刑法国际化的角度提出，"中国刑法的国际化应包括刑法理念的国际化就是我们从中得出的历史教训。当下，刑法国家和作为我国现代刑事法治建设的必由之路，不仅应包括刑法制度文化的国家化，还应包括刑法精神文化——刑法理念的国际化。……不同国家刑事法制构成要素的具体内容虽然各异，但它们却都包括三个基本的要素：刑事法律规范、刑事司法运作与刑事法律理念"，③并从刑法理念的国际化、刑事立法的国际化、刑事司法的国际化这三个方面展开了对刑法国际化的未来展望。这两位学者实际上均采纳了"精神层面的刑法＋制度层面的刑法＋运作层面的刑法"这种分析模式，非常值得借鉴。刑法的趋同是研究刑法发展的，亦属于宏观刑法问题，故本书赞同两位学者的分析框架，认为对刑法的趋同的界定与分析应该遵循"精神层面的刑法＋制度层面的刑法＋运作层面的刑法"这种分析

---

① 王利明坚决反对"饭碗法学"，指出"饭碗法学"自我封闭、封闭他人。参见王利明：《"饭碗法学"应当休矣》，载宫本欣主编：《法学家茶座》第4辑，山东人民出版社2003年版，第28～31页。

② 田宏杰：《中国刑法现代化研究》，中国方正出版社2000年版，第59页。

③ 苏彩霞：《中国刑法国际化研究》，北京大学出版社2006年版，第61、94页。

模式。

前述两位学者均赞成以"刑事法律规范"、"刑事司法运作"来分析"制度层面的刑法"和"运作层面的刑法",不过对于以何种概念工具来分析"精神层面的刑法"这一点上存在分歧,笔者主张狭义文化的概念,所以本书以"刑法文化"对此进行分析。有学者认为"刑事法律观念是社会成员对国家刑罚权的态度,以及对现实的刑事法律规范和刑事司法运作所持有的一种价值评价",[①] 并以此对"精神层面的刑法"进行分析,是因为采纳了广义文化概念的缘故,[②] 如果以"刑法文化"来分析"精神层面的刑法",那刑事立法、刑事司法也会被囊括其中了。笔者主张狭义的文化、刑法文化概念,刑法文化与刑事立法、刑事司法能够形成并列关系,而且据此"刑法文化论在构架与逻辑上能够包摄刑法观念论和刑法价值论",[③] 如果本书采纳"刑事法律观念"进行分析,则会不当地缩小了研究范围。还有学者则认为刑法理念"是指人们通过对刑法的性质、刑法的机能、刑法的作用、犯罪、刑法、罪刑关系、刑法文化及价值取向的宏观性整体性反思而形成的

---

① 田宏杰:《中国刑法现代化研究》,中国方正出版社 2000 年版,第 59 页。

② 田宏杰指出:"现代文明包括现代精神文明(或观念、意识)、现代制度文明和现代物质文明(指以客观形态存在的有形的器物或财富)。现代刑事法制文明无疑应当是现代文明的重要组成部分。但法制文明既非单纯的现代精神文明,也非单纯的制度文明或者单纯的物质文明,而是集上述三个方面于一体的一种文明形式……上述三个要素(刑事法律规范、刑事司法运作和刑事法律观念——笔者注)是现代刑事法制的基本载体,它们各自具有的形式以及相互间的不同组合,构成了一个时代或者一个社会的刑法文化的基本特征。"田宏杰:《中国刑法现代化研究》,中国方正出版社 2000 年版,第 59、60 页。

③ 许发民:《刑法文化与刑法现代化研究》,中国方正出版社 2001 年版,前言第 2 页。

理性认识"。① 根据这一概念所探讨的仅仅是"精神层面的刑法"中最深层次的部分，具有高度抽象性和整体性，并不包括刑法观念等这类具体内容；而且这一概念仅仅从刑法的价值角度来探讨"精神层面的刑法"，认为"刑法理念不仅具有认识论功能，而且具有方法论功能，即不仅是对法律的一般规律及其特点的揭示与高度概括，而且还以普遍规律、原则、方法、方案指导法律实践"，②那些不具有工具价值的"精神层面的刑法"也被排除在研究范围之外。这一概念适合对刑法国际化进行研究，但本书所确立的"刑法的趋同"概念研究的是完整的"精神层面的刑法"，所以并不适宜采纳"刑法的理念"展开这个层面的分析。

简而言之，本书基于刑事一体化的思想，研究完整的精神层面的刑法、制度层面的刑法、运作层面的刑法，从狭义的文化概念出发，以法的趋同之系列概念作为基础，将刑法的趋同之系列概念定义如下：

——刑法的趋同：不同法域的刑法文化、刑事立法或刑事司法趋于相似或一致的现象。

——刑法的趋同化：不同法域的刑法文化、刑事立法或刑事司法趋于相似或一致的过程。

——刑法的趋同性：不同法域的刑法文化、刑事立法或刑事司法趋于相似或一致的特性。

——刑法的大趋同：不同国家的刑法文化、刑事立法或刑事司法趋于相似或一致的现象。

——刑法的小趋同：一个国家内部的刑法文化、刑事立法或刑事司法趋于相似或一致的现象。

---

① 苏彩霞：《中国刑法国际化研究》，北京大学出版社 2006 年版，第 96 页。

② 苏彩霞：《中国刑法国际化研究》，北京大学出版社 2006 年版，第 96 页。

——刑法的域内趋同：一个法域内部的刑法文化、刑事司法、刑事执法趋于相似或一致的现象。

——刑法的区际趋同：一个国家内部不同法域之间的刑法文化、刑事立法或刑事司法趋于相似或一致的现象。

二、刑法的趋同的特征

具体而言，刑法的趋同这一概念具有以下特征：

第一，刑法的趋同研究刑法的发展状态，是一个描述性概念。刑法的趋同这一概念的功用是识别和定义不同法域的刑法在发展过程中所体现的现实状态，是对这样一种事实的描述：不同法域的刑法文化、刑事立法或刑事司法趋于相似或一致。采用刑法的趋同这一概念，意味着刑法的发展过程中发生了趋同这样一种现象，而不是对刑法的发展进行价值评价，更不是树立刑法应该趋同这种价值目标。不过，本书将刑法的趋同定位为描述性概念并非意味着本书仅仅进行描述性研究，描述性研究是规范性研究的基础，本书将结合描述性研究和规范性研究。本书第二章与第三章主要进行描述性研究，以刑法的趋同作为概念分析工具，分析当代中国刑法领域的大趋同的表征并解析其形成基础，以发现当代中国刑法发展的状态。第四章则在描述性研究的基础上进行规范性研究，从刑法的大趋同在当代中国的表征和形成基础出发，进一步描述刑法的大趋同在当代中国的效应，提出了刑法的趋同在当代中国的发展策略。

第二，刑法的趋同的外延涵纳不同法域的刑法，是一个关系性概念。刑法的趋同并非单向的针对性概念，其功用不在于描述某个特定法域刑法的特点，而是发现不同法域的刑法彼此之间关系的特征。因此，刑法的趋同必定发生在两个法域或多个法域之间，刑法的趋同是一个相对相向性的关系性概念，反映不同法域刑法发展的互动关系。

第三，刑法的趋同的外延包括刑法文化、刑事立法、刑事司法，是一个综合性概念。刑法的趋同是秉承刑事一体化思想形成的综合性概念，涉及刑法文化、刑事立法、刑事司法。"刑法文化是刑法中的文化，是刑法规范、相关的法律设施等外显实体的内在精神部分，而且是一种集体精神、文化精神。这种精神与作为其载体的因素不同，因此我们不承认所谓物质刑法文化的存在；这种精神也是异于社会的经济基础和政治（上层建筑）的，故而我们不承认所谓制度刑法文化的存在；刑法文化中也不乏文化垃圾现象，将刑法文化与刑法文明加以混同也是我们所不赞成的。"① 刑事立法就是有关规定犯罪、刑事责任和刑罚的刑事法律规范体系，是制度层面的刑法，包括刑事实体法、刑事程序法和刑事执行法。刑事司法是司法机关适用刑事法律规范对犯罪行为进行处理的实践过程，是运作层面的刑法。这三者相互结合，相互影响，构成了刑法的整体。刑法的趋同将对不同法域的刑法在这三个层面的互动关系进行研究。

第四，具体而言，刑法的趋同的方式包括四种：（1）引入国际刑法或外法域刑法理论；（2）缔结或参加国际条约；（3）移植外法域刑事立法；（4）国际或区际刑事司法合作。引入国际刑法或外法域刑法理论是指一个法域的刑法理论工作者引入国际刑法或者其他法域的刑法理论解决本法域有关犯罪、刑事责任、刑罚等问题。缔结或参加国际条约是指不同国家或地区通过批准、接受、核准或加入而成为国际刑事条约或非国际刑事条约的缔约国。移植外法域刑事立法是指一个法域将其他法域刑法的整体或者部分吸收到本法域的刑事法律制度之中并使之发挥作用。参考《联合国反腐败公约》第四章国际合作的有关规定，国际或区际刑事司法合作是指不同国家或地区的司法机关之间，根据本国或者本地区缔结、参加的国际条约或者双边互惠原则，相互就刑事诉讼所进行的帮助和合作，包括引渡、司法协助、被判刑人的移管、刑事诉讼的移

---

① 许发民：《刑法文化与刑法现代化研究》，中国方正出版社 2001 年版，第 122 页。

交、执法合作、联合侦查和特殊侦查这 7 类行为。

第五，刑法的趋同之标准不是世界刑法大同，刑法的趋同并非一个目的性概念。不同法域的刑法文化、刑事立法或刑事司法趋于相似或一致的判断标准包括两个方面，其一是不同法域的刑法文化、刑事立法或刑事司法在内容上具有相似性或一致性。这并非要求不同法域的刑法文化、刑事立法或刑事司法在内容上必须全部一致，局部相似或一致也可以认为是刑法的趋同。具体分析时，前述四种刑法的趋同方式的采纳是重要的判断指标。其二，这种相似性或一致性是在增加而不是在减少。

借鉴有关学者论及刑事司法"走向统一"这一趋势时的阐述，[①]刑法的趋同既不是刑事司法在组织上的全球一体化，也不是刑事司法在体制上的世界大同，更不是各国有关刑事司法的规定一模一样，而是刑事司法的基本准则和内涵标准的一致性。

第三节　刑法的趋同与相关概念的关系

一、刑法的趋同与趋同论的关系

（一）趋同论的基本观点

"趋同论"并非一个统一的理论体系，而有众多的流派，观点繁多，可以划分为三类九派：（1）根据趋同的完全性，"趋同论"可以划分为"完全趋同论"和"部分趋同论"。"完全趋同论"以丁伯根为代表，他认为社会主义与资本主义制度都向计划与市场的体制发展，差异在减少；差异减少到一定程度，将完全消失，两种制度完全融合为一种最优的社会制度。"部分趋同论"以多尔为代

---

① 参见何家弘：《刑事司法的八大发展趋势（代序）》，载何家弘主编：《刑事司法大趋势——以欧盟刑事司法一体化为视角》，中国检察出版社 2005 年版，第 4 页。

表，他认为不同的经济制度有不同的目标，每种制度都向自身的最优状态演进，社会主义制度与资本主义制度在向各自最优状态的演进过程中会逐渐减少差异，但它们决不会完全融合，差异缩减到一定程度后，就会永久保持下去，不会消失。两种制度会在一些方面趋同，在另一些方面则保留差异，趋同是局部的。（2）根据"趋同的方式"这一标准，"趋同论"可以划分为："双向趋同论"、"单向趋同论"；"均衡趋同论"、"非均衡趋同论"。前两个派别是依据趋同方式中的互动性划分的；后两个派别是依据趋同方式中的过程特点划分的。"双向趋同论认为社会主义制度与资本主义制度差异的减少、趋同的发生是这两种制度相互靠近，中途汇合的结果，是两种制度相互向对方运动的结果。趋同或多或少是均匀地、同时地和一致地在资本主义和社会主义两种制度中发生，不会出现单方面的趋近。"完全趋同论"、"局部趋同论"都属于"双向趋同论"。"单向趋同论"认为两种社会制度的趋同不是它们互向对方发展的结果，而是一种制度向另一种制度发展的结果。西方学者中持这种看法的有熊彼特、罗斯托。"均衡趋同论"认为趋同过程是平滑、连续、均衡发生的。两种制度在趋同的内容上是对应的，它们之间趋同的程度也大致相同；它们一旦趋同就不会再偏离了。这是一种理想的趋同假设，这主要以丁伯根为代表。"均衡趋同论"强调的是两种制度"趋同变化"的协调性，防止发生革命性的变革。著名匈牙利经济学家亚·科尔内提出"非均衡趋同论"，认为两种制度在一些方面是趋同了，另一些方面差异扩大了，还有一些方面保持原有状态。但总体上两种制度又有某些趋同，趋同是一种不均衡的、呈波动态势的趋同，趋同过程是一种波浪式的运动。（3）根据趋同的结局即趋同为一个什么社会这一标准，"趋同论"可划分为三派："现代化社会趋同论"、"工业社会趋同论"及其变种、"技术行政社会趋同论"。"现代化社会趋同论"是一部分现代化理论研究者们的观点，他们从现代化发展过程的角度出发，认为现代化将导致所有社会制度共同趋同为"现代化社会"，这一理论的代表人物是美国著名政治学家 C. E. 布莱克。"工业社会趋同论"

最初由法国学者雷蒙·阿隆提出，他认为苏联社会和资本主义社会只是同一社会类型（即进步工业社会）的两种形式。"工业社会趋同论"有许多变种，其中有贝尔的"后工业社会趋同论"，托夫勒的"第三次浪潮社会趋同论"、堺屋太一的"知识价值社会趋同论"等。贝尔认为资本主义社会和社会主义社会都将趋同进入"后工业社会"，托夫勒强调资本主义和社会主义将结束工业社会时代，从"第二次浪潮社会"趋同进入"第三次浪潮社会"。堺屋太一认为未来的新型社会即是"知识价值社会"，现在所有的社会制度都将走向"知识价值社会"，这种社会"以知识和智慧的价值"为中心。美国研究政治学的布热津斯基和亨廷顿提出"技术行政（官僚）趋同"的观点，认为社会主义、资本主义都面临着"技术官僚"统治的问题，提出"官僚制化"、"科层制化"是现代社会结构、社会变迁和政治现代化的一个不可或缺的组成部分，它是现代社会带有普遍性的发展趋势，社会主义制度和资本主义制度都不能避免。①

以上"趋同论"的三类九派，只是一种相对的划分。实际上，这些派别之间有相互叠合的地方。如"现代化社会趋同论"、"工业社会趋同论"中又可区分为"现代化社会完全趋同论""现代化社会部分趋同论"和"工业社会完全趋同论"、"工业社会部分趋同论"等。除了前面所说的三类九派"趋同论"外，还有一种"趋同论"需要注意。这就是马尔库塞的"阶级趋同论"，这一理论的内容包括工人个人与资本家的一体化以及无产阶级与资产阶级的一体化两个方面。②

对于趋同论的思想，我国学者普遍持批驳态度。有学者指出，第一，"趋同论"是在两种社会制度并存竞争处于相对均势的条件

① 参见辛向阳：《"趋同论"研究》，中国人民大学出版社1996年版，第51~66页。

② 参见辛向阳：《"趋同论"研究》，中国人民大学出版社1996年版，第66~68页。

下产生的一种资产阶级思想，是维护资本主义制度的理论。"趋同论"在它的萌生、成熟过程中存在着这样一个基本事实：当两种社会制度的力量不均衡，资本主义力量强大，社会主义力量弱小时，资产阶级学者就很少讲或根本不讲"趋同论"，而是高叫以资本主义制度淹没社会主义制度的"淹没论"；而当两种社会制度处于力量均势，社会主义与资本主义彼此抗衡时，资产阶级学者就拼命高叫"社会趋同"，目的是为了捍卫资本主义制度；当社会主义明显处于向资本主义挑战的攻势状态时，资产阶级学者也会拼命奢谈"趋同论"，向社会主义国家的人们灌输这样一种思想，即社会主义与资本主义"本是同根生"，它们的发展趋势是近似的，社会主义不应消灭资本主义，未来的发展会证实"趋同假设"。这完全是一种错误的观点。第二，不管未来怎样发展、变动，人类社会的发展只有一个结局，即社会主义终将代替资本主义，其他的图景并不存在。因此，从马克思主义关于未来的科学观点看，"趋同论"的历史命运是被客观规律决定了的，那就是：必然破产。①

　　另外，还有学者一针见血地指出："'趋同论'是产生于本世纪40年代的西方资产阶级学术理论。近20年来，'趋同论'在全世界广为流传，在社会主义国家也颇有影响。这种理论认为，资本主义与社会主义两种制度能够互相'融合'、'趋同'而成为既非资本主义又非社会主义的一种新的社会制度。于是，两种社会制度的对立消失，人类共同'在大地上建立天国'。这种论调掩盖了现代资本主义的基本矛盾，否认社会主义必然代替资本主义的客观规律，否定社会主义革命的必要性，抹煞社会主义与资本主义的根本区别，企图达到维护资本主义制度永世长存，用资本主义取代社会主义的目的。它带有很大的迷惑性和欺骗性。"②

---

　　① 参见辛向阳：《"趋同论"研究》，中国人民大学出版社1996年版，第279～280页。

　　② 樊期曾主编：《现代科技革命与未来社会——评两种社会制度"趋同论"》，中国人民大学出版社1993年版，第3页。

整体来看，趋同论的兴盛首先发端于经济学家的研究。经济学家的主要研究思路是针对资本主义国家、社会主义国家进行经济体制改革后经济手段的多元化态势，通过构建数理模型对资本主义和社会主义的经济制度进行实证分析，并对两大阵营的经济制度走势进行评价和预测。随后，社会主义国家、资本主义国家之间共性因素增多的现象也引起了社会学家、政治学家的关注，他们从生产力的发展对于生产关系的影响，阶级与社会阶层的变化等因素探讨未来社会的图景，趋同论也随之蔓延到不同学科。因此，趋同论实际上是使用"趋同"（convergence）这一概念对资本主义制度和社会主义制度的趋势进行预测的一组理论。这一组理论阵营中观点芜杂，派系庞多，而且还不断有新观点产生，对趋同论本身的研究也已经成为专门的学问。哪些观点被冠之以趋同论之名，在不同学者那里是存在不同标准的。在我国，趋同论被打上了意识形态的烙印，被贴上了资本主义捍卫者的标签，对趋同论的研究有政治化的倾向，学者们对趋同论讨伐者居多。

（二）刑法的趋同与趋同论的关系

如果说刑法的趋同与趋同论有什么相同点的话，那就是双方在形式上共用了同一个词——"趋同"作为基本术语。但是，刑法的趋同与趋同论具有本质的区别。因为，刑法的趋同与趋同论与并未共享概念，"趋同"一词在各自领域的内涵不同。趋同论之所谓"趋同"是关于未来社会发展趋向的一种趋同假设，从其方法论上看，趋同论是一种未来学研究。而且，被归入趋同论阵营的"工业社会趋同论"及其变种实际上也被冠之以"未来学"。① 而刑法的趋同是对刑法发展现状的一种事实描述，其所谓"趋同"是一种趋同现象，刑法的趋同是发展学研究。

也许有学者会诘问笔者，研究刑法的趋同必然论及刑法未来的发展图景，是不是也能将刑法的趋同的研究归入所谓"未来刑法学"呢？对此，笔者必须申明，并不赞成法学、刑法学与未来学

---

① 关于未来学的文献，见附录第3项。

"联姻"。原因有二,第一,虽然欧美未来学著作在内地出版界备受追捧,但实际上未来学并不属于主流学派,与刑法学作为法学传统学科的地位并不"门当户对"。未来学起源于乌托邦小说,与科幻小说有密切的亲缘关系,在西方仍然是"在野"的学派,在正统科学界地位不高。在中国,政治学研究关注未来学的某些研究,将其思想冠以"趋同论",并加以批判和否定。因此,刑法学与未来学在学科定位和发展轨迹上具有明显差异,没有必要将时髦的"未来学"与刑法学结合。

第二,未来学与刑法的趋同的研究思路有别,思考重心不同。未来学研究的核心在于通过了解现在预测未来,描述未来社会的图景,其本质上是一种社会综合性发展的假说。例如,阿尔温·托夫勒将人类社会的发展划分为"农耕时代"、"工业时代"、"服务业时代"这三次浪潮,认为自20世纪50年代后期开始,新的文明即知识的浪潮正在形成。丹尼尔·贝尔以工业社会模式作为西方社会发展的共同结构,探讨了先进工业社会的未来,预测了后工业社会的来临,并构思了后工业社会经济、技术、社会三方面的情况。刑法的趋同的研究思路在于以经济全球化加速发展,法的趋同倾向加强为背景,基于对现状的描述而形成"刑法的趋同"这一概念分析工具,分析刑法的发展趋势,提出当前刑法的发展战略,促进刑法未来的进步,其研究重心在于过去、现在与未来之间的动态关系,其目的在于实现未来刑法的良性发展。因此,笔者肯定"发展刑法学"这样的术语表达,提倡发展刑法学研究,但并不倡导所谓"未来刑法学"研究。当然,笔者的这一立场绝非贬低或否定未来学研究,也不是放弃对刑法未来动态的研究,只是强调刑法学与未来学"道不同不相为谋",不能随意将刑法学"嫁给"未来学或是其他时髦的××学。与此同时,发展经济学、发展社会学、发展政治学,尤其是发展经济学,已经逐步兴起,初步形成了基本理论范式和概念。全球化与发展是一个跨学科的问题,刑法学的学术研究不能盲目热衷于后现代主义的解构、建构,刑法学研究的重心应是在回顾历史、解读现状、前瞻未来的基础上描述发展,探求发展刑法学的研究进路。

"简单化地把'趋同'论定为'不是资本主义趋同为社会主义,就是社会主义趋同为资本主义',是一种形而上学的思维方法导致的机械结论,从当代世界经济、政治和社会发展的客观事实及内在需求来看,经求同存异而逐渐'趋同'符合各国人民的根本利益,符合客观事物的发展规律。"① 所以,不能因为趋同论的非科学性而否定"趋同"这一术语存在的必要性,更不能仅仅因为刑法的趋同使用了"趋同"这一术语就将其归入趋同论的研究范畴。趋同论中的"趋同"是移植生物学的术语逐渐形成的概念,刑法的趋同这一概念并非在此基础上从趋同论中引申的概念,而是直接移植生物学中趋同进化的术语形成的概念,两者"性相近,习相远"也。

二、刑法的趋同与刑法现代化的关系

（一）我国学者对刑法现代化的不同界定

对于"刑法现代化"这一术语内涵的界定,我国学者一般未直接采取下定义的方法,而是采取了作诠释的方法。作诠释的方式有两种,一种是直接诠释的方式,有的学者将刑法现代化的特征诠释为,刑法的现代化表现为一个变迁过程,一个由传统刑法向现代刑法转变的过程,一个刑法传统适应现代潮流的变革过程,这种转变主要涉及刑法的价值因素和技术因素。② 有学者对刑法现代化的外延进行描述,提出刑法的现代化包括刑法观念的现代化、刑法文

---

① 倪正茂:《东亚法治趋同论》,载《社会科学》2003年第5期,第53页。

② 参见袁彬:《我国刑法现代化及其反思》,载《黑龙江省政法管理干部学院学报》2004年第2期,第107页。采取类似诠释方法的论述,又参见杨惠:《近代中国刑法现代化之初始》,载《天津市政法管理干部学院学报》2001年第2期,第48页。

化的现代化、刑法研究方法的现代化。①

后一种是间接诠释的方法，即以刑法现代化与有关概念的关系为切入点对其内涵进行诠释。间接诠释的方法又可以分为两种，第一种方法是定义"刑法现代化"的上位概念，采取了"举大以贯小"②的方式。这一方法遵循此种研究路径，即：刑法现代化是法制现代化的子课题，而法制现代化理论则是现代化理论在法学领域的延伸。定义了现代化或者法律现代化，则刑法现代化的含义不言自明，无需再行定义，直接适用这一术语进行相关研究即可。有学者对中国刑法现代化理论进行了系统研究，认为无论是从西方化还是工业化的角度来阐释现代化都不准确，'现代化'一词既是一个静态的概念，又是一个动态的过程。从静态看，现代化是指人类社会在最新阶段所达到的文明状态，是对传统的决裂和变革；从动态看，现代化又是在传统的基础上，通过对传统的不断扬弃而进行的文明价值体系的创新，是对传统的否定之否定，是民族传统在现代社会的延续。现代化就是传统与现代、世界性与民族性的统一。③这种研究思路是不对刑法现代化简单地下一个定义，而是采用"现代化"作为基本概念分析工具，对中国刑法现代化的起源、现

---

① 参见王劭荣：《浅析刑法现代化的内涵》，载《前沿》2003 年第 6 期，第 83 ~ 85 页。

② 《管锥编》"左传正义六七则"中的"隐公元年"条："复须解全篇之义乃至全书之指（'志'），庶得以定某句之意（'词'），解全句之意，庶得以定某字之诂（'文'）；或并须晓会作者立言之宗尚，当时流行之文风、以及修辞异宜之著述体裁，方概知全篇或全书之指归。积小以明大，而又举大以贯小；推末以至本，而又探本以穷末；交互往复，庶几乎义解圆足而免于偏枯，所谓'阐释之循环'（der hermeneutische Zirkel）者是矣。"钱钟书：《管锥编》第 1 册，中华书局 1979 年版，第 171 页。着重号为笔者所加。钱钟书先生用"举大以贯小"来强调必须通过理解文章整体来解释文章的部分。本书此处引钱先生语，意指通过定义母概念来彰显子概念内涵的诠释方法。

③ 参见田宏杰：《中国刑法现代化研究》，中国方正出版社 2000 年版，第 3 ~ 6 页。

状与发展模式设计进行深入研究。还有的学者则从解释法律现代化的内涵入手，分析了法律现代化的含义，认为：（1）法律现代化意味着一种内制改革的要求，指一个国家的法律制度能够对社会内部的各种关系给予广泛有效的法律调解，实现法律制度本身的配套，内容的完善；（2）法律现代化体现着受外力促进后的创新精神，反馈着现代文明的所有成果和优秀品质，强调剔除愚昧落后乃至野蛮的因素；（3）法律现代化是一种最高境界的价值追求，要求人们从意识里、行为中都贯穿一种深邃的法律适应时代需求而进化的理解和认同，代表着人类前进过程中弃旧图新的意志和愿望。刑法现代化是法律现代化的一个子目录，能够从法律现代化的映射中找到自己的光点，而将其具体化。①

间接诠释的第二种方法，是将刑法现代化作为与刑法全球化相关联的问题进行诠释。如有学者认为，法律全球化完全是一个人为的自觉的创制过程，作为公法的刑法，其全球化并没有充分展开，对于我国的刑法体系而言，也有一个与国际社会接轨的问题，这主要表现在对付跨国性犯罪的处理、管辖权，引渡、外国刑事判决的承认等诸多问题；同时，我国的刑法体系还有一个现代化的问题，就是如何确立在当代社会的刑法的根基。可以说，这两个问题成为我国刑法体系进步的两条基本的线索，而前者为后者的实现创造了一个外在的环境，既提供资源，又提供压力；后者为前者的实现提供最终的条件，因为只有实现了刑法体系的现代化，才可能在国际刑法领域取得主动的发言权，才可能成为刑法全球化主动的力量。②

（二）刑法的趋同与刑法现代化的关系

从学者对刑法现代化内涵的界定看，均是以中国清末刑法改革

---

① 参见王劭荣：《浅析刑法现代化的内涵》，载《前沿》2003 年第 6 期，第 83 页。

② 参见尤广辉、时延安：《法律全球化中的刑法现代化——刑法现代化的一个问题》，载《山东公安专科学校学报》2003 年第 1 期，第 24~25 页。

以来中国的刑法发展为背景，强调中国刑法应该遵循一条独立自主的现代化发展道路，以实现创新性发展。对现代化的界定有两种基本的立场，一种是将刑法现代化视为一种动态的发展过程，另一种是将刑法现代化视为一种静态与动态相结合的概念。虽然学者们对于刑法现代化的诠释角度并不相同，但对刑法现代化概念的诠释实际上均是以现代化、法制现代化作为上位概念展开的，是承认这样一个基本前提的，即"当代中国法制正处于从传统型法制向现代型法制的历史转型亦即法制现代化的过程之中"。① 因此，就相同点而言，刑法的趋同与刑法现代化都是对刑法发展进行研究的概念分析工具，两者的研究范围存在交叉的领域。目前，学者们对刑法现代化的研究一般包括刑事法律观念、刑事立法、刑事司法三个方面，本书对刑法的趋同的研究则包括刑法文化、刑事立法、刑事司法，后两者的范围是一致的，不过在"精神层面的刑法"方面，本书所研究的刑法文化的外延大于刑法观念。

刑法的趋同是描述性概念，刑法现代化是类型性概念，两者有着显著区别。从研究目的来讲，本书提出刑法的趋同这一概念分析工具，所研究的是刑法的发展现状，实际上是对刑法发展的现实阶段进行分析和反思。但刑法现代化是用现代化这一概念范式来分析中国的刑法转型问题，所探讨的问题是中国刑法发展的模式。这种刑法发展模式的研究，实际上是源自西方法律发展理论的类型学分析范式，是现代化理论在法律领域的引申。在西方，现代化理论具有一种西方化的倾向，现代化或多或少被理解为某种程度上的工业化，现代化理论具有西方中心主义的倾向，体现了传统与现代的线

---

① 公丕祥：《中国的法制现代化》，中国政法大学出版社 2004 年版，第 34 页。该书是公丕祥教授迄今为止所进行的有关中国法制现代化问题探索的一次初步总结。公丕祥教授其他有关中国法制现代化研究的著作，公丕祥主编：《中国法制现代化的进程》上卷，中国人民公安大学出版社 1991 年版；公丕祥主编：《法律文化的冲突与融合》，中国广播电视出版社 1993 年版；公丕祥：《法制现代化的理论逻辑》，中国政法大学出版社 1999 年版；公丕祥主编：《当代中国的法律革命》，法律出版社 1999 年版。

性发展模式,许多学者对现代化话语的目的论假说提出了批评,尤其是沃勒斯坦、弗兰克所采纳的世界体系分析方法。① 中国学者在论及现代化理论时一般强调现代化不是西方化,强调寻找具有中国特色的发展模式。有学者或许正是注意西方现代化理论的这种缺陷,所以在现代化的概念中主张静态与动态的统一,传统与现代的统一。不过,无论如何消退现代化中的西方色彩,刑法现代化这一概念仍隐含着存在传统刑法与现代刑法这样两大类型刑法的判断,其所要解决的问题在于阐述现代刑法的特征,树立一种现代刑法的价值发展目标,指明传统刑法向现代刑法转型的道路,这种研究仍属于一种"现代化范式",② 回答的是"中国刑法应当如何发展"这样一个应然性命题。但是,不能将中国刑法如何发展的问题简单归结为中国刑法如何实现现代化。这两个命题并非等价的命题。研究中国刑法的发展问题,还需要做的工作就是对中国刑法发展的现

---

① 世界体系理论的基本观点,参见附录第 4 项。

② 邓正来认为中国法学陷于一种"总体性"危机,中国法学的发展基本上为一种"现代化范式"(the paradigm of modernization)所支配,这种"现代化范式"乃是一种有着明显的"思维定式"成分或"前见"性功效的未经质疑的有关现代化的规范性信念。邓正来阐述反思与批判中国法学"现代化范式"的相关文献,又参见:邓正来:《中国法学向何处去(上)——建构"中国法律理想法律图景"时代的论纲》,载《政法论坛》2005 年第 1 期;邓正来:《中国法学向何处去(中)——建构"中国法律理想法律图景"时代的论纲》,载《政法论坛》2005 年第 2 期;邓正来:《中国法学向何处去(下)——对苏力"本土资源论"的批判》,载《政法论坛》2005 年第 3 期;邓正来:《中国法学向何处去(续)——对梁治平"法律文化论"的批判》,载《政法论坛》2005 年第 4 期;邓正来:《根据中国的理想图景——自序〈中国法学向何处去〉》,载《社会科学论坛》2005 年 5 月期下半月刊·学术研究卷。这些论文后来构成一部专著的基本内容,即邓正来:《中国法学向何处去——建构"中国法律理想图景"时代的论纲》,商务印书馆 2006 年版。对该系列论文及专著的分析与批判论文,可参见刘小平、蔡宏伟主编:《分析与批判:学术传承的方式——读邓正来〈中国法学向何处去〉》,北京大学出版社 2006 年版。

状进行分析，刑法的趋同正是对此进行分析的概念工具，其研究的是"中国刑法发展到何种状态"这样一个实然命题。

三、刑法的趋同与刑法国际化的关系

（一）法的趋同与法的国际化的关系

法的趋同是刑法的趋同的上位概念，法的国际化则为刑法国际化的上位概念，因此，刑法的趋同与刑法国际化的辨析，首先就要分析法的趋同与法的国际化之间的关系。同时，本书所主张的"法的趋同"的概念虽然比"法律趋同化"概念的外延稍大，但是无论采用法的趋同的表述，还是采用法律趋同化的表述，在法的趋同理论方面的基本立场是一致的。所以，有关"法律趋同化"与"法的国际化"之间关系的论点对明晰"法的趋同"与"法的国际化"的界限具有重大意义。本书这一部分的讨论就从"法律趋同化"与"法的国际化"的关系展开。

法律趋同化与法的国际化这两个概念之间的关系，有区别论和同一论两种观点，进而对刑法的趋同化、刑法国际化的关系也存在同样的理论分歧。李双元、胡陆生主张区别论，不过理由不同；苏彩霞则主张同一论。笔者主张区别论，下面通过对三位学者观点的评析来阐述本书的立场。三位学者形成分歧的原因在于对这一基本问题的回答不同：如何理解法的国际化及其子概念刑法国际化。李双元主张"法律趋同化"的概念，认为"国际化"不应该取代"趋同化"；胡陆生、苏彩霞均主张法律国际化、刑法国际化的概念，认为李双元对"国际化"的理解有误，否定"国际化"概念合理性的前提不对。

李双元认为，把因当今国家职能的重大转变和在经济与市场上相互依存关系的大大加强而产生的不同国家的法律的相互趋近和吸收，以及国际统一法律条约不断增加的走势，亦即在国内立法上吸收他国优良的法律制度，或大量采用国际社会的普遍实践，并且在能够通过条约或公约来统一的时候把彼此的法律统一起来的走势，

用法律的"国际化"来概括是不妥的。① 该学者反对"法律国际化"概念的理由在于：（1）如果把各国的法律制度在某些方面彼此接近乃至融合的现象用"法律的国际化"来概括，在逻辑上就会得出这样的一个武断的结论，即：既然随着全球化时代的到来，各个国家的法律都逐渐变成了国际法，人类社会终有一天就不存在"国内法"，而只有"国际法"了，这似乎还是一种乌托邦式的空想。法律的趋同化排除了逻辑上的这一武断的结论，即：一方面，人类社会的各个国家的国内法的某一部分或某些部分，固然会因通过签订各种国际造法条约而由国际统一法（国际法）所取代，但即使是这种取代，也只是取代了相关国内法原来管辖的涉及国际因素的那一部分。更何况国内法中的大部分或绝大部分都依然不是以"国际法"而是以"国内法"的形式存在的。（2）各国法律部分的国际化或即将国际化只是法律趋同化进程中的一个方面的表现。至少在目前，法律的趋同化主要还是表现在各国国内法的创制过程中，通过理性的考量有选择地，甚至大量地吸收或移植外国的法律或把国际实践中那些已被公认的普遍法律实践吸收入自己的国内法。②

苏彩霞则认为，李双元的观点是对法的国际化概念的误解。因为，法的国际化并非要改变国内法的性质，而是指各国国内法在内容上出现相互接近、彼此融合，与国际条约或国际惯例接轨的特点，即内容上具有国际性，而形式上仍属于国内法。一般意义上法的国际化包括各国国内法之间的相互影响、国际法的形成、国内法与国际法的互动三个方面，其中国内法与国际法的互动表现为国内法的国际法化和国际法的国内法化。因此，李双元所说的法律趋同化与法的国际化是对同一现象的不同提法，其外延与内涵是相同

---

① 参见李双元、李新天：《当代国际社会法律趋同化的哲学考察》，载《武汉大学学报（哲学社会科学版）》1998年第3期，第25页。

② 参见李双元、何绍军、熊育辉：《从中国"入世"再谈法律的趋同问题》，载《湖南师范大学社会科学学报》2002年第5期，第58页。

的。在外延上，法律趋同化可以指不同国家法律趋于接近甚至一致的现象或趋势，也可用来指一国法律的发展趋势，如中国法律的趋同化，而这正是一般意义上的法的国际化与个案意义上的一国法律的国际化。在内涵上，法的国际化指各国法之间的相互学习、渗透、移植以及国内法与国际条约、国际惯例的接轨，而各国法相互学习、渗透、移植以及国际接轨的结果，就必然使各国法在某些内容上趋于接近甚至一致，即趋同化。因此，法的国际化与法律趋同化这两种提法并不冲突，可以在同一含义上使用法的国际化与趋同化概念，理由在于：法的国际化可以从两个层次进行理解：一是一般意义上的法的国际化，二是个案意义上的法的国际化。一般意义上的法的国际化，着眼于世界范围内各国法律发展的共同趋势，是指世界各国在其法律发展的过程中，相互吸收、彼此渗透，或共同缔结国际条约、遵循国际惯例，从而使各国法律在人类文明进步的大道上趋于接近、协调发展、共同前进的趋势。个案意义上的法的国际化，着眼于某一具体国家法律的历史发展趋势，是指某一国法律在发展过程中，通过输出本国法或输入他国法，或与国际条约、国际惯例接轨，从而使本国法律朝着科学、民主、文明方向不断前进的趋势。①

胡陆生认为，李双元所界定的法律国际化过于狭窄。因为，李双元的观点是认为只有一个国家参加或加入了国际的或地区的某一统一法律的公约，或共同受某种国际商事惯例的约束，这一部分法律才能叫做"国际化"，即使某一局部地区法或法局部处于统一趋势之中，也不可能完全"国际化"，这种意义上的国际化只是法律的国际法化。胡陆生提出，法律的国际化并不意味着各国法律规定的同质化或统一化，法律国际化是指由于国际交往和国际法律实践而导致的各国法律在某些方面的协调一致，甚至作出相同的规定或通过形成国际性条约而作出对缔约各方有约束力的共同性规定的过

---

① 参见苏彩霞：《中国刑法国际化研究》，北京大学出版社 2006 年版，第 2～12 页。

程。刑法国际化，就是法律的国际化在刑法领域的展开，是指各国根据共同缔结的国际条约和国际社会刑法进步的潮流进行刑事立法和司法的过程。因此，法律国际化是法律趋同化的一定程度的表现，因为法律的国际化、法律的世界化、法律的全球化等都可以是法律趋同化的表现，只是在表现的程度上有别而已。只要存在民族国家，就不会存在所有法律的全球统一，"法律趋同"就永远是一个趋势。①

　　简而言之，苏彩霞、胡陆生认为李双元对法律国际化的否定是因为对法律国际化的理解存在偏差。实际上，三位学者都承认一个前提：法律有"国内法"与"国际法"的两大体系共同存在，"国际法"不会取代"国内法"。同时，三位学者也承认存在这样两类现象：（Ａ）不同国家法律的相互趋近和吸收；（Ｂ）国际统一法律条约不断增加。李双元主张用法律趋同化概念②来概括 Ａ 和 Ｂ 两种现象，认为"法律国际化"就是指 Ｂ 现象。这一观点实际上是从形式意义上来理解法律国际化，强调只有表现为国际法③的那部分法律才能称为国际化。胡陆生则认为 Ｂ 现象实际上只能称之为法律的国际法化，Ａ 和 Ｂ 两种现象都可以为法律国际化的概念所涵

---

① 参见胡陆生：《刑法国际化范畴研究》，载中国人民大学刑事法律科学研究中心编：《现代刑事法治问题探索》第 1 卷，法律出版社 2003 年版，第 220～221 页。

② 李双元认为："法律趋同化，是指不同国家的法律，随着社会需要的发展，在国际交往日益发达的基础上，逐渐相互吸收，相互渗透，从而趋于接近甚至趋于一致的现象。在国内法律的创制和运作过程中，法律趋同化主要表现为越来越多的涵纳国际社会的普遍实践与国际惯例，在国际法律的创制和运行过程中，主要表现为积极参与国内法律统一的活动和接受或加入已有的国际造法条约。"李双元、张茂、杜剑：《中国法律趋同化问题之研究》，载《武汉大学学报（哲学社会科学版）》1994 年第 3 期，第 3 页，第 6 页。

③ 李双元所指国际法包括国际条约和国际惯例，参见李双元、张茂、杜剑：《中国法律趋同化问题之研究》，载《武汉大学学报（哲学社会科学版）》1994 年第 3 期，第 6 页。

盖，所以他反对李双元认为法律国际化只是法律趋同化一个方面表现的观点，认为法律国际化、法律趋同化是对同一现象不同程度表现的不同表述，虽具有密切联系但两者不能相互替代。而苏彩霞将国际化理解为法律发展的趋势，并分别从各国法律共同发展的趋势、一国法律发展的趋势的角度对法的国际化、刑法国际化采取了二元定义的方法；而且对国际化的内涵进行了最广义的界定，将 A 和 B 两种现象在法律国际化中进一步归结为国内法之间的相互影响、国际法的形成、国内法与国际法的互动这样三个方面。这三个方面的内容已经完全包括了法律趋同化的外延，所以苏彩霞认为法的国际化与法律趋同化没有区分的必要。显然李双元所认为的法律国际化的外延更小，其有关法律国际化的主张我们姑且称之为狭义说，胡陆生、苏彩霞所主张的法律国际化可以称之为广义说。

那么，胡陆生和苏彩霞有关法律国际化的观点是否妥当呢？笔者认为，法律国际化的广义说还有几点值得商榷。

第一，苏彩霞借鉴了黄文艺关于法律国际化基本内容三分法的观点，但并没有贯彻到底。黄文艺认为，法律国际化的基本内容包括三个密切联系的方面：国家法（国内法）之间的相互影响，这是法律国际化的初级形式，主要表现为各国法的相互协调、借鉴和移植，最后表现为法律趋同；国家间法律（国际法）的形成，这是国际化的高级形式；国际法和国内法的互动，表现为国际法的国内化和国内法的国际化。① 黄文艺主张法律趋同是法律国际化中国内法之间的相互影响的最终表现，亦即认为法律趋同是法律国际化一个方面的表现。但是，苏彩霞一方面认为一般意义上的法律国际化包含国内法之间的相互影响等三个方面，另一方面却认为可以在同一含义上使用法律趋同化和法律国际化这两个概念，这有自相矛盾之嫌。

第二，法律国际化的广义说实际上包含了法的趋同与狭义的法

————————

① 参见黄文艺：《法律国际化与法律全球化辨析》，载《法学》2002 年第 12 期，第 16～17 页。

律国际化两个概念，失之严谨。广义说所认为的法律国际化的三个基本内容中，"国际法的形成"可以用法律国际化这一概念来指称是无可争议的，这也是狭义说所主张的观点。另外两个内容中，关于"国内法之间的相互影响"，黄文艺认为这一方面最后表现为法律趋同，反过来说，这就是认为法律国际化的一个方面是法律趋同一定程度的表现。而且，进一步分析，这一部分内容可以直接以法律趋同来概括，因为所谓"各国法的相互协调、借鉴和移植"这些国内法相互影响的初步表现实际上是法律趋同的工具，协调、借鉴和移植的实际结果就是法律趋同。因此，"国内法之间的相互影响"完全可以直接采用法的趋同来概括。至于"国际法和国内法的互动"，实际上只是解释了国际法的形成和实施，其内容已经被"国际法的形成"包含了。因为，所谓"国际法的国内化"，其实质就是国际法的实施，是指国内法通过转化或纳入的方式来实施国际法。至于"国内法的国际法化"，实际上就是论述国际法是各国意志协调的产物这一现象。国际法通常被称为"软法"或"弱法"，其原因就在于国际法的形成体现了相关国家在特定问题上的共同意愿，无论是国际条约还是国际惯例，一般都是充分考虑各国国内法的历史与现状而形成的折中的立场。因此，广义的法律国际化的三个方面内容，"国家间法律（国际法）的形成"与"国际法和国内法的互动"实际上就是狭义的法律国际化，"国内法的相互影响"就是法的趋同。虽然法律国际化与法的趋同具有密切联系，但将其杂糅在一个广义的法律国际化概念之中，在逻辑上的合理性也还是值得探讨的。

第三，苏彩霞对法的国际化的二元定义模式不能适用于法律趋同化，"法律趋同化可以指不同国家法律趋于接近甚至一致的现象或趋势，也可用来指一国法律的发展趋势"这种观点不能成立。退一步讲，不同学者基于不同研究目的，可以对法的国际化进行不同界定。例如，有学者认为："所谓法律发展的国际化，主要是指在法律文化的传播与交流的历史进程中，各个主权国家的法律制度蕴涵着世界法律文明进步大道上共同的基本法律准则，使各国的法律制度在某些方面彼此接近乃至融合，进而形成一个相互依存、相互联结的国际性的法律发展趋势。"① 这种观点实际是从法律的现代化发展进程的角度界定法的国际化。

因此，即使苏彩霞关于法的国际化的定义具有一定的合理性，也并不等于可以将法律趋同化与法的国际化这两个概念等同。因为趋同是一个关系性概念，其功用在于描述不同事物彼此之间关系的特征。所以，法律趋同化不能用来直接表述一国法律的发展趋势。趋同这一术语不能套用"中国法的国际化"这类表述，"中国法律的趋同化"这类表述是不符合逻辑的。因为，"中国"已经将"法律的趋同化"限定在中国之内，而"法律的趋同化"即使是在狭义上也是指不同国家之间法律趋于接近甚至趋于一致的现象，如果进行这样的术语搭配，则属于前后自相矛盾。因此，即使"从相互依存、相互联结的国际性的法律发展趋势来看，法律发展的国际化，究其实质，就是法律的趋同化，但将这种趋同化仅仅表述为国际化就不够全面"。②

简而言之，法律国际化的广义说未区分法律国际化与法律国际性的概念，失之严谨。胡陆生和苏彩霞虽然对法律国际化和法律趋同化能否相互替代表述持不同观点，但都主张对法律国际化不能仅仅从形式上理解，也要从内容上理解，即国内法只要具有国际性因

---

① 公丕祥：《法制现代化的理论逻辑》，中国政法大学出版社 1999 年版，第 364～365 页。此外还有学者认为："法的民族化在这里是指法按照本民族的特质而发展，它是民族、传统、文化、国情及其发展规律对法的要求，是法的内向型发展的规律。法的国际化是指法顺应国际社会的法律合作、交流、融合乃至局部统一的趋势，这是人类共同活动和共同理性对法的要求，是法的外向型发展的规律"。孙笑侠：《法的现象与观念》，山东人民出版社 2001 年修订版，第 23 页。

② 胡陆生：《刑法国际化范畴研究》，载中国人民大学刑事法律科学研究中心编：《现代刑事法治问题探索》第 1 卷，法律出版社 2003 年版，第 221 页。

素，即使尚不具有国际法的形式，也可以称之为法律国际化。① 这种观点，实际上是混淆了国际化与国际性两个概念，是不严谨的。国际化与国际性是两个不同的术语，诚如现代化、现代性，趋同化、趋同性一样，都应该加以区别。法律的国际化的内涵就应该指法律的国际法化这一过程，而不应该包含法律具有国际性这一过程。A 种现象实际上是表明各国国内法具有国际性的内容，如果用法律国际化来概括是不严谨的。因为法律国际化应该阐述法律体系中发展为国际法的部分日益增多这样一种过程和趋势。的确，各国国内法因为互相影响而在内容上日益具有国际性，但这一过程并非体现了国际法的形成过程，而只是发生了国内法共性因素日益增多的现象，这恰恰是法的趋同，而非法律国际化。因此，在结论上，笔者赞同李双元的观点，"法的国际化"是"法律趋同化"一个方面的表现。

以上论述了"法律趋同化"与"法的国际化"这两个概念之间的关系。本书所主张的"法的趋同"的概念并不局限于国家法的关系，而是指不同法域的法律文化或法律制度趋于相似或一致的现象，其外延大于"法律趋同化"；而"法律国际化是一个以国家为轴心来描述和分析世界法律发展状态和趋势的范畴"。② 因此，

---

① 胡陆生、苏彩霞关于刑法国际化概念的主张并不完全相同。胡陆生认为苏的定义忽略了各国刑法与非刑事国际公约的关系。参见胡陆生：《刑法国际化范畴研究》，载中国人民大学刑事法律科学研究中心编：《现代刑事法治问题探索》第 1 卷，法律出版社 2003 年版，第 223 页。不过胡这里所讨论的苏所提定义，是苏在此前一篇论文（《中国刑法国际化论纲》，载《中外法学》2003 年第 2 期）中所提出的定义：刑法国际化，是指不同国家的刑法在发展过程中，相互吸收、彼此渗透、共同缔结国际刑事公约，从而使各国刑法在人类法律文明进步大道上趋于接近、协调发展、共同前进的趋势。苏2006 年所著《中国刑法国际化研究》一书对此定义进行了修正，增加了"国际惯例"的要素，不过并没有增加"非刑事国际公约"这一要素。

② 黄文艺：《法律国际化与法律全球化辨析》，载《法学》2002 年第 12期，第 17 页。

本书认为："法的国际化"是"法的趋同"一个方面的表现。

（二）刑法的趋同与刑法国际化的关系

苏彩霞和胡陆生对刑法的趋同与刑法国际化的主张，与他们对法的国际化与法律趋同化之间关系的观点是一脉相承的。

（1）苏彩霞认为，刑法国际化作为法的国际化的下位概念，也可以从两个层次上理解：一是一般理论意义上的刑法的国际化，二是个案意义上的一国刑法的国际化。一般意义上刑法的国际化，是指世界各国在其刑法的发展过程中，相互吸收，彼此渗透，或共同缔结国际刑事条约、遵循国际惯例，从而使各国刑法在人类文明进步的大道上趋于接近、协调发展、共同前进的趋势。个案意义上的一国刑法的国际化，是指某一国刑法在发展过程中，通过刑法的移出或移入，或与国际刑事公约、国际惯例接轨，从而使本国刑法朝着科学、民主、文明方向不断前进。可以在同一含义使用刑法国际化与刑法的趋同化概念；刑法的国际化也是在刑法差异性、多样性基础上的趋同，从而出现一种"异而趋同、同而存异"的格局。①

（2）胡陆生认为，刑法国际化，就是法律的国际化在刑法领域的展开，是指各国根据共同缔结的国际条约和国际社会刑法进步的潮流进行刑事立法和司法的过程；包括国际刑法的制定与执行，非刑事国际公约的内容在各国刑法中的规定与执行，以及各国刑法顺应国际社会发展、进步的潮流，在刑法上作出的趋同性规定，如刑法的基本原则、制度。②

结合本书前一部分的论述，本书认为刑法的趋同与刑法国际化这两个概念具有以下关系：第一，刑法的趋同讨论刑法发展的现

---

① 参见苏彩霞：《中国刑法国际化研究》，北京大学出版社 2006 年版，第 5～17 页。

② 参见胡陆生：《刑法国际化范畴研究》，载中国人民大学刑事法律科学研究中心编：《现代刑事法治问题探索》第 1 卷，法律出版社 2003 年版，第 224～225 页。

状，刑法国际化研究刑法的发展趋势，两者是具有不同内涵的概念，不可互相替代。刑法的国际化是指刑法的国际法化，包括国际刑法的制定与执行，非刑事国际条约的内容在各国刑法中的规定与执行。刑法国际化的研究侧重探讨这一趋势的表现以及这一趋势的发展动向。研究刑法的趋同，则应该以对形成基础的研究作为核心，以此来解决如何在刑法的趋同的现状之下实现刑法发展的问题。第二，刑法的国际化可以在一般意义上使用，讨论不同国家之间刑法的发展趋势，也可以在个体意义上使用，讨论某一国家刑法的发展趋势。刑法的趋同可以讨论某一国家刑法的发展现状，但是不能直接在个体意义上使用这一术语，"中国法律的趋同"、"中国刑法的趋同"这类术语是不符合逻辑的。第三，刑法的趋同的外延大于刑法国际化的外延。苏彩霞的刑法国际化的定义包括刑法理念、刑事立法和刑事司法三个方面，胡陆生刑法国际化的定义包括刑事立法和刑事司法两个方面；而且均局限于国家法。刑法的趋同则探讨不同法域之间刑法文化、刑事立法或刑事司法的发展现状，研究的视野更宽广一些。第四，刑法的趋同与刑法国际化是两个密切联系的概念。刑法的国际化是指刑法国际法化的趋势，其结果就是不同法域的刑法文化、刑事立法或刑事司法趋于相似或一致，因此，刑法国际化是刑法的趋同在一个方面的表现。

四、刑法的趋同与法的全球化或世界化的关系

探讨刑法的趋同与法的全球化或世界化的关系，仍然可以从分析"法律趋同化"与"法律全球化"的关系入手。有学者对此进行了系统研究，其基本观点为：

（1）国内学者基于对法律全球化的不同看法，关于"法律趋同化"与"法律全球化"的关系存在三种观点：将"法律趋同化"纳入"法律全球化"的范畴，认为全球范围内法律规范的趋同化是法律全球化的一方面，其另一方面为法律一体化，法律一体化是法律趋同化的高级表现形式和必然发展结果；以"法律全球化"之名，言"法律全球化"之实，主张"法律全球化"的术语，但

将其描述为正在发生的各国法律走向趋同化；将"法律趋同化"与"法律全球化"等同起来使用，认为趋同化也就是一体化，一体化也就是全球化。

（2）"法律趋同化"是对"法律全球化"理论的修正和补遗。因为，从总体上看，"法律全球化"作为一种科学理论上的概括，无法从全局的角度解释和归纳某些法律已经实现了全球化或一体化，而范围更广、数量更大的法律之间却存在差异甚至趋异的现象，因此其提法不够周延；而"法律趋同化"以承认各国法律制度的差异性或多样性为前提，是建立在国家主权和国家利益至上基础上的法学理论。

（3）"法律趋同化"理论对法律全球化正反双方论争具有调和作用。因为，法律全球化的正反双方都认为各国法律的趋同性并不否认各国法律的差异性，法律全球化并不意味着一套共同的法律体系和法典，这其实就是将法律趋同化作为其立论基础。

（4）在一定范畴之内接受法律全球化的观点。如果只把法律全球化理解为各国法律逐渐接近、协调、融合甚至部分统一或者同一的过程；或者，如果法律全球化是法律趋同化的同义语，是一种现象，一种事实，正在发生，而且将继续下去，李双元表示接受这类观点。进一步，如果说法律全球化乃至法律一体化是法律发展的终点，法律趋同化的终极表现形式可能是法律在全球范围的统一，李双元表示也不反对这一观点，但同时明确提出法律趋同化发展将是一个十分漫长的过程，在这个过程中难以预料会出现什么复杂情况和变化，现在对法律趋同化发展的终极目标下结论还为时尚早。① 李双元从总体上对法律趋同化理论和法律全球化理论进行了宏观比较，重点分析了法律趋同化与法律全球化的联系，笔者赞同李双元的基本观点。本书所确立的"法的趋同"概念的外延大于

---

① 参见李双元、李赞：《全球化进程中的法律发展理论评析——"法律全球化"与"法律趋同化"理论的比较》，载《法商研究》2005 年第 5 期，第 154～160 页。

"法律趋同化"，以既有的法律全球化的概念作为分析对象，法的趋同、刑法的趋同与法的全球化是相互独立、相互联系的概念。

"全球化与世界化含义相同，都源自英文 globalization 一词。"①对于刑法的趋同与法的全球化或世界化的关系，本书再根据法律全球化的典型观点进行微观分析。

周永坤提出采用法的全球化、法的世界化来描述法律发展的趋势，基本观点为：（1）自从斯多噶学派提出世界法这一古老的理想以来，世界法一直是人类美好的追求，斯多噶学派的世界法局限于自然法，西塞罗将它扩充到实在法层面，现代的法学家则将它描述为一个包括国家法、国际法在内的有机的世界性法律体系。（2）从人类法理想和法律的未来发展来看，世界法不是指一特殊的法律部门，也不是指特别的法律层级，而是指法律发展的一个特殊阶段，指法律的总体式样的世界性。在这样一个高度发达的阶段，法律成为世界的：全球法律形成有机的统一的法律体系，基本的法律原则与法律规则实现全球一体化。（3）从整体上看，人类法律正处于第二个阶段，并已开始步入第三个阶段——世界法阶段。部落法是法律发展的第一个阶段，这是法律的原始阶段。国家法的高度发达便迎来了法律发展的第三个阶段——世界法阶段。世界法的主要形式特征是法律的全球统一性和普遍性，协调人类生活的大部分法律规范已达于一致，形成全球性法律、国家法、社会自治法三个层面统一的世界法律体系，它的内容特征是高度理性化，法律的意志和感情色彩降至最低程度，是真正全球人人平等、自由的法律。当然，到目前为止，它仍然是人类美好的法律理想。（4）法律的世界化是指法律规范的创制、法律效力、法律内容的全球一体化趋势，是由国家法向世界法这一理想法律的运动趋势，具体表现在三大方面：国际法的世界化，国内法的世界化，国际法国内法的一体

---

① 周永坤：《全球化与法学思维方式的革命》，载《法学》1999 年第 11 期，第 11 页注①。

化趋势。① 周永坤得出结论认为："全球化涉及人类生活的各个方面，它不可避免地带来法律的全球化。事实上，法律全球化不但是经济、生态、政治、文化全球化的产物，也是全球化的重要组成部分，它本身又推进全球化向深度和广度发展。法律全球化是全球分散法律体系向全球法律一体化的运动或全球范围内的法律整合为一个法律体系的过程。这个统一法律体系当然并不意味着全球适用完全同一的法律，而是在基本的共同法律原则的基础上将全球法律统合为一个规范等级体系。当然我们今天还只是在初始阶段。这个运动的结果将产生真正的全球法或世界法，笔者乐观地预计人类有能力在下世纪中叶达到这一目标。"②

周永坤的观点在法的全球化或世界化理论中具有代表性。与刑法的趋同进行比较，从实然的角度看，两者具有明显区别：法的趋同、刑法的趋同是描述性概念，法的全球化或世界化具有规范性概念的属性。法的趋同、刑法的趋同研究法、刑法的发展现状，其目的是要发现法、刑法在现阶段的发展状况。实际上，追根溯源，法的全球化或世界化理论认为法律发展的最高阶段是世界法时期，这是法人类学的基本观点。美国法人类学家霍贝尔明确提出，人类秩序的演进大致可划分三个历史时期，即亲属法时期、社会法时期、世界法时期，法律发展的历史趋势是从亲属法到社会法，从社会法

---

① 参见周永坤：《世界法与法的世界化》，http：//guyan. fyfz. cn/blog/guyan/index. aspx？blogid = 91820. [2006-09-08]. 该文文末的注释载明："本文原载于《东吴法学》1996 年卷."根据其他文献对该文的引证，该文首次发表的准确引用信息应该为——周永坤：《世界法及法的世界化探索》，载《东吴法学》1996 年号。其他文献对该文的引证，主要参见：周永坤：《全球化与法学思维方式的革命》，载《法学》1999 年第 11 期，第 11 页注①；蔡道通：《后现代思潮与中国的刑事法治建设——兼与苏力先生对话》，载陈兴良主编：《刑事法评论》第 7 卷，中国政法大学出版社 2000 年版，第 94 页注。

② 周永坤：《全球化与法学思维方式的革命》，载《法学》1999 年第 11 期，第 10 ~ 11 页。

到世界法。① 同时，对于法律的发展，英国比较法律史学家梅因曾宣称："所有进步社会的运动，到此处为止，是一个从身份到契约的运动。"② 霍贝尔与梅因的结论虽然不同，但思路如出一辙，都是进化论思想在法学领域的反映。因此，法的全球化或世界化以法律发展的阶段论为前提，其目的在于探寻能够解释法律发展趋势的一般规律，具有规范性概念的属性；而刑法的趋同并没有预设"刑法应当趋同"这样的理论前提或者发展目标。

　　简而言之，关于法律与全球化的理论或者说法律全球化理论在世界范围内主要有激进主义、怀疑主义、折中主义三种不同的观点。激进主义者认为经济全球化必然带来法律全球化，全球范围的法律理念、法律价值观、法律制度、执法标准与原则的趋同化势在必行；怀疑主义者认为法律乃是一种"地方性知识"，不论在什么时候，法律只能植根于特定的国家、民族及具有时代特色的土壤之中；折中主义者认为对全球化问题要进行谨慎的语义分析和动态研究，同时认为经济的全球化必然要求国际法律规则趋同，即随着时间的流逝，法律制度会变得相似。③ 这几种观点在我国法学界也有所反映。无论是何种立场，实际上都是以讨论经济全球化对法律的影响为核心主题的。的确，经济的全球化会引起不同法域之间的法在特定领域趋于相似或相同，但法律一体化这样的判断或者概念并

---

① 参见［美］霍贝尔：《原始人的法——法律的动态比较研究》（修订译本），严存生等译，法律出版社 2006 年版，第 307～310 页。

② ［英］梅因：《古代法》，沈景一译，商务印书馆 1959 年版，第 97 页。

③ 参见胡陆生：《刑法国际化范畴研究》，载中国人民大学刑事法律科学研究中心编：《现代刑事法治问题探索》第 1 卷，法律出版社 2003 年版，第 219 页。此外，新自由主义、世界体系理论、社会民主主义对法律全球化的不同评价，参见朱景文：《比较法社会学的框架和方法——法制化、本土化和全球化》，中国人民大学出版社 2001 年版，第 571～574 页。关于法律与全球化的国外理论争鸣和国内研究的述评，参见冯玉军：《法律与全球化一般理论的述评》，载《中国法学》2002 年第 4 期，第 179～182 页。

不具有当然的合理性，只能是一种美好的理想。"法的趋同"是在否认法的一体化这一前提下承认法趋于相似或相同的现实，而法律全球化这一概念则倾向于传达趋同的必要性和趋同向一体化发展的趋势这样一种信息。实际上，法律全球化只是经济全球化这一概念在法学领域的自然延伸，是全球化话语霸权的表现。我们虽然不能否认经济全球化对法律的影响，但法律应该拥有独立于经济的概念分析工具。大多数学者所谓的"法律全球化"，在现阶段其实就表现为法的趋同。从应然的角度看，法律领域与经济全球化相对应的术语应该是法的趋同，而非法律全球化。

第二章 刑法的大趋同在
当代中国的表征

本书第一章重点分析了刑法的趋同这一概念的内涵以及与相关概念的关系，从本章将开始，本书将以当代中国刑法①为视点，进行刑法的趋同之具体问题的分析。本章将对刑法的趋同的表征进行研究。刑法的趋同是不同法域的刑法文化、刑事立法或刑事司法趋于相似或一致的现象，从整体的理论构架来说，以当代中国刑法为视点，应该讨论刑法的大趋同、刑法的小趋同。不过，由于历史的缘故，中国形成了内地、香港、澳门、台湾四个法域，而这四个法域之间的刑法文化、刑事立法或刑事司法趋于相似或一致的现象并不明显，刑法的小趋同之表征乏善可陈。本书恰恰主张应该推进中国内部四法域之间刑法的趋同化，所以刑法的小趋同这一论题本书将在第四章第三节讨论。同时，正是因为各自的刑法发展历史存在明显的差异，很难将这四个法域的刑法作为一个整体来讨论刑法的大趋同。所以，本书讨论当代中国刑法领域大趋同的论题时，如果不作特别说明，都是指对当代中国内地刑法与其他国家的刑法文化、刑事立法或刑事司法趋于相似或一致的现象进行研究。

---

① 有学者将 20 世纪的中国刑法学大体界定为清末的开端时期、民国的初创时期、50 年代的转型时期和 80 年代以后的发展时期，参见梁根林、何慧新：《二十世纪的中国刑法学（上）》，载《中外法学》1999 年第 2 期，第 17 页。基于梁根林教授关于 20 世纪中国刑法学发展脉络的研究成果，笔者大体将近代中国刑法界定为清末的开端时期与民国的初创时期，现代中国刑法界定为 50 年代的转型时期，当代中国刑法界定为 80 年代以后的发展时期。

第一节　刑法文化的大趋同表征

"刑法文化就是由社会的经济基础和政治结构决定的、在历史进程中沉积下来的、并在人们关于刑法认识和刑法实践活动中流变着的、普遍而恒常的集体性精神模式或指向。该集体性精神模式是人们的思维模式，以及与之相关的认知模式、心态模式、评价模式和审美模式的集合。"①　中国传统法律具有刑法化特征，传统法律文化也主要是刑事性的法律意识，当代中国主要反映普通公民刑法思想的刑法大众文化仍然深受这些传统的影响，刑事立法和刑事司法中所体现的主流刑法文化则更多地表现出对大众文化的妥协，都与西方刑法文化存在明显的差异性。与此相对应，主要反映刑法理论工作者刑法思想的刑法精英文化受大陆法系和英美法系刑法文化的影响比较深，是当代中国刑法文化中最理性和最超前的部分，表现出与西方刑法文化的趋同性。尤其是有关刑法观念与刑法价值的理论研究，从西方刑法文化中吸收营养的痕迹非常明显。

一、刑法观念的大趋同表征

刑法观念简称刑法观，是人们关于犯罪、刑事责任、刑罚等刑事问题的基本认知。随着改革开放的深入，社会主义市场经济体制的逐步建立，我国的政治体制、经济体制、法律制度等各方面均步入转型期，结合刑事古典学派的理论和西方当代刑法的发展，我国学者对于刑法观念的革新进行了热烈的讨论，形成了市民刑法观等与西方刑法观念趋于相似的刑法观念。

（一）市民刑法观

贝卡利亚猛烈抨击了封建刑法的罪刑擅断，指出"一切额外

---

① 　许发民：《刑法文化与刑法现代化研究》，中国方正出版社 2001 年版，第 117 页。

的东西都是擅权，而不是公正，是杜撰而不是权利。如果刑罚超过了保护集体的公共利益这一需要，它本质上就是不公正的。刑罚越公正，君主为臣民所保留的安全就越神圣不可侵犯，留给臣民的自由就越多"，① 否定了刑法的干涉性。费尔巴哈首先提出了市民刑法的概念，旗帜鲜明地提出"无法律则无刑罚、无犯罪则无刑罚、无法律规定的刑罚则无犯罪"的罪刑法定主义三原则，强调"市民的刑罚只有由刑法并且仅仅根据刑法才能给予。在刑法中而且由于行为违反刑法时，才有为了加市民以刑罚恶害的唯一根据。所以，没有法律，也就不存在市民的刑罚"。②

我国有学者首先对市民刑法进行了系统论述，基于一定的社会结构对刑法具有决定作用的论点，将社会的形态分为氏族社会、城邦社会、宗法社会、市民社会、政治社会，认为当前中国社会的当务之急是培育市民社会，逐渐完成从市民社会与政治国家合一的一元社会机构向市民社会与政治国家分立的二元社会结构转型；认为刑事古典学派完成了从政治刑法到市民刑法的转变，中国传统法律文化使刑法包含了更多的政治刑法的文化基因，现在我们正面临着一场刑法的思想启蒙运动，我国刑法应该正确认识西方法律文化的发展阶段，以法治国与文化国为刑法发展的参照系，虽然西方刑法的发展已由文化国取代法治国，但中国则正在走向法治国，需要的是法治国的刑法文化，应该实现从政治刑法到市民刑法的转换，同时主张进行以下变革：从追求刑法的实质合理性到追求刑法的形式合理性，从追求刑法的社会保护机能到追求刑法的人权保障机能，

---

① ［意］贝卡利亚：《论犯罪与刑罚》，黄风译，中国大百科出版社1993年版，第9页。

② ［日］山口邦夫：《19世纪德国刑法学研究》，八千代出版有限公司1979年版，第38页。转引自马克昌主编：《近代西方刑法学说史略》，中国检察出版社1996年版，第86页。

从追求刑法的惩治性到追求刑法的有效性。① 这种观点主要是从分析社会结构的一般形态及其与刑法的关系入手，以西方刑法发展和演进的模式作为参照，从刑法变革过程的角度阐述市民刑法及市民刑法的精神实质，主要论旨在于倡导罪刑法定主义，指明 1997 年刑法修改的走向。

上述学者市民刑法的基本观点得到了其他一些学者的赞同。② 例如，有学者采纳从市民社会与政治国家分离的角度分析刑法发展的方法，根据对中西刑法现代化起源的比较考察，得出结论认为市民社会与政治国家的分离使西方刑法顺利走上了现代化的坦途，而市民社会在中国晚清时期的贫弱，则导致了中国刑法近代化开端的失败；中国刑法现代化要一步到位，宏观架构必须同时从观念、制度、司法运作各个层面同时进行，贯彻其中的思想就是：形式合理性与实质合理性的融合；社会保护与人权保障机能的有机统一。③

同时，还有些学者从其他角度对市民刑法进行了研究。有学者

---

① 参见陈兴良：《从政治刑法到市民刑法——二元社会建构中的刑法修改》，载陈兴良主编：《刑事法评论》第 1 卷，中国政法大学出版社 1997 年版，第 1～53 页。该文亦载于陈兴良编：《走向哲学的刑法学——陈兴良学术自选集》，法律出版社 1999 年版，第 149～200 页。

② 赞同陈兴良市民刑法观点的相关文献，参见田宏杰：《中国刑法现代化研究》，中国方正出版社 2000 年版，第 25 页；许发民：《刑法文化与刑法现代化研究》，中国方正出版社 2001 年版，第 32～33 页；姚建龙：《论刑法的民法化》，载《华东政法学院学报》2001 年第 4 期，第 72 页；赵宁、黄夏敏：《对我国现行犯罪构成的一点思考》，载《集美大学学报（哲学社会科学版）》2004 年第 1 期，第 26 页；苏彩霞：《中国刑法国际化研究》，北京大学出版社 2006 年版，第 102 页。

③ 田宏杰并不完全赞同陈兴良关于市民社会基本特征的论断，指出陈是以"市民社会是一个私人领域"作为立论基点；但查尔斯·泰勒特别指出市民社会包括一个公众或公共的，但却不是根据政治予以架构的领域；它的第一个特征极为关键：即市民社会不是私人领域。田认为后一种观点似更符合市民社会的历史风貌。参见田宏杰：《中国刑法现代化研究》，中国方正出版社 2000 年版，第 25 页注③。不过，田对陈市民刑法的基本观点是赞同的。

从刑罚效用的角度对市民刑法进行了研究,认为警察国(专制国)与政治刑法、复仇刑对应,法治国与市民刑法、报应与功利刑相对应,文化国与政策刑法、教育刑对应,中国应该借鉴法治国的整体思想和文化国两法系中纯技术上的先进经验。① 有学者从权利发展的角度将市民刑法的基本品格概括为:一是必须以宪政为基础,要求限制政府权力;二是刑法谦抑而全面;三是公法一体化,诉讼机制上尽可能地实现出罪功能。② 还有学者从刑法契约的角度分析了政治刑法和市民刑法的制度基础和理念,认为市民刑法把人权保障作为首要价值,强调罪刑法定原则和罪刑相适应原则,中国 1997年刑法是一种过渡刑法模式,应当实现向市民刑法的真正转型。③另有学者从解析罪刑法定含义的角度入手研究市民刑法,认为罪刑法定包含了市民刑法的全部内容,是市民刑法的本原,市民刑法以科学化和价值化为支柱,体现的是二者的统一。④ 简而言之,这些学者对市民刑法的研究角度虽然不同,但均认为市民刑法是与市民社会或法治国相适应的一种刑法形态,都主张罪刑法定原则在市民刑法中的核心地位,强调刑法的形式合理性、刑法的人权保障性、刑法的谦抑性。

同时,还有学者对市民刑法的观念进行了更加深入的研究,提出了系统的市场经济刑法观,认为随着计划经济向市场经济的转轨,从传统社会向现代社会的转型,刑法观念也面临着一场革命,应该树立以下七大刑法观念,实现计划经济刑法观向市场经济刑法观的嬗变:经济刑法观念;法制刑法观念;平等刑法观念;效益刑

① 柏立华、宋建强:《文化国与教育刑——法制文明的回顾与展望》,载《北方论丛》2002 年第 6 期,第 39 ~ 41 页。

② 参见蒋熙辉:《权利发展与刑法改革》,载《法制与社会发展》2005年第 5 期,第 16 ~ 17 页。

③ 参见王平、朱泽培:《刑法契约观》,载《延安大学学报(社会科学版)》2003 年第 4 期,第 25 ~ 28 页。

④ 参见李峰:《对刑法正当性的诘问——罪刑法定含义解析》,载《上海市政法管理干部学院学报》2001 年第 2 期,第 25 页。

法观念；民主刑法观念；开放刑法观念；轻缓刑法观念。① 前述诸位学者对市民刑法观的研究主要是以对社会形态的分析为出发点的，关于市民刑法三特征的论述比较宏观和抽象；而这位学者是基于市民刑法的立场，从我国经济形态中的市场经济这一点出发对刑法观念的具体内容进行了微观分析，其观点与市民刑法观是相容的，虽然称谓不同，其实只是市民刑法观的另类表达和具体化而已。

此外，有学者从刑法类型的角度提出了"国权主义刑法"与"民权主义刑法"这组概念，提出："我们将历史上迄今为止的刑法简单地从国家与公民在刑法中地位的角度在整体上分为两大类：民权主义刑法和国权主义刑法。……历史上的许多刑法，是以国家为出发点，而以国民为对象的，这类刑法，我们称之为国权主义刑法。国权主义刑法的基本特点是，刑法所要限制的是国民的行为，而保护国家的利益。基于这一出发点和功利目标，国权主义刑法可以存在于任何法律发展阶段、任何立法形式中甚至可以无需法律的形式。这一切从根本上取决于能否更有效地保护国家的利益。与此相反，民权主义刑法是以保护国民的利益为出发点而限制国家行为的刑法。也就是说，民权主义刑法的对象是国家。李斯特一语中的：'刑法是犯罪人的人权宣言'。民权主义刑法的这一基本特点是当代刑法罪刑法定原则的核心所在。当然，正如规定罪刑法定原则并不就是刑法的民权主义标志一样，单从刑法典或者刑法规范本身，我们一般同样无法认定一个刑法是国权主义抑或民权主义的。最能体现刑法在这个分类中性质的，是以该刑法为基础建立起来的刑法理论，也就是上文所说的刑法学。因为，刑法理论是任何国家刑罚权目的和实施的合理性根据。正是在这个意义上，刑法学者对于刑法的实行性质具有不可忽视的影响与责任。……民权主义刑法与国权主义刑法的联系和区分均是非时间性的，这首先是我们并不

---

① 参见许发民：《刑法文化与刑法现代化研究》，中国方正出版社 2001 年版，第 24～31 页。

知道，是不是国权主义刑法都会发展为民权主义刑法；我们可以证明的只是，民权主义刑法是可以转化为国权主义刑法的：德国魏玛共和国刑法向第三帝国刑法的转变是其中一例。因此，我们这里使用了'国权主义刑法'的提法，而不是'前民权主义刑法'"。①

　　另有学者认为"国权主义刑法"、"民权主义刑法"是与"政治刑法"、"市民刑法"同等或类似的范畴。② 就这组概念的界定着眼于刑法是侧重社会保护还是人权保障这点而言，它的确与政治刑法、市民刑法有类似性。不过，从具体观点看，这组概念与"政治刑法"与"市民刑法"存在明显区别：第一，"国权主义刑法"不一定能转化为"民权主义刑法"，"政治刑法"向"市民刑法"的转型可以实现。"国权主义刑法"与"民权主义刑法"是以历史上所有刑法为对象所进行的二分法，两者的联系和区分均是非时间性的，其转化也是不确定的。而"政治刑法"与"市民刑法"是基于对社会形态的特征分析而形成的范畴，两者存在一个历史性的发展过程，政治国家与市民社会分化的社会结构形态决定了市民刑法的产生。第二，罪刑法定主义原则不是民权主义刑法的标志，市民刑法的精神实质是罪刑法定主义原则。规定罪刑法定原则并不就是刑法的民权主义标志，刑法理论最能体现"国权主义刑法"或"民权主义刑法"的性质。而市民刑法的性质判断以刑法规范为核心，市民刑法观的意旨就在于以罪刑法定主义引导刑法修改的走向。

　　综上所述，市民刑法观是与市民社会和政治国家分立的二元社会形态相适应的刑法观念，其精神实质是以形式上的合理性、确定

---

　　①　李海东：《刑法原理入门（犯罪论的基础）》，法律出版社 1998 年版，第 4～5 页。着重号为笔者所加。

　　②　苏彩霞认为这两组范畴是类似的。参见苏彩霞：《中国刑法国际化研究》，北京大学出版社 2006 年版，第 102 页注①。刘树德认为这两组范畴是同等的。参见刘树德：《宪政维度的刑法思考》，法律出版社 2002 年版，第 83 页注①。

性和可预测性为特征的罪刑法定主义，包括三个子观念：第一，刑法理性观：形式理性优先，兼顾实质理性；第二，刑法机能观：人权保障优先，兼顾社会保护；第三，刑法目的观：有效性优先，兼顾惩治性。围绕这三个子观念，我国学者对市民刑法的具体内容进行了更深入的研究，提出了与市民刑法观相容的观点，如对于刑法理念更新的研究，① 对刑法机能的研究，② 关于刑罚效益的研究，③ 以刑法目的为依据三分刑法史的研究，④ 关于刑法观念的研究。

进一步而言，市民刑法观是与市民社会理论相关联的刑法观念。市民刑法观的基本观点主张市民社会是国家控制之外的社会和经济安排、规则、制度并在与政治国家对立的意义上使用市民社会，⑤ 这一观点实质是采纳了市民社会理论的二元范式。对"市场经济体系是不是属于以社会整合为逻辑的市民社会"这一问题的不同回答，产生了市民社会理论中"二元范式"与"三元范式"的不同：前一种理论认为市民社会就是那些不能与国家相混淆或者不能为国家领域所吞没的社会生活领域，它由经济行为、结社、大

---

① 参见苏彩霞：《刑法国际化视野下的我国刑法理念更新》，载《中国法学》2005 年第 2 期，第 142 ~ 151 页。又参见苏彩霞：《中国刑法国际化研究》，北京大学出版社 2006 年版，第 94 ~ 132 页。

② 参见逢锦温：《刑法机能的历史考察》，载《福建政法管理干部学院学报》2004 年第 3 期，第 9 ~ 12 页。又参见逢锦温：《刑法机能研究》，博士学位论文（2002 年），藏于武汉大学图书馆，第 43 页。

③ 参见邓小刚：《略论刑事审判的经济性价值》，载《兰州学刊》2005 年第 5 期，第 175 ~ 177 页。又参见邓小刚：《刑罚效益论》，博士学位论文（2006 年），藏于武汉大学图书馆，第 16 ~ 19 页。

④ 参见文海林：《三分刑法史》，载陈兴良主编：《刑事法评论》第 11 卷，中国政法大学出版社 2002 年版，第 178 ~ 235 页。又参见文海林：《以目的为主的综合刑法》，《法学研究》2004 年第 1 期，第 82 ~ 98 页。

⑤ 参见陈兴良：《从政治刑法到市民刑法——二元社会建构中的刑法修改》，载陈兴良主编：《刑事法评论》第 1 卷，中国政法大学出版社 1997 年版，第 7 页。

众沟通等构成一个广阔的"非国家空间",由此形成"国家与市民社会"的二元范式;后一种理论认为市民社会是介于经济与国家之间的一个社会互动领域,它包括私人领域(家庭)、团体领域(自愿结社)、社会运动和大众沟通,由此形成"国家—公民社会—经济"的三元范式。① 基于前一种二元范式而形成的市民刑法观以公法与私法、公共权力与私人权利的划分为前提来讨论社会与国家的关系,强调社会对于国家的优位性,强调公共权力对私人权利的保障性,认为在政治国家与市民社会二元分立的社会结构中,刑法是公法,必须以人权保障作为首要机能。这种观念以人格的抽象平等性为基础,强调形式合理性,与刑法古典学派和启蒙思想的基本内核是一致的,与木村龟二对"市民刑法规范"② 基本特征的解释也是相同的。简而言之,市民刑法观通过对西方刑法产生和发展进程的分析,认为刑法的演进模式为政治刑法—市民刑法—文化刑法,进而将其作为当代中国刑法发展的参照系,采取归纳法总结西方刑法主要是近代刑法的经验,从自由资本主义模式的刑法中抽象出作为历史类型的市民刑法,采纳演绎法将这些经验移植到当代中国,从而倡导理想类型的市民刑法。

---

① 参见强世功:《市民社会及其问题——评〈国家与社会〉》,载强世功:《法制与治理——国家转型中的法律》,中国政法大学出版社 2003 年版,第 334 页。

② 木村龟二在解释劳动争议行为的违法性时解释了"市民刑法规范与劳动法规范":"刑法所规定的犯罪类型就是市民法的类型。预定抽象的、一般的人格,是以人格的抽象性、形式的平等性为基础的。刑法第 199 条规定:'杀人者处死刑、无期或三年以上惩役',不考虑劳资的具体差别。预定了以人格的同质性为基础的抽象的、一般的人。市民法是法的主体依据抽象的、形式的平等性为基础的法。刑法也就是担任维护和拥护市民法秩序为原则的市民法。劳动法是为了修正市民法中所预定的人格的形式和抽象性、平等性,确保工人与雇主间实质性平等和对等的目的而产生的法律。"[日] 木村龟二主编:《刑法学词典》,顾肖荣等译,上海翻译出版公司 1991 年版,第 183 ~ 184 页。

（二）"轻轻重重"的刑事政策观

世界性刑法改革运动是关于怎样处理犯罪以及应该采取什么方法和手段来战胜犯罪问题在思想上发生变化的具体表现，考察各国修改刑法的共同动向，耶赛克指出：（1）立法者为了避免不必要地将某些行为规定为犯罪，同时也是为了在一般人的思想上维护刑罚的严肃性，必须将刑法所必须归罪的行为范围限制在维护公共秩序所必需的最低范围之内；（2）因为大部分人都是正常发展的，那么对于有轻微甚至中等程度的犯罪行为的人，应当扩大在自由状态中进行考验的办法；（3）应当使警察和司法机关的工作集中于较严重的犯罪，至于轻微的犯罪则委托给行政机关通过简易程序予以处理，可以处以罚款、禁止驾驶或者其他具有某些感化力的处分。① 这段话其实是总结了自 20 世纪 70 年代以来欧美各国普遍实行的"轻轻重重"刑事政策，"轻轻"是指对轻微犯罪实行更轻缓的处理，包括非犯罪化、非监禁化、非司法化，"重重"就是对严重犯罪和具有严重社会危害性的犯罪人进行更严厉的打击。

刑事政策"轻轻重重"的世界性趋势也得到了我国许多学者的认同，有学者提出了"轻轻重重，轻重结合"的刑事政策，② 有学者赞同"合理地组织对犯罪的反应"的刑事政策思想，主张

---

① 参见［德］汉斯·海因里希·耶施克：《世界性刑法改革运动概要》，何天贵译，潘典校，载《法学译丛》1988 年第 3 期，第 18~19 页。《法学译丛》刊载的原文将作者的国籍标注为［西德］，笔者考虑到目前德国已经统一的现实，现改为［德］。另外，必须说明的是，《德国刑法教科书》（许久生译，中国法制出版社 2001 年版）一书中，"汉斯·海因里希·耶施克"的译名采用的是"汉斯·海因里希·耶赛克"，这是当前中国刑法学界通常采纳的译名，笔者为保持《世界性刑法改革运动概要》一文原貌，未改动译名。

② 参见李希慧、杜国强：《我国现行刑事政策反思及完善——以维护社会稳定为切入点》，载《法学论坛》2003 年第 4 期，第 39~46 页。

"轻轻重重，以重为主"的刑事政策,① 还有学者则主张"抓大放小"的刑事政策。② 各位学者所主张的刑事政策的侧重点虽然不同，其实都一致认为我国应该合理组织对犯罪的反应，实行"轻轻重重"的两极化刑事政策。简而言之，一方面，我国学者出于对重刑主义传统和"严打"的刑事政策分析和反思，大力倡导刑法的谦抑精神，并以此为出发点深入探讨非犯罪化、非刑罚化、轻刑化的措施，对轻微犯罪和不具有严重社会危害性的犯罪人实行更轻缓的处理，采取"轻轻"的刑事政策；另一方面，我国学者也主张对严重犯罪和具有严重社会危害性的犯罪人实行更严厉的打击，采取"重重"的刑事政策。

1. "轻轻"刑事政策

（1）刑法的谦抑精神与非犯罪化

"轻轻"刑事政策是研究的重点。我国学者对"轻轻"的提倡是从对刑法谦抑精神的讨论延伸开去的，主要涉及非犯罪化、非刑罚化、轻刑化三个问题。对非犯罪化提倡主要集中于安乐死、赌博问题、色情问题等所谓"无被害人的犯罪"的合法化。对非刑罚化的提倡则主要集中于对非监禁化或非机构化，刑事犹豫制度、辩诉交易制度的倡导，其中学者们大力提倡的是实现短期自由刑之行刑社会化的社区矫正制度和实现刑事和解的恢复性司法制度。对轻刑化的主张则集中于减少和废除死刑的倡导。

耶赛克指出，"不再把刑法视为支配的工具和日常使用的统治工具，而是把它看做只是为了维护法律秩序不得已的情况下才采取的最后手段，这一点已成为所有国家修改刑法的一个大目标"。③

---

① 参见陈兴良、梁根林等：《合理地组织对犯罪的反应》，载《金陵法律评论》2001 年秋季卷，第 5～9 页。又参见梁根林：《非刑罚化——当代刑法改革的主题》，载《现代法学》2000 年第 6 期，第 47～51 页。

② 参见蔡道通：《刑事政策中的"放小"：借鉴与结论》，载《法学》2002 年第 1 期，第 33～38 页。

③ ［德］汉斯·海因里希·耶施克：《世界性刑法改革运动概要》，何天贵译，潘典校，载《法学译丛》1981 年第 1 期，第 21 页。

这个大目标其实就是要贯彻刑法的谦抑精神。我国学者对刑法的最后手段性①即刑法谦抑精神也给予了相当程度的关注。主要有两位学者首先研究刑法的谦抑精神，提出我国刑法的当务之急不在于"非犯罪化"，而在于"犯罪化"与"轻刑化"。一位学者提出，谦抑性是刑事立法原则，其含义是指刑法应依据一定的规则控制处罚范围与处罚程度，凡是适用其他法律足以抑止某种违法行为、足以保护合法利益时，就不要将其规定为犯罪；凡是适用较轻的制裁方法就足以抑止某些犯罪行为、足以保护合法权益时，就不要规定较重的制裁方法；在刑法处罚范围方面实现刑法谦抑性时主张在我国"非犯罪化"不现实，现行刑法有限的"犯罪化"是合理的；在刑事责任的承担方式方面实现刑法的谦抑性应该改变重刑优于轻刑的观念，实现"轻刑化"。② 另一位学者指出，刑法的谦抑性、公正性、人道性是刑法的三大价值目标，谦抑的价值蕴含刑法的紧缩性、补充性与经济性；中国实现罪之谦抑的问题不在于非犯罪化，而是犯罪化，在犯罪化的过程中应当以刑法谦抑性的思想为指导，以防止犯罪化的过度冲动；中国实现刑之谦抑的主要任务不是非刑罚化，也不是非监禁化，当务之急是削减死刑，逐渐实现轻刑化。③

此外，有学者从概念、内容、根据、实现四个方面对刑法谦抑精神进行了系统探讨，认为由于全球一体化的到来，为了与国际接轨，我国理应及时修改刑法中与国际通行做法相悖的规定，充分体现刑法的谦抑精神，其基本观点为：第一，刑法谦抑精神是贯穿整

---

① 王明星认为，刑法的谦抑性、刑法的抑制性、刑法的谦抑观念、刑法的最后手段性、刑法谦抑思想、刑法谦抑主义这六种称谓不太恰当，应该以"刑法谦抑精神"作为其称谓。参见王明星：《刑法谦抑精神研究》，中国人民公安大学出版社 2005 年版，第 4 ~ 10 页。

② 参见张明楷：《刑法的基础观念》，中国检察出版社 1995 年版，第 143 ~ 162 页。

③ 参见陈兴良：《刑法的价值构造》，中国人民大学出版社 1998 年版，第 352 ~ 420 页。

个刑事领域，国家按照一定的规则，控制刑法的调控范围、调控程度以及行刑人性化的一种基本精神。第二，刑法的谦抑精神包括刑法的有限性、刑法的迫不得已性和刑法的宽容性。第三，刑法谦抑精神的实现包括非犯罪化、非刑罚化、轻刑化三个方面。①

上述三位学者均主张刑法的谦抑精神，表面上看，前两位学者主张"犯罪化"，后一位学者主张"非犯罪化"，观点似乎存在分歧。但实际上，这是因为历史背景不同造成的。前两位学者反对非犯罪化是以 1979 年刑法为背景来论述的，反对的主要理由在于他们认为非犯罪化是对过度犯罪化的矫正，而中国在改革开放之后滋生了大量新型犯罪现象，特别是经济体制改革以后伴生的大量商品经济所特有的经济犯罪现象，这些在刑法中都没有规定，因此当务之急是予以犯罪化。② 这两位学者实际上是针对 1979 年刑法的严重滞后性，围绕 1979 年刑法是否应该修改，应该如何修改而对非犯罪化的问题所作的回答，从 1979 年刑法是否修改这一点上看，二位都主张刑法应该根据实际需要，尽快完成犯罪化的立法任务；从应该如何修改刑法这一点来看，二位学者都主张非犯罪化对犯罪化的制约，坚决反对大范围实行犯罪化的做法。简而言之，前两位学者并非否定非犯罪化的合理性，也认为刑法谦抑精神的基本实现途径应该是非犯罪化，但同时也认为刑法谦抑精神没有不能适时增加犯罪规定的含义，在当时的历史条件下中国刑事立法的任务是有限的犯罪化。而 1997 年对刑法进行了全面的修订，后一位学者主张刑法谦抑精神的实现是非犯罪化也就不奇怪了。实际上，该学者也只是认为应当对侵犯通信自由罪，私自开拆、隐匿、毁弃邮件、电报罪，聚众淫乱罪，传播淫秽物品罪等最高法定刑较低，而且发

---

① 参见王明星：《刑法谦抑精神研究》，中国人民公安大学出版社 2005 年版，第 22 页，第 61～105 页，第 182～209 页。

② 参见张明楷：《刑法的基础观念》，中国检察出版社 1995 年版，第 148～159 页；参见陈兴良：《刑法的价值构造》，中国人民大学出版社 1998 年版，第 405～407 页。

案率在现实生活中很低的犯罪实现非犯罪化，转化为行政违法行为即可。①

其实，三位学者都认为犯罪化与非犯罪化并不是绝对对立的，两者是可以融合的，中国既需要犯罪化也需要非犯罪化，它们在各个时期都是并存的，只是根据社会现实，在当时的侧重点不同；他们都认为犯罪化必须是迫不得已的，非犯罪化也不能大规模适用；只是因为中国刑事立法的状况不同，他们对实现刑法谦抑精神所强调的角度不同而已。非犯罪化是主张对轻微犯罪实行非犯罪化，犯罪化是主张对严重危害社会的行为实行犯罪化，三位学者的观点并不矛盾，其实殊途同归，他们的共同主张都是"轻轻重重"的刑事政策。1997 年刑法修改之后，不少学者们对非犯罪化的必要性、程序处理机制等问题进行了阐述，② 并从无被害人犯罪的非犯罪化、③

---

① 参见王明星：《刑法谦抑精神研究》，中国人民公安大学出版社 2005 年版，第 196 页。

② 提倡非犯罪化的文献，主要参见：刘学君、孟丽宏：《市场经济的犯罪化与非犯罪化研究》，载《鞍山师范学院学报》2004 年第 3 期，第 29～31 页；王强军：《非犯罪化在中国》，载《河南公安高等专科学校学报》2006 年第 1 期，第 39～42 页；陈雄飞、张军：《非犯罪化思潮及其对我国刑事政策的意义》，载《广西政法管理干部学院学报》2006 年第 2 期，第 8～14 页；汪建成、杨微波：《论犯罪问题非犯罪化处理的程序机制》，载《山东警察学院学报》2006 年第 3 期，第 42～47 页；刘霞：《非犯罪化探析》，载《济南大学学报（社会科学版）》2006 年第 4 期，第 80～84 页。

③ 主张对无被害人犯罪实行非犯罪化的文献，主要参见：彭勃：《"无被害人犯罪"研究——以刑法谦抑性为视角》，载《法商研究》2006 年第 1 期，第 51～55 页；黄京平、陈鹏展：《无被害人犯罪非犯罪化研究》，载《江海学刊》2006 年第 4 期，第 133～139 页。

安乐死的非犯罪化、① 公司董事行为的非犯罪化②等方面对非犯罪化问题进行了深入探讨，对于非犯罪化的合理性及其与犯罪化的融合性，以及对赌博罪、聚众淫乱罪等部分罪名进行非犯罪化基本达成了共识。

（2）非刑罚化

对非刑罚化的不同观点也存在一个刑事法律修改的背景。有学者反对非刑罚化，是以非刑罚化的实质内涵是非监禁化作为基本出发点的，反对的理由在于：第一，社会条件不具备，因为中国社会经济条件较为落后，法制不健全；第二，法律条件不具备，因为中国的刑罚体系中自由刑占据十分重要地位，甚至还存在死刑，首要问题是实现轻刑化；第三，思想条件不具备，非刑罚化是建立在对犯罪的社会反应较为宽容的思想基础之上的，中国尚不具备这种思想基础。③ 这样的观点是以 1979 年刑法为背景的，其主要意旨在于推动刑事立法修改，希望改变刑罚体系的重刑化倾向，能在废除

---

① 主张在有严格的法定条件和程序的限制下对安乐死实行非犯罪化的文献，主要参见：马克昌主编：《犯罪通论》，武汉大学出版社 1999 年第 3版，第 832～845 页；张爱艳：《非犯罪化与安乐死——以违法性阻却事由和期待可能性理论为视角》，载《政法论丛》2005 年第 2 期，第 64～68 页；胡启蓉：《关于安乐死的犯罪化与非犯罪化的讨论》，载《广西警官高等专科学校学报》2005 年第 3 期，第 59～61 页；来君：《安乐死非犯罪化之解析》，载《青海社会科学》2006 年第 4 期，第 111～115 页；刘燕：《安乐死非犯罪化问题的法理探究》，载《医学与哲学（人文社会医学版）》2006 年第 5 期，第 35～43 页；郑伟：《关于安乐死非犯罪化问题的思考》，载《吉林公安高等专科学校学报》2005 年第 5 期，第 73～75 页；李春光、赵典山：《安乐死的非犯罪化研究——兼谈对我国的立法建议和设想》，载《甘肃农业》2006 年第 5 期，第 262 页。

② 有学者主张对公司董事行为实行非犯罪化，参见窦莹：《公司董事行为非犯罪化的刑法学研究》，载《江苏经贸职业技术学院学报》2006 年第 3期，第 45～47 页。

③ 参见陈兴良：《刑法的价值构造》，中国人民大学出版社 1998 年版，第 420～423 页。

死刑上有所动作，因而认为轻刑化是首要任务，这与其主张犯罪化的主张是相映成趣的。而还有学者所主张的非刑罚化也主要是法院和检察院对于轻罪以及未成年犯罪尽量给予非刑罚化措施，并不局限于非监禁化，还包括起诉犹豫制度、辩诉交易制度。① 这主要是从刑事司法的角度阐述非刑罚化，并非苛求对立法的修改。

1997 年刑法修改之后，学者们对于非监禁化或者非机构化倾注了极大的热情，这主要体现为对恢复性司法的倡导和改革短期自由刑的建议。我国学者对恢复性司法的倡导催生了中国政法大学恢复性司法研究中心及其定期出版物《恢复性司法论坛》的诞生。学者们对恢复性司法的理念和模式以及对我国刑事司法实践的借鉴作用进行了深入探讨，提出"恢复性司法未必是无懈可击的，更不是万能的，但却是智慧的，它击中了现代刑事司法制度的要害，它向社会提出了如何对犯罪做出反应的新问题并寻求回答，是一种崭新的范式或者说是一种崭新的思维模式，是对古典主义刑事法学理论和实证主义刑事法学理论的双重超越，可谓之'第三只眼睛'看刑事司法"。② 有学者通过对短期自由刑与相关制度的比较以及对短期自由刑的实践考察，从易刑处分、处遇改善和减少短期自由刑的宣告与执行三个方面提出了短期自由刑的改革措施，并着重强调最具现实性的改革就是顺应行刑社会化的潮流，开展社区矫正工作。③ 另外，还有学者强调了缓刑制度在非刑罚化中的作用，提出"刑事执行的非机构化体现了现代刑罚执行制度的开放性与社会性。在中国，在刑罚的执行还不可能在监狱与其他监禁机构以外的地方进行的情况下，最好的办法是最大限度地发挥我们刑法制度中

---

① 参见王明星：《刑法谦抑精神研究》，中国人民公安大学出版社 2005 年版，第 204~206 页。

② 王平：《卷首语：第三只眼睛看刑事司法》，载王平主编：《恢复性司法论坛》2006 年卷，群众出版社 2006 年版，第 6~7 页。

③ 参见周娅：《短期自由刑研究》，法律出版社 2006 年版，第 180~214 页。

的缓刑制度的作用，只要符合缓刑的条件就应当判决缓刑，尤其是对于轻微刑事案件、偶发犯、无被害人犯罪等，以改变司法实践中缓刑判决率极低的局面，最大限度地实现刑法的功用并避免刑罚的流弊"。①

简而言之，在 1997 年刑法进行了大范围的犯罪化之后，犯罪浪潮并没有得到有效遏制，非刑罚化逐渐成为学者们的共识。例如，有学者一针见血地提出，非刑罚化运动是当代世界刑法改革的主题之一，但我国刑事立法和刑事司法并没有对非刑罚化运动给予足够关注，实践中形成了刑不压罪，犯罪量和刑罚量螺旋式地恶性上升，刑罚投入几近极限而刑罚效益却急剧下降的罪刑结构性对抗局面，我国刑法的运行已经面临着一场基础性危机；化解这场刑法基础性危机的一项重要选择是张扬刑罚谦抑和刑法经济观念，选择类似美国的"轻轻重重，以重为主"的刑事政策。②

（3）轻刑化

轻刑化的观点得到了学者们的普遍认同。轻刑化中的焦点问题是死刑问题。1997 年刑法修改之前在围绕死刑罪名的增加与减少，死刑适用的扩大与限制，我国刑法理论与司法实务界主要有两种看法：一种是主张对刑法中的死刑罪名与条文作严格限制，在完善刑法中应尽量减少死刑的立法；另一种看法则主张广泛适用死刑符合我国政治、经济情况及同犯罪作斗争的形势要求，对死刑的修改应当坚持从严惩办的政策，刑法关于死刑的规定不仅大体上应保持目前的水平，而且不能排除适量增加的可能。第一种观点是绝大多数刑法学者的共识，第二种观点在理论界赞成与支持者为数不多，不过在司法实务界和普通公民中有相当的共鸣，后来单行刑法中的死

---

① 蔡道通：《论"放小"的刑事政策》，载《南京师大学报（社会科学版）》2002 年第 1 期，第 33 页。

② 参见梁根林：《非刑罚化——当代刑法改革的主题》，载《现代法学》2000 年第 6 期，第 47～51 页。

刑立法在很大程度上也受这种观点的影响。①

对于上述争论，1997 年刑法采取的立场是保留死刑的同时严格限制死刑，在形式上和实质上减少了一些死刑罪名。面对这种立法现实，死刑限制论成为我国学者的主流观点，有学者提出，死刑"正是因为其目的为善，我们才选择了它，使它为善所用；也正是因为其本身为恶，我们才限制它，尽量避其所短、限其所恶。同样，也正是因为它是一种极端的害恶，我们才对其予以最严格的限制"，② 主张从刑事政策、刑事立法和刑事司法三个方面限制死刑。

总体而言，一方面，我国学者主张坚持"保留死刑，少杀慎杀"的死刑政策，大幅度削减死刑罪名，如有学者主张废除大部分贪利犯罪、大部分危害国家安全犯罪、大部分军事犯罪和并非"罪行极其严重"的普通刑事犯罪的死刑，使我国刑法中的死刑罪名降到 20 个以下，③ 有学者更是提出废除破坏经济秩序类罪、侵犯人身权利类罪中除故意杀人罪以外的所有犯罪、侵犯财产罪、妨害社会管理秩序罪、贪污受贿罪等所有并非所侵害的权益的价值不低于人的生命的价值的犯罪中的最严重犯罪的死刑，同时提高放火罪等可予保留的死刑的法定适用基准；④ 另一方面，学者们呼吁收回死刑复核权，完善死刑复核程序，构建限制死刑的程序保障机制，如有学者主张，死刑复核程序的性质是一种审判程序，应对死刑案件实行三审终审制改造，复核法庭以及合议规则应当进行改造，弱化审判委员会的作用，复核程序应当强调检辩双方的参与，

---

① 参见赵秉志主编：《刑罚总论问题探索》，法律出版社 2002 年版，第 143～144 页。

② 钊作俊：《死刑限制论》，武汉大学出版社 2001 年版，第 15 页。

③ 参见马克昌主编：《刑罚通论》，武汉大学出版社 1999 年第 2 版，第 120～121 页。

④ 参见胡云腾：《存与废——死刑基本理论研究》，中国检察出版社 2000 年版，第 252～261 页。

并对有关的审理程序、证明规则等进行改革。①

　　死刑废除论和死刑保留论在西方国家的争论已经绵延 200 多年，死刑废除论逐渐深入人心，限制乃至废除死刑已经成为不可逆转的潮流。我国学者普遍主张的死刑限制论实际上是一种死刑的阶段废除论，从应然的角度学者们基本认为死刑应该废除，不过从实然的角度，学者们考虑到死刑在中国废除的难度非常大，在策略上出于对政治现实和犯罪现状的分析而务实的选择限制死刑适用，以废除经济犯罪等非暴力犯罪的死刑为突破口推动死刑的逐步废除。有学者提出，"中国也可以经过如下三个阶段逐步废止死刑：一是及至 2020 年亦即建党 100 周年，先行废除非暴力犯罪的死刑；二是再经过一二十年的发展，在条件成熟时进一步废止非致命性暴力犯罪（非侵犯生命的暴力犯罪）的死刑；三是在社会文明和法治发展到相当发达程度时，至迟到 2050 年亦即新中国成立一百周年之际，全面废止死刑"。② 也许，这段话比较能代表我国学者关于死刑问题观点："既然死刑是应该废除的，而废除死刑在中国的难度又是如此之大，我们为废除死刑所要付出的努力也就更大。努力吧，同仁们，用我们对生命的深切关注，激起对中国死刑问题的深刻反思！同学们，用我们的人文精神唤醒麻木的人性，用我们的良心吹响中国废除死刑的号角!!"③ 然而，考虑到中国的现实情况，分阶段逐步废除死刑的方案是当前比较务实的现实选择。

　　2. "重重"刑事政策

　　世界性刑法改革运动中，既有刑法限制和缓和的一面，也有对采取暴力手段或者使用武器和暴力威胁实行的犯罪进行严厉打击的

---

　　①　参见陈卫东：《关于完善死刑复核程序的几点意见》，载《环球法律评论》2006 年第 5 期，第 546～550 页。

　　②　赵秉志：《中国逐步废止死刑论纲》，载陈泽宪主编：《死刑——中外关注的焦点》，中国人民公安大学出版社 2005 年版，第 177 页。

　　③　邱兴隆、陈兴良等：《死刑的德性》，载邱兴隆主编：《比较刑法（第 1 卷·死刑专号）》，中国检察出版社 2001 年版，第 15 页。

一面，各国通过三种渠道保护全体公众不受危险犯罪侵害，第一种是在自由刑基础上附加保安监管，第二种是采取将刑罚和处分合为一体的一元主义的监禁办法，第三种是包括保安目的在内，大胆超出责任范围，延长自由刑。① 对于具有高度危险的犯罪人，"重重"刑事政策在西方国家的实践主要体现为严厉惩治有组织犯罪，加重对累犯、再犯的处罚，严格限制甚至取消对累犯、有组织犯罪人的假释，同时建立专门监狱或者在监狱中设立专门的高度安全监区关押有组织犯罪分子和严重的暴力犯罪分子。② 面对严峻的犯罪形势，我国学者对"重重"刑事政策的探讨充分参考了世界刑法改革运动的成果，集中于探讨如何对严重犯罪和具有严重社会危害性的犯罪人实行严厉打击。这些讨论，一方面沿着与非犯罪化相联系的犯罪化问题和与轻刑化相联系的刑罚结构的调整问题展开，另一方面则着重于如何实现"重重"刑事政策展开。

第一，我国学者并非孤立的主张非犯罪化，提倡非犯罪化的同时也主张犯罪化。如有学者提出，"在当前的时代背景下我国应当实施双面的刑事政策，在犯罪化与非犯罪化的双轨道上进行刑事政策的选择，在立法上加大对社会转型时期严重危害社会的行为犯罪化，在司法中则应当贯彻人道、谦抑的思想，适时地实现非犯罪化"。③ 对于具体犯罪，也有学者提出了犯罪化的主张。对于非犯罪化呼声很高的赌博罪，就有学者主张将赌博区分为犯罪与非罪，一方面基于人性的需要和刑事政策的考虑将轻微的赌博行为非犯罪化，另一方面根据维持秩序的要求对具有严重危害的赌博行为予以犯罪化，对赌博采取"限制性犯罪化"立场具有合理的依据，但

① 参见［德］汉斯·海因里希·耶施克：《世界性刑法改革运动概要》，何天贵译，潘典校，载《法学译丛》1981年第1期，第23～24页。

② 参见孙力、刘中发：《"轻轻重重"刑事政策与我国刑事检察工作》，载《中国司法》2004年第4期，第76页。

③ 陈雄飞、张军：《非犯罪化思潮及其对我国刑事政策的意义》，载《广西政法管理干部学院学报》2006年第2期，第14页。

是在赌博罪立法方面仍需要完善，比如增设单位犯罪主体，细化赌博罪的罪状，分开设立"常业赌博罪"和"开设赌场、聚众赌博罪"，相对应地规定各自不同的量刑幅度。①

　　第二，我国学者对于刑罚结构也并非一味强调轻刑化。有学者主张，我国的刑罚结构应该坚决避免走重刑化的道路，但也不能一味走轻刑化的道路，应当重其所重，轻其所轻的，建立"整体趋轻，两极走向"的刑罚结构。② 还有学者从完善死刑制度的角度提出优化我国刑罚的配置，认为我国的刑罚中，有期徒刑可以减少一半的刑期，无期徒刑名义上是终身监禁，但罪犯刑满 10 年就可能假释，从死刑到死缓以至无期徒刑之间有较大的真空，造成量刑的困难，有时不得不用死刑；应该将有期徒刑的刑期上限规定在 30 年左右，规定无期徒刑只能服完 20 年才能假释，死缓减为无期徒刑的不能假释，以扩大对严重犯罪量刑的选择余地，以免动辄适用死刑。③ 实际上，在轻刑化与重刑化的探讨中，我国学者的基本观点仍然认为轻刑化是重点。不过与犯罪化相配套，部分罪行的重刑化也是必要的。而且，轻刑与重刑是相对而言的，既然限制乃至废除死刑已经成为学者们的基本主张，那么对作为相对于生命刑而言是轻刑的自由刑实施重刑化改革也是顺其自然的主张了。这一点实际上就是仿效西方大多数国家废除死刑以后应对严重犯罪的刑罚改革措施。

　　第三，我国学者也主张理性的"严打"。有学者提出，当下正

①　参见战立伟：《赌博的犯罪化与非犯罪化——兼论我国刑法对赌博的立场抉择》，载《吉林公安高等专科学校学报》2006 年第 2 期，第 99～103 页。

②　参见游伟、谢锡美：《整体趋轻，"两极走向"——调整我国重刑化刑罚结构的政策的思路》，载《金陵法律评论》2001 年秋季卷，第 30～36 页；又参见游伟：《重刑化的弊端与我国刑罚模式的选择》，载《华东政法学院学报》2003 年第 2 期，第 94～98 页。

③　参见李莉：《我国死刑制度现状及思考》，载《世纪桥》2006 年第 9 期，第 43 页。

在进行重大社会变革与体制转型的中国，已经面临着犯罪问题的压力，在社会资源总量一定且对犯罪的遏制与打击需要大量的成本投入且刑罚有其固有局限的情况下，为了有效地保障社会生存与发展、民众安宁与幸福的基本秩序，国家与社会必须将刑罚规制的重点与中心限制在对严重危及社会的有组织犯罪、恐怖主义犯罪、暴力犯罪、公职人员犯罪等严重犯罪的防治上，即在刑事政策的层面，把这些不能矫治或矫治困难的犯罪/犯罪人以严格的刑事政策对待，将其作为抓捕的对象或称"抓大"的目标，严密法网，并严格责任；"严打"应该是这一层次上的"严打"，而不能是"运动"式的加重对犯罪人的处罚的"严打"，更不是扩大打击面的刑法全面干预社会的"严打"。① 对于如何实现"重重"刑事政策，还有学者主张，对严重危及社会稳定的犯罪人和严重影响社会稳定的犯罪，应严密刑事法网，处罚较以往更重，更多更长期地适用监禁刑；前者主要包括职务犯（特指利用职务进行犯罪的国家工作人员）和累犯，后者包括：第一，严重危及公民人身、财产安全的犯罪，特别是暴力犯罪，如杀人、强奸、抢劫、绑架、拐卖妇女、儿童以及盗窃等案件；第二，聚众性犯罪，如武装叛乱、暴乱罪、聚众扰乱社会秩序罪、聚众冲击国家机关罪等；第三，部分危害公共安全的犯罪，如放火、爆炸、投放危险物质、劫机劫船、涉枪犯罪以及造成严重后果的过失犯罪，如重大责任事故罪、工程重大安全事故罪等；第四，有组织犯罪，主要是恐怖组织犯罪和黑社会性质组织犯罪；第五，邪教组织犯罪；第六，贪污贿赂犯罪。② 有学者进一步提出在累犯的处罚对策方面采用保安处分与刑罚二元机制，对没有犯罪但有人身危险性的人采用保安处分来预防犯罪，以刑罚对已然犯罪予以谴责；在整个刑事系统内加强对有组织犯

---

① 参见蔡道通：《论"放小"的刑事政策》，载《南京师大学报（社会科学版）》2002 年第 1 期，第 31 页。

② 参见李希慧、杜国强：《我国现行刑事政策反思及完善——以维护社会稳定为切入点》，载《法学论坛》2003 年第 4 期，第 42～45 页。

罪、暴力犯罪等的控制。① 有学者则全面系统地从教养处分、强制医疗、强制禁戒、少年保护、保护观察、没收财物和善行保证七个方面提出了我国保安处分刑事立法化的建议。②

简而言之，我国学者从为"严打"政策辩护的角度，一方面指明了严打的必要性，另一方面则重点阐述了如何根据罪刑法定主义原则综合运用刑事立法和刑事司法手段实现有效的严打。

二、刑法价值的大趋同表征

"所谓刑法价值，就是指刑法对人（社会、国家、集体或群众、个人）的积极作用与影响，主要是对人的发展与完善，从根本上讲，是对社会的发展与完善。"③ 我国学者对于刑法价值的表现有不同认识，有学者认为刑法的基本价值是正义、秩序和自由；④ 有学者认为公正、谦抑和人道是现代刑法的三大价值目标，⑤ "刑法应当通过人权保障机能和社会保护机能的协调；追求个人自由与社会秩序的刑法价值，最终实现刑法的公正价值"；⑥ 有学者认为刑法价值与刑罚价值本质上同一，作为刑罚工具价值和自身价值的统一和升华而形成的刑罚的终极价值是自由、秩序、正

---

① 参见李霞：《试论"轻轻重重"的刑事政策》，载《山东公安专科学校学报》2004 年第 3 期，第 72～73 页。

② 参见苗有水：《保安处分与中国刑法发展》，中国方正出版社 2001 年版，第 174～203 页。

③ 许发民：《刑法文化与刑法现代化研究》，中国方正出版社 2001 年版，第 64 页。

④ 参见康均心：《刑法基本价值的形式》，载《法制与社会发展》1997 年第 2 期，第 34～44 页。

⑤ 参见陈兴良：《刑法的价值构造》，中国人民大学出版社 1998 年版，前言第 15 页。

⑥ 陈兴良：《刑法的价值构造》，载《法学研究》1995 年第 6 期，第 12 页。

义;①有学者认为效益是市场经济刑法的价值目标;②有学者认为刑法的价值核心在于公正;③有学者认为刑法的首要价值是正义;④有学者认为现代刑法的价值在于安全和正义,安全价值是刑法属性的外在表现,是刑法的现实价值,而正义价值是刑法属性对主体需要的回应,是刑法的理想价值。⑤

虽然有学者认为公正是刑法的价值核心,有的学者认为正义是刑法的首要价值;不过实际上"公正,又称为正义",⑥ 这两种主张实际上是一致的,只是采用的语词不同而已。据此,许发民教授的观点基本能够代表我国学者关于刑法价值的总体观点。具体而言,他认为,刑法的价值体系是一个等级层次结构,刑法的价值表现为秩序、正义、效益和自由。其中秩序是刑法首先要满足的一种价值,但是它是刑法的表面的、直观的、形式的、工具性价值,处于刑法价值的较低层次,并为古今中外的一切刑法所固有;正义和效益是刑法的第二大层次上的价值表现,在刑法史上,刑事古典学派性格的刑法侧重于刑法的正义价值,而刑事人类学派和刑事社会学派性格的刑法则着力于刑法的效益价值,因此正义和效益也是刑法的价值表现。人的本质是自由的,自由是人类社会执着追求的最

---

① 参见谢望原:《刑罚价值论》,中国检察出版社 1999 年版,第 17 页,第 216 页。

② 参见周仲飞:《效益:市场经济刑罚的价值目标》,《江海学刊》1994 年第 2 期,第 53 页。

③ 参见张小虎:《论刑法的价值核心在于公正》,载《河南省政法管理干部学院学报》1999 年第 6 期,第 32 页;又参见刘小生、杜永浩:《论刑法价值主体新格局之构建》,载《山东公安专科学校学报》2004 年第 1 期,第 67 页。

④ 参见房清侠:《论实现刑法正义价值的基础》,载《政法论坛》2000 年第 1 期,第 28 页。

⑤ 参见岳忠臣:《现代刑法的价值》,载《达县师范高等专科学校学报》2003 年第 3 期,第 19 页。

⑥ 陈兴良:《刑法的价值构造》,中国人民大学出版社 1998 年版,第 274 页。

高、最后的价值，刑法作为主体之人的客体，其根本价值在于社会的发展与完善，而社会的发展、完善最终是为了人的利益而存在的，社会的发展、完善的根本意义就是人的解放和自由程度的提高，人类自由的程度是社会发展与完善的终极尺度和标志，刑法表面上是用以限制人的自由的，不过这种限制人类社会在特定历史条件下不得不采用的一种恶害手段，是一种向善而制恶的手段，因此人的自由是刑法的终极价值，刑法的最后、最高价值就是人的自由。①

"法律理论家们用各种各样的方式，描述了法律能够在什么程度上实现社会秩序、公平、个人自由这些基本的价值。"② 总体而言，我国学者都认为刑法的基本价值是法律价值在刑法领域的具体表现，对刑法价值的探讨基本也是围绕这几项法律的基本价值展开的。同时指出，现代刑法的价值是多元的，刑法的价值是工具性价值和自身价值的统一体；虽然对于刑法的基本价值是否是一个等级结构存在争议，不过多数学者倾向于正义或者自由在刑法价值中的优越地位，正义、秩序、自由是学者们公认的刑法的价值；随着刑事法学者对法律经济学理论的借鉴，效益作为刑法价值的地位也得到了越来越多学者的倡导。

"刑法价值趋同，是指刑法在现代刑法观念的指导下，对社会正义、公平、自由、秩序的普遍认同，是对刑法'大写真理'的承认与内化。"③ 我国学者公认，刑法的正义应该包括实体正义和程序正义，刑法的正义应该是形式正义和实质正义的统一。为了保证刑法的正义，实现刑法的秩序、自由、效益的价值目标，同时也

---

① 参见许发民：《刑法文化与刑法现代化研究》，中国方正出版社 2001 年版，第 75～76 页。

② ［英］彼得·斯坦、约翰·香德：《西方社会的法律价值》，王献平译，郑成思校，中国法制出版社 2004 年版，第 40～41 页。

③ 袁彬：《我国刑法现代化及其反思》，载《黑龙江省政法管理干部学院学报》2004 年第 2 期，第 107 页。

应该改革我国的刑事诉讼构造，使我国职权主义色彩浓厚的刑事诉讼构造向当事人主义模式靠拢。有学者提出，"规范和制约国家刑罚权、合理地组织对犯罪的反应，在制度设计层面，应当从实体和程序两个基本方面入手。在实体方面规范和限制国家刑罚权的核心在于，真正确立和贯彻罪刑法定原则，实现刑法保护功能和保障功能的对立统一；在程序方面规范和限制国家刑罚权的关键则在于，真正确立和贯彻无罪推定原则，改革现行司法体制和诉讼模式，实现实体公正和程序正义的对立统一"。①

具体而言，学者们认为在以下几个方面应该借鉴当事人主义的刑事诉讼模式：第一，保障司法独立。即通过司法体制改革，一方面从人权、事权、财权等方面保障人民法院作为审判机关的独立性，消除其他国家机关尤其是行政机关对刑事审判的干扰；另一方面降低审判委员会对合议庭的干扰，保证合议庭独立办案的权力，提高当庭宣判率，保障法官自由裁量权的空间。第二，提高对被告人权利的保护力度，保障控辩双方平等的诉讼地位。这其中的焦点集中于无罪推定、沉默权、辩护权。学者们均主张在刑事立法中明确无罪推定的原则，同时赋予犯罪嫌疑人或被告人沉默权，扩大律师行使辩护权的空间，以遏制刑讯逼供的现象，保证在对抗的模式下进行刑事审判。第三，加强对被害人权利的保护。学者们建议加强对被害人程序参与权和知情权的保护；同时引入恢复性司法制度，建立被害人的国家补偿制度，实施对被害人的救助，使被害人能够从国家行使刑罚权的过程中得到精神上的抚慰和物质上的补偿。第四，制定刑事证据规则，遏制司法不公。学者们主张制定专门的刑事证据法来规范刑事诉讼。如，有学者提出，"刑事证据法原则因其规范对象不同而各有其侧重点。证据裁判原则表现出人类在诉讼认识活动中理性主义的萌生；合法性原则是证据的社会属性的体现，侧重规范证据能力，本诸规则判断；关联性原则是证据的

① 梁根林：《"刀把子"、"大宪章"抑或"天平"？刑法价值的追问、批判与重塑》，载《中外法学》2002年第3期，第338页。

自然属性的延伸，侧重规范证明力，本诸自由心证……直接言词原则是事实发现的前提机制，侧重对法官和诉讼参与人的时空条件的规范，强调证人、当事人出庭，法官亲历审判；质证原则是事实查明的动态装置，侧重对诉讼参与人的证据运用和法官采纳证据的行为进行规范"。①

第二节　刑事立法的大趋同表征

刑事立法是由刑事实体法、刑事程序法和刑事执行法组成的刑事法律体系。根据我国目前的刑事立法现状，刑事实体法以《中华人民共和国刑法》（以下简称《刑法》）② 为核心法律渊源，刑事程序法以《中华人民共和国刑事诉讼法》（以下简称《刑事诉讼法》）③ 为核心法律渊源。至于刑事执行法领域，我国目前并没有一部统一的"刑事执行法"，有关刑事执行的法律规范主要散见于刑法、刑事诉讼法及监狱法中，《中华人民共和国监狱法》（以下简称《监狱法》）④ 调整自由刑的行刑法律关系，其他行刑法律关系由《刑法》和《刑事诉讼法》调整。由于刑事执行立法的分散性以及《监狱法》规范行刑法律关系的部分性，我国学者对于《监狱法》的法律地位产生了争议。具体而言，有学者主张"独立法律部门说"，认为"监狱法具有基本部门法律的属性和特点。它

---

① 陈卫东：《论刑事证据法的基本原则》，载《中外法学》2004 年第 4 期，第 439～440 页。

② 1979 年 7 月 1 日第五届全国人民代表大会第二次会议通过，中华人民共和国第八届全国人民代表大会第五次会议于 1997 年 3 月 14 日修订，自 1997 年 10 月 1 日起施行。

③ 1979 年 7 月 1 日第五届全国人民代表大会第二次会议通过，根据 1996 年 3 月 17 日第八届全国人民代表大会第四次会议《关于修改〈中华人民共和国刑事诉讼法〉的决定》修正，自 1997 年 1 月 1 日起施行。

④ 中华人民共和国第八届全国人民代表大会常务委员会第十一次会议于 1994 年 12 月 29 日通过，自 1994 年 12 月 29 日起施行。

与《刑法》、《刑事诉讼法》共同构成刑事法律的三个基本组成部分。三者相互衔接、相互支持，共同构筑我国刑事法律的基本框架，并呈'三足鼎立'之势"；① 有学者主张"行政法律体系组成部分说"，认为"监狱法律关系是行政法律关系，从而决定了监狱法的行政法性质，因此，监狱法属于行政法律体系"；② 有学者主张"刑事法律体系组成部分说"，认为"《监狱法》在我国法律体系具有独立的法律地位，并非刑法、刑事诉讼法的附属与补充，是我国刑事法律体系的重要组成部分"。③

刑事法律关系以犯罪、刑事责任、刑罚为内容，《刑法》确立了追究刑事责任的法定根据，《刑事诉讼法》主要规定了刑事责任的确认程序，《监狱法》则属于执行刑罚的规范。虽然《刑法》和《刑事诉讼法》也包含了一部分执行刑罚等实现刑事责任的规范，但这并不能说明《监狱法》是《刑法》或者《刑事诉讼法》的附属部分，而只是表明我国对刑事执行法采取了分散立法的体例。因此，笔者赞成"刑事法律体系组成部分说"，正如有学者所言，"我国现行刑事法律体系，是由 1994 年《监狱法》、1996 年《刑事诉讼法》、现行《刑法》构成的，标志着我国刑事法律体系日臻完善。其根据就在于，三者之间是实体、程序、执行的关系，存在着天然的衔接关系"。④ "刑事执行是指国家刑罚执行机关和国家授权的其他专门机构将已经发生法律效力的人民法院刑事判决与裁定付诸实施，并对服刑人予以矫治的刑事司法活动。"⑤ 因此，我国现行的刑事执行法以《监狱法》为核心法律渊源，还包含《刑法》

---

① 金鉴主编：《监狱学总论》，法律出版社 1997 年版，第 265 页。

② 于世忠：《监狱法是我国行政法律体系的组成部分》，载《行政与法》1996 年第 1 期，第 16 页。

③ 周介昆、陈柏安： 《监狱法的法律地位及价值评估》，http：//www.law-lib.com/lw/lw_ view.asp? no＝5121.［2006-12-30］.

④ 王志亮：《刑事法律体系的立法论透析》，载《烟台大学学报（哲学社会科学版）》2002 年第 2 期，第 180 页。

⑤ 王顺安：《刑事执行法学》，群众出版社 2001 年版，第 1 页。

总则第三章"刑罚"和第四章"刑罚的具体应用"的相关规范，《刑事诉讼法》第四编"执行"中有关实现刑事责任的规范，《中华人民共和国看守所条例》（以下简称《看守所条例》）。①

一、刑事实体法的大趋同表征

（一）刑法总则的大趋同表征

1. 取消类推制度，确立罪刑法定原则

1810 年法国刑法典第 4 条规定"不论违警罪、轻罪或重罪，均不得以实施犯罪前未规定之刑罚处罚之"，从此罪刑法定主义成为近代刑法的基本原则；法国刑法典的这一规定，以后为许多其他国家的刑法典相继仿效：1971 年的德国刑法典第 2 条、1889 年的意大利刑法典第 1 条、1882 年施行的日本刑法第 1 条、1889 年的日本帝国刑法第 23 条等均规定了罪刑法定主义，罪刑法定主义已成为许多国家刑法的共同原则。② 不过，自从 20 世纪 50 年代末期以来，罪刑法定主义立法产生了一些变化：一方面，第二次世界大战后原来采用类推立法的国家，大多废除类推；另一方面，罪刑法定主义日益得到国际法上的承认，1948 年 12 月 10 日通过的《世界人权宣言》第 11 条第 2 款对罪刑法定主义作了明文规定："任何人实行时根据国内法或者国际法不构成犯罪的作为、不作为，不认为犯罪，不得科以比该犯罪实行时应适用的刑罚为重的刑罚。"③

我国 1979 年《刑法》第 79 条规定了类推制度，即："本法分则没有明文规定的犯罪，可以比照本法分则最相类似的条文定罪判刑，但是应当报请最高人民法院核准。"现行《刑法》取消了类推

---

① 1990 年 3 月 17 日中华人民共和国国务院令第 52 号发布，自发布之日起施行。

② 参见马克昌：《比较刑法原理——外国刑法学总论》，武汉大学出版社 2002 年版，第 60 页。

③ 马克昌：《比较刑法原理——外国刑法学总论》，武汉大学出版社 2002 年版，第 83～84 页。

制度，第 3 条规定"法律明文规定为犯罪行为的，依照法律定罪处刑；法律没有明文规定为犯罪行为的，不得定罪处刑"，在我国刑事立法中第一次规定了罪刑法定原则，顺应了国际刑事立法的潮流。

2. 普遍管辖原则的法典化

传统的领土管辖、国籍管辖或保护管辖原则基于国家主权理论，根据属地或属人的优越性确立刑事管辖权的归属。而普遍管辖原则是在惩治国际犯罪的过程中发展起来的一种新型管辖原则，是对传统管辖原则的突破。根据普遍管辖原则，即使不是犯罪嫌疑人国籍国、犯罪地国、犯罪受害国，只要犯罪嫌疑人在某一国家领域之内被发现，该国根据国际法即可以对该犯罪嫌疑人实施的特定国际罪行行使刑事管辖权。20 世纪 70 年代以来，随着现代科学技术的发展和交通运输的极为便利，国际犯罪的日益增多并且严重危害到国际社会的和平和人类的安全，以前仅仅适用于海盗犯罪和战争犯罪的普遍管辖原则通过国际条约的形式逐渐扩大到适用于其他国际犯罪，如 1970 年 12 月 6 日订于海牙的《关于制止非法劫持航空器的公约》（又称《海牙公约》）、1971 年 9 月 23 日订于蒙特利尔的《关于制止危害民用航空器安全的非法行为的公约》（又称《蒙特利尔公约》）、1972 年 3 月 25 日订于日内瓦的《经〈修正 1961年麻醉品单一公约的议定书〉修正的 1961 年麻醉品单一公约》、1988 年 12 月 19 日的《联合国禁止非法贩运麻醉药品和精神药物公约》等公约在确认有关当事国的刑事管辖权的同时，都明确规定：每一缔约国于被指控的罪犯在本国领土内而不将此人引渡给有关当事国时，应采取必要措施确立其对此类犯罪的管辖权。①

我国 1979 年《刑法》规定了属地管辖原则、属人管辖原则、保护管辖原则，但没有规定普遍管辖原则。不过，我国 1980 年以后相继加入了规定普遍管辖原则的《海牙公约》、《蒙特利尔公约》

---

① 参见张智辉：《国际刑法通论》（增补本），中国政法大学出版社 1999 年版，第 84 页。

等国际条约。面对履行国际义务的现实需要，我国以刑事特别法的形式规定了普遍管辖原则。1987 年 6 月 23 日第六届全国人大常委会通过了《关于对中华人民共和国缔结或参加的国际条约所规定的罪行行使管辖权的决定》，规定"对于中华人民共和国缔结或者参加的国际条约所规定的罪行，中华人民共和国在所承担条约义务的范围内，行使刑事管辖权"。1997 年修订《刑法》时吸纳了这一规定，在第 9 条中明确规定，"对于中华人民共和国缔结或者参加的国际条约所规定的罪行，中华人民共和国在所承担条约义务的范围内行使刑事管辖权的，适用本法"，从而正式在刑法典中确立了普遍管辖原则。

3. 单位犯罪的法典化

单位犯罪在刑法理论上又称为法人犯罪，17 世纪英国首先在刑法上承认了法人的刑事责任。① 20 世纪以来法人刑事责任表现出了世界性发展趋势，相当多的国家在刑法中规定法人刑事责任，而且在刑法中追究法人犯罪的刑事责任正在逐步成为国际性的共识，法人刑事责任在各国刑法上的不断确立和发展已是一种不可逆转的必然趋势；同时，法人刑事责任在各国刑法上的范围不断扩大，而且法典化趋势日益明显。②

我国 1979 年《刑法》没有规定单位犯罪，1987 年 2 月 22 日通过的《中华人民共和国海关法》第 47 条首次明确规定单位可以

---

① "在世界上，最早承认法人刑事责任的是英国刑法。早在 17 世纪，英国法院就对那些不履行修复公路和桥梁等法律义务而造成危害后果的公司追究其刑事责任。当时英国法院认为，法人负刑事责任的根据在于，法律把履行某种特定义务的责任只归于法人而不是归于它的个别成员或代理人，因而对履行这种义务所造成的危害只能由法人自身负责而不应由法人的成员或代理人负责。因此，法院只惩罚法人而不惩罚自然人（法人成员或代理人），这是最早采用单罚制（代理制）惩罚法人犯罪。"何秉松主编：《法人犯罪与刑事责任》，中国法制出版社 2000 年版，第 38 页。

② 参见何秉松主编：《法人犯罪与刑事责任》，中国法制出版社 2000 年版，第 56～63 页。

成为走私犯罪的主体:"企业事业单位,国家机关、社会团体犯走私罪的,由司法机关对其主管人员和直接责任人员依法追究刑事责任,对该单位判处罚金,判处没收走私货物、物品、走私运输工具和违法所得。"此后,1988 年 1 月 21 日第六届全国人民代表大会常务委员会第 24 次会议通过的《关于惩治贪污贿赂罪的补充规定》、《关于惩治走私罪的补充规定》等单行刑法对单位犯罪及其刑事责任作出了明确规定。现行《刑法》第 30 条、第 31 条中对单位犯罪的概念与处罚原则作了总则性规定,并在分则中明确规定了单位犯罪的罪种,使单位犯罪的刑事责任法典化,确立了自然人犯罪为原则、单位犯罪为例外的犯罪主体二元主义制度,以及双罚制为原则、单罚制为例外的单位犯罪处罚制度。

4. 限制死刑的立法倾向①

根据大赦国际的最新统计,截至 2008 年 1 月 11 日,保留死刑的国家和地区(retentionist countries)只有 62 个;在法律上或实践中废除了死刑的国家和地区(total abolitionist in law or practice)已达 135 个,其中废除了所有犯罪死刑的国家和地区(abolitionist for all crimes)有 93 个,废除了普通犯罪死刑的国家和地区(abolitionist for ordinary crimes,只对军事犯罪或战时犯罪规定了死刑)有 9 个,在实践中废除了死刑的国家和地区(abolitionist in practice,过去 10 年内没有执行过死刑并且确信其具有不执行死刑的政策或惯例的国家和地区,以及作出了不再使用死刑的国际承诺的国家和地区)有 35 个。2004 年,不丹、希腊、萨摩亚群岛、塞内加尔、土耳其废除了所有犯罪的死刑;2005 年,黎巴嫩、墨西哥废除了所有犯罪的死刑;2006 年,菲律宾废除了所有犯罪的死刑;2007 年,阿尔巴尼亚、库克群岛、卢旺达废除了所有犯罪的死刑;2007 年,乌兹别克斯坦、阿根廷、智利废除了所有犯罪的死刑。目前,废除死刑的国家中包括了澳大利亚、加拿大、法国、

---

① 限制死刑的立法涉及 1997 年《刑法》总则和分则的规定,由于总则的规定具有普遍效力,笔者将这个问题列入"刑法总则"标题之下进行探讨。

德国、意大利、南非、英国等大国；自 1992 年到 2008 年连续 17 年期间共有 52 个国家和地区废除了死刑，其中废除了所有犯罪死刑的国家和地区达到 43 个，废除了普通犯罪死刑的国家和地区有 9 个。① 易言之，20 世纪 90 年代以来世界范围内废除死刑的国家和地区越来越多，1992—2008 年中平均每年有接近 3 个国家和地区废除了对所有犯罪的死刑，这 17 年间在法律上或实践中废除了死刑的国家和地区总数占在法律上或实践中废除了死刑的国家和地区总数的 37.04%，表明废除死刑已经成为不可逆转的国际刑事立法潮流。我国现行《刑法》虽然仍然保留了死刑，但也体现了限制死刑的立法倾向。

第一，进一步限制了死刑的适用条件。现行《刑法》第 48 条规定"死刑只适用于罪行极其严重的犯罪分子"；而 1979 年《刑法》第 43 条规定"死刑只适用于罪大恶极的犯罪分子"。"罪行极其严重"更加突出了犯罪行为非常严重的社会危害性程度，也体现了刑法的客观主义倾向。

第二，进一步限制了死刑的适用对象。现行《刑法》第 49 条规定"犯罪的时候不满 18 周岁的人和审判的时候怀孕的妇女，不适用死刑"；而 1979 年《刑法》第 44 条规定"已满 16 岁不满 18 岁的，如果所犯罪行特别严重，可以判处死刑缓期 2 年执行"。这样就完全废止了未成年犯的死刑，体现了对未成年人的特殊保护。这与《公民权利和政治权利国际盟约》第 6 条"对 18 岁以下的人所犯的罪，不得判处死刑；对孕妇不得执行死刑"的规定是一致的。②

---

① 资料来源于美国的非政府组织"死刑信息中心"（Death Penalty Information Center，简称 DPIC）官方网站援引的"大赦国际"（Amnesty International，简称 AI）之最新统计，Abolitionist and Retentionist Countries http：//www. deathpenaltyinfo. org/article. php？scid = 30&did = 140. ［2008-03-25］.

② 《公民权利和政治权利国际盟约》的版本问题，参见附录第 5 项。本书提及的国际条约约文的资料来源，见附录第 13 项；以下不再一一注明。

第三，放宽了死缓减轻为无期徒刑的条件。死刑缓期执行制度是我国 1979 年《刑法》确立的制度，对于减少死刑的实际执行人数有一定的抑制作用。现行《刑法》第 50 条规定"判处死刑缓期执行的，在死刑缓期执行期间，如果没有故意犯罪，2 年期满以后，减为无期徒刑"；而 1979 年《刑法》第 46 条规定"判处死刑缓期执行的，在死刑缓期执行期间，如果确有悔改，2 年期满以后，减为无期徒刑"。现行《刑法》将"如果确有悔改"改为"没有故意犯罪"之后，一方面降低了死缓减为无期徒刑的门槛，使罪犯较易获得将死刑减为无期徒刑的机会，有利于降低执行死刑的人数；另一方面也确立了清晰明确的标准，降低了执行死刑的不可预测性，体现了刑罚的人道主义。

第四，从形式上和实质上都减少了死刑罪名。对于新旧刑法中的死刑罪名，有学者进行了全面的统计和具体的列举，指出：我国 1979 年《刑法》共用 15 个条文规定了 28 种死刑罪名，1979 年《刑法》施行期间的单行刑法新增设 54 个死刑罪名，除去由于刑事立法的演变被吸收、消化掉的 5 种死罪外，净新增死刑罪名 49 种，这样刑法修订前刑事立法中的死刑罪名已达 77 种；现行《刑法》通过直接取消、位置转移、内容吸收、条文分解、罪名合并等方法削减了原有的 18 种死刑罪名，加上新增设的 8 种死罪和 1997 年 12 月 16 日施行的《最高人民法院关于执行〈中华人民共和国刑法〉确定罪名的规定》（以下简称《确定罪名的规定》）将"破坏易燃易爆设备罪"分解为"破坏电力设备罪"和"破坏易燃易爆设备罪"后在数量上增加的 1 种死罪，现行《刑法》共用 47 个条文设置了 68 个死刑罪名。① 笔者基本引用这一统计，不过在此基础上提出一点异议和说明，认为现行《刑法》的死刑罪名数量是 71 个。

笔者认为，将走私罪这一节的死刑罪名数量统计为 10 个而不

---

① 参见钊作俊：《死刑限制论》，武汉大学出版社 2001 年版，第 174～179 页。

是 7 个更加精确。在现行《刑法》走私罪这一节，前述学者统计了 7 个罪名：（1）第 151 条第 1 款规定的：走私武器、弹药罪，走私核材料罪，走私假币罪；（2）第 151 条第 2 款规定的：走私文物罪，走私贵重金属罪，走私珍贵动物、珍贵动物制品罪；（3）第 153 条规定的：走私普通货物、物品罪。（1）与（2）这 6 个罪名列入统计是有法律依据的，因为第 151 条第 4 款明确规定："犯第 1 款、第 2 款罪，情节特别严重的，处无期徒刑或者死刑，并处没收财产。"走私普通货物、物品罪列入统计，也没有问题，因为第 153 条第 1 款第（一）项规定："走私货物、物品偷逃应缴税额在 50 万元以上的，处 10 年以上有期徒刑或者无期徒刑，并处偷逃应缴税额 1 倍以上 5 倍以下罚金或者没收财产；情节特别严重的，依照本法第 151 条第 4 款的规定处罚。"这 7 个罪名列入死刑罪名统计的法律依据都在于第 151 条第 4 款的规定。

那么，结合第 157 条的规定："武装掩护走私的，依照本法第 151 条第 1 款、第 4 款的规定从重处罚"，该节死刑罪名的个数问题就值得研究了。《确定罪名的规定》没有将武装掩护走私规定为一个单独的罪名，① 而是规定为走私罪的从重量刑情节；如果出现武装掩护走私的情形，应该按照具体的走私对象来确定罪名。这也就是说，具有武装掩护走私情节的走私罪都可以适用死刑。这对于走私罪中已经列入死刑罪名统计的 7 个罪名没有影响，不过对于剩余的 3 个罪名——第 151 条第 3 款规定的走私珍稀植物、珍稀植物制品罪，第 152 条第 1 款规定的走私淫秽物品罪，第 152 条第 2 款的走私废物罪——则存在是否列入死刑罪名统计的选择。笔者认为，

---

① 有学者指出武装掩护走私应该为独立罪名，参见陈兴良：《武装掩护走私之为独立罪名论》，载陈兴良：《当代中国刑法新视界》，中国政法大学出版社 1999 年版，第 766～770 页。笔者赞同这种观点，也认为我国刑法关于武装掩护走私的规定应当是一个独立罪名。不过，即使《确定罪名的规定》关于走私罪这一节具体罪名的确定有不妥当之处，也是应然的问题，实然的情形是武装掩护走私没有被确定为独立罪名，统计罪名的个数还是应该以《确定罪名的规定》为准。

既然走私普通货物、物品罪能根据第 153 条第 1 款第（一）项的规定列入死刑罪名统计，也就是说有可能适用死刑的罪名都应该列入死刑罪名统计。那么，其他 3 个罪名在具备武装掩护走私情节是符合这一条件的。因此，规定这 3 个罪名的刑法条文虽然没有配置死刑，但这 3 种犯罪行为在具备武装掩护走私情节时依法可以处死刑，根据现行《刑法》条文之间的相互关系，死刑罪名的数量应该再增加 3 个。所以，现行《刑法》的死刑罪名数量应该是 71 个。

其次，司法解释对罪名认定的变化导致死罪罪名减少了 1 个。2002 年 3 月 26 日施行的最高人民法院、最高人民检察院《关于执行〈中华人民共和国刑法〉确定罪名的补充规定》（以下简称《确定罪名的补充规定》）取消了奸淫幼女罪的罪名。而根据现行《刑法》第 236 条的规定，奸淫幼女罪是可以适用死刑的，这样相当于通过罪名合并减少了 1 个死刑罪名。因此，根据《确定罪名的补充规定》，目前现行《刑法》的死刑罪名应该是 70 个。

第五，通过提高死刑的适用标准，限制了死刑的适用范围。现行《刑法》对强奸罪、抢劫罪和盗窃罪这些司法实践中判处死刑数量较多的 3 个罪名的修订就是典型的例子。现行《刑法》第 236 条规定了强奸罪可以判处死刑的五种严重情节，而 1979 年《刑法》第 139 条相应的规定则是"情节特别严重的或者致人重伤、死亡的"；现行《刑法》第 263 条明确列举了抢劫罪可以适用死刑的八种严重情节，而 1979 年《刑法》第 150 条相应的规定则是"情节严重的或者致人重伤、死亡的"。对强奸罪、抢劫罪判处死刑的条件由概括式的立法体例改为列举式的立法体例，细化了量刑情节，防止了这两个罪死刑的滥用。同时，现行《刑法》第 264 条废除了普通盗窃罪的死刑，将盗窃罪适用死刑的范围限定在"盗窃金融机构，数额特别巨大的"和"盗窃珍贵文物，情节严重的"这两种情形之内，有效降低了盗窃罪中的死刑数量。

第六，最高人民法院统一行使死刑复核权有利于限制死刑。1979 年《刑法》第 43 条和现行《刑法》第 48 条均规定"死刑除依法由最高人民法院判决的以外，都应当报请最高人民法院核准"。不过，随着 1980 年 2 月 12 日全国人大常委会决定部分下放死刑复核权给某些高级人民法院行使以来，这一规定逐步被架空，从而使得司法实践中出现了死刑滥用的倾向。不过 2006 年 10 月 31 日全国人大常委会表决通过《关于修改〈中华人民共和国人民法院组织法〉的决定》，将《人民法院组织法》第 13 条修改为"死刑除依法由最高人民法院判决的以外，应当报请最高人民法院核准"，自 2007 年 1 月 1 日起施行。随后，2006 年 12 月 28 日《最高人民法院关于统一行使死刑案件核准权有关问题的决定》公布，并从 2007 年 1 月 1 日起，过去根据《人民法院组织法》原第 13 条规定发布的关于授权高级人民法院和解放军军事法院核准部分死刑案件的通知，一律予以废止。自 2007 年 1 月 1 日起最高人民法院统一行使死刑案件的复核权，将有利于统一死刑的适用标准，革除死刑案件的二审和复核合而为一的弊端，能够给予被告人更多的辩护时间和辩护空间，使得刑事立法希望在司法中限制死刑的立法初衷在司法实践中落到实处。同时，《最高人民法院关于复核死刑案件若干问题的规定》① 的施行，也有利于死刑复核程序的规范化。

5. 扩大管制与罚金的适用范围

现行《刑法》借鉴国际上刑罚改革的经验，扩大了开放性刑罚——管制和罚金的适用范围。1979 年刑法典中规定可以适用管制的罪种仅有 23 个，新刑法典已将其扩大适用于 109 个罪种。罚金是西方各国中适用率较高的一个刑种。在我国 1979 年刑法典中，罚金作为附加刑，主要附加于自由刑，适用于某些贪利性的犯罪，但也规定可以独立适用于某些较轻的犯罪。但从整体而言，规定可适用罚金的罪种不多，仅 23 个，约占法典全部罪种的 17.7%，其

---

① 法释〔2007〕4 号，2007 年 1 月 22 日最高人民法院审判委员会第 1414 次会议通过，2007 年 2 月 27 日最高人民法院公布，自 2007 年 2 月 28 日起施行。

中可以独立适用罚金的只有 14 个。在新刑法典中，情况大有变化。虽然罚金仍属于附加刑，主要是附加适用，但适用范围已显著扩大，规定可适用罚金的增至 180 个，约占全部罪种的 43.5%，其中可以独立适用罚金的罪种增至 84 个，为 1979 年刑法典规定数的 6 倍。①

纵观各国刑罚体系的变迁，资产阶级近代刑法废除了各种残酷的身体刑，实现了以身体刑为中心的刑罚体系向以自由刑为核心的刑罚体系的转变，同时废除生命刑的运动逐步高涨。另外，随着目的刑主义预防犯罪和矫正罪犯主张的提出，保安处分与刑罚的二元主义开始为不少国家所采纳。同时，由于各种监狱改革方案未能阻止犯罪率和重新犯罪率的攀升，现代刑法开始关注监禁矫正方式的改革。一方面，各国在立法上扩大罚金等开放性刑罚适用范围，以革除短期剥夺自由刑交叉感染的弊病，提高刑罚的开放性；另一方面则在司法上将被判有罪的人置于附有监视的自由状态中进行考验，实现行刑社会化，逐步实现向以自由刑和财产刑为核心的刑罚体系的转变。管制是对犯罪分子不予关押的短期限制自由刑，罚金是财产刑，我国刑法对这两个刑种的扩大适用体现了刑法的人道主义倾向，与国际社会刑罚轻缓化的潮流是一致的。

（二）刑法分则的大趋同表征

1. 将"反革命罪"修改为"危害国家安全罪"

1979 年《刑法》对有关国事犯罪的罪名在分则第一章中以"反革命罪"作了规定，这是效法前苏联模式的结果。1922 年制定的苏俄刑法典第 57 条提出了反革命罪的一般概念，并确定了反革命罪的一般类别；1927 年 2 月 25 日全俄中央执行委员会第三届第三次会议通过了国事罪条例，将反革命罪定义规定在第 1 条里，根据这一全苏法律，对苏俄刑法典进行了修订，将分则第一章称为

---

① 参见高铭暄：《20 年来我国刑事立法的回顾与展望》，载《中国法学》1998 年第 6 期，第 28 页。

"国事罪"，分为反革命罪和对苏联特别危险的妨害管理秩序罪。①
1979 年《刑法》是以 1963 年的《中华人民共和国刑法草案》第
33 稿为蓝本的，而这一草案又深受前苏联刑法理论和刑事立法的
影响，因而 1979 年《刑法》沿用了前苏联刑法在分则第一章规定
反革命罪的体例。

　　在刑法修改的过程中，我国学者提出反革命罪的概念具有明显
缺陷，有将其改而代之以危害国家安全罪的必要。主要理由是：
（1）反革命是一个含义极不确定的政治概念，难以作为严格的法
律概念使用。（2）以反革命作为罪名，导致了刑法规定的反革命
罪的构成内容不合理。（3）以反革命这一政治概念作为罪名，被
别国视为政治犯，不利于引渡罪犯回国，还会使之受到别国政治庇
护。（4）世界各国对于危害国家的犯罪，均未采用"反革命罪"
的名称，而是规定为内乱罪、外患罪或者国事罪。（5）现行刑法
所规定的大部分反革命罪，无论其具体内容形式如何不同，也无论
它们的直接客体有何差异，却有一个共同点，即从不同的方面侵害
中华人民共和国的国家安全（包括国家的内部安全和外部安全）。
因此国家安全实质上是这类犯罪的同类客体，以危害国家安全罪作
为这类犯罪的章名，更能准确地反映危害国家安全犯罪的诸种犯罪
的本质特征。② 刑法修改中采纳了学者们的建议，一方面，将"反
革命罪"的类罪名修改为"危害国家安全罪"，并删除了罪名中包
含"反革命"字样的反革命破坏、组织、积极参加反革命集团罪，
反革命杀人、伤人罪等个罪，并将组织越狱罪、聚众劫狱罪这类普
通刑事犯罪移入妨害社会管理秩序罪的妨害司法罪这一节。

　　现行《刑法》对反革命罪的修订，趋附了世界各国刑事立法

---

　　①　《苏维埃刑法分则（上）》，中国人民大学 1954 年版；《苏俄刑法
典》，法律出版社 1956 年版。转引自于志刚：《危害国家安全罪》，中国人民
公安大学出版社 2002 年版，第 3～4 页。

　　②　参见薛瑞麟、侯国云主编：《刑法的修改与完善》，中国政法大学出
版社 1989 年版，第 217～223 页。

的潮流。一方面，作为 1979 年《刑法》效法对象的前苏联刑法后来也未采用"反革命罪"的名称。如上文所言，前苏联刑法在1927 年时虽然仍然保留反革命罪的个罪罪名并规定了反革命罪的定义，不过已经将分则第一章的标题改为"国事罪"。《苏俄刑法典（1978 年修订版）》分则第一章为"国事罪"，分为"特别危险的国事罪"和"其他国事罪"两个部分，前一部分规定了背叛国家、间谍活动、恐怖行为等犯罪行为，后一部分规定了破坏民族和种族的平等、泄露国家机密等犯罪行为，反革命罪已经淡出了刑法典。① 前苏联解体后，《俄罗斯刑法典》第十编规定的"反对国家政权的犯罪"，排在首位的第二十九章就是"侵害宪法制度基本原则和国家安全的犯罪"，规定了背叛国家、间谍活动等犯罪行为。② 另一方面，诚如学者们对修订本章罪名时所提出的主张，世界各国刑法对于危害国家安全的犯罪一般规定为内乱罪、外患罪或者国事罪。例如，《德意志联邦共和国刑法典》分则第一章就规定了"危害和平、叛乱、危害民族法治国家的犯罪"，除"共同规定"外关于罪名的规定分为"危害和平罪"、"叛乱罪"、"危害民主法治国家罪" 3 节，第二章规定了"叛乱罪和外患罪"，③《德国刑法典》仍然基本沿用了这两章的规定;④《加拿大刑事法典》第二章"违反公共秩序的犯罪"，则规定了严重叛国罪、叛国罪、煽动叛乱罪

---

① 参见曹子丹译：《苏俄刑法典》（1978 年修订版），北京政法学院刑法教研室 1980 年印，第 42 ~ 45 页。

② 参见［俄］斯库拉列夫、列别捷夫主编：《俄罗斯联邦刑法典释义》下册，黄道秀译，中国政法大学出版社 1999 年版，第 770 ~ 788 页。

③ 参见许久生译：《德意志联邦共和国刑法典》，中国政法大学出版社 1991 年版，第 65 ~ 75 页。

④ 参见许久生、庄敬华译：《德国刑法典》（2002 年修订版），中国方正出版社 2004 年版，第 51 ~ 59 页。本书以下所引《德国刑法典》条文，未注明出处的，均引自该书。

等犯罪行为。①

2. 加大对恐怖活动犯罪的惩治力度

19 世纪后半叶以来，在形形色色的无政府主义和民族主义思潮的鼓动下，恐怖主义成为国际国内斗争中经常使用的手段。20世纪 30 年代，首次恐怖主义劫机事件在秘鲁发生，国际社会将这种暴行与恐怖主义有机结合起来。1934 年国际社会正式开始直面恐怖主义暴行，并积极采取措施予以惩治。第二次世界大战以前恐怖主义以暗杀、投毒为主要表现形式，第二次世界大战以后恐怖主义的焦点是殖民地、附属国或刚独立的民族国家，手段多种多样，恐怖活动袭击的目标和活动范围已超出国界，到 60 年代末逐渐形成了国际恐怖活动。70 年代至今，恐怖主义组织已经形成一个较为松散的国际网络，恐怖行为更具隐蔽性和杀伤性。为了防止和惩治恐怖活动，世界各国先后签订了一系列国际条约，中国也加入了其中的一些国际条约，如表 2-1 所示。

表 2-1　中国参加的主要反恐怖主义国际公约一览表
（1978—2001 年）

序号	国际公约名称	签订日期	中国参加情况
1.	《关于航空器内的犯罪和其他某些行为的公约》，又称《东京公约》	1963 年 9 月 14 日	1978 年 11 月 14 日中国交存加入书，1979 年 2月 12 日对中国生效
2.	《关于制止非法劫持航空器的公约》，又称《海牙公约》	1970 年 12 月 16 日	1980 年 9 月 10 日中国交存加入书，1980 年10 月 10 日对中国生效

---

① 参见卞建林译：《加拿大刑事法典》，中国政法大学出版社 1999 年版，第 34～42 页。本书以下所引《加拿大刑事法典》条文，未注明出处的，均引自该书。

续表

序号	国际公约名称	签订日期	中国参加情况
3.	《关于制止危害民用航空器安全的非法行为的公约》，又称《蒙特利尔公约》	1971 年 9 月 23 日	1980 年 9 月 10 日中国交存加入书，1980 年 10 月 10 日对中国生效
4.	关于防止和惩处侵害应受国际保护人员的包括外交代表的罪行的公约	1973 年 12 月 14 日	1987 年 8 月 5 日中国交存加入书，1987 年 9 月 4 日对中国生效
5.	反对劫持人质国际公约	1979 年 12 月 18 日	1992 年 12 月 28 日全国人大常委会决定加入，1993 年 1 月 26 日对中国生效
6.	核材料实物保护公约	1979 年 12 月 17 日	1980 年 7 月 17 日中国签署，1980 年 11 月 4 日交存批准书
7.	《补充 1971 年 9 月 23 日在蒙特利尔签订的〈关于制止危害民用航空器安全的非法行为的公约〉的制止在为国际民用航空服务的机场上的非法暴力行为的议定书》，又称《蒙特利尔议定书》	1988 年 2 月 24 日	1988 年 2 月 24 日中国签署，1989 年 8 月 6 日对中国生效
8.	制止危及大陆架固定平台安全非法行为议定书	1988 年 3 月 10 日	1988 年 10 月 25 日中国政府签署，1992 年 3 月 1 日对中国生效

序号	国际公约名称	签订日期	中国参加情况
9.	禁止危及海上航行安全非法行为公约	1988 年 3 月 10 日	1988 年 10 月 25 日中国签署，1992 年 3 月 1 日对中国生效
10.	万国邮政公约	1989 年 12 月 14 日	1989 年 12 月 14 日中国签署，1991 年 12 月 17 日中国交存核准书，同日对中国生效
11.	制止恐怖主义爆炸的国际公约	1997 年 12 月 15 日	2001 年 11 月 12 日中国交存加入书，2001 年 12 月 12 日对中国生效
12.	制止向恐怖主义提供资助的国际公约	1999 年 12 月 9 日	2001 年 11 月 13 日中国签署，2006 年 4 月 19 日中国交存批准书，2006 年 5 月 19 日对中国生效
13.	打击恐怖主义、分裂主义和极端主义上海公约	2001 年 6 月 15 日	2001 年 6 月 15 日中国签署，2001 年 10 月 27 日全国人大常委会批准

综观这些有关恐怖活动犯罪的国际刑法规范，涉及的恐怖活动犯罪行为主要有：劫持航空器罪，危害国际民用航空安全罪，侵害应受国际保护人员罪，劫持人质罪，非法获取和使用核材料罪，海盗罪，危害海上航行安全罪，危害大陆架固定平台安全罪，破坏海底电缆、管道罪，非法使用邮件罪，恐怖主义爆炸罪、资助恐怖主义罪。

外国刑法对恐怖活动犯罪也进行了规定。例如，根据美联邦议会立法、美国政府的行政命令、决定、司法部的规章以及各州的相关立法，刑事判例，在美国恐怖主义是指：实施暴力行为或对人身有危险的行为，这些行为触犯了联邦刑法或州刑法；胁迫或强制其他公民的行为；通过胁迫或强制来影响政府的政策的行为；通过暗杀或绑架来影响政府运作的行为。① 俄罗斯不仅在刑法典中规定了恐怖主义类型犯罪，而且还制定了《反恐怖活动法》这一专门用来惩治恐怖主义的单行刑法。《俄罗斯联邦刑法典》在第205条、第207条、第277条规定了恐怖活动关联罪，另外还规定了故意杀人罪等37种与恐怖活动密切相联系的犯罪。第205条规定的"恐怖行为罪"，是指实施爆炸、纵火或其他造成人员死亡、造成重大损失、带来其他危害社会后果的行为。实施这些行为是为了破坏公共安全，恐吓居民或对权力机关作出决定施加影响，以及为了同样目的以实施上述行为相威胁的。该罪是一种多客体的犯罪，侵害了公共安全、权力机关的正常运作以及公民的生命和健康，该罪并不要求实际危害结果的发生，只要求现实危险已出现，就构成既遂犯罪。第207条规定的"故意虚假举报恐怖行为罪"，是指故意虚假地举报有人正在准备爆炸、纵火或其他造成人员死亡、导致重大财产损失或发生其他危害社会后果的危险的行为。该行为之所以被规定为犯罪，是因为故意虚报恐怖行为可能使机构的正常活动发生瘫痪，使生产活动被迫中止，造成重大经济损失，并且使人们产生惊慌，制造恐怖气氛。第277条规定的"侵害国务活动家和社会活动家的生命罪"，是指为终止国务活动家或社会活动家的国务活动或其他政治活动，或出于对这些活动的报复而侵害他们生命（实施恐怖行动）的行为。② 俄罗斯《反恐怖活动法》第3条规定，恐怖主义，指企图杀害国家或社会要员，采取暴力或以暴力威胁自然人或组织，毁灭（损坏）或以毁灭（损坏）财产或其他物质客体相威胁，其目的在于破坏社会管理秩序、公共安全或社会政治局

---

① 参见伍孝平：《从9·11看刑事法视野下的恐怖主义及其回应》，载《广西社会科学》2002年第1期，第143页。

② 参见［俄］斯库拉列夫、列别捷夫主编：《俄罗斯联邦刑法典释义》下册，黄道秀译，中国政法大学出版社1999年版，第556～776页。

势的稳定以及国际法律秩序，或强制国家机关通过对恐怖分子有利的决定或满足他们非法物质利益和其他要求。①

大陆法系国家的反恐怖活动立法中，德国将恐怖主义类型的犯罪置于妨害公共秩序的犯罪一章，关于恐怖主义最直接的规定是第129条a。该条规定了"建立恐怖团体罪"，即指行为人组织旨在实施谋杀、故意杀人、谋杀民众、妨害人身自由的犯罪，或危害公共安全犯罪的犯罪集团或作为成员加入该集团的行为。另外，该条还规定为其宣传或支持该种团体的，也要处6个月以上5年以下的自由刑。除了这条规定以外，《德国刑法典》还在第125条规定了"破坏国家安宁罪"，第126条规定了"以实施犯罪相威胁扰乱公共安宁罪"等与恐怖主义相关的犯罪。同时，《法国刑法典》第四卷第二编专章规定"恐怖活动罪"，是指故意杀人、盗窃、计算机方面的犯罪、投放危险物质等犯罪，同以严重扰乱公共秩序为目的，采取恐吓手段或恐怖手段进行的单独个人或集体性攻击行为相联系时的行为。② 《意大利刑法典》在第五章即"危害公共秩序罪"中对防治一般黑社会及黑手党作了较为细致的规定，同时在第421条规定了直接的恐怖主义类型犯罪——"公开恐吓罪"。这一犯罪是指以实施危害公共安全的犯罪或者以实施破坏或洗劫行为相威胁，以便在公众中引起恐惧的行为。③ 《瑞士联邦刑法典》在"危害公共安宁的重罪和轻罪"一章的第258条规定了"惊吓居民罪"，即指以有身体、生命或财产危险对居民进行恐吓或欺骗，使

---

① 参见莫洪宪：《有组织犯罪研究》，湖北人民出版社1998年版，第237～238页。

② 参见罗结珍译：《法国新刑法典》，中国法制出版社2003年版，140～144页。本书以下所引《法国刑法典》条文，未注明出处的，均引自该书。

③ 参见黄风译：《意大利刑法典》，中国政法大学出版社1998年版，第125～127页。本书以下所引《意大利刑法典》条文，未注明出处的，均引自该书。

居民处于惊恐之中的行为。①

为了惩治恐怖活动犯罪，与国际条约接轨，现行《刑法》一方面针对恐怖活动的行为特征规定了一系列有关恐怖活动犯罪的罪名，如劫持航空器罪、暴力危及飞行安全罪、绑架罪、非法买卖、运输核材料罪、劫持船只罪、故意伤害罪、故意杀人罪、破坏公用电信设施罪、爆炸罪、放火罪、决水罪、投毒罪、以其他危险方法危害公共安全罪、洗钱罪等。同时，1997 年《刑法》还专门规定了组织、领导、参加恐怖组织罪，第 120 条规定："组织、领导和积极参加恐怖活动组织的，处 3 年以上 10 年以下有期徒刑；其他参加的，处 3 年以下有期徒刑、拘役或者管制。犯前款罪并实施杀人、爆炸、绑架等犯罪的，依照数罪并罚的规定处罚。"这一规定首先在犯罪形态上将恐怖主义活动犯罪规定为必要的共同犯罪，突出了恐怖主义组织性的特点，是对有组织犯罪之挑战作出的必要反应。其次，在犯罪构成上将预备性犯罪行为作为犯罪的实行行为，规定为独立的犯罪，体现了将恐怖主义消灭在萌芽阶段的犯罪预防思想。最后，在行为方式上将参加恐怖活动组织规定为犯罪，并对成立本罪又具体从事恐怖主义犯罪活动的实行数罪并罚，体现了对恐怖主义从严打击的立法思想。

另外，"9·11"恐怖袭击事件发生后，各国纷纷从刑事立法上对恐怖主义进行回应。"9·11"这一悲惨且创伤的事件，已经对美国的移民、执法与安全法造成深远的影响。即使在"9·11"事件之前，美国已通过适当的立法处罚或减弱恐怖主义的影响。早期的 1978 年通过的《外国情报监控法案》（Foreign Intelligence Surveillance Act，FISA）授权对关注的外国情报进行监听。一个后来更重要的法案，1996 年通过的《反恐怖与实际死刑惩罚法》（Antiterrorism and Effective Death Penalty Act，AEDPA），视为对俄

---

① 参见许久生、庄敬华译：《瑞士联邦刑法典（2003 年修订）》，中国方正出版社 2004 年版，第 80 页。本书以下所引《瑞士联邦刑法典》条文，未注明出处的，均引自该书。

116

克拉荷马州炸弹攻击事件与纽约州世贸大楼（World Trade Center）炸弹攻击事件的回应。AEDPA 授权美国国务卿（Secretary of State）去鉴别与标识某个组织为恐怖组织。它同时致力于终止恐怖组织的财物来源，同时使犯罪的外国人较难申请驱逐豁免。自那之后，另外两个重要的法案已被国会通过——《美国爱国者法案》（USA Patriot Act）与设立国土安全部（Department of Homeland Security）的法律。《美国爱国者法案》扩大了执法部门的权力以防止、侦破和打击恐怖主义活动：（1）扩展了联邦调查局（FBI）窃听与电子监控的权限；（2）允许联邦调查局在全国的司法辖区取得搜查证；（3）扩展联邦调查局电子监控的权限，包括扩展可使用的设备，如电子邮件与网络；（4）允许联邦调查局探员使用流动式窃听装置监听任何恐怖分子使用的电话，而不是监听每个嫌疑人使用的电话都要获得授权。① 《美国爱国者法案》本应于 2005 年底期满，不过，布什总统于 2006 年 3 月 9 日签署了《美国爱国者法案 2005 年修正和授权法》（The USA Patriot Improvement and Reauthorization Act of 2005），这样《美国爱国者法案》中即将到期的 14 项条款将永久化，另两项条款的有效期将延长 4 年。②

"9·11"以后，我国刑事立法迅速作出回应，一方面加入《制止恐怖主义爆炸的国际公约》和《制止向恐怖主义提供资助的国际公约》，另一方面全国人大常委会于 2001 年 12 月 29 日通过《中华人民共和国刑法修正案（三）》（以下简称《刑法修正案（三）》，对现行《刑法》进行了修正，进一步严密了打击恐怖活动犯罪的法网。）

首先，《刑法修正案（三）》对恐怖主义犯罪的立法作了重大

---

① Rolando V. del Carmen, *Criminal Procedure Law and Practice*, 6th ed. (Belmont, CA: Wadsworth/ Thomson Learning, 2004, pp. 176-177.

② Fact Sheet: Safeguarding America: President Bush Signs Patriot Act Reauthorization, http://www. whitehouse. gov/news/releases/2006/03/20060309-7. html [2007-01-21].

修改。第一，加重了对组织、领导、参加恐怖组织罪的处罚。《刑法修正案（三）》第3条规定："组织、领导恐怖活动组织的，处10年以上有期徒刑或者无期徒刑；积极参加的，处3年以上10年以下有期徒刑；其他参加的，处3年以下有期徒刑、拘役、管制或者剥夺政治权利。"对于组织、领导恐怖组织的，法定刑的起点由以前的3年提高到10年，法定最高刑由10年提高到无期徒刑。同时，对一般参加恐怖活动组织者的法定刑，增设了附加剥夺政治权利。第二，在刑法第191条有关洗钱罪的规定中，将恐怖活动犯罪补充为上游犯罪之一。此外，单位犯洗钱罪的，对直接责任人员的处罚增加一个量刑档次，即"情节严重的，处5年以上10年以下有期徒刑"。第三，将刑法第114条、第115条中的投毒罪修改扩充为投放有毒有害物质罪，即投放毒害性、放射性、传染性病原体等物质罪。同时，为了简化法典条文，删去第114条原列举的破坏对象，即工厂、矿场、油田、港口、河流、水源、仓库、住宅、森林、农场、谷场、牧场、重要管道、公共建筑物或者其他公私财产。第四，将刑法第125条第2款的非法买卖、运输核材料罪修改扩充为非法制造、买卖、运输、储存有毒有害物质罪。

其次，《刑法修正案（三）》对恐怖主义犯罪的立法作了重要补充。第一，在刑法第127条第1款中增设盗窃、抢夺有毒有害物质罪，并在该条第2款中增加了抢劫有毒有害物质罪。第二，增设了资助恐怖活动罪。《刑法修正案（三）》第4条规定："资助恐怖活动组织或者实施恐怖活动个人的，处5年以下有期徒刑、拘役、管制或者剥夺政治权利，并处罚金。情节严重的，处5年以上有期徒刑，并处罚金或者没收财产。"修正案还规定，单位犯资助恐怖活动罪的，对单位判处罚金，并对其直接负责的主管人员和其他直接责任人员，依照个人犯本罪的规定处罚。这一规定为惩治以提供资金、财物等方式资助恐怖活动的犯罪行为提供了有力的法律武器。第三，增设了投放虚假的爆炸性、有毒有害性物质罪，编造恐怖信息罪，故意传播恐怖性谣言罪三个罪名。这为惩治故意传播恐怖性谣言，制造恐怖气氛，扰乱社会秩序的行为提供了有力的法律依据。

　　总之，各国反恐怖活动的刑事立法各具特色，有的国家采用刑法典式立法，有的采用单行刑事立法，制定打击恐怖活动的专门法律，有的则是采用刑法典和特别法相结合的立法模式。在刑法典式立法中，基本上可分为两大类：一是在刑法典中单独规定恐怖活动罪，规定专门制裁恐怖主义的条款，如法国、俄罗斯，这是世界上大多数国家的反恐怖主义立法的基本体例。二是只规定组织恐怖集团罪，根据行为的目的和性质，将恐怖行为分别规定在危害国家安全罪或危害公共安全罪之中，如德国。总体而言，我国规定恐怖主义犯罪的体例是类似于德国的刑事立法模式，即从防患于未然的角度，在刑法典中主要是针对恐怖组织进行立法防范。刑法典中并未单独规定恐怖活动罪，行为人如果实施恐怖行为的，即依刑法各本条之罪定罪处罚。应该说，刑法对于恐怖主义的规定已经得到了重大完善，适应了国际反恐斗争的严峻形势，严密了反恐的刑事法网，进一步加大了打击恐怖主义的力度。

　　3. 初步构筑知识产权的刑法保护体系

　　中国参加了一系列保护知识产权的国际公约，如表 2-2 所示，承担了加大知识产权的保护力度，严厉打击侵犯知识产权犯罪的国际义务。

表 2-2　中国参加的主要保护知识产权的国际公约一览表
（1980—2001 年）

序号	国际公约名称	签订情况	中国参加情况
1	建立世界知识产权组织公约	1967 年 7 月 14 日于斯德哥尔摩缔结，1970 年 4 月 26 日生效	1980 年 6 月 3 日加入
2	《保护工业产权巴黎公约》，简称《巴黎公约》	1883 年 3 月 20 日于巴黎缔结，1884 年生效	1985 年 3 月 19 日加入

序号	国际公约名称	签订情况	中国参加情况
3	商标国际注册马德里协定	1891 年 4 月 14 日于马德里缔结，1892 年生效	1989 年 10 月 4 日加入
4	商标国际注册马德里协定有关议定书	1989 年 6 月 27 日通过，1995 年 12 月 1 日生效	1995 年 12 月 1 日加入
5	《保护文学艺术作品的伯尔尼公约》，简称《伯尔尼公约》	1886 年 9 月 9 日于伯尔尼缔结，1887 年 12 月生效	1992 年 10 月 15 日加入
6	世界版权公约	1952 年 9 月 6 日于日内瓦签订，由联合国教科文组织管理	1992 年 10 月 30 日加入
7	《保护录音制品制作者防止未经许可复制其录音制品公约》，简称《录音制品公约》或《唱片公约》	1971 年 10 月 29 日于日内瓦签订，1973 年 4 月 18 日生效	1993 年 4 月 30 日加入
8	《专利合作条约》，简称 PCT	1970 年 6 月 19 日于华盛顿签订，1978 年生效	中国于 1994 年 1 月 1 日成为该条约的第 64 个成员国，中国专利局同时成为 PCT 的受理局、国际检索局和国际初审局
9	《商标注册用商品和服务分类协定》，又称《尼斯协定》	1957 年 6 月 15 日于尼斯签订，1961 年 4 月生效	1994 年 8 月 9 日加入

续表

序号	国际公约名称	签订情况	中国参加情况
10	《国际承认用于专利程序的微生物保存条约》，又称《布达佩斯条约》	1977年4月28日于布达佩斯签订，1980年8月19日生效	1995年7月1日参加
11	《工业品外观设计国际分类协定》，又称《洛迦诺协定》	1968年10月8日于洛迦诺签订，1971年生效	1996年9月19日参加
12	《专利国际分类协定》，简称IPC	1971年3月24日于斯特拉堡签订，1975年生效	1997年6月19日加入
13	《保护植物新品种国际公约》，在此公约的基础上成立了"保护植物新品种联盟"（简称UPOV）	1961年12月2日于巴黎签订	1999年4月23日加入
14	世界贸易组织协定中《与贸易有关的知识产权协议》，简称TRIPS	关税贸易总协定乌拉圭回合谈判最后形成的系列协议之一，1994年4月15日签署	2001年11月10日签署《中华人民共和国加入世界贸易组织议定书》，2001年12月11日中国成为世界贸易组织成员

　　加入了这些国际条约之后，中国一方面建立健全了我国的知识产权法体系，另一方面通过完善刑法打击侵犯知识产权的犯罪行为。现行《刑法》吸收了1979年《刑法》第127条关于假冒注册商标罪的规定，以及全国人大常委会1993年《关于惩治假冒注册商标犯罪的补充规定》、全国人大常委会1994年《关于惩治著作权的犯罪的决定》的内容，增设了侵犯商业秘密罪。这样，《刑

法》分则第三章"破坏社会主义市场经济秩序罪"第7节专节规定了"侵犯知识产权罪",规定了假冒注册商标罪,销售假冒注册商标的商品罪,非法制造、销售非法制造的注册商标标识罪,假冒专利罪,侵犯著作权罪,销售侵权复制品罪,侵犯商业秘密罪7个罪名,对商标权、专利权、著作权、商业秘密均进行保护,初步建立了知识产权的刑法保护体系,这在中国加入世界贸易组织(简称WTO)的谈判过程中显得尤为重要,也是中国能最终能够成为TRIPS成员国的重要因素。

4. 与国际人权法初步接轨

国际人权法的核心文件是由联合国的《世界人权宣言》、《公民权利和政治权利国际盟约》、《经济、社会、文化权利国际盟约》组成的国际人权宪章;① 此外,《公民权利和政治权利国际盟约任择议定书》和《旨在废除死刑的公民权利和政治权利国际盟约第二项任择议定书》也往往被作为国际人权宪章的组成部分。② 同时,《消除对妇女一切形式歧视公约》、《儿童权利公约》、《禁止酷刑和其他残忍、不人道或有辱人格的待遇或处罚公约》、《消除一切形式种族歧视国际公约》、《防止及惩治灭绝种族罪公约》、《禁止并惩治种族隔离罪行的国际公约》也是值得重视的国际人权公约。

第一,中国刑法关于侵犯妇女、儿童权利的趋同性规定。中国是《消除对妇女一切形式歧视公约》和《儿童权利公约》的缔约国。《消除对妇女一切形式歧视公约》第6条规定"缔约各国同意

---

① 联合国大会1999年第54/157号决议载明:"注意到《国际人权盟约》是人权领域最早的全面性的且具有法律约束力的国际条约,这两项盟约同《世界人权宣言》一起,构成国际人权法案的核心内容"。参见联合国网站新闻中心:《大会决议54/157. 国际人权盟约》,http://www.un.org/chinese/aboutun/prinorgs/ga/54/doc/a54r157.htm.[2008-01-21].

② 联合国主页(中文)的"联合国人权事务"网页就将这五项国际公约共同列为"国际人权宪章",参见联合国网站新闻中心:http://www.un.org/chinese/hr/issue/a.htm.[2008-01-21].

采取一切适当措施，包括制定法律，以打击一切形式贩卖妇女和迫使妇女卖淫以进行剥削的行为"。《儿童权利公约》第 35 条规定，"缔约国应采取一切适当的国家、双边和多边措施，以防止为任何目的或以任何形式诱拐、买卖或贩运儿童"。

我国现行《刑法》构筑了完整的妇女、儿童权益的刑法保护体系：（1）在分则第四章"侵犯公民人身权利、民主权利罪"中，第 236 条规定了强奸罪，规定强奸幼女从重处罚并列举了五种从重处罚的情节；第 237 条规定了强制猥亵、侮辱妇女罪，猥亵儿童罪；第 240 条规定了拐卖妇女、儿童罪，并在立法中将拐卖妇女、儿童扩大解释为是指以出卖为目的，有拐骗、绑架、收买、贩卖、接送、中转妇女、儿童的行为之一的行为；第 241 条规定了收买被拐卖的妇女、儿童罪；第 242 条规定了聚众阻碍解救被收买的妇女、儿童罪；第 262 条规定了拐骗儿童罪，对妇女、儿童的人身权利给予重点保护。（2）在第六章"妨害社会管理秩序罪"第 8 节"组织、强迫、引诱、容留、介绍卖淫罪"中，规定了组织卖淫罪，强迫卖淫罪，协助组织卖淫罪，引诱幼女卖淫罪，引诱、容留、介绍卖淫罪，传播性病罪，嫖宿幼女罪这 7 个罪名，对妇女、儿童的人身自由权、性的不可侵犯权等权利给予重点保护。

第二，中国刑法关于禁止酷刑的趋同性规定。国际人权公约对于保护人格权也有着严格的规定。《世界人权宣言》第 1 条规定"人人生而自由，在尊严和权利上一律平等。他们赋有理性和良心，并应以兄弟关系的精神相对待"，第 5 条规定"任何人不得加以酷刑，或施以残忍的、不人道的或侮辱性的待遇或刑罚"；《公民权利和政治权利国际盟约》第 7 条重申了这一规定。《禁止酷刑公约》第 1 条规定："为本公约的目的，'酷刑'是指为了向某人或第三者取得情报或供状，为了他或第三者所为或涉嫌的行为对他加以处罚，或为了恐吓或威胁他或第三者，或为了基于任何一种歧视的理由，蓄意使某人在肉体或精神上遭受剧烈疼痛或痛苦的任何行为，而这种疼痛或痛苦是由公职人员或以官方身份行使职权的其他人所造成或在其唆使、同意或默许下造成的。纯因法律制裁而引起或法律制裁所固有或附带的疼痛或痛苦不包括在内。"

为了贯彻《禁止酷刑公约》的规定,我国现行《刑法》增设了暴力取证罪,虐待被监管人罪,完善了刑讯逼供罪的规定。《刑法》第247条规定"司法工作人员对犯罪嫌疑人、被告人实行刑讯逼供或者使用暴力逼取证人证言的,处3年以下有期徒刑或者拘役",第248条规定"监狱、拘留所、看守所等监管机构的监管人员对被监管人进行殴打或者体罚虐待,情节严重的,处3年以下有期徒刑或者拘役;情节特别严重的,处3年以上10年以下有期徒刑"。同时这两条还规定刑讯逼供、暴力取证、虐待被监管人致人伤残、死亡的,依照故意伤害罪、故意杀人罪的从重处罚,加大了对酷刑行为的处罚力度。

第三,中国刑法关于禁止惩治民族歧视行为的趋同性规定。中国加入了促进民族、种族平等的《消除一切形式种族歧视国际公约》、《禁止并惩治种族隔离罪行的国际公约》。《消除一切形式种族歧视国际公约》第1条规定"本公约称'种族歧视'者,谓基于种族、肤色、世系或民族或人种的任何区别、排斥、限制或优惠,其目的或效果为取消或损害政治、经济、社会、文化或公共生活任何其他方面人权及基本自由在平等地位上的承认、享受或行使";第4条规定"缔约国对于一切宣传及一切组织,凡以某一种族或属于某一肤色或人种的人群具有优越性的思想或理论为根据者,或试图辩护或提倡任何形式的种族仇恨及歧视者,概予谴责,并承诺立即采取旨在根除对此种歧视的一切煽动或歧视行为的积极措施,又为此目的,在充分顾及世界人权宣言所载原则及本公约第5条明文规定的权利的条件下,除其他事项外:(子)应宣告凡传播以种族优越或仇恨为根据的思想,煽动种族歧视,对任何种族或属于另一肤色或人种的人群实施强暴行为或煽动此种行为,以及对种族主义者的活动给予任何协助者,包括筹供经费在内,概为犯罪行为,依法惩处;(丑)应宣告凡组织及有组织的宣传活动与所有其他宣传活动的提倡与煽动种族歧视者,概为非法,加以禁止,并确认参加此等组织或活动为犯罪行为,依法惩处;(寅)应不准全国性或地方性公共当局或公共机关提倡或煽动种族歧视"。

我国现行《刑法》增设了煽动民族仇恨、民族歧视罪，出版歧视、侮辱少数民族作品罪，完善了非法剥夺公民宗教信仰自由罪、侵犯少数民族风俗习惯罪的规定。《刑法》第 249 条规定"煽动民族仇恨、民族歧视，情节严重的，处 3 年以下有期徒刑、拘役、管制或者剥夺政治权利；情节特别严重的，处 3 年以上 10 年以下有期徒刑"；第 250 条规定"在出版物中刊载歧视、侮辱少数民族的内容，情节恶劣，造成严重后果的，对直接责任人员，处 3 年以下有期徒刑、拘役或者管制"；第 251 条规定"国家机关工作人员非法剥夺公民的宗教信仰自由和侵犯少数民族风俗习惯，情节严重的，处 2 年以下有期徒刑或者拘役"，健全了惩治种族歧视行为的规定。

5. 与国际环境公约初步接轨

我国刑法保护环境的相关罪名，主要由现行《刑法》分则第三章"破坏社会主义市场经济秩序罪"第 2 节"走私罪"、第五章"侵犯财产罪"、第六章"妨害社会管理秩序罪"：第 4 节"妨害文物管理罪"和第 6 节"破坏环境资源保护罪"规定。同时，为了完善环境资源保护的刑法体系，全国人大常委会分别于 2001 年 8 月 31 日、2002 年 12 月 28 日通过了《中华人民共和国刑法修正案（二）》（以下简称《修正案（二）》）和《中华人民共和国刑法修正案（四）》（以下简称《修正案（四）》），对环境资源的相关犯罪进行了修正，初步建立了与国际环境公约接轨的刑法保护体系。

第一，中国刑法关于自然和文化遗产保护的趋同性规定。中国加入了自然和文化遗产保护的《保护世界文化和自然遗产公约》（1972 年 11 月 26 日联合国教育、科学及文化组织大会通过，1985 年 11 月 22 日全国人大常委会批准）和《关于禁止和防止非法进出口文化财产和非法转让其所有权的方法的公约》（1970 年 11 月 14 日联合国教育、科学及文化组织通过，1989 年 9 月 25 日国务院批复接受)。①《保护世界文化和自然遗产公约》第 4 条规定，"本国领土内的文化遗产和自然遗产的确定、保护、保存、展出和传与后代，主要是有关国家的责任"；第 5 条规定，"采取为确定、保护、保存、展出和恢复这类遗产所需的适当的法律、科学、技术、行政和财政措施"。《关于禁止和防止非法进出口文化财产和非法转让其所有权的方法的公约》第 2 条规定，"本公约缔约国承认文化财产非法进出口和所有权非法转让是造成这类财产的原主国文化遗产枯竭的主要原因之一，并承认国际合作是保护各国文化财产免遭由此产生的各种危险的最有效方法之一"；第 3 条规定，"本公约缔约国违反本公约所列的规定而造成的文化财产之进出口或所有权转让均属非法"；第 5 条规定，"为确保保护文化财产免于非法进出口和所有权的非法转让，缔约国承担设立一个或一个以上保护文化遗产的国家机构……协助制订旨在切实保护文化遗产特别是防止重要文化财产的非法进出口和非法转让的法律和规章草案"；第 7 条规定，缔约国应该"采取与本国立法一致的必要措施防止本国领土内的博物馆及类似机构获取来源于另一缔约国并于本公约在有关国家生效后非法出口的文化财产"。同时规定"本公约对有关国家生效后，禁止进口从本公约另一缔约国的博物馆或宗教的或世俗的公共纪念馆或类似机构中窃取的文化财产，如果该项财产业已用文件形式列入该机构的财产清册"；第 8 条规定，"公约缔约国承担对触犯禁止进口的禁止规定负有责任者予以惩处或行政制裁"。

为了更好地履行国际义务，1997《刑法》在 1979 年《刑法》

---

① 这两项国际公约的条文、中国参加情况等资料来源于"北大法宝中文在线数据库"http：//vip. chinalawinfo. com，参见：(1)《保护世界文化和自然遗产公约》，http：//vip. chinalawinfo. com/newlaw2002/slc/slc. asp? db = eag&gid = 100666754. [2007-01-22]. (2)《关于禁止和防止非法进出口文化财产和非法转让其所有权的方法的公约》，http：//vip. chinalawinfo. com/newlaw2002/slc/slc. asp? db = eag&gid = 100666772 [2007-01-22].

和全国人大常委会 1982 年《关于严惩严重破坏经济犯罪的决定》、1988 年《关于惩治走私罪的补充规定》、1991 年《关于惩治盗掘古文化遗址、古墓葬犯罪的补充规定》的基础上，系统地规定了文物犯罪，建立了对自然和文化遗产的刑法保护体系：（1）在分则第六章"妨害社会管理秩序罪"的第 4 节专节规定"妨害文物管理罪"，第 324 条至第 329 条规定了故意损毁文物罪，故意损毁名胜古迹罪，过失损毁文物罪，非法向外国人出售、赠送珍贵文物罪，倒卖文物罪，非法出售、私赠文物藏品罪，盗掘古文化遗址、古墓葬罪，盗掘古人类化石、古脊椎动物化石罪，抢夺、窃取国有档案罪，擅自出卖、转让国有档案罪。（2）在分则第三章"破坏社会主义市场经济秩序罪"第 2 节"走私罪"中规定了走私文物罪，规定走私国家禁止出口的文物品的，处 5 年以上有期徒刑，并处罚金；情节较轻的，处 5 年以下有期徒刑，并处罚金。（3）在分则第五章"侵犯财产罪"中规定盗窃珍贵文物，情节严重的，构成盗窃罪，处无期徒刑或者死刑，并处没收财产。

第二，中国刑法关于生态环境保护的趋同性规定。我国是《南极条约》、《关于环境保护的南极条约议定书》、《保护臭氧层维也纳公约》、《联合国气候变化框架公约》、《〈联合国气候变化框架公约〉京都议定书》、《防止荒漠化公约》、《联合国海洋法公约》等有关保护环境国际条约的缔约国。这些国际条约均要求各缔约国采取一切必要措施，逐渐减少或逐步消除所有造成温室气体的排放，保护大气、森林和其他所有陆地、沿海和海洋生态系统。例如《联合国海洋法公约》第 166 条就规定"各国应采取一切必要措施以防止、减少和控制由于在其管辖或控制下使用技术而造成的海洋环境污染，或由于故意或偶然在海洋环境某一特定部分引进外来的或新的物种致使海洋环境可能发生重大和有害的变化"。

为了履行国际义务，我国现行《刑法》在分则第六章"妨害社会管理秩序罪"第 6 节专节规定"破坏环境资源保护罪"，在第三章"破坏社会主义市场经济秩序罪"第 2 节"走私罪"中也设置了保护环境资源的罪名，建立健全了环境资源保护的刑法体系。

首先，在环境污染的问题上，第 338 条规定了"重大环境污染事故罪"，规定"违反国家规定，向土地、水体、大气排放、倾倒或者处置有放射性的废物、含传染病病原体的废物、有毒物质或者其他危险废物，造成重大环境污染事故，致使公私财产遭受重大损失或者人身伤亡的严重后果的，处 3 年以下有期徒刑或者拘役，并处或者单处罚金；后果特别严重的，处 3 年以上 7 年以下有期徒刑，并处罚金"。其次，在保护矿产资源方面，第 343 条规定了非法采矿罪、破坏性采矿罪。最后，在保护土地资源方面，第 342 条规定了非法占用耕地罪。《刑法修正案（二）》将"非法占用耕地罪"修改为"非法占用农用地罪"，将《刑法》第 342 条修改为："违反土地管理法规，非法占用耕地、林地等农用地，改变被占用土地用途，数量较大，造成耕地、林地等农用地大量毁坏的，处 5 年以下有期徒刑或者拘役，并处或者单处罚金"，将毁林开垦和乱占滥用林地的行为规定为犯罪。

第三，中国刑法关于生物多样性保护的趋同性规定。中国加入了生物多样性保护的《国际捕鲸管制公约》、《濒危野生动植物国际贸易公约》、《生物多样性公约》。《濒危野生动植物国际贸易公约》要求各缔约国政府间采取有效措施加强贸易控制来切实保护濒危野生动植物种，确保野生动植物种的持续利用不会因国际贸易而受到影响。该公约通过三个附录将物种分为受到和可能受到贸易的影响有灭绝危险的物种，如对其贸易不严加管理则可能有灭绝危险的物种，各缔约国希望加以管制并需要国际合作控制贸易的物种，通过许可证制度控制这些物种及其产品的国际贸易。《濒危野生动植物国际贸易公约》的执行机构还与相关国际组织合作，充分发挥海关和国际刑警组织在野生动植物进出口管理环节上的监管和打击走私犯罪的作用。《生物多样性公约》是第一份全球保护和可持续利用生物多样性协定，第 8 条明确规定每一缔约国应尽可能并酌情制定或维持必要立法和/或其他规范性规章，以保护受威胁物种和种群。

对于生物多样性的保护，现行《刑法》建立了完整的体系：

首先，在保护濒危野生动植物种方面，第 151 条规定了走私珍贵动物、珍贵动物制品罪和走私珍稀植物、珍稀植物制品罪，第 341 条规定了非法猎捕、杀害珍贵、濒危野生动物罪，非法收购、运输、出售珍贵、濒危野生动物、珍贵、濒危野生动物制品罪，第 341 条规定了非法狩猎罪，第 344 规定了非法采伐、毁坏珍贵树木罪。其次，在保护水产资源方面，第 340 条规定了非法捕捞水产品罪。最后，在保护森林资源方面，第 343 条规定了盗伐林木罪，滥伐林木罪，非法收购盗伐、滥伐的林木罪。

同时，《刑法修正案（二）》将"非法收购盗伐、滥伐林木罪"修改为"非法收购、运输盗伐、滥伐林木罪"，将《刑法》第 345 条第 3 款修改为"非法收购、运输明知是盗伐、滥伐的林木，情节严重的，处 3 年以下有期徒刑、拘役或者管制，并处或者单处罚金；情节特别严重的，处 3 年以上 7 年以下有期徒刑，并处罚金"。一方面将非法运输盗伐、滥伐林木的行为也规定为犯罪，另一方面也取消了该款本罪的犯罪目的必须是"以牟利为目的"和犯罪地点必须是"在林区"的规定，扩大了对森林资源的保护范围。

此外，《修正案（四）》将"非法采伐、毁坏珍贵树木罪"修改为"非法采伐、毁坏国家重点保护植物罪"，增设了"非法收购、运输、加工、出售国家重点保护植物、国家重点保护植物制品罪"。《修正案（四）》将《刑法》第 344 条修改为："违反国家规定，非法采伐、毁坏珍贵树木或者国家重点保护的其他植物的，或者非法收购、运输、加工、出售珍贵树木或者国家重点保护的其他植物及其制品的，处 3 年以下有期徒刑、拘役或者管制，并处罚金；情节严重的，处 3 年以上 7 年以下有期徒刑，并处罚金"，既扩充了濒危野生植物种的保护范围，也扩大了对破坏濒危野生植物种犯罪行为的打击范围。

第四，中国刑法关于危险废物刑法控制的趋同性规定。中国加入了《控制危险废物越境转移及其处置巴塞尔公约》和《〈巴塞尔公约〉缔约方会议第三次会议通过的决定第Ⅲ/1 号决定对〈巴塞尔公约〉的修正》。《巴塞尔公约》的宗旨在于保证危险废物和其他废物的管理包括其越境转移和处置符合保护人类健康和环境的目的，第 4 条规定明确规定了缔约国的一般义务，禁止缔约国向属于一经济和（或）政治一体化组织而且在法律上完全禁止危险废物或其他废物进口的某一缔约国或一组缔约国特别是发展中国家出口废物；各缔约国认为危险废物或其他废物的非法运输为犯罪行为；各缔约国应采取适当的法律、行政和其他措施，以期实施本公约的各项规定，包括采取措施以防止和惩办违反本公约的行为；缔约国应不许可将危险废物或其他废物从其领土出口到非缔约国，亦不许可从一非缔约国进口到其领土。

为了更好地履行国际义务，在控制危险废物方面，现行《刑法》第 155 条规定了走私固体废物罪，第 339 条规定了非法处置进口的固体废物罪、擅自进口固体废物罪。不过，现行《刑法》是在第 155 条有关间接走私的条文中附带规定，逃避海关监管将境外固体废物运输进境的构成走私固体废物罪。《修正案（四）》将"走私固体废物罪"修改为"走私废物罪"，在立法体例和内容上对此均作了修正。一方面删除了第 155 条第（3）项关于走私固体废物罪的规定，在第 152 条中增加 1 款作为第 2 款："逃避海关监管将境外固体废物、液态废物和气态废物运输进境，情节严重的，处 5 年以下有期徒刑，并处或者单处罚金；情节特别严重的，处 5 年以上有期徒刑，并处罚金"；另一方面将原第 152 条第 2 款作为第 3 款，修改为："单位犯前两款罪的，对单位判处罚金，并对其直接负责的主管人员和其他直接责任人员，依照前两款的规定处罚"，规定了走私废物罪，自然人和单位均可构成。同时相应的将刑法第 339 条第 3 款修改为："以原料利用为名，进口不能用作原料的固体废物、液态废物和气态废物的，依照本法第 152 条第 2款、第 3 款的规定定罪处罚。"

6. 与联合国三大毒品控制公约初步接轨

中国加入了联合国的三大毒品控制公约，即《1971 年精神药物公约》（简称《1971 年公约》）、《经〈1972 年修正 1961 年麻醉

品单一公约议定书）修正的麻醉品单一公约》（简称《经修正的
1961 年公约》）、《联合国禁止非法贩运麻醉品和精神药物公约》。
这些公约对于毒品犯罪进行了详细的规定，《经修正的 1961 年公
约》承认联合国在国际麻醉品管制方面的职权并同意委托经济及
社会理事会麻醉品委员会及国际麻醉品管制局执行本公约分别授予
的职务，第 36 条明确规定了应予惩处的毒品犯罪的范围："以不
违背缔约国本国宪法上的限制为限，缔约国应采取措施，务使下列
各项犯罪行为出于故意者悉受惩罚，其情节重大者，科以适当的刑
罚，尤应科以徒刑或其他褫夺自由的刑罚：违反本公约规定的麻醉
品的种植、生产、制造、提制、调制、持有、供给、兜售、分配、
购买、贩卖、以任何名义交割、经纪、发送、过境寄发、运输、输
入及输出，以及任何其他行为经该缔约国认为违反本公约的规定
者。对任何此等犯罪行为故意参预、共谋实施、实施未遂、及从事
与本条所指各项犯罪行为有关的预备行为及财务活动皆属依照第 1
项规定应予惩罚的罪行。"《1971 年公约》确认了世界卫生组织对
有关物质医学与科学事项之判断应具决定性，同时第 22 条规定
"以不违背缔约国本国宪法上之限制为限，每一缔约国对于违反为
履行本公约义务所订法律或规章之任何行为，其系出于故意者，悉
应作为可科处刑罚之犯罪行为处分之，并应确保其罪行情节重大者
受充分刑罚，尤其受徒刑或其他剥夺自由之处分。"

　　《联合国禁止非法贩运麻醉品和精神药物公约》再次确认联合
国在麻醉药品和精神药物管制领域的主管职能，加强并增进国际刑
事合作的有效法律手段以取缔国际非法贩运的犯罪活动，第 3 条明
确规定了犯罪和制裁："1. 各缔约国应采取可能必要的措施将下列
故意行为确定为其国内法中的刑事犯罪：（a）（一）违反《1961
年公约》、经修正的《1961 年公约》或《1971 年公约》的各项规
定，生产、制造、提炼、配制、提供、兜售、分销、出售、以任何
条件交付、经纪、发送、过境发送、运输、进口或出口任何麻醉药
品或精神药物；（二）违反《1961 年公约》和经修正的《1961 年
公约》的各项规定，为生产麻醉药品而种植罂粟、古柯或大麻植

物；（三）为了进行上述（一）目所列的任何活动，占有或购买任何麻醉药品或精神药物；（四）明知其用途或目的是非法种植、生产或制造麻醉药品或精神药物而制造、运输或分销设备、材料或表一和表二所列物质；（五）组织、管理或资助上述（一）、（二）、（三）或（四）目所列的任何犯罪；（b）（一）明知财产得自按本款（a）项确定的任何犯罪或参与此种犯罪的行为，为了隐瞒或掩饰该财产的非法来源，或为了协助任何涉及此种犯罪的人逃避其行为的法律后果而转换或转让该财产；（二）明知财产得自按本款（a）项确定的犯罪或参与此种犯罪的行为，隐瞒或掩饰该财产的真实性质、来源、所在地、处置、转移、相关的权利或所有权；（c）在不违背其宪法原则及其法律制度基本概念的前提下，（一）在收取财产时明知财产得自按本款（a）项确定的犯罪或参与此种犯罪的行为而获取、占有或使用该财产；（二）明知其被用于或将用于非法种植、生产或制造麻醉药品或精神药物而占有设备、材料或表一和表二所列物质；（三）以任何手段公开鼓动或引诱他人去犯按照本条确定的任何罪行或非法使用麻醉药品或精神药物；（四）参与进行，合伙或共谋进行，进行未遂，以及帮助、教唆、便利和参谋进行按本条确定的任何犯罪。2. 各缔约国应在不违背其宪法原则和法律制度基本概念的前提下，采取可能必要的措施，在其国内法中将违反《1961 年公约》、经修正的《1961 年公约》或《1971 年公约》的各项规定，故意占有、购买或种植麻醉药品或精神药物以供个人消费的行为，确定为刑事犯罪。3. 构成本条第 1 款所列罪行的知情、故意或目的等要素，可根据客观事实情况加以判断。4.（a）各缔约国应使按本条第 1 款确定的犯罪受到充分顾及这些罪行的严重性质的制裁，诸如监禁或以其他形式剥夺自由，罚款和没收。（b）缔约国还可规定除进行定罪或惩罚外，对犯有按本条第 1 款确定的罪行的罪犯采取治疗、教育、善后护理、康复或回归社会等措施。（c）尽管有以上各项规定，在性质轻微的适当案件中，缔约国可规定作为定罪或惩罚的替代办法，采取诸如教育、康复或回归社会等措施，如罪犯为嗜毒者，还可采取治疗和善后护理等措施。（d）缔约国对于按本条第 2 款确定的犯罪，可以规定对罪犯采取治疗、教育、善后护理、康复或回归社会的措施，以作为定罪或惩罚的替代办法，或作为定罪或惩罚的补充。5. 缔约国应确保其法院和拥有管辖权的其他主管当局能够考虑使按照第 1 款所确定的犯罪构成特别严重犯罪的事实情况，例如：（a）罪犯所属的有组织的犯罪集团涉及该项犯罪；（b）罪犯涉及其他国际上有组织的犯罪活动；（c）罪犯涉及由此项犯罪所便利的其他非法活动；（d）罪犯使用暴力或武器；（e）罪犯担任公职，且其所犯罪行与该公职有关；（f）危害或利用未成年人；（g）犯罪发生在监禁管教场所，或教育机构或社会服务场所，或在紧邻这些场所的地方，或在学童和学生进行教育、体育和社会活动的其他地方；（h）以前在国外或国内曾被判罪，特别是类似的犯罪，但以缔约国国内法所允许的程度为限。6. 缔约国为起诉犯有按本条确定的罪行的人而行使其国内法规定的法律裁量权时，应努力确保对这些罪行的执法措施取得最大成效，并适当考虑到需要对此种犯罪起到威慑作用。7. 缔约国应确保其法院或其他主管当局对于已判定犯有本条第 1 款所列罪行的人，在考虑其将来可能的早释或假释时，顾及这种罪行的严重性质和本条第 5 款所列的情况。8. 各缔约国应酌情在其国内法中对于按本条第 1 款确定的任何犯罪，规定一个长的追诉时效期限，当被指称的罪犯已逃避司法处置时，期限应更长。9. 各缔约国应采取符合其法律制度的适应措施，确保在其领土内发现的被指控或被判定犯有按本条第 1 款确定的罪行的人，能在必要的刑事诉讼中出庭。10. 为了缔约国之间根据本公约进行合作，特别包括根据第 5、6、7 和 9 条进行合作，在不影响缔约国的宪法限制和基本的国内法的情况下，凡依照本条确定的犯罪均不得视为经济犯罪或政治犯罪或认为是出于政治动机。11. 本条规定不得影响其所述犯罪和有关的法律辩护理由只应由缔约国的国内法加以阐明以及此种犯罪应依该法予以起诉和惩罚的原则。"

　　为了更好地履行国际义务，我国现行《刑法》在全国人大常委会 1982 年《关于严惩严重破坏经济犯罪的决定》、1988 年《关于惩治走私罪的补充规定》、1990 年《关于禁毒的决定》的基础上，在分则第六章"妨害社会管理秩序罪"第 7 节专节规定了走私、贩卖、运输、制造毒品罪，非法持有毒品罪，包庇毒品犯罪分子罪，窝藏、转移、隐瞒毒品、毒赃罪，走私制毒物品罪，非法买卖制毒物品罪，非法种植毒品原植物罪，非法买卖、运输、携带、持有毒品原植物种子、幼苗罪，引诱、教唆、欺骗他人吸毒罪，强迫他人吸毒罪，容留他人吸毒罪，非法提供麻醉药品、精神药品罪这 12 个罪名，构筑了惩治毒品犯罪的严密法网。而且，《刑法》第 347 条明确规定"走私、贩卖、运输、制造毒品，无论数量多少，都应当追究刑事责任，予以刑事处罚"，第 357 条明确规定"本法所称的毒品，是指鸦片、海洛因、甲基苯丙胺（冰毒）、吗啡、大麻、可卡因以及国家规定管制的其他能够使人形成瘾癖的麻醉药品和精神药品。毒品的数量以查证属实的走私、贩卖、运输、制造、非法持有毒品的数量计算，不以纯度折算"，体现了严厉打击毒品犯罪的立法倾向。

同时，现行《刑法》增设的洗钱罪明确将毒品犯罪作为洗钱罪的上游犯罪之一，第 191 条明确规定自然人明知是毒品犯罪的违法所得及其产生的收益，为掩饰、隐瞒其来源和性质，有提供资金账户、协助将财产转换为现金或者金融票据、通过转账或者其他结算方式协助资金转移、协助将资金汇往境外，以其他方法掩饰、隐瞒犯罪的违法所得及其收益的性质和来源的五种行为之一的，没收实施以上犯罪的违法所得及其产生的收益，处 5 年以下有期徒刑或者拘役，并处或者单处洗钱数额 5% 以上 20% 以下罚金；情节严重的，处 5 年以上 10 年以下有期徒刑，并处洗钱数额 5% 以上 20% 以下罚金。

7. 与国际打击跨国有组织犯罪，反腐败、反洗钱公约初步接轨

中国加入了《联合国打击跨国有组织犯罪公约》（又称《巴勒莫公约》）、《联合国反腐败公约》，以及上文已提及的《联合国禁止非法贩运麻醉品和精神药物公约》，并于 2002 年 12 月 9 日签署

了《联合国打击跨国有组织犯罪公约关于打击非法制造、贩运枪支及其零部件和弹药的补充议定书》（简称《枪支议定书》）。《联合国打击跨国有组织犯罪公约》第 3 条规定了公约的适用范围："一、本公约除非另有规定，应适用于对下述跨国的且涉及有组织犯罪集团的犯罪的预防、侦查和起诉：（一）依照本公约第 5 条、第 6 条、第 8 条和第 23 条确立的犯罪；（二）本公约第 2 条所界定的严重犯罪。二、就本条第 1 款而言，有下列情形之一的犯罪属跨国犯罪：（一）在一个以上国家实施的犯罪；（二）虽在一国实施，但其准备、筹划、指挥或控制的实质性部分发生在另一国的犯罪；（三）犯罪在一国实施，但涉及在一个以上国家从事犯罪活动的有组织犯罪集团；（四）犯罪在一国实施，但对于另一国有重大影响。"同时，该公约第 5 条、第 6 条、第 8 条和第 23 条分别对参加有组织犯罪集团行为的刑事定罪、洗钱行为的刑事定罪、腐败行为的刑事定罪、妨害司法的刑事定罪作了明确规定，第 6 条要求缔约国将公约第 2 条所界定的所有严重犯罪和公约规定的参加有组织犯罪集团行为的刑事定罪、腐败行为的刑事定罪、妨害司法的刑事定罪均列为洗钱罪的上游犯罪。《联合国反腐败公约》对贿赂型腐败犯罪、侵占挪用型腐败犯罪、洗钱罪、妨害司法罪等腐败关联犯罪作了系统规定。《联合国禁止非法贩运麻醉品和精神药物公约》对非法贩运麻醉品和精神药物中的洗钱行为作了规定。《枪支议定书》反映了国际社会普遍要求打击手枪、冲锋枪、手榴弹、肩扛式防空导弹等非法轻武器泛滥的共同心愿，对于非法制造、贩运枪支及其零部件和弹药行为的刑事定罪作了系统的规定。简而言之，这些公约对于参加有组织犯罪集团行为、腐败行为、妨害司法、洗钱行为，非法制造、贩运枪支及其零部件和弹药行为的刑事定罪作了系统的规定，其相关规定在我国刑法中得到了一定程度的体现。

第一，中国刑法关于枪支、弹药、爆炸物犯罪的趋同性规定。《枪支议定书》适用于预防、侦查、起诉非法制造和贩运枪支及其零部件和弹药的，带有跨国性质且涉及有组织犯罪集团的犯罪。公约第 5 条对刑事定罪作了明确规定："1. 各缔约国均应采取必要的立法和其他措施将下列故意行为定为刑事犯罪：（a）非法制造枪支及其零部件和弹药；（b）非法贩运枪支及其零部件和弹药；（c）伪造或非法擦掉、消除或改动本议定书第 8 条要求的枪支标识。2. 各缔约国还应采取必要的立法和其他措施将下列行为定为刑事犯罪：（a）实施根据本条第 1 款所确立的犯罪未遂或作为同犯参与这种犯罪，但应以本国法律制度基本概念为准；和（b）组织、指挥、协助、教唆实施根据本条第 1 款所确立的犯罪，或为此提供便利或参谋。"

我国现行《刑法》分则第二章"危害公共安全罪"第 125 条到第 130 条对违反枪支、弹药、爆炸物和危险物品管理规定危害公共安全的犯罪作了规定，规定了非法制造、买卖、运输、邮寄、储存枪支、弹药、爆炸物罪，违规制造、销售枪支罪，盗窃、抢夺枪支、弹药、爆炸物罪（《修正案（三）》修改为盗窃、抢夺枪支、弹药、爆炸物、危险物质罪），抢劫枪支、弹药、爆炸物罪（《修正案（三）》修改为抢劫枪支、弹药、爆炸物、危险物质罪），非法持有、私藏枪支、弹药罪，非法出租、出借枪支罪，丢失枪支不报罪，非法携带枪支、弹药、管制刀具、危险物品危害公共安全罪共 8 个罪名，配置了比较高的法定刑。如第 125 条规定："非法制造、买卖、运输、邮寄、储存枪支、弹药、爆炸物的，处 3 年以上10 年以下有期徒刑；情节严重的，处 10 年以上有期徒刑、无期徒刑或者死刑。"

第二，中国刑法关于洗钱犯罪的趋同性规定。《联合国打击跨国有组织犯罪公约》第 6 条"洗钱行为的刑事定罪"与《联合国反腐败公约》第 23 条"对犯罪所得的洗钱行为"的规定基本一致。因此，《联合国反腐败公约》与《联合国打击跨国有组织犯罪公约》相互衔接、相互配合，共同构筑了对参加有组织犯罪集团犯罪、洗钱犯罪、腐败犯罪、妨害司法犯罪等严重犯罪的国际刑事实体法标准和刑事司法合作机制。而且，《联合国反腐败公约》、《联合国打击跨国有组织犯罪公约》关于洗钱行为的规定与《联合国禁止非法贩运麻醉药品和精神药物公约》第 3 条"犯罪和制裁"

中有关洗钱行为的规定也是基本一致的，三个国际条约也一道构成了主要的反洗钱国际条约。三个公约均要求将以下行为规定为犯罪："（一）明知财产得自公约确定的任何犯罪或参与此种犯罪的行为，为了隐瞒或掩饰该财产的非法来源，或为了协助任何涉及此种犯罪的人逃避其行为的法律后果而转换或转让该财产；（二）明知财产得自按公约确定的犯罪或参与此种犯罪的行为，隐瞒或掩饰该财产的真实性质、来源、所在地、处置、转移、相关的权利或所有权。"

我国现行《刑法》增设了洗钱罪，第191条规定："明知是毒品犯罪、黑社会性质的组织犯罪、走私犯罪的违法所得及其产生的收益，为掩饰、隐瞒其来源和性质，有下列行为之一的，没收实施以上犯罪的违法所得及其产生的收益，处5年以下有期徒刑或者拘役，并处或者单处洗钱数额5%以上20%以下罚金；情节严重的，处5年以上10年以下有期徒刑，并处洗钱数额5%以上20%以下罚金：（一）提供资金账户的；（二）协助将财产转换为现金或者金融票据的；（三）通过转账或者其他结算方式协助资金转移的；（四）协助将资金汇往境外的；（五）以其他方法掩饰、隐瞒犯罪的违法所得及其收益的性质和来源的。单位犯前款罪的，对单位判处罚金，并对其直接负责的主管人员和其他直接责任人员，处5年以下有期徒刑或者拘役。"关于洗钱罪客观方面的列举，与联合国主要反洗钱公约的规定是一致的。

对于洗钱罪的规定，全国人大常委会进行了两次修正。第一，《刑法修正案（三）》对第191条作了修正，一方面扩大了洗钱罪的上游犯罪，将"恐怖活动犯罪"列入其中，同时增加了单位犯洗钱罪情节严重时的法定刑幅度，规定单位犯洗钱罪情节严重的，对单位判处罚金，对其直接负责的主管人员和其他直接责任人员处5年以上10年以下有期徒刑。第二，全国人大常委会2006年6月29日通过了《中华人民共和国刑法修正案（六）》（以下简称《刑法修正案（六）》），将洗钱犯罪的上游犯罪扩大为"毒品犯罪、黑社会性质的组织犯罪、恐怖活动犯罪、走私犯罪、贪污贿赂犯罪、破坏金融管理秩序犯罪、金融诈骗犯罪";同时删除了第191条单位构成洗钱罪的规定。

第三,中国刑法关于有组织犯罪的趋同性规定。《联合国打击跨国有组织犯罪公约》构筑了完整的控制跨国有组织犯罪的国际法律机制,第2条界定了相关术语:"(一)'有组织犯罪集团'系指由三人或多人所组成的、在一定时期内存在的、为了实施一项或多项严重犯罪或根据本公约确立的犯罪以直接或间接获得金钱或其他物质利益而一致行动的有组织结构的集团;(二)'严重犯罪'系指构成可受到最高刑至少4年的剥夺自由或更严厉处罚的犯罪的行为;(三)'有组织结构的集团'系指并非为了立即实施一项犯罪而随意组成的集团,但不必要求确定成员职责,也不必要求成员的连续性或完善的组织结构。"第5条规定了"参加有组织犯罪集团行为的刑事定罪":"一、各缔约国均应采取必要的立法和其他措施,将下列故意行为规定为刑事犯罪:(一)下列任何一种或两种有别于未遂或既遂的犯罪的行为:1.为直接或间接获得金钱或其他物质利益而与一人或多人约定实施严重犯罪,如果本国法律要求,还须有其中一名参与者为促进上述约定的实施的行为或涉及有组织犯罪集团;2.明知有组织犯罪集团的目标和一般犯罪活动或其实施有关犯罪的目的而积极参与下述活动的行为:(1)有组织犯罪集团的犯罪活动;(2)明知其本人的参与将有助于实现上述犯罪目标的该有组织犯罪集团的其他活动;(二)组织、指挥、协助、教唆、促使或参谋实施涉及有组织犯罪集团的严重犯罪。"

现行《刑法》第26条规定"三人以上为共同实施犯罪而组成的较为固定的犯罪组织,是犯罪集团",同时分则对于参加犯罪集团等有组织犯罪行为作了具体规定。第一,在分则第二章"危害公共安全罪"第120条规定了组织、领导、参加恐怖组织罪,《修正案(三)》增设了资助恐怖活动罪。第二,在分则第六章"妨害社会管理秩序罪"第1节"扰乱公共秩序罪"中规定了组织、领导、参加黑社会性质组织罪,入境发展黑社会组织罪,包庇、纵容黑社会性质组织罪,组织、利用会道门、邪教组织、利用迷信破坏法律实施罪，组织、利用会道门、邪教组织、利用迷信致人死亡罪。第 294 条规定"组织、领导和积极参加以暴力、威胁或者其他手段，有组织地进行违法犯罪活动，称霸一方，为非作恶，欺压、残害群众，严重破坏经济、社会生活秩序的黑社会性质的组织的，处 3 年以上 10 年以下有期徒刑；其他参加的，处 3 年以下有期徒刑、拘役、管制或者剥夺政治权利。境外的黑社会组织的人员到中华人民共和国境内发展组织成员的，处 3 年以上 10 年以下有期徒刑。犯前两款罪又有其他犯罪行为的，依照数罪并罚的规定处罚"。将参加有组织犯罪集团的行为进行刑事定罪，而且与有组织犯罪集团的犯罪活动实行数罪并罚，与《联合国打击跨国有组织犯罪公约》的精神是一致的。

第四，中国刑法关于妨害司法犯罪的趋同性规定。《联合国反腐败公约》第 25 条"妨害司法"与《联合国打击跨国有组织犯罪公约》第 23 条"妨害司法的刑事定罪"的规定是完全一致的。《联合国打击跨国有组织犯罪公约》第 23 条规定"各缔约国均应采取必要的立法和其他措施，将下列故意行为规定为刑事犯罪：（一）在涉及本公约所涵盖的犯罪的诉讼中使用暴力、威胁或恐吓，或许诺、提议给予或给予不应有的好处，以诱使提供虚假证言或干扰证言或证据的提供；（二）使用暴力、威胁或恐吓，干扰司法或执法人员针对本公约所涵盖的犯罪执行公务"。

现行《刑法》分则第六章第 2 节"妨害司法罪"的有关规定与上述两个国际条约的规定是一致的。《刑法》第 305 条到第 317 条规定了伪证罪，辩护人、诉讼代理人毁灭证据、伪造证据、妨害作证罪，帮助毁灭、伪造证据罪，打击报复证人罪，扰乱法庭秩序罪，窝藏、包庇罪，拒绝提供间谍犯罪证据罪，窝藏、转移、收购、销售赃物罪，拒不执行判决、裁定罪，非法处置查封、扣押、冻结的财产罪，破坏监管秩序罪，脱逃罪，劫夺被押解人员罪，组织越狱罪，暴动越狱罪，聚众持械劫狱罪这 17 个罪名。第 305 条规定"在刑事诉讼中，证人、鉴定人、记录人、翻译人对与案件有重要关系的情节，故意作虚假证明、鉴定、记录、翻译，意图陷害他人或者隐匿罪证的，处 3 年以下有期徒刑或者拘役；情节严重的，处 3 年以上 7 年以下有期徒刑"，对伪证行为进行了刑事定罪；第 307 条规定"以暴力、威胁、贿买等方法阻止证人作证或者指使他人作伪证的，处 3 年以下有期徒刑或者拘役；情节严重的，处 3 年以上 7 年以下有期徒刑"，对妨害作证行为进行了刑事定罪；此外，分则第六章"扰乱公共秩序罪"这一节中，第 277 条规定了妨害公务罪，"以暴力、威胁方法阻碍国家机关工作人员依法执行职务的，处 3 年以下有期徒刑、拘役、管制或者罚金"，与《联合国反腐败公约》的规定基本一致。

第五，中国刑法关于腐败犯罪的趋同性规定。《联合国反腐败公约》是联合国历史上通过的第一个用于指导国际反腐败斗争的法律文件，对腐败的预防、侦查和起诉以及犯罪所得的冻结、扣押、没收和返还作了详细的规范，第 2 条明确地将公职人员界定为：（1）无论是经任命还是经选举而在缔约国中担任立法、行政、行政管理或者司法职务的任何人员，无论长期或者临时，计酬或者不计酬，也无论该人的资历如何；（2）依照缔约国本国法律的定义和在该缔约国相关法律领域中的适用情况，履行公共职能，包括为公共机构或者公营企业履行公共职能或者提供公共服务的任何其他人员；（3）缔约国本国法律中界定为"公职人员"的任何其他人员。但就本公约第 2 章所载某些具体措施而言，"公职人员"可以指依照缔约国本国法律的定义和在该缔约国相关法律领域中的适用情况，履行公共职能或者提供公共服务的任何人员。

该公约没有给出腐败犯罪的定义，在第二章"定罪和执法"明确规定了应规定为腐败犯罪的行为：（1）贿赂型的四种腐败犯罪，即贿赂本国公职人员罪、贿赂外国公职人员或者国际公共组织官员罪、影响力交易罪、私营部门内的贿赂罪。（2）侵占、挪用型的两种腐败犯罪，即公职人员贪污、挪用或者以其他类似方式侵犯财产罪，私营部门内的侵吞财产罪。（3）五种腐败关联犯罪，即滥用职权罪、资产非法增加罪、洗钱罪、窝赃罪，妨害司法罪。《联合国反腐败公约》关于腐败犯罪的规定是《联合国打击跨国有组织犯罪公约》第 8 条"腐败行为的刑事定罪"和第 9 条"反腐败措施"的细化和延伸。

《联合国反腐败公约》虽然没有给出腐败犯罪的定义，不过根据公约所列举的腐败犯罪的外延，其腐败犯罪的定义是广义的，我国现行《刑法》分则对公约涉及的犯罪行为也有一定程度的规定。（1）贿赂型的腐败犯罪。《刑法》分则第八章"贪污贿赂罪"中规定了受贿罪、单位受贿罪、行贿罪、对单位行贿罪、介绍贿赂罪、单位行贿罪，与《联合国反腐败公约》规定的贿赂本国公职人员罪有些相似。分则第三章"破坏社会主义市场经济秩序罪"第 3 节"妨害对公司、企业的管理秩序罪"规定了非国家工作人员受贿罪（第 163 条），对非国家工作人员行贿罪（第 164 条），与《联合国反腐败公约》规定的私营部门内的贿赂罪有些相似。（2）侵占、挪用型的犯罪。《刑法》分则第八章"贪污贿赂罪"中规定了贪污罪（第 382 条）、挪用公款罪（第 384 条），以及第 271 条规定的"国有公司、企业或者其他国有单位中从事公务的人员和国有公司、企业或者其他国有单位委派到非国有公司、企业以及其他单位从事公务的人员有前款行为的，依照本法第 382 条、第 383 条的规定定罪处罚"，与《联合国反腐败公约》规定的公职人员贪污、挪用或者以其他类似方式侵犯财产罪有些相似。"妨害对公司、企业的管理秩序罪"中规定了职务侵占罪（第 271 条），与《联合国反腐败公约》规定的私营部门内的侵吞财产罪有些相似。（3）腐败关联犯罪。洗钱罪、妨害司法罪上文已经论述，不再赘述。《联合国反腐败公约》第 24 条所规定的"窝赃"是指"行为所涉及的人员虽未参与根据本公约确立的任何犯罪，但在这些犯罪实施后，明知财产是根据本公约确立的任何犯罪的结果而窝藏或者继续保留这种财产"；《刑法》第 312 条规定了掩饰、隐瞒犯罪所得、犯罪所得收益罪，即"明知是犯罪所得的赃物而予以窝藏、转移、收购或者代为销售的，处 3 年以下有期徒刑、拘役或者管制，并处或者单处罚金"，两者是基本一致的。《联合国反腐败公约》第 20 条将"资产非法增加"规定为"公职人员的资产显著增加，而本人无法以其合法收入作出合理解释"；《刑法》第 395 条规定了"巨额资产来源不明罪"，即"国家工作人员的财产或者支出明显超过合法收入，差额巨大的，可以责令说明来源。本人不能说明其来源是合法的，差额部分以非法所得论，处 5 年以下有期徒刑或者拘役，财产的差额部分予以追缴"，两者也是基本一致的。《联合国反腐败公约》规定的滥用职权罪则与《刑法》第九章"渎职罪"中规定的滥用职权罪（第 397 条）有些相似。

8. 与国际人道主义法初步接轨

首先必须加以说明的是国际人道主义法与国际人权法之间的关系。有学者认为：（1）国际人权法与国际人道主义法同属于人道主义性质，但二者的区别也是明显的；（2）国际人道主义法比国际人权法古老得多，国际人权法始于第二次世界大战结束，《联合国宪章》有关人权的规定标志着人权问题进入国际法领域。国际人道主义法的发展通常要追溯到 19 世纪由瑞士人亨利·杜南特发起的一系列倡议，杜兰特的第一个倡议导致了国际红十字会的成立，第二个倡议促成了第一个日内瓦公约——1864 年《改善战地武装部队伤者境遇的日内瓦公约》的诞生。（3）从内容上看，国际人权法包括了国际人道主义法，国际人权法的内容和适用范围更为广泛，它包括国家、个人在任何时候、任何情况下应享有的权利和承担的义务，而国际人道主义法则是关于在战争或武装冲突中如何保护战斗员、非战斗员、伤病员、战俘和平民的人权。因此，国际人道主义法又属于战争和武装冲突法的一部分，被称为"战争或武装冲突中的人权法"，现代国际人权法包括了国际人道主义法。①

本书所赞同的主张是，国际人权法与国际人道主义法都是与人权有关的国际法，有互相交融之处，不过它们是国际法的两个不同分支，有各自独立的渊源体系。事实上，联合国官方文件对这两个

---

① 参见徐显明主编：《国际人权法》，法律出版社 2004 年版，第 28～29 页。

术语的使用也表明了国际人权法和国际人道主义法的并列关系，如联合国人权委员会 2005 年 4 月 19 日第 2005/35 号决议通过了《粗暴违反国际人权法和严重违反国际人道主义法行为受害者享有补救和赔偿权的基本原则和准则》，在文件标题和文件正文中均将"国际人权法"和"国际人道主义法"并列。①

国际社会于 1864 年至 1949 年在瑞士日内瓦缔结了关于保护平民和战争受难者的一系列国际条约，总称《日内瓦公约》。1949 年修订形成了日内瓦四公约（均于 1949 年 8 月 12 日签订，中国均于 1952 年 7 月 13 日声明承认，1957 年 6 月 28 日四公约同时对中国生效），即《一九四九年八月十二日改善战地武装部队伤者病者境遇之日内瓦公约》（即《日内瓦第一公约》）、《一九四九年八月十二日改善海上武装部队伤者病者及遇船难者境遇之日内瓦公约》（即《日内瓦第二公约》）、《一九四九年八月十二日关于战俘待遇之日内瓦公约》（即《日内瓦第三公约》）、《一九四九年八月十二日关于战时保护平民之日内瓦公约》（即《日内瓦第四公约》）。1977 年又通过了两个议定书：《一九四九年八月十二日日内瓦四公约关于保护国际性武装冲突受难者附加议定书》（即《第一议定书》，1977 年 6 月 10 日签订，1983 年 9 月 14 日中国交存加入书，1984 年 3 月 14 日对中国生效）、《一九四九年八月十二日日内瓦公约关于保护非国际武装冲突受难者的附加议定书》（即《第二议定书》，1977 年 6 月 10 日签订，1983 年 9 月 14 日中国交存加入书，1984 年 3 月 14 日对中国生效）。国际人道主义法体系主要就是日内瓦四公约及其两个附加议定书，宗旨在保护武装冲突中人类的生命和尊严，得到了国际社会的普遍认同，"黑山共和国和瑙鲁共和国决定加入 1949 年制定的日内瓦四公约，从而使《日内瓦公约》成为现代史上首次获得全球通过的国际条约（世界上所有的 194

---

① 参见联合国网站新闻中心：《粗暴违反国际人权法和严重违反国际人道主义法行为受害者享有补救和赔偿权的基本原则和准则》，http://www. un. org/chinese/documents/ecosoc/2005/r2005-30. pdf. ［2006-01-23］.

个国家均已正式通过)"。①

日内瓦四公约第 3 条均规定了非国际性武装冲突中的人道主义原则:"在一缔约国之领土内发生非国际性之武装冲突之场合,冲突之各方最低限度应遵守下列规定:(一)不实际参加战事之人员,包括放下武器之武装部队人员及因病、伤、拘留或其他原因而失去战斗力之人员在内,在一切情况下应予以人道待遇,不得基于种族、肤色、宗教或信仰、性别、出身或财力或其他类似标准而有所歧视。因此,对于上述人员,不论何时何地,不得有下列行为:(甲)对生命与人身施以暴力,特别如各种谋杀、残伤肢体、虐待及酷刑;(乙)作为人质;(丙)损害个人尊严,特别如侮辱与降低身份的待遇;(丁)未经具有文明人类所认为必需之司法保障的正规组织之法庭之宣判,而遽行判罪及执行死刑。(二)伤者、病者应予收集与照顾。公正的人道主义团体,如红十字国际委员会,得向冲突之各方提供服务。"

《日内瓦第一公约》和《日内瓦第二公约》第 12 条均要求对武装部队的伤者、病者给予人道主义待遇:受伤、患病或遇船难之武装部队人员或其他人员,在一切情况下,应受尊重与保护;冲突之各方对于在其权力下之此等人员,应予以人道之待遇与照顾,不得基于性别、种族、国籍、宗教、政治意见或其他类似标准而有所歧视。对其生命之任何危害或对其人身之暴行,均应严格禁止;尤其不得加以谋杀和消灭,施以酷刑或供生物学的实验,不得故意不给予医疗救助及照顾,亦不得造成使其冒传染病危险之情况。《日内瓦第三公约》对战俘之一般待遇、在俘、战俘之中止作了明确规定,如第 12 条规定"战俘系在敌国国家手中,而非在俘获彼等之个人或军事单位之手中。不论个人之责任如何,拘留国对战俘所受之待遇应负责任";第 13 条规定"战俘在任何时候须受人道之待遇。拘留国任何不法行为或不行为可致其看管中之战俘死亡或严

① [瑞士]让-菲利普·拉瓦耶:《〈日内瓦公约〉带来的喜讯与希望》,载《人民日报》2006 年 9 月 4 日第 3 版。

重危害其健康者须予禁止，并当视为严重破坏本公约之行为。尤其不得对战俘加以肢体残伤，或供任何医学或科学试验而非为有关战俘之医疗、治牙或住院诊疗所应有且为其本身利益而施行者。战俘亦应在任何时候受到保护，尤其免致遭受暴行或恫吓及侮辱与公众好奇心的烦扰。对战俘之报复措施应予禁止"。《日内瓦第四公约》对居民之一般保护以防战争之若干影响、被保护人之地位与待遇作了详细规定，如第 14 条规定"各缔约国在平时，冲突各方在战事开始后，得在其领土内，并于必要时在占领地内，设立医院及安全地带与处所，加以适当的组织，使能保护伤者、病者、老者、15 岁以下儿童、孕妇、及 7 岁以下儿童之母亲，俾免受战争影响"；第 15 条规定"任何冲突之一方，得直接或通过一中立国或人道主义组织，向其敌方建议在作战区域内设立中立化地带，保护下列人等免受战争之影响，不加歧视：（甲）伤、病战斗员或非战斗员；（乙）不参加战事及虽居住在该地带内而不从事军事性工作之平民"。

我国现行《刑法》在全国人大常委会 1981 年《惩治军人违反职责罪暂行条例》的基础上，在分则第十章规定了"军人违反职责罪"，贯彻了日内瓦四公约的精神。《刑法》第 444 条规定了遗弃伤病军人罪，即"在战场上故意遗弃伤病军人，情节恶劣的，对直接责任人员，处 5 年以下有期徒刑"；第 445 条规定了战时拒不救治伤病军人罪，即"战时在救护治疗职位上，有条件救治而拒不救治危重伤病军人的，处 5 年以下有期徒刑或者拘役；造成伤病军人重残、死亡或者有其他严重情节的，处 5 年以上 10 年以下有期徒刑"；第 446 条规定了战时残害居民、掠夺居民财物罪，即"战时在军事行动地区，残害无辜居民或者掠夺无辜居民财物的，处 5 年以下有期徒刑；情节严重的，处 5 年以上 10 年以下有期徒刑；情节特别严重的，处 10 年以上有期徒刑、无期徒刑或者死刑"；第 448 条规定了虐待俘虏罪，即"虐待俘虏，情节恶劣的，处 3 年以下有期徒刑。同时，《刑法》第 277 条规定在自然灾害和突发事件中，以暴力、威胁方法阻碍红十字会工作人员依法履行职责的，妨害公务罪的规定处罚，保障了红十字会的人道主义救援工作。

二、刑事程序法的大趋同表征

在刑事诉讼机制日趋成熟的现代社会，刑事诉讼的国际标准开始确立与推行，在国际标准影响下，各国刑事诉讼出现了趋同性，其突出表现在：（1）推行职权主义与当事人主义的各国对既定刑事诉讼模式不断修改与发展：一方面推行当事人主义的国家吸收职权主义的成分；另一方面奉行职权主义的国家大量引进与借鉴当事人主义的合理内容。（2）被告人权利保护的扩大和加强：一方面被告人权利的内容不断扩大，另一方面被告人权利保护普遍化；（3）被害人程序保护的提出和加强：加强对被害人的人身保护；被害人在一定情况下，可作为刑事原告人出庭，享有原告的诉讼权利，承担原告的诉讼义务；扩大了未起诉的被害人的诉讼权利。①《刑事诉讼法》在某些方面已接近或基本符合联合国刑事司法准则，顺应了刑事诉讼法的世界发展趋势。

（一）一定程度上吸收了当事人主义诉讼模式的某些合理内容

第一，吸收了无罪推定原则的基本精神。《世界人权宣言》第11条规定"凡受刑事控告者，在未经获得辩护上所需的一切保证的公开审判而依法证实有罪以前，有权被视为无罪"，首次确定了无罪推定原则；《公民权利和政治权利国际盟约》第14条重申"凡受刑事控告者，在未依法证实有罪之前，应有权被视为无罪"。我国《刑事诉讼法》对这些规定的基本精神也有所体现。其一，《刑事诉讼法》第12条规定"未经人民法院依法判决，对任何人都不得确定有罪"，体现了无罪推定的基本精神。其二，《刑事诉讼法》将"人犯"、"犯人"等有罪推定色彩浓重的法律术语改称"犯罪嫌疑人"、"被告人"，既规范了受追诉方当事人的称呼，也

---

① 参见左卫民：《刑事程序问题研究》，中国政法大学出版社1999年版，第225～232页。

对受追诉方当事人在被起诉前和被起诉后的称呼进行了科学区分。其三，第 140 条第 4 款规定"对于补充侦查的案件，人民检察院仍然认为证据不足，不符合起诉条件的，可以作出不起诉的决定"；第 162 条第 3 项规定"证据不足，不能认定被告人有罪的，应当作出证据不足、指控的犯罪不能成立的无罪判决"，在审查起诉阶段和审判阶段的规定体现了疑罪从无的精神。

第二，对侦查、起诉机关的权力进行了一定的制约。公安机关、检察机关在刑事诉讼中拥有广泛的职权，《刑事诉讼法》1996年修改时取消公安机关的"收容审查"和检察机关的"免予起诉"，表现了对公安机关、检察机关的职权进行制约的立法倾向。同时，《刑事诉讼法》也通过对被告人辩护权，被害人申诉权的规定，来监督公安机关、检察机关的职权。第 75 条规定了被追诉方要求解除超期羁押的权利，"犯罪嫌疑人、被告人及其法定代理人、近亲属或者犯罪嫌疑人、被告人委托的律师及其他辩护人对于人民法院、人民检察院或者公安机关采取强制措施超过法定期限的，有权要求解除强制措施。人民法院、人民检察院或者公安机关对于被采取强制措施超过法定期限的犯罪嫌疑人、被告人应当予以释放、解除取保候审、监视居住或者依法变更强制措施"。另外，如第 86 条规定了控告人对于人民法院、人民检察院或者公安机关不立案决定申请复议的权利，第 145 条规定了被害人对于人民检察院所作的不起诉的决定进行申诉的权利。

第三，关于简易审判程序的规定。《公民权利和政治权利国际盟约》第 14 条对于被告人获得公正和迅速审判的权利进行了规定，规定受刑事控告者有权迅速以一种他懂得的语言详细地被告知对他提出的指控的性质和原因，受审时间不被无故拖延。出于对刑事诉讼效益的关注，国外刑事诉讼法大多规定了简易程序，如英国《1980 年治安法院法》就规定了简易程序的适用范围，第 9 条对依告发书而进行的简易审判程序作了规定，第 19 条还列举了法院首先考虑适用简易审判还是正式审判的理由，第 24 条规定当依告发而指控一个未满 17 岁的人犯有杀人罪之外的可诉罪而使其出庭或被押至治安法院时，除法定的例外情形外，他应受到简易审判，而且第 25 条也对治安法院将简易程序改为起诉审判的权力做了规定。① 与之相应，《刑事诉讼法》第三编"审判"第二章"第一审程序"专节规定了"简易程序"，第 174 条规定"人民法院对于下列案件，可以适用简易程序，由审判员一人独任审判：（一）对依法可能判处 3 年以下有期徒刑、拘役、管制、单处罚金的公诉案件，事实清楚、证据充分，人民检察院建议或者同意适用简易程序的；（二）告诉才处理的案件；（三）被害人起诉的有证据证明的轻微刑事案件"。

（二）强化了对犯罪嫌疑人或被告人权利的保护

第一，关于犯罪嫌疑人或被告人获得律师帮助权的规定。《刑事诉讼法》第 96 条规定"犯罪嫌疑人在被侦查机关第一次讯问后或者采取强制措施之日起，可以聘请律师为其提供法律咨询、代理申诉、控告"，规定犯罪嫌疑人在侦查阶段便可以委托律师提供法律帮助。同时，第 33 条规定"公诉案件自案件移送审查起诉之日起，犯罪嫌疑人有权委托辩护人。自诉案件的被告人有权随时委托辩护人"，明确规定犯罪嫌疑人在被起诉之后可以委托辩护人。此外，第 36 条、第 37 条、第 139 条、第 155 条、第 180 条分别对辩护律师的阅卷权和会见通信权、调查取证权、提出意见权、参加法庭调查和法庭辩论权，经被告人同意提出上诉的权利等进行了规定。

第二，关于对被告人实施法律援助的规定。《公民权利和政治权利国际盟约》第 14 条规定，受刑事控告者有权出席受审并亲自替自己辩护或经由他自己所选择的法律援助进行辩护；如果他没有

---

① 本段所论及的《1980 年治安法院法》条文，见［英］迈克·麦康维尔、岳礼玲选编：《英国刑事诉讼法（选编）》，中国政法大学刑事法律研究中心编译，程味秋、陈瑞华、杨宇冠等译校，中国政法大学出版社 2001 年版，第 165～177 页。本书以下所引英国刑事诉讼法相关法典的条文，未注明出处的，均引自该书。

法律援助，要通知他享有这种权利；在司法利益有此需要的案件中，为他指定法律援助，而在他没有足够能力偿付法律援助的案件中，不要他自己付费。我国《刑事诉讼法》对被告人获得法律援助的权利也有一定的规定，第 34 条规定"公诉人出庭公诉的案件，被告人因经济困难或者其他原因没有委托辩护人的，人民法院可以指定承担法律援助义务的律师为其提供辩护。被告人是盲、聋、哑或者未成年人而没有委托辩护人的，人民法院应当指定承担法律援助义务的律师为其提供辩护。被告人可能被判处死刑而没有委托辩护人的，人民法院应当指定承担法律援助义务的律师为其提供辩护"，明确规定被告人有权获得法律援助。

第三，关于死刑复核程序的规定。《刑事诉讼法》第三编"审判"第四章专章规定了"死刑复核程序"，规定高级人民法院判处死刑的第一审案件被告人不上诉的和判处死刑的第二审案件，都应当报请最高人民法院核准；中级人民法院判处死刑缓期 2 年执行的案件由高级人民法院核准；最高人民法院复核死刑案件，高级人民法院复核死刑缓期执行的案件，应当由审判员 3 人组成合议庭进行。死刑复核程序的设置，为被判处死刑或死刑缓期执行的被告人在一审和上诉审之外提供了特别的救济程序。《关于保护面对死刑的人的权利的保障措施》（经济及社会理事会 1984 年 5 月 25 第 1984/50 号决议批准）第 5 条明确规定，只有在经过法律程序提供确保审判公正的各项可能的保障，才可根据主管法院的终审执行死刑。我国这一规定符合这一决议的基本精神。

（三）关于保护被害人地位和权利的规定

《刑事诉讼法》第 28 条第（二）项规定，"'当事人'是指被害人、自诉人、犯罪嫌疑人、被告人、附带民事诉讼的原告人和被告人"，明确赋予了被害人当事人的地位。同时，规定了被害人享有的一系列诉讼权利，如第 28 条、第 40 条规定了被害人有权申请回避，有权委托诉讼代理人。比较重要的权利有两项，即附带民事诉讼起诉权和自诉权。

对于被害人附带民事诉讼的起诉权，第 77 条规定，"被害人由于被告人的犯罪行为而遭受物质损失的，在刑事诉讼过程中，有权提起附带民事诉讼"。法国刑事诉讼法也规定以公诉为主要标的的刑事诉讼可以以损害赔偿之诉为其附带标的，《法国刑事诉讼法典》第2条规定"对重罪、轻罪或违警罪造成的损害请求赔偿的民事诉讼，由遭受犯罪直接造成损害的人提起"，具体而言就是如果犯罪在危害社会秩序的同时，还造成他人身体上、物质上或精神上的损害，那么，受到此种损害的人有权向民事法院，或者向负责裁判对危害社会秩序的行为提起之公诉的刑事法院，提出赔偿之诉，以请求给予赔偿。①

对于被害人的自诉权，《刑事诉讼法》第88条规定"对于自诉案件，被害人有权向人民法院直接起诉。被害人死亡或者丧失行为能力的，被害人的法定代理人、近亲属有权向人民法院起诉，人民法院应当依法受理"。同时，第170条规定了被害人自诉案件的范围，除了侮辱罪、诽谤罪等告诉才处理的案件外，还特别规定被害人有证据证明对被告人侵犯自己人身、财产权利的行为应当依法追究刑事责任，而公安机关或者人民检察院不予追究被告人刑事责任的案件属于自诉案件，将被害人的自诉权扩大到未起诉案件。我国关于被害人参加程序的规定，与德国刑事诉讼法的规定是相似的，《德国刑事诉讼法》第五编"被害人参加程序"第1节对自诉作了规定，如第374条规定对于非法侵入、侵犯通信秘密、伤害、威胁等八类案件被害人无需事先上诉检察院，可以通过自诉途径予以追究，② 对刑事诉讼中的自诉权利人作出了准许性规定。

---

① 参见［法］卡斯东·斯特法尼、乔治·勒瓦索、贝尔纳·布洛克：《法国刑事诉讼法精义》上册，罗结珍译，中国政法大学出版社1998年版，第174页。

② 本段所论及的《德国刑事诉讼法典》条文，参见李昌珂译：《德国刑事诉讼法典》，中国政法大学出版社1995年版，第137页。本书以下所引《德国刑事诉讼法典》的条文，未注明出处的，均引自该书。

三、刑事执行法的大趋同表征

《公民权利和政治权利国际盟约》第 10 条规定："一、所有被剥夺自由的人应给予人道及尊重其固有的人格尊严的待遇。二、(甲)除特殊情况外，被控告的人应与被判罪的人隔离开，并应给予适合于未判罪者身份的分别待遇；(乙)被控告的少年应与成年人分隔开，并应尽速予以判决。三、监狱制度应包括以争取囚犯改造和社会复员为基本目的的待遇。少年罪犯应与成年人隔离开，并应给予适合其年龄及法律地位的待遇。"这一规定要求建立未决犯与已决犯，未成年犯与成年犯的分类关押制度，同时在处遇上要保证行刑的人道性。我国的刑事执行法对此均有体现。

（一）分类关押

第一，成年男犯、女犯和未成年犯的分押分管。《监狱法》第 39 条规定"监狱对成年男犯、女犯和未成年犯实行分开关押和管理，对未成年犯和女犯的改造，应当照顾其生理、心理特点。监狱根据罪犯的犯罪类型、刑罚种类、刑期、改造表现等情况，对罪犯实行分别关押，采取不同方式管理"。同时，根据《刑事诉讼法》第 213 条的规定，我国实行未成年犯和成年犯分类关押制度，对未成年犯应当在未成年犯管教所执行刑罚，成年犯应当在监狱执行刑罚。

第二，未决犯和已决犯分类关押。根据《看守所条例》第 2 条的规定，看守所是羁押依法被逮捕、刑事拘留人的机关，也就是关押未决犯的场所。同时，《刑事诉讼法》第 213 条和《监狱法》第 2 条规定，除了"被判处有期徒刑的罪犯，在被交付执行刑罚前，剩余刑期在 1 年以下的，由看守所代为执行"之外，被判处拘役的罪犯由公安机关执行，一般关押在拘役所；被判处死刑缓期 2 年执行、无期徒刑、有期徒刑的罪犯送交监狱执行刑罚。这也就是说已决犯原则上由监狱或拘役所关押。

简而言之，我国关押犯罪嫌疑人、被告人、罪犯的场所主要有看守所、拘役所、监狱、未成年犯管教所几处，根据羁押人的羁押原因、年龄、性别、所判刑罚不同情况分别予以关押。看守所羁押未决犯和余刑不足 1 年的已决犯，拘役所关押被判处拘役的罪犯，未成年犯管教所关押未成年犯，监狱对成年男犯、女犯也分开关押。

（二）行刑人道性

第一，关于暂不收监、监外执行的规定。《监狱法》第 17 条规定："监狱应当对交付执行刑罚的罪犯进行身体检查。经检查，被判处无期徒刑、有期徒刑的罪犯有下列情形之一的，可以暂不收监：（一）有严重疾病需要保外就医的；（二）怀孕或者正在哺乳自己婴儿的妇女。对前款所列暂不收监的罪犯，应当由交付执行的人民法院决定暂予监外执行。"同时，《监狱法》第三章"刑罚的执行"第 3 节"监外执行"和《刑事诉讼法》第 214 条也规定了监外执行制度，规定对于被判处有期徒刑或者拘役的罪犯，有严重疾病需要保外就医的，怀孕或者正在哺乳自己婴儿的妇女，生活不能自理、适用暂予监外执行不致危害社会的罪犯可以暂予监外执行。

第二，关于减刑、假释的规定。减刑、假释使得罪犯可以通过悔改或者立功表现来获得提前出狱的机会，避免长期与社会的隔离，我国刑事执行法对此也有规定。《刑法》总则第四章"刑罚的具体运用"第 6 节"减刑"、第 7 节"假释"，以及《监狱法》第三章"刑罚的执行"第 4 节"减刑、假释"分别对减刑、假释作了规定。《刑法》第 78 条规定"被判处管制、拘役、有期徒刑、无期徒刑的犯罪分子，在执行期间，如果认真遵守监规，接受教育改造，确有悔改表现的，或者有立功表现的，可以减刑"。《监狱法》第 28 条重申了这一规定的精神。《刑法》第 81 条规定"被判处有期徒刑的犯罪分子，执行原判刑期 1/2 以上，被判处无期徒刑的犯罪分子，实际执行 10 年以上，如果认真遵守监规，接受教育改造，确有悔改表现，假释后不致再危害社会的，可以假释"。《监狱法》第 32 条重申了这一规定。

第三，刑罚执行方式的规定。首先，罚金减少或免除的规定。

《刑事诉讼法》第 219 条规定"被判处罚金的罪犯，期满不缴纳的，人民法院应当强制缴纳；如果由于遭遇不能抗拒的灾祸缴纳确实有困难的，可以裁定减少或者免除"。其次，死刑执行方式的规定。根据《刑法》第 48 条的规定，死刑分为立即执行和缓期两年执行两种方式。对于被判处死刑缓期执行的罪犯而言，根据《刑法》第 50 条的规定，如果在死刑缓期执行期间没有故意犯罪，2 年期满以后，减为无期徒刑；如果确有重大立功表现，2 年期满以后，减为 15 年以上 20 年以下有期徒刑。而无期徒刑、有期徒刑都可以减刑、假释，这意味着罪犯即使被判处死刑，只要不是立即执行，如果确实有悔改表现，仍然可以获得出狱的机会。而且，《监狱法》第 31 条规定"被判处死刑缓期 2 年执行的罪犯，在死刑缓期执行期间，符合法律规定的减为无期徒刑、有期徒刑条件的，2 年期满时，所在监狱应当及时提出减刑建议，报经省、自治区、直辖市监狱管理机关审核后，提请高级人民法院裁定"，强调了监狱及时提出减刑建议的义务。同时，根据《刑事诉讼法》第 212 条的规定，死刑采用枪决或者注射等方法执行。

注射的执行方式，一般认为有利于减少死囚临刑痛苦，体现了行刑的人道性。《关于保护面对死刑的人的权利的保障措施》第 9 条也明确规定："判处死刑时，应以尽量减轻痛苦的方式执行。"当然，注射是否人道这一点也有可以讨论的余地。根据美国"死刑信息中心"（Death Penalty Information Center，DPIC）《死刑在 2006：年终报告》，关于致命性药物注射（lethal injection）的争议在上升：对致命性药物注射的抗议已经在很多州导致死刑的执行被推迟数年，在过去这些年表明注射方式会给被执行人带来不必要的和折磨人痛苦的证据得到了越来越多法庭的支持，联邦最高法院在 Clarence Hill 一案中已经一致裁决可以通过适当地援引民事权利法在联邦法院提出对注射方式的抗议；不过，不少其他州的法院不理睬这种抗议，例如得克萨斯州（Texas）2006 年执行的死刑人数比 2005 年还多，即使联邦最高法院已经裁决 Clarence Hill 可以继续他对注射的抗议之后，初级法院（the lower courts）仍然裁决

Clarence Hill 的申诉已经超过时效，故而不能要求执行中止或审理，Clarence Hill 仍然被执行了死刑。① 总体而言，美国多数州还是认可注射执行死刑的方式，与我国的立法是相似的。

第四，关于行刑处遇的规定。《监狱法》对尊重少数民族和监舍的基本条件进行了规定，第 52 条规定"对少数民族罪犯的特殊生活习惯，应当予以照顾"；第 53 条规定"罪犯居住的监舍应当坚固、通风、透光、清洁、保暖"。同时，《监狱法》第五章专章规定"对罪犯的教育改造"，对罪犯获取学业证书、技术等级证书，休息，获取劳动报酬，获得劳动保护，获得劳动保险的权利均进行了规定。

第三节　刑事司法的大趋同表征

一、社区矫正的大趋同表征

社区矫正也就是罪犯的社会内处遇，是相对于将罪犯监禁于狱中的设施内处遇而言的，是行刑社会化的产物。刑事古典学派提出刑罚人道主义，主张刑罚应当宽和，猛烈抨击了死刑、身体刑。资产阶级革命胜利之后，欧洲各国纷纷将监禁刑作为替代身体刑和生命刑的刑罚，认为监禁刑能够实现特殊预防的目的。到 19 世纪下半叶，西欧一些国家所判短期监禁刑的比例已占所有被判监禁刑总数的 75%。然而监禁刑尤其是短期监禁刑的作用很久以来就受到了怀疑，19 世纪中叶，法国犯罪学家、刑罚改革家 B. 马萨格和富兰克以及时任英国霍华德协会秘书的脱拉克在其著述中猛烈批评短期监禁刑，并提出了若干不剥夺自由的替代措施。西欧各国从 19 世纪末便开始了积极探索短期监禁刑替代措施的历程。20 世纪初欧洲各国刑罚制度引入了刑罚测量方法，创立了青少年犯的分别处

---

① *The Death Penalty in* 2006: *Year End Report*, http://www.deathpenaltyinfo.org/2006YearEnd.pdf. [2007-01-19].

罚制度，扩宽罚金刑的适用范围，建立缓期执行和缓期宣告制度。① 第二次世界大战以后，保障人权的思想开始高涨，以格拉马蒂卡、安塞尔为代表的新社会防卫论提出犯罪人有"复归社会"的权利，积极主张刑罚改革。他们认为监狱这一与犯罪作斗争的主要工具反而成为重新犯罪的学校，为了消除监禁刑的弊端，进行了广泛的"重新社会化治理"的试验，努力使监禁制度更加人道化，尽量让监狱生活与正常自由生活接近，不过由于缺乏政府财力后盾与广大民众的支持，改革结果令人失望。② 20 世纪 70 年代以来，由于经济危机的影响，欧美各国社会矛盾加剧，属于设施内处遇的监禁刑由于将罪犯与社会隔离，降低重新犯罪率的效果很不理想，反而使得监狱人满为患，加剧了服刑罪犯和监狱管理人员的矛盾，特殊预防论所倡导的使犯罪人复归社会的目的并没有达到，寻求监禁刑尤其是短期监禁刑的替代措施再次成为欧美各国刑事政策的焦点。其结果是欧美各国相继开始进行非机构化的刑罚改革，扩大了中间处遇和社会内处遇的比重，推进行刑社会化。

《联合国非拘禁措施最低限度标准规则》（又称《东京规则》，联合国大会 1990 年 12 月 14 日通过）第 1.5 条明确提出"会员国应在其本国法律制度内采用非拘禁措施，从而减少适用监禁办法的程度，并使刑事司法政策合理化，同时考虑到遵守人权的义务、社会正义的需求以及改造罪犯方面的需要"。20 世纪下半叶以来，社区矫正已经成为一项重要的司法制度，在西方发达国家以及我国的香港、台湾等地区，得到了多样的普及和发展。具体形式有家中监禁、周末拘禁、劳动释放、学习释放、归假、电子监控、转向方案、中途之家、间歇监禁、劳动释放、教育释放、社区扶助等。到2000 年时，许多发达国家和地区纳入社区矫正的非监禁人数已大

---

① 参见谢望原：《欧陆刑罚制度与刑罚价值原理》，中国检察出版社2004 年版，第 3~5 页。

② 参见马克昌主编：《近代西方刑法学说史略》，中国检察出版社 1996年版，第 324 页。

大超过监狱中的监禁人数，完成了由以监禁刑为主向非监禁刑为主的历史性转化。① 简而言之，非监禁化或非机构化已经成为各国刑罚制度的重要指导思想，中国在构建和谐社会的过程中也逐步借鉴了这一思想，开始着手社区矫正制度的建立。

2003 年 7 月 10 日，最高人民法院、最高人民检察院、公安部、司法部（以下简称"两高两部"）联合下发了《关于开展社区矫正试点工作的通知》（以下简称《试点通知》），决定在北京、天津、上海、江苏、浙江、山东 6 个省市开展社区矫正的试点工作，我国的社区矫正的试点工作正式运行。《试点通知》规定，"社区矫正是与监禁矫正相对的行刑方式，是指将符合社区矫正条件的罪犯置于社区内，由专门的国家机关在相关社会团体和民间组织以及社会志愿者的协助下，在判决、裁定或决定确定的期限内，矫正其犯罪心理和行为恶习，并促进其顺利回归社会的非监禁刑罚执行活动。社区矫正是积极利用各种社会资源、整合社会各方面力量，对罪行较轻、主观恶性较小、社会危害性不大的罪犯或者经过监管改造、确有悔改表现、不致再危害社会的罪犯在社区中进行有针对性管理、教育和改造的工作，是当今世界各国刑罚制度发展的趋势。为了适应我国政治、经济、社会及文化的发展要求，有必要开展社区矫正试点工作，积极探索刑罚执行制度改革"。随着社区矫正工作的进一步开展，2004 年司法部制定了《司法行政机关社区矫正工作暂行办法》，对社区矫正试点工作进行了初步规范。2005 年"两高两部"联合下发了《关于扩大社区矫正试点范围的通知》，将社区矫正试点扩大到 18 个省（自治区、直辖市），河北、内蒙古、黑龙江、安徽、湖北、湖南、广东、广西、海南、四川、贵州、重庆 12 个省（自治区、直辖市）被列为第二批社区矫正试点省份。2006 年，辽宁、吉林、福建 3 个省也开始了社区矫正试点

① 参见范燕宁：《社区矫正的基本理念和适用意义》，载《中国青年研究》2004 年第 11 期，第 45 页。

工作，社区矫正工作进一步向深度和广度发展。①

根据《试点通知》，社区矫正的适用范围包括：被判处管制的、被宣告缓刑的、被暂予监外执行的（有严重疾病需要保外就医的；怀孕或者正在哺乳自己婴儿的妇女；生活不能自理，适用暂予监外执行不致危害社会的）、被裁定假释的、被剥夺政治权利并在社会上服刑的五类罪犯；在符合前述条件的情况下，对于罪行轻微、主观恶性不大的未成年犯、老病残犯，以及罪行较轻的初犯、过失犯等，应当作为重点对象，适用非监禁措施，实施社区矫正。适用社区矫正的五类对象以前均由当地公安机关执行、考察和监督；然而由于警力、经费等因素的限制使得公安机关对这五类人的监外执行管理流于形式。有鉴于此，《试点通知》打破了部门界限，在确定由司法行政机关牵头成立专门机构实施社区矫正的基础上，规定了公、检、法、司分工负责、互相配合的原则。目前，中国开展社区矫正试点工作的地区因地制宜，初步形成了社区矫正的组织体系。"如北京市建立起三级矫正组织网络，形成了'政法委统一领导，司法局组织实施，相关部门协作配合，司法所具体执行'的工作格局；在天津，成立了市公、检、法、司、监狱、民政、劳动和社会保障、财政分管领导和部门参加的社区矫正工作领导小组及办公室；上海则形成了由司法行政机关牵头、政法各部门紧密配合的工作体制，并在市司法局下设了'上海市社区矫正工作办公室'。"② 总体来看，一方面，绝大多数地区动员各级党政机关参与社区矫正工作，一般由党政领导牵头，组织司法局、公安局、检察院、法院、民政局、监狱管理局、劳动和社会保障局等部

---

① 本段论及的规范性文件之通过、施行等资料为：（1）《关于开展社区矫正试点工作的通知》司发〔2003〕12 号，2003 年 7 月 10 日发布。（2）《司法行政机关社区矫正工作暂行办法》：司发〔2004〕88 号，自 2004 年 7 月 1 日起施行。（3）《关于扩大社区矫正试点范围的通知》：司发〔2005〕3 号，2005 年 1 月 20 日发布。

② 冯卫国、韦华、刘燕玲：《社区矫正的中国实践：现状、问题与对策》，载《中国监狱学刊》2006 年第 2 期，第 138 页。

门参加社区矫正工作领导小组及其办公室。另一方面，各地也注重吸收社会力量广泛参与社区矫正工作。如北京市怀柔区除了专门成立了阳光社区矫正服务中心、社区矫正办公室之外，还在北京市司法局的大力支持下，实现了"一所一警"，即一个司法所配备一名监狱干警，配合对社区服刑人员的改造与帮教，同时招聘矫正协管员 20 名，专门从事社区矫正工作，并纳入区社区公益性就业项目，以解决社区矫正工作力量的不足。①

在具体的矫正工作中，社区矫正试点地区对社区服刑人员实施分类管理、个性化教育，形成了一些专门的项目，主要包括社区公益劳动，思想教育、法制教育、社会公德教育，心理矫正，技能培训以及就业指导等。例如，《北京市社区矫正工作实施细则（试行）》② 第 14 条规定，"对有劳动能力的社区矫正对象，要安排其参加社区公益劳动"；"对矫正对象进行多种形式的教育。内容包括认罪伏法、政策形势、法律和道德规范等"；"根据矫正对象的需求，结合犯罪原因、心理类型、现实表现等制定心理矫正方案，进行心理咨询引导，矫正其犯罪意识"；"没有自谋职业能力的社区矫正对象，由劳动和社会保障部门提供培训机会并指导就业"。

这种联合执法、分类管理的模式，在短期内已迅速发挥作用，收到了良好效果。截至 2006 年 12 月，社区矫正试点工作在全国 23 个省（区、市）的 85 个地市、375 个县（区、市）、3142 个街道展开，分别占全国省（区、市）、地市、县（市、区）、街道建设数的 72%、25%、13% 和 24%；据司法部最新统计，全国社区矫正试点地区三年累计接收社区服刑人员 72 070 人，解除矫正 20 278 人，现有社区服刑人员 52 092 人，其中管制 1 574 人，缓刑 33 576 人，假释 5 810 人，暂予监外执行 1 952 人，剥夺政治权利 8 137 人；这项统计还显示，95% 以上的社区服刑人员都能服从监

---

① 参见陈菊梅：《社区矫正有专门协管员》，载《法制日报》2006 年 11 月 23 日第 11 版。

② 北京市司法局 2004 年 7 月 6 日发布。

督管理，积极接受教育，认罪悔过意识和社会责任感有所增强，社区服刑人员重新犯罪率不足1%，河北、内蒙古、安徽、重庆等省（区、市）社区服刑人员无重新犯罪。①

当然，社区矫正在中国还只是被视为完善刑罚执行制度的一种方式，只是行刑社会化改革的起步，与国外社区矫正制度在性质、项目和适用范围上还有一定差别。例如，在美国，社区矫正贯穿于刑事诉讼过程的始终，社区矫正是为了替代监禁刑，在刑事司法过程的各个环节上逐步设立的若干从中途退出的、将潜在的罪犯予以转化的转向点，包括三个部分，第一部分是在逮捕阶段的起诉或审前拘留的替代措施；第二部分是审判阶段的监禁刑替代措施，在这一阶段当法官认为被告人不适合判处监禁刑时，他们就会判处罪犯缓刑或相关的社区矫正项目，使罪犯避免监禁而留在社区；第三部分是监禁刑执行阶段的各类释放项目，它包括一系列的重返社会制度，如学习释放、工作释放、周末放假等制度。② 我国政府也充分认识到社区矫正工作还存在诸多需要完善的环节，在实施社区矫正的过程中仍然积极借鉴国外经验，不断改进社区矫正试点工作。2005 年 7 月 28 日司法部和美国马里兰大学共同举办了社区矫正国际研讨会，围绕社区矫正风险和需求评估、社区矫正工作人员的选拔与培训等 5 个专题，中外政府官员和专家学者对"罪犯在社区改造"这一行刑方式进行了深入研讨，中方代表对我国社区矫正工作做了全面介绍，美国司法部联邦监狱局局长哈利等外方代表介绍了本国社区矫正工作的相关情况。③

---

① 参见王宇：《社区矫正扩展至23 个省区市　3 年累计接收7.2 万社区服刑人员　重新犯罪率不足1%》，载《法制日报》2006 年 12 月 15 日第 1 版。

② 参见梁茹茹：《美国社区矫正制度的历史发展及对我国的借鉴》，硕士学位论文（2005 年），藏于中国政法大学图书馆，第 30 ~ 31 页。

③ 参见阎永纬：《社区矫正国际研讨会举行》，载《法制日报》2005 年 7 月 29 日第 1 版。

二、少年司法制度的大趋同表征

基于对违法犯罪少年教育、感化、挽救的方针，中国已经建立了少年司法制度的雏形。① 一方面，未成年人权益保护初步实现了专门化、法律化。《未成年人保护法》建立了未成年人的学校保护、家庭保护、司法保护制度。《预防未成年人犯罪法》规定了"立足于教育和保护，从小抓起，对未成年人的不良行为及时进行预防和矫治"的基本方针，确立了"教育为主、惩罚为辅"的未成年人犯罪的基本刑罚原则。《刑法》第 17 条第 3 款明确规定"已满 14 周岁不满 18 周岁的人犯罪，应当从轻或减轻处罚"，第 49 条还规定犯罪的时候不满 18 周岁的人不适用死刑，对未成年人实施特殊保护。《监狱法》也建立了未成年人与成年人分别关押的制度。另一方面，司法机关发布一系列规范性文件促进了少年司法工作的规范化。例如，《关于审理少年刑事案件聘请特邀陪审员的联合通知》、《关于办理少年刑事案件建立相互配套的工作体系的通知》、《最高人民法院关于办理少年刑事案件的若干规定（试行）》、《公安机关办理未成年人违法犯罪案件的规定》、《人民检察院办理未成年人刑事案件的规定》、《最高人民法院关于审理未成年人刑事案件具体应用法律若干问题的解释》均规定，办理未成年人刑事案件，必须以事实为根据，以法律为准绳，坚持教育为主、惩罚为辅以及区别对待的原则。同时，《关于增强司法能力、提高司法水平的若干意见》着重指出："要积极参与社会治安防控体系建设，加强法治宣传教育，加强司法建议工作，强化指导人民调解工作，加强未成年人犯罪审判工作，配合有关部门开展好社区矫正和帮教工作，推进社会治安综合治理。"根据这些规范性文

---

① 根据《少年司法最低限度标准规则》（简称北京规则，联合国大会 1985 年 11 月 29 日第 40/33 号决议通过）第 2.2 条（a）项的规定，"少年系指按照各国法律制度，对其违法行为可以不同于成年人的方式进行处理的儿童或少年人"。

件，在侦查、起诉、审判、处刑、执行刑罚等方面都应该给予未成年人充分的法律保障和有效、公平、合乎人道的待遇。①

第一，少年违法犯罪案件侦查司法制度的大趋同表征。《公安机关办理未成年人违法犯罪案件的规定》从立案和调查、强制措施、处理、执行四个方面规范了公安机关办理未成年人违法犯罪案件时对未成年人合法权益的保护措施。据此，公安机关应当设置专门机构或者专职人员承办未成年人违法犯罪案件；办理未成年人违法犯罪案件的人员应当具有心理学、犯罪学、教育学等专业基本知识和有关法律知识，并具有一定的办案经验；办理未成年人违法犯罪案件，应当保护未成年人的名誉，不得公开披露涉案未成年人的姓名、住所和影像；对违法犯罪未成年人的讯问可以在公安机关进行，也可以到未成年人的住所、单位或者学校进行；办理未成年人违法犯罪案件，应当严格限制和尽量减少使用强制措施；对违反治

---

①　本段论及的规范性文件之通过、施行等资料为：（1）《未成年人保护法》：1991 年 9 月 4 日第七届全国人民代表大会常务委员会第二十一次会议通过，自 1992 年 1 月 1 日起施行。（2）《预防未成年人犯罪法》：1999 年 6 月 28 日第九届全国人民代表大会常务委员会第十次会议通过，自 1999 年 11 月 1 日起施行。（3）《关于审理少年刑事案件聘请特邀陪审员的联合通知》：最高人民法院、国家教育委员会、共青团中央委员会、中华全国总工会、中华全国妇女联合会 1991 年 4 月 16 日发布。（4）《关于办理少年刑事案件建立相互配套的工作体系的通知》：最高人民法院、最高人民检察院、公安部、司法部 1991 年 6 月 1 日发布。（5）《最高人民法院关于办理少年刑事案件的若干规定（试行）》：最高人民法院 1991 年 1 月 26 日发布，自 1991 年 2 月 1 日起试行。（6）《公安机关办理未成年人违法犯罪案件的规定》：公安部 1995 年 10 月 23 日发布。（7）《人民检察院办理未成年人刑事案件的规定》：最高人民检察院 2006 年 12 月 28 日第十届检察委员会第 68 次会议讨论通过，2007 年 1 月 9 日发布，自 2007 年 1 月 9 日起施行。（8）《最高人民法院关于审理未成年人刑事案件具体应用法律若干问题的解释》：最高人民法院审判委员会 2005 年 12 月 12 日第 1373 次会议通过，2006 年 1 月 11 日发布，自 2006 年 1 月 23 日起施行。（9）《关于增强司法能力、提高司法水平的若干意见》：最高人民法院 2005 年 4 月 1 日公布，自公布之日起施行。

安管理的未成年人，应当尽量避免使用治安拘留处罚。对在校学生，一般不得予以治安拘留；执行的公安机关应当针对违法犯罪未成年人员的特点和违法犯罪性质制定监督管理措施，建立监督管理档案，并定期与原判决、决定机关及其所在学校或者单位联系，研究落实对其监督、帮教、考察的具体措施。《联合国少年司法最低限度标准规则》（又称《北京规则》，联合国大会 1985 年 11 月 29 日第 A/RES/40/30 号决议通过）第 8.1 条规定"应在各个阶段尊重少年犯享有隐私的权利，以避免由于不适当的宣传或加以点名而对其造成伤害"，我国在侦查、审查起诉、审判各个阶段均对未成年人隐私权的保护作了规定。

第二，少年检察工作司法制度的大趋同表征。《人民检察院办理未成年人刑事案件的规定》对人民检察院在审查批准逮捕、审查起诉与出庭支持公诉、刑事诉讼法律监督、刑事申诉检察方面对未成年人权益的特殊保护作了规定。据此，讯问未成年犯罪嫌疑人，可以通知其法定代理人到场，告知其依法享有的诉讼权利和应当履行的义务，讯问女性未成年犯罪嫌疑人应当由女检察人员担任；审查批准逮捕未成年犯罪嫌疑人，应当把是否已满 14、16 周岁的临界年龄，作为重要事实予以查清；审查起诉未成年犯罪嫌疑人，应当听取其父母或者其他法定监护人、辩护人、未成年被害人及其法定代理人的意见。可以结合社会调查，通过学校、家庭等有关组织和人员，了解未成年犯罪嫌疑人的成长经历、家庭环境、个性特点、社会活动等情况，为办案提供参考；人民检察院对于公安机关不应当立案而立案侦查的未成年人刑事案件，应当向公安机关提出纠正违法意见。人民检察院依法对未成年犯管教所、拘役所中未成年犯执行刑罚和公安机关对监外未成年犯执行刑罚的活动是否合法，实行监督。

在少年检察司法制度中，值得一提的是分案起诉、暂缓起诉。

分案起诉的思路于 1996 年年底由上海市虹口区人民检察院正式提出，是指国家检察机关在刑事案件的审查起诉阶段，将未成年人与成年人共同犯罪的案件分案，以独立案件提起公诉，法院分案受理的未成年人刑事诉讼制度中特有的诉讼制度。《人民检察院办理未成年人刑事案件的规定》第 23 条规定："人民检察院审查未成年人与成年人共同犯罪案件，一般应当将未成年人与成年人分案起诉"，实行了相对分案主义。它与实践中已存在的因同案犯另处或逃脱客观原因形成的分案起诉的最根本区别在于，其出发点是检察机关为了切实保护未成年人的合法权益而主动对未成年人与成年人共同犯罪案件在诉讼程序上加以分离，是一种主观的、人为的分案。①

暂缓起诉是指检察机关在审查起诉的过程中对于符合规定条件的案件暂不作出处理决定，同时设定一定期限的考验期，待考验期满后再根据具体情况对犯罪嫌疑人作出起诉或者不起诉决定的一种制度。北京市海淀区人民检察院与共青团北京市海淀区委员会、北京市海淀区妇女联合会、北京市公安局海淀分局签订协议，共同启动对犯罪未成年人暂缓起诉制度，旨在加大对未成年人的司法保护，减少未成年犯的"刑事污点"，感化挽救犯罪的未成年人。海淀检察院将对那些犯罪情节较轻、悔罪态度较好、依法只能或可能判处 3 年以下有期徒刑的未成年人，由检察机关作出暂缓起诉的决定，给予一定的考验期限，让其在检察机关的监督、单位的管教、亲属的帮助和群众的监督下，进行自我改造，考验期满后，表现好的，不再起诉；否则，再行起诉。一名未成年犯罪嫌疑人被宣布暂缓起诉后，他将在监督下参加一定的社区劳动；在学校学好文化课的同时，校方对他专门进行法制教育和心理辅导；其父母通过亲情的独特感召力，促进其健康人格的形成；当地派出所负责监督其日常生活是否存在有不良行为等。② 德国、日本都规定了暂缓起诉制度。《德国刑事诉讼法典》第 153 条 a 规定了暂时不予起诉，规定

① 参见曾宁：《未成年人刑事诉讼中分案起诉制度的试行》，载《上海市政法管理干部学院学报》2001 年第 4 期，第 73 页。

② 参见倪晓：《海淀检院对犯罪未成年人实施暂缓起诉》，载《法制日报》2004 年 5 月 22 日第 1 版。

经负责开始审理程序的法院和被指控人同意，检察院可以对轻罪暂时不予提起公诉，同时要求被指控人：（1）作出一定给付，弥补行为造成的损害，（2）向某公益设施或者国库交纳一笔款额，（3）作出其他公益给付，或者（4）承担一定数额的赡养义务；以这些要求，责令适合消除追究责任的公共利益，并且责任程度与此相称为限；并且还规定履行上述责任和要求的期限，被告人如果在期限内不履行要求、责令的，不退还已经履行作出的给付，并要作为轻罪予以追究。《日本刑事诉讼法》第 248 条就对起诉便宜主义作了规定："检察官根据犯人的性格、年龄及境遇、犯罪的轻重、情节及犯罪后的情况，认为没有必要予以追诉时，可以不提起公诉"。①

第三，少年刑事审判司法制度的大趋同表征。这其中最重要的是少年法庭制度的建立。1984 年上海市长宁区法院创立了我国第一个专门审理未成年人刑事案件的合议庭，即少年法庭。在总结少年法庭审判经验的基础上，《最高人民法院关于办理少年刑事案件的若干规定（试行）》对审判少年刑事案件各个方面进行了规定。据此，人民法院应当在刑事审判庭内设立少年法庭（即少年刑事案件合议庭），有条件的也可以建立与其他审判庭同等建制的少年刑事审判庭；少年法庭的审判人员中应当有女审判员或者女人民陪审员；少年法庭受理案件的范围包括：被告人犯罪时不满 18 岁的；共同犯罪案件中，犯罪集团的首要分子或者主犯犯罪时不满 18 岁的；共同犯罪案件中，1/3 以上的被告人犯罪时不满 18 岁的；少年法庭应当根据少年被告人的生理和心理特点，在审判的方式、方法上，注重疏导，寓教于审，惩教结合；准确、及时、合法地查明被指控的犯罪事实，并且帮助少年被告人认识犯罪原因和犯罪行为的社会危害性。简而言之，《最高人民法院关于办理少年刑事案件的若干规定（试行）》从组织形式、审判程序以及工作的方式上初

---

① 宋英辉译：《日本刑事诉讼法》，中国政法大学出版社 1999 年版，第 58 页。本书以下所引《日本刑事诉讼法》条文，未注明出处的，均引自该书。

步建立了少年审判制度。

同时,《最高人民法院关于审理未成年人刑事案件具体应用法律若干问题的解释》特别对未成年刑事案件中的年龄认定、定罪和量刑问题进一步作了专门规定,本着依法对未成年人从宽处罚的原则,明确规定对于没有充分证据证明被告人实施被指控的犯罪时已经达到法定刑事责任年龄且确实无法查明的,应当推定其没有达到相应法定刑事责任年龄;行为人在达到法定刑事责任年龄前后均实施了犯罪行为,只能依法追究其达到法定刑事责任年龄后实施的犯罪行为的刑事责任;同时规定未成年人犯罪只有罪行极其严重的,才可以适用无期徒刑,对已满 14 周岁不满 16 周岁的人犯罪一般不判处无期徒刑;并对未成年人从轻判处、宣告缓刑、免于刑事处分、减刑、假释的条件作了细致的规定。简而言之,少年法庭针对未成年人生理和心理上的特点进行审判活动,在对未成年罪犯的矫治方面取得了较为显著的成果。

在少年刑事案件审判方面也有一些制度创新,如暂缓判决、前科消灭、污点限制公开等。其一,暂缓判决。根据少年法庭的审判实践,暂缓判决是指少年法庭在刑事诉讼活动中,对已构成犯罪并符合一定条件的未成年被告人,先暂不判处刑罚,而是由法院设置一定的考察期,让被告人回到社会上继续就业或就学,对其进行考察帮教,待考察期满后,再根据原犯罪事实和情节,结合被告人在考察期的表现予以判决的一种探索性的审判方法。暂缓判决的主要特征是:适用的对象为未成年被告人;定罪和量刑暂时分离;有一定的考察期;未成年被告人回到社会上继续就学、就业;由法官及社会上其他部门的人员共同进行考察。1993 年 12 月 20 日上海市长宁区人民法院少年法庭试行了第一例未成年被告人暂缓判决案件,到 2001 年已有 21 件 29 人暂缓判决,29 名暂缓判决对象中就业的 21 人,就学的 4 人,无业的 3 人,1 人死亡。取得电脑初级证书的 6 人,中级证书的 1 人,有驾驶执照的 6 人,各类烹饪证书的 3 人，大专自学考试的 1 人、其他证书的 1 人，没有人重新犯罪。① 外国刑法中也有暂缓判决的规定。如《瑞士联邦刑法典》总则第四章、第五章规定了"儿童和少年"、"刚成年青年"的刑事制度，其中第 97 条就规定了"刑罚或处分命令的推迟"，即"审判机关不能肯定少年是否应被科处规定之处分或被科处刑罚的，可推迟作出裁决，规定 3 个月以上 3 年以下的考验期限"，这是专门针对少年的暂缓判决。《法国刑法典》则规定了一般的暂缓判决，第 132-60 条规定："如表明罪犯正获重返社会，所造成的损害正在赔偿之中，由犯罪所造成之危害即将停止，法院得推迟刑罚宣告。"

其二，前科消灭。2003 年 12 月河北省石家庄市长安区法院在全国首开先河，提出了《"未成年人前科消灭"实施办法》，"前科"是指"已满 14 周岁未满 18 周岁的人，实施了犯罪并被判处刑罚且刑罚已执行完毕"，对构成累犯的不能取消其"前科"，对虽然是初犯、偶犯的未成年人犯罪，但性质较为严重的，也不在"消灭"之列。前科消灭的程序是由原审人民法院对犯罪人在服刑期间、服刑期满后的悔过表现，是否达到了遵纪守法不致再犯新罪等项进行考核、调查，经法院审查通过后，对申请人作出决定撤销前科裁定，为申请人出具前科消灭证明书。此时，该犯罪人的前科归于消灭，视为未曾犯罪，并依法恢复先前的法律地位。相关部门以适当方式处置其前科材料，其刑事处罚、法律文书不再记入其户籍及人事档案。在复学、升学、就业等方面与其他未成年人享有同等权利，任何人不得歧视。②

其三，未成年人污点限制公开。上海市人民检察院 2006 年 11 月 8 日宣布，从即日起上海市各级检察机关将全面推广试行未成年

---

① 参见陈建明：《未成年被告人暂缓判决的实践与思考》，载《青少年犯罪问题》2002 年第 2 期，第 35 页。

② 参见管晓静、张惠芳：《"未成年人前科消灭"的理论与实践探讨》，载《山西警官高等专科学校学报》2004 年第 4 期，第 33 页。

人刑事案件的污点限制公开制度，在法律许可的范围内，为轻微犯罪的未成年人早日"康复"、顺利回归社会创造条件。刑事污点限制公开制度，是指检察机关在认定涉案未成年人犯罪情节轻微、作出相对不予起诉处理后，"不起诉决定书"可以不进入人事档案，并有条件地封存于司法机关，非经批准不得对外披露。同时，检察机关还要加强对刑事污点限制公开制度执行情况的监督，为当事人复学、就业创造有利条件。此前，上海检察机关已经对6起案件试行刑事污点限制公开制度，6名刑事污点被限制公开的涉案未成年人中有4人顺利就业，1人顺利复学，还有1人考上了大学。上海市杨浦区某中学高三学生吴铭（化名）2005年年初纠集他人在校外对另一同学进行殴打，并抢走其身上的200元现金，被法院判处拘役4个月，缓刑4个月。在此期间，吴铭考上了大学。为了不影响其深造，杨浦区检察机关与法院进行沟通。法院同意不将刑事判决书寄到吴铭的户籍所在地，而是寄到检察院。同时，检察机关对吴铭进行了4个月的帮教，根据其表现将其受刑事处罚的记录予以封存，不记入档案。①

第四，少年行刑司法制度的大趋同表征。

首先，工读学校的实践。我国第一所工读学校于1955年在北京海淀区开办，在20世纪90年代以前工读学校由公安和教育部门联合办学，接收一些包括危害社会秩序以及轻微违法犯罪的未成年人，协助"问题"学生的教育转化工作。那个时期，将"问题"学生送到工读学校可以采取强制措施，其性质是对有违法和轻微犯罪行为的中学生进行特殊教育的半工半读学校，学校中的思想、文化教育同职业技术教育相结合，强调对有违法和轻微犯罪行为的中学生的教育、挽救工作。后来，各地逐步建起了少管所。《未成年人保护法》第18条规定"按照国家有关规定送工读学校接受义务教育的未成年人，工读学校应当对其进行思想教育、文化教育、劳

---

① 参见杨金志：《未成年人"污点"将限制公开》，载《法制日报》2006年11月9日第5版。

动技术教育和职业教育"，工读学校被定位为义务教育的补充。从那时起，工读学校遵循家长、学生和学校三同意的原则，招生方向有所改变，原来招收 12～17 岁有违法和轻微犯罪行为及有严重不良行为、不适宜留在原学校继续学习，但又不够劳动教养、少年收容教养或刑事处罚的中学生；现在变为挽救、教育、矫治具有不良心理、不良行为青少年的教育场所，不良行为具体表现为经常打架、旷课、逃学、小偷小摸、常与同学发生纠纷等行为，这类家长和学校管不了，感觉束手无措的学生需要到工读学校来完成义务教育阶段的学习。实际上，工读学校就是一种专门的未成年人矫正机构。

其次，社区矫正的"少年套餐"。不少社区矫正试点地区针对未成年人的心理和生理特点，探索未成年人的社区矫正机制，如未成年矫正对象资助基金、心理诊断和跟踪治疗、专业化矫正等。其一，未成年矫正对象资助基金。由中华全国律师协会未成年人保护专业委员会、北京市朝阳区人民法院、朝阳区司法局三方联合创立的未成年矫正对象资助基金 2006 年底正式启动。该基金由全国律协未委会组建的"未成年人保护专项基金"工作办公室进行管理，将利用社会慈善人士捐助的款项为因家庭困难的未成年社区矫正人员提供接受教育或相关技能培训的机会，为他们再次融入社会创造条件。首批 5 名未成年社区矫正人员已经领到了首批 5000 元的再学习培训资金，培训领域涉及平面设计、中式烹调师、调酒、汽车维修和低压电工等多个领域。① 其二，心理诊断和跟踪治疗。在庭前提讯中，北京市东城区人民法院允许北京市东城区司法局"阳光心理矫正服务中心"委派二位心理咨询师为被提讯的两名未成年人进行心理诊断，在法庭上两名心理咨询师倾听当事人的情况，并在提讯完成后还会要求未成年被告人填写人格调查问卷。心理咨询师根据庭上获取的未成年人信息，以及答卷的内容对未成年被告

---

① 参见李松、黄洁：《北京首现未成年人社区矫正资助基金》，载《法制日报》2006 年 11 月 20 日第 5 版。

人进行心理诊断并作出心理评估报告。同时，根据评估情况，在该未成年被告人被宣判后，继续有针对性地进行跟踪心理辅导和行为矫正。① 其三，专业化矫正。上海市积极探索预防青少年违法犯罪的体制，制定了《上海市社区青少年分类管理办法》，将服务对象分为红、蓝、绿三类，由社工针对不同对象提供不同的服务，而且从 2003 年开始在政府层面成立市社区青少年事务办公室，同时注册成立阳光社区青少年事务中心，采用政府购买服务的方式，组织专业社会工作者队伍，承担政府委托的社区青少年的教育服务工作，取得了预防和减少青少年违法犯罪的良好社会效果。②

总体而言，《儿童权利公约》、《联合国少年司法最低限度标准规则》（又称《北京规则》，联合国大会 1985 年 11 月 29 日第 A/RES/40/30 号决议通过）、《联合国保护被剥夺自由少年规则》（联合国大会 1990 年 12 月 14 日第 A/RES/45/113 号决议通过）和《联合国预防少年犯罪准则》（又称《利雅得准则》，联合国大会 1990 年 12 月 24 日第 A/RES/45/112 号决议通过）等联合国文件已确立了完整的少年刑事司法准则体系。例如，《北京规则》将少年司法的基本观点阐述为"1.1 会员国应努力按照其总的利益来促进少年及其家庭的福利。1.2 会员国应尽力创造条件确保少年能在社会上过有意义的生活，并在其一生中最易沾染不良行为的时期使其成长和受教育的过程尽可能不受犯罪和不法行为的影响。1.3 应充分注意采取积极措施，这些措施涉及充分调动所有可能的资源，包括家庭、志愿人员及其他社区团体以及学校和其他社区机构，以便促进少年的幸福，减少根据法律进行干预的必要，并在他们触犯法律时对他们加以有效、公平及合乎人道的处理。1.4 少年司法应视为在对所有少年实行社会正义的全面范围内的各国发展进程的一个

---

① 参见李松、黄洁：《北京东城法院对失足少年进行心理诊断和跟踪治疗　心理咨询师参与庭前提讯》，载《法制日报》2006 年 11 月 20 日第 5 版。

② 参见江宪法：《上海社区青少年工作与预防和减少犯罪工作体系建设》，载《犯罪研究》2006 年第 1 期，第 27 ~ 28 页。

组成部分，同时还应视为有助于保护青少年和维护社会的安宁秩序。1.5 应根据每个会员国的经济、社会和文化情况来执行本原则。1.6 应逐步地建立和协调少年司法机关，以便提高和保持这些机关工作人员的能力，包括他们的方法、着手办法和态度"。同时确立了尽可能减少少年司法制度干预，尽量避免适用自由刑等处理少年犯的最低限度标准。以联合国少年司法准则为依据，中国政府充分认识到对未成年人实行专门保护的必要性，在刑事立法中对未成年人实行特殊保护；在刑事司法中强调对未成年人的教育与挽救，积极适用缓刑；在刑事执法中对未成年犯与成年犯实行分类关押，促进未成年人社区矫正工作，争取矫治、改造未成年罪犯的良好效果，促进了少年司法制度的建立健全。

三、刑事和解的大趋同表征

"刑事和解是西方犯罪学理论中的概念，又称犯罪人与被害者的和解，是指在犯罪发生之后，经由调停人（通常是那些经过专门培训的法律专业人士）充当中立的第三者，使犯罪人与被害者及社区代表直接商谈协商解决刑事纠纷，其目的是为了恢复被犯罪人所破坏的社会关系，弥补被害人所受到的损害以及恢复犯罪人与被害者之间的关系，以使犯罪者回归社会、平抑社会冲突而创造条件。作为一种新兴的刑事法理论，刑事和解肇始于 20 世纪中叶，是西方社会从国家本位转变到以个人本位分析犯罪的新刑事思想和法律价值观变化的产物，它的理念相继被加拿大、美国、英国、爱尔兰、新西兰、澳大利亚等国家接受，并产生了多种实践模式。"① 联合国刑事司法准则大力推行刑事和解。《制定和实施刑事司法调解和恢复性司法措施》② 第 1 条明确提出 "认识到虽然大量轻微犯罪影响到公民的安全和舒适，但传统的刑事司法机制并非总能针对

---

① 包健：《刑事自诉案件视野下的和解制度》，载《法学》2006 年第 4 期，第 109 页。

② E/CN. 15/1999/L. 4 4./Rev. 1. 该文件的具体情况，见附录第 6 项。

这些现象作出适宜而及时的反应，无论是从受害者角度看还是从惩罚的充分和恰当与否的角度看都是如此"；第 2 条提出"强调调解和恢复性司法措施在适当情况下可以作为解决轻微纠纷和轻罪的重要手段，特别是那些在司法或其他当局的指导下便于肇事者同受害者见面、赔偿所受损失或提供社区服务的措施"。同时，《关于在刑事事项中采用恢复性司法方案的基本原则》① 对恢复性司法方案的使用、运作提出了一系列原则，明确指出："'恢复性司法方案'系指采用恢复性程序并寻求实现恢复性结果的任何方案"（第 1 条）；"'恢复性程序'系指通常在调解人帮助下，受害人和罪犯及酌情包括受犯罪影响的任何其他个人或社区成员共同积极参与解决由犯罪造成的问题的程序。恢复性程序可能包括调解、调和、会商和共同确定责任"；"在不违反本国法律的情况下，恢复性司法方案可在刑事司法制度的任何阶段使用"（第 6 条）；"只有在有充分证据指控罪犯及受害人和罪犯自由和自愿同意的情况下才可使用恢复性司法程序。受害人和罪犯在程序期间应可以随时撤回这类同意。协议应自愿达成并只载列合理而相称的义务"（第 7 条）。

我国没有建立独立的刑事和解制度，不过在有关刑事自诉案件的规定中，包含了刑事和解的内容。《最高人民法院关于执行〈中华人民共和国刑事诉讼法〉若干问题的解释》（1998 年 6 月 29 日最高人民法院审判委员会第 989 次会议通过，自 1998 年 9 月 8 日起施行）第 197 条到第 201 条在自诉案件中规定了相应的调解及和解程序：人民法院对告诉才处理和被害人有证据证明的轻微刑事案件，可以在查明事实、分清是非的基础上进行调解；自诉人在宣告判决前可以同被告人自行和解或者撤回起诉；对于已经审理的自诉案件，当事人自行和解的，应当记录在案；调解应当在自愿、合法，不损害国家、集体和其他公民利益的前提下进行；调解达成协议的，法院应当制作刑事案件调解书，调解书经双方当事人签收后即发生法律效力。根据该司法解释第 1 条的规定，告诉才处理的案

---

① E/CN. 15/2002/L. 2./Rev. 1. 该文件的具体情况，见附录第 7 项。

件包括侮辱、诽谤案、暴力干涉婚姻自由案、虐待案、侵占案；被害人有证据证明的轻微刑事案件包括故意伤害案（轻伤）、非法侵入他人住宅案、侵犯通信自由案、重婚案、遗弃案、生产、销售伪劣商品案、侵犯知识产权案以及属于《刑法》分则第4章、第5章规定的，对被告人可能判处3年有期徒刑以下刑罚的案件。这些案件基本都是轻微刑事案件，范围比较广泛。

司法实践中，人民检察院、人民法院也积极贯彻上述司法解释的精神，积极借鉴外国恢复性司法的经验，在刑事自诉及刑事附带民事案件中推行和解工作。在刑事和解方面实践的典型是北京市朝阳区人民检察院。从2005年10月10日开始，北京市朝阳区人民法院在全国率先将庭外和解制度应用于刑事案件领域，刑事自诉案件和刑事附带民事案件的当事人，可自主选择是否以法官庭前调解、特邀调解员调解或律师和解方式解决纠纷。一方面刑事自诉的双方当事人在和解后，原告可以选择放弃或者变更诉讼请求，也可以选择撤诉，而且刑事诉讼是不收诉讼费的。另一方面，刑事附带民事的被告人，也有可能因对被害人作出补偿而获得轻判。对于"轻判"的具体实施，前提是被告人或其家属要积极赔偿受害人的合理损失，这体现了被告人的认罪悔罪态度；但同时还必须按照案件的具体情况考虑能否从轻，例如案件是否存在其他从轻或者从重等情节、犯罪情节和后果等，由于法律没有明确规定，所以"轻判"不是"依法从轻判决"而是"酌予从轻判决"。① 为此，朝阳区检察院出台了《朝阳区人民检察院轻伤害案件处理程序实施细则》（试行），第3条规定了适用的案件范围，包括：（1）案件事实清楚；（2）证据确实充分；（3）根据犯罪情节，可能判处有期徒刑以下刑罚的；（4）犯罪嫌疑人认罪且对人民检察院可能作出的不起诉决定没有异议的；（5）被害人统一协商且不再要求追究犯罪嫌疑人刑事责任的；（6）经法医依法鉴定为轻伤。对累犯、

---

① 参见万兴亚：《北京市朝阳区人民法院：刑事案件首次应用庭外和解》，载《中国青年报》2005年10月21日第3版。

再犯、具有黑社会性质或者恐怖组织性质的持械伤害、聚众斗殴及其他情形的刑事轻伤害案件，不予适用。上述规则还规定，如果犯罪嫌疑人认罪，被害人也自愿与犯罪嫌疑人协商就赔偿达成一致意见并不要求追究其刑事责任，并且犯罪嫌疑人已将约定的赔偿金提交检察机关，双方也制作了书面的《轻伤害案件赔偿协议书》的情况下，检察人员可以制作《案件审查终结报告》，提出相对不起诉意见，报检委会决定。检察机关作出不起诉决定后，在法定申诉或告诉期满后，犯罪嫌疑人和被害人不申诉或者不告诉的，检察人员将赔偿金交付被害人，并记录在案。回访记录的数据显示：被不起诉人 18 人，被害人 6 人。该 24 人对不起诉决定均无异议，满意率 100%。目前，轻伤害案件的相对不起诉做法在检察系统已经逐渐形成一项制度，并推广运用到公安部门及法院。①

其他地区的司法机关也在积极探索实行刑事和解。总结我国刑事和解的司法实践现状，基本情况是：第一，刑事和解的适用对象为未成年犯罪嫌疑人、被告人，或者成年犯罪嫌疑人、被告人中的初犯、偶犯。刑事和解在未成年人案件中得到了广泛运用。2006年 11 月起，上海市各级检察机关全面推广试行未成年人刑事案件和解制度。在法律许可的范围内，为轻微犯罪的未成年人早日"康复"，顺利回归社会创造条件。而所谓未成年人刑事案件和解制度，是指轻微伤害、初犯、偶犯的刑事案件发生之后，检察机关促使具有和解可能的受害人和加害人直接商谈，协商解决刑事纠纷。在促成当事人达成和解协议后，检察机关作出不捕、不起诉决定或者建议侦查机关撤销案件。② 例如，上海市闵行区人民检察院首次借鉴"恢复性司法理念"处理一起盗窃案件，犯罪嫌疑人和被害人坐在一起促膝谈心，商谈如何处理犯罪后果，以及案件对未

---

① 参见李松：《推行刑事和解 满意率是 100%》，载《法制日报》2006 年 1 月 17 日第 5 版。

② 参见杨金志：《未成年人"污点"将限制公开》，载《法制日报》2006 年 11 月 9 日第 5 版。

来生活的影响，双方最终握手言和。据了解，检察院作出刑事和解的处理决定，未成年犯罪嫌疑人悔过自新的免受法庭审判。①

第二，刑事和解的适用范围主要是轻伤害案件等侵犯个人利益的刑事自诉案件和刑事附带民事诉讼案件。刑事和解在轻伤害案件中得到了广泛运用。2002 年北京市朝阳区人民检察院制定了《轻伤害案件处理程序实施规则》，规定检察人员对于移送审查起诉的轻伤害案件应当听取被害人一方意见，同时应当告知被害人及其委托人，如果犯罪嫌疑人认罪，可以与犯罪嫌疑人就赔偿问题进行协商，达成一致意见的可直接获得相应的赔偿。检察机关可对犯罪嫌疑人作出相对不起诉的决定。该规则的出台和施行，使部分轻伤害案件走上了和解而非诉讼的道路。2003 年，北京市委政法委在朝阳区检察院上述规则的基础上出台了《关于处理轻伤害案件的会议纪要》，规定对于因民间纠纷引起的轻伤害案件，如果嫌疑人有认罪、悔罪表现，积极赔偿损失，被害人要求不追究其刑事责任，可以对其作出撤案、不起诉或免予刑事处分的处理。② 另外，江苏省无锡市惠山区人民检察院 2004 年制定了《无锡市惠山区人民检察院恢复性司法操作规则》，规定对于犯罪较轻、社会危害不大的未成年犯罪嫌疑人、在校生犯罪嫌疑人与伤害案犯罪嫌疑人，使用处刑轻缓化的恢复性司法程序。③

第三，刑事和解的基本适用条件是犯罪嫌疑人或被告人认罪并取得受害人的谅解，受害人同意或接受刑事和解，双方达成协议。2006 年底《湖南省人民检察院关于检察机关适用刑事和解办理刑事案件的规定（试行）》出台试行，规定涉及轻微刑事案件和未成

---

① 刘铭福：《"恢复性司法"与"刑事和解"》，载《法制日报》2006年 11 月 9 日第 10 版。

② 参见窦玉梅：《刑事和解，是耶非耶？》，载《人民法院报》2006 年 8月 15 日第 5 版。

③ 参见张亦嵘：《刑事和解争议中试水遇法律难题》，载《法制日报》2006 年 7 月 26 日第 8 版。

年人刑事案件，当事双方如果达成和解，检察机关对犯罪嫌疑人将作出撤案或不起诉决定。按照上述规定，犯罪嫌疑人以具结悔过、赔礼道歉、赔偿损失等方式得到受害人的谅解，受害人要求或者同意司法机关对犯罪嫌疑人依法从宽处理，并达成相关协议，检察机关经过审查，认为刑事和解合法、真实、有效，可以依法对犯罪嫌疑人不批准逮捕，或者不起诉；对已起诉的案件，可以撤回起诉，或建议法院从轻判处。①

第四，刑事和解主要由检察机关在审查起诉阶段主持进行，主要方式为不批准逮捕、撤案、相对不起诉、免于刑事处分、提出缓刑建议。2004 年浙江省高级人民法院、浙江省人民检察院、浙江省公安厅联合下发了《关于当前办理轻伤犯罪案件适用法律若干问题的意见》认为在侦查、起诉阶段可适用和解。② 不批准逮捕的情形，如 2006 年下半年福建省厦门市湖里区人民检察院全面实施"轻缓刑事政策特别审查逮捕机制"，对情节轻微的轻伤害案件，可用刑事和解方式处理，作出不批捕决定。③ 提出缓刑建议的情形，如 2005 年年初，四川省简阳市检察院在办理一起家庭纠纷引发的故意伤害案中，成功地以民事和解促进了刑事谅解，化解了当事人双方多年的矛盾。余某系鄢某的儿媳妇，因生活小事双方结怨较深。2004 年 12 月 17 日，二人发生争吵和抓扯，余某的行为导致鄢某腰背部外伤和左肾破裂（达重伤标准），并拒付鄢某的医疗费用。该院公诉科承办人了解到鄢某已年近八旬，还需儿子和儿媳照料，如果严厉处罚余某，有可能导致家庭矛盾加剧甚至亲情关系破裂，且鄢某承认自己也有责任，表示了原谅儿媳的意愿，请求从

① 参见周立耘：《湖南检察机关试行办案新规 轻微刑事案件可"私下和解"》，载《人民日报》2006 年 12 月 1 日第 10 版。

② 参见窦玉梅：《刑事和解，是耶非耶？》，载《人民法院报》2006 年 8 月 15 日第 5 版。

③ 参见张亦嵘：《刑事和解争议中试水遇法律难题》，载《法制日报》2006 年 7 月 26 第 8 版。

轻处理余某。后承办人两次向被害人及村民了解余某的情况,三次提讯余某。余某真心悔过,表示愿意支付医疗费用,并对老人今后的生活负责。检察院向法院提起公诉时,根据余某的悔罪表现,向法院提出对余某适用缓刑的建议。余某最终被判处有期徒刑3年,缓刑4年。①

第五,刑事和解的效果是缩短了案件办理时间,降低了逮捕率和起诉率,被害人获得了更高的赔偿。北京市朝阳区人民检察院开始推行刑事和解,主要原因在于近年来轻伤害案件发案率呈上升趋势,并且在城乡接合带、农村地区尤为显著。据统计2001年受理轻伤害案件共273件306人,占全年收案数的12.2%;截至2002年11月,受理轻伤害案件为487件527人,占案件总数的19.7%,轻伤害案件的处理好坏直接影响着整个检察工作的进展,为此朝阳区检察院自2002年开始着手进行关于轻伤害案件处理改革的尝试。在适用相对不起诉处理轻伤害案件的过程中,包括公安机关侦查和检察机关审查起诉在内的平均办理时间缩短为90天,作出不起诉后被害人获得的赔偿金则平均为19 867元。而按照现行法律规定,在轻伤害案件的处理程序中,适用普通程序需要135天,适用简易程序审理则需要115天。同时,在这期间,行为人一般处于被羁押的状态,而这一数据尚不包括可能发生的取保候审和补充侦查的期限;另一方面,数据显示,在朝阳检察院受理的一个年度提起公诉的轻伤害案件中,被害人获得的赔偿数额最高为18 000元,最低为700元,平均为6 372元。②

具体到北京市的整体情况,北京市检察机关刑事和解实证研究结果表明,自2003年7月由北京市政法委下发了《关于北京市政法机关办理轻伤害案件工作研讨会纪要》后,北京市东城、西城、

---

① 参见刘德华、陈珍建:《四川简阳:用民事和解促进刑事谅解》,载《检察日报》2005年11月30日第3版。

② 参见李松:《推行刑事和解 满意率是100%》,载《法制日报》2006年1月17日第5版。

朝阳、海淀、丰台、大兴、昌平 7 个区的检察院公诉部门共受理各类刑事案件27 427件，其中轻伤害案件共4 607件，占全部案件的百分比为 16.8%。轻伤害案件中，检察机关适用和解结案的共 667件，和解适用率为 14.5%。轻伤害案件经和解后，作移送公安机关撤回（撤案）处理的共 534 件，占 80.1%；作相对不诉处理的共 129 件，占 19.3%；作起诉处理的仅 4 件。进行这一研究的课题组对北京市 7 个区县院 112 件轻伤害和解案件中的 131 名犯罪嫌疑人的调查表明，经逮捕的有 29 人，仅占 22.1%，而通常情况下轻伤害案件的逮捕率为 54% ~ 80%。课题组对 7 个区的检察机关15 名公诉处长和主诉检察官的调查来看，一致反映经和解（成功）后社会效果比起诉好，也没有出现任何当事人另行提起自诉、民事诉讼、申诉、上访等情况。江苏省南通市崇川区人民检察院刑事和解实践模式被称作"检调对接"，自 2005 年年初以来，有 16 起案件启动过"检调对接"和解程序，其中调处成功 15 件，未达成协议的 1 件；作出处理后，案件当事人无一人上诉、申诉，也未发生过反悔的情况。①

---

① 参见万兴亚、李丽：《刑事和解：逐步被接纳的"私了"》，载《中国青年报》2006 年 7 月 25 日第 4 版。

第三章 刑法的大趋同在当代中国形成的基础

主要通过引入外国刑法理论、移植外国刑法制度、缔结或参加国际条约，刑法的大趋同在当代中国已经形成。对这一现象进行回溯性解析，可以发现两个方面的重要基础。一方面是国际基础。趋同性是当代刑法发展的显著特征，刑法的趋同是国际趋势。在全球化的过程中，中国刑法已经成为世界刑法体系的一部分，当代中国刑法面临着趋同化的压力。本章第一节将对刑法的大趋同在当代中国形成的国际基础展开论述。另一方面是国内基础。趋同化是20世纪以来中国刑法的发展轨迹。中国刑法自清末刑法改制学习和移植大陆法系刑法以来，一直在引入外国刑法理论、移植外国刑法制度、缔结或参加国际条约。20世纪80年代实行改革开放，90年代推行依法治国以来这种趋势更加明显，改革开放的基本国策以及中国其他法律部门中趋同现象的多米诺骨牌效应为当代中国刑法提供了趋同化的动力，而且仍会继续推动刑法的大趋同在当代中国的发展。本章第二节将对刑法的大趋同在当代中国形成的国内基础进行分析。同时，本章第三节将对刑法的趋同化之国际、国内基础的关系进行探讨，从而得出结论认为：刑法的大趋同在当代中国的形成的根本基础是自主的刑法趋同化。

第一节 刑法的大趋同在当代中国形成的国际基础

一、西方法系的开放性

当代中国刑法所趋于相似或一致的对象主要是英美法系或者大

陆法系。而刑法的趋同化就是一个法域的刑法文化、刑事立法、刑事司法超出其法域的范围而为其他法域所继受的过程。英美法系和大陆法系的形成本身就是法律超出一个法域的范围，在一定国家和地区实现趋同化的过程。法系这一概念的广泛运用本身就表明特定法域的法律制度具有相当程度的相似性或一致性因素。不同法域的刑事法律秩序能够归入几个大的法律家族，也是刑法趋同的体现。对法系进行分类的理论很多，K. 茨威格特和 H. 克茨两位学者在《比较法总论》一书中的研究成果是比较有说服力的。两位指出，对法系的分类是根据法律秩序各自的内容，考虑法律秩序的独特性、派生性和类似的关系，不考虑法律秩序与外部的地理因素、人种因素或者其他因素，在法系论范围内包括以下构成要素：（1）一个法律秩序在历史上的来源与发展；（2）在法律方面占统治地位的特别的法学思想方法；（3）特别具有特征性的法律制度；（4）法源的种类及其解释；（5）思想意识因素。据此，二位学者将世界上的法系分为：（1）罗马法系；（2）德意志法系；（3）北欧法系；（4）普通法法系；（5）社会主义法系；（6）远东法系；（7）伊斯兰法系；（8）印度教法系。①

　　但是，必须注意，就刑法主题进行的分类并不能理所当然地引用这样一个分类。一方面固然是因为这些分类还有可商榷之处，重要的是必须注意到：上述两位学者并非提出新的法系分类，而是对阿尔德戎、诺尔德和沃尔夫的最有说服力的七个法系的分类（法国法系、日耳曼法系、斯堪的纳维亚法系、英吉利法系、俄罗斯法系、伊斯兰法系和印度法系）作略微改动，而阿尔德戎、诺尔德和沃尔夫强调指出他们所作的法系分类是在私法方面进行的，因此只适用于私法。"主题关系相对性的原理"适用于法系论，法系的分类随有关法律主题的不同而有所差异；同时将世界法律划分为若干法系，并且将各个法律秩序归入此一法系或彼一法系是不能独立

---

　　① 参见［德］K. 茨威格特、H. 克茨：《比较法总论》，潘汉典、米健、高鸿钧等译，法律出版社 2003 年版，第 100～101 页，第 108～116 页。

于历史发展与变化之外的，关于法系论是适用"时间相对性原理"的。① 一方面，刑法是公法而非私法，考虑到"主题关系相对性的原理"，有必要对此种分类再进行探讨；另一方面，《比较法总论》的中文版系根据 1984 年德文第 2 版译出，考虑到"时间相对性原理"，也有必要对此种分类再行商榷。

法系理论是复杂的，笔者必须申明，本书只是在注意到法系论"主题关系相对性的原理"和"时间相对性原理"的同时，借鉴 K. 茨威格特、H. 克茨关于法系的分类标准和分类结果，简要阐述本书以"当代刑法"为主题对法系的分类。正如法国著名比较法学者勒内·达维德论及的那样："法归类成系，简化为少数类型，可以便于对当代世界各国法的介绍与理解。但关于怎样进行归类，从而应该承认哪些不同的法系，并无统一意见。有些人根据法的概念结构或赋予各种法源的重要性来归类。另一些人则认为这些技术方面的区别是次要的，他们把下列本质性的考虑放在第一位：打算借助法建立的社会型态，或者给予作为社会秩序因素的法的地位。这些争论使人们费了不少笔墨，但并无多大意义。'法系'的概念没有与之相对应的生物学上的实在性；使用它只是为了便于讲解，为了强调在各种法之间存在的相似之处和区别。既然如此，所有的分类方法都有其优点。一切都取决于所处的背景和这些人或那些人的主要考虑。是从全世界的角度还是仅仅从欧洲的角度观察问题，就会有不同的分类法。一个人作为社会学家还是作为法学家观察问题，其考虑问题就会有不同的方式方法。研究的中心要是以公法、私法或刑法来分，其他的归类方法同样是可行的。研究的中心是要以公法、私法或刑法来分，其他的归类方法同样是可行的。因此，我们不必同提出过各种分类的作者们进行任何论战"。② 基于此种

---

① 参见［德］K. 茨威格特、H. 克茨：《比较法总论》，潘汉典、米健、高鸿钧等译，法律出版社 2003 年版，第 102～105 页。

② ［法］勒内·达维德：《当代主要法律体系》，漆竹生译，上海译文出版社 1984 年版，第 24 页。

澄清本书法系分类方案的目的，本书将以当代刑法为主题的法系分类为：大陆法系、英美法系（普通法系）、北欧法系、伊斯兰法系、东亚法系。下面本书在 K. 茨威格特和 H. 克茨两位学者研究成果的基础上略作说明。

（一）归入罗马法系和德意志法系的法律秩序共同构成"大陆法系"为宜

第一，《法国刑法典》和《德国刑法典》并不存在与《法国民法典》、《德国民法典》之间类似的立法模式区别。H. 茨威格特、H. 克茨的《比较法总论》一书将法国、德国为代表的私法法律秩序分别划分为独立的罗马法系、德意志法系，主要原因在于 1804 年《法国民法典》具有通俗易懂性，继受了古罗马法《法学阶梯》的体例，分为人、财产及对于所有权的各种限制、取得财产的各种方法三编，非婚生子女的法律地位是罗马法系样式构成的标志；而 1900 年《德国民法典》处处是抽象概念的法律语言，沿用了古罗马法学说汇纂派理论阐发的内容五分法，分为总则、债法、物权法、亲属法、继承法五编，将民法各项制度中的共同性内容抽象为一般性的总则部分，抽象物权契约理论是德意志法系样式的标志。① 不过，就刑法方面而言，"1871 年的德国刑法基本也是以法国刑法为蓝本制订的"。② 例如，《德国刑法典》第 1 条规定了应受刑罚惩罚的行为是由重罪、轻罪和违章行为三部分组成的，这种区分法就来自法国法。③ 总体来说，就法国刑法与德国刑法的总体情况而言，一般具有系统的刑法理论，犯罪论体系一般由行为论、

---

① 参见［德］K. 茨威格特、H. 克茨：《比较法总论》，潘汉典、米健、高鸿钧等译，法律出版社 2003 年版，第 142～143 页，第 203 页，第 219～222 页，第 270 页。

② ［日］西原春夫：《日本刑法的变革与特点》，载［日］西原春夫主编：《日本刑事法的形成与特色：日本法学家论日本刑事法》，中国·法律出版社/日本国·成文堂 1997 年联合出版，第 5 页。

③ 参见［德］克劳斯·罗克辛：《德国刑法学总论》（第 1 卷），王世洲译，法律出版社 2005 年版，第 171 页。

构成要件论、责任论、未遂犯论、共犯论、罪数论构成,主张废除死刑、实行刑罚和保安处分的二元主义;刑法渊源都以成文的刑法典作为核心,刑法典都有总则,主要规定行为和行为的法律后果,随后按照侵害法益的不同分章规定不同类型犯罪。因此,从着眼于共性的角度看,本书主张在刑法方面将罗马法系和德意志法系合称大陆法系。

第二,有关私法的法系分类也经常将罗马法系和日耳曼法系合并成罗马—日耳曼法系,称为大陆法系。法国比较法专家勒内·罗迪埃尔指出:"如果我们只谈基督世界或基督教化的世界,即主要是欧洲和美洲,那么,最好的分类是分成大陆法系(或称民法法系)和普通法系。前一类包括法国法、德国法、西班牙法、苏维埃法……后一类包括大不列颠和北爱尔兰联合王国的法律、英联邦各国法、美国法。这种区分相当普遍地被比较法学家承认……我建议将信奉基督的世界中的法律体系区分为罗马—日耳曼体系、普通法体系和社会主义体系。"① 法国另一位比较法专家勒内·达维德也认为,现代世界上三个主要法系是罗马—日耳曼法系,普通法系,社会主义法系;同时,他在著作第四编《其他的社会秩序观与法律观》中依次讨论了伊斯兰法、印度法、远东各国法、非洲与马达加斯加各国法。② 所以,大陆法系作为法系的一个重要分类是得到比较法学家之广泛认可的。

---

① [法]勒内·罗迪埃尔:《比较法概论》,陈春龙译,法律出版社1987年版,第30~33页。

② 不过必须注意,勒内·达维德讨论伊斯兰法、印度法、远东各国法、非洲与马达加斯加各国法时,并没有将这些法律秩序作为法系。他明确指出:"几乎不需要指出,这些法不构成一个法系。它们彼此都是不相干的。把它们合并研究的因素只是由于这样一个事实,即它们都是以同在西方各国占优势的各种观念完全不同的观念为依据的。我们认为根本问题是要进行研究时指出西方的思想方式在世界上的统治地位不是独占的,也不是无争议的。"[法]勒内·达维德:《当代主要法律体系》,漆竹生译,上海译文出版社1984年版,第422页。

（二）北欧法系可以列为一个独立的法系

"成功的小规模区域统一的范例首选斯堪的纳维亚地区，这里的四个独立国家（丹麦、芬兰、挪威和瑞典），已经使得它们法律制度中相当大的部分一致了。"① 具体到刑事立法，"北欧五国丹麦、挪威、瑞典、冰岛和芬兰由于地理、历史背景及文化渊源的缘故，其刑事法律制度和规定存在许多相似及相同的地方。北欧刑法体系似乎具有双重立场，具有大陆法和普通法的典型混合性质。北欧刑法虽然继受德国法的传统，但是也受到英美实用主义法律思想的影响。如果就制裁体系作为考察对象，瑞典与芬兰比丹麦与挪威更多受到传统价值的引导。简要地概括北欧刑法的特色，或许可以这样认为，北欧刑法的主旨是将犯罪看做一个社会问题，而不是应当消灭和打击的对象。因此，北欧刑法大都注重保护人权，在刑罚上不强调报应，偏重于一般预防。北欧对犯罪的一般预防思想实际上受斯堪的纳维亚的现实法律哲学的影响，不同于美国的实用主义和威慑观点。一般来说，北欧国家对犯罪制裁的标准比其他欧陆国家要低，更不用说美国。……北欧国家在刑事领域展开了广泛的合作。1948 年 3 月 18 日北欧缔结了《关于承认和执行刑事判决公约》；1961 年北欧国家制定了统一的《引渡法》；1962 年北欧国家在赫尔辛基缔结了《丹麦、芬兰、冰岛、挪威、瑞典合作协定》，等等。《瑞典刑法典》对以上公约或协定都有细化的规定。例如，依照《瑞典刑法典》，瑞典法院根据属地主义和属人主义行使管辖权时不限于瑞典及其公民，而延伸至其他北欧国家及公民"。② 因此，北欧的芬兰、瑞典、丹麦、挪威、冰岛五国的刑法一方面具有自成体系的区域特色，同时这种区域特色又与大陆法系、英美法系有明显差异，北欧法系可以列为一个独立的体系。

---

① Rudolf B. Schlesinger, Hans W. Baade, Peter E. etc., *Comparative law*: *Cases-Text-Materials*, 6th ed. New York: Foundation Press, 1998: p. 38.

② 《瑞典刑法典》，陈琴译、谢望原审校，北京大学出版社 2005 年版，中译者序第 2～3 页。

（三）印度教法系可以不再列为独立的法系

K. 茨威格特、H. 克茨所论及的印度教法规则是适用于印度教徒的准则，也就是适用于种族上来源于印度斯坦居民但不信仰伊斯兰教、基督教、犹太教、印度祆教的一切人。这些人中的 80% 生活在印度，其余的生活在巴基斯坦、缅甸、新加坡、马来西亚，以及非洲东海岸各国（主要是坦桑尼亚、乌干达和肯尼亚）。① 这也就是说，所谓的印度教法系是属人法。属人法在私法领域有特别的意义，不过刑法是公法，兼具属人法和属地法的性质，在国内具有统一的适应性。

具体而言，印度在 1860 年编纂了历史上第一部适用于全印的、拥有现代刑事法律体系的《刑法典》；在此之前，印度的传统刑法与其他法律规范糅合在一起，并无独立的体系。这部 1860 年《刑法典》以 19 世纪英国刑法为基础，借助大陆法的法典编纂技术，适当照顾到印度传统刑法观念和实际需要编纂而成，法典的内容大致可以分为总论和分论两部分，第 1 章至第 5 章规定了法典的适用范围、一般解释、刑罚的种类和适用原则、一般例外、帮助犯罪及共谋等；第六章至第二十三章为各种形式的犯罪及其刑罚，这种结构体例已基本拥有现代刑法的特征。这部法典不仅是印度的现行刑法典，而且是巴基斯坦、孟加拉等国家刑法的基础。② 总体来说，"从 1818 年到 1847 年，印度主要在英国的殖民统治之下，英国的法律制度对其的影响和渗透都特别大，总的来说，印度法应属于英美法系。自从 1861 年颁布刑法典以来，印度的刑法变化极小"。③而对于新加坡而言，其刑事法律是由《新加坡刑法典》、单行刑事法

---

① 参见［德］K. 茨威格特、H. 克茨：《比较法总论》，潘汉典、米健、高鸿钧等译，法律出版社 2003 年版，第 538 页。

② 参见王云霞：《东方法律改革比较研究》，中国人民大学出版社 2002 年版，第 145 页。

③ 刘鑫、常林、张凤芹：《印度刑法关于伤害及重伤的规定》，载《法律与医学杂志》1995 年第 2 期，第 36 页。

律和规定于其他法律中的附属刑法规范组成的。《新加坡刑法典》作为新加坡刑事法律规定的集合,是其中最为重要的部分。新加坡原为英国殖民地,法律制度属于英美法系,新加坡的法律是伴随着英国殖民统治而产生的,英国法律对其产生了广泛而深远的影响。①

因此,在当代私法方面或许还有印度教法的存在,虽然笔者没有更多直接的资料,不过就一般的刑法原理揣测,前述这些印度教法系国家都具有各自的刑法体系,本国公民无论是印度教徒还是非印度教徒,应该都适用同一部刑法,应该没有特别为印度教徒而制定的刑法。印度、新加坡等——K. 茨威格特、H. 克茨提及的印度教法系的主要法域,在刑法制度方面属于英美法系,印度教法系可以不再列为独立的法系。

（四）伊斯兰法系仍存在,不过仍继续面临西方法系的冲击

19 世纪以来,伊斯兰法系的国家逐渐西方化和世俗化,在当代,原先属于伊斯兰法系的国家和伊斯兰法的关系大体可以分为三类:第一类国家是伊斯兰法系的"继承人",也就是虽然进行了某些改革,但并没有从根本上动摇传统的法律制度,是伊斯兰法系的忠实成员,主要有沙特阿拉伯、阿曼、巴林、阿拉伯联合酋长国;第二类是伊斯兰法系的"过继子",这些国家在历史上曾经长时间奉行伊斯兰法,不过近代以来的改革中已经彻底放弃了伊斯兰法,而代之以从其他法系引进的法律制度,主要包括印度和土耳其,前者加入了普通法系的行列,后者成为了大陆法系的成员;第三类国家是伊斯兰法系与其他法系的"混血儿",这类国家除了宗教事务、婚姻家庭和继承事务之外,其他法律领域中占主导地位的是从西方引进的法律,目前的伊斯兰国家大多属于此种类型。② 经过改革,大多数伊斯兰国家都以欧美国家的刑法为基础,颁布了独立的

---

① 参见刘涛:《新加坡刑法的渊源及特色》,载《中国刑事法杂志》2006 年第 1 期,第 121 页。

② 参见高鸿钧:《伊斯兰法:传统与现代化》,清华大学出版社 2004 年修订版,第 391～394 页。

刑法典，无论是 1858 年《奥斯曼帝国刑法典》，还是随后埃及的两部《刑法典》（1875 年，1937 年）以及《土耳其刑法典》（1926年），或者巴林、卡塔尔、科威特、黎巴嫩、叙利亚、伊拉克、阿尔及利亚、利比亚、摩洛哥、尼日利亚和突尼斯等国的刑法典，都已不再是传统沙里阿法律体系的组成部分，而拥有独立的表现形式和规范体系，具有现代刑法的机构和体系。不过，伊斯兰传统法律文化仍反映在各国刑法中，多数国家的刑法典都保留了若干传统罪名和刑罚，在未颁布现代化刑法典的沙特阿拉伯基本上仍以《古兰经》、"圣训"及罕百里学说来处罚犯罪，穆斯林世界的刑事法律是对传统法律进行扬弃的结果。① 因此，面临西方法系的冲击，多数伊斯兰法国家仿效欧美国家刑法制定了刑法典，表现出伊斯兰法与西方法系刑法的混合性，不过伊斯兰法表现出了一定的韧性，仍然有少数伊斯兰法国家坚守伊斯兰法系的阵地，使得伊斯兰法系得以维系。在当代，如何协调传统的伊斯兰法与引入的现代西方法系刑事法律的关系仍然是各伊斯兰法国家面临的最大问题。

（五）社会主义法依然存在，社会主义法系可以不再列为独立的法系

《比较法总论》一书原著第 3 版对第 2 版进行了修订，最明显的变化是删除了"社会主义法系"部分，中译者认为社会主义法系在 20 世纪曾经产生了广泛而深远的影响，它已经成为一种法律传统，且这种传统尚未终结，故而保留了原著第 2 版中有关社会主义法系的内容。② 社会主义法系在 21 世纪的今天是否成为一个独立部分，与当代中国刑法的归类有关，笔者认为当代中国刑法可以归入东亚法系，越南刑法、朝鲜刑法、老挝刑法也可以考虑归入东亚法系。关于东亚法系的问题，本书下一段再论述，这里主要阐明

---

① 参见王云霞：《东方法律改革比较研究》，中国人民大学出版社 2002年版，第 207～208 页。

② 参见［德］K. 茨威格特、H. 克茨：《比较法总论》，潘汉典、米健、高鸿钧等译，法律出版社 2003 年版，中译本再版说明第 1～2 页。

不再将社会主义法系作为独立法系的理由。

第一，并非所有实行社会主义制度的国家都被归入社会主义法系，中国法应该被归入与社会主义法系独立的法系或者自成体系。K. 茨威格特、H. 克茨认为社会主义法系以前苏联法作为母法，包括保加利亚、古巴、前民主德国、蒙古、波兰、罗马尼亚、捷克斯洛伐克、匈牙利、阿尔巴尼亚等国家。① 虽然中国实行社会主义制度，不过 K. 茨威格特、H. 克茨将日本与中国的现代法归入"远东法系"，他们认为，一国法制是以其独具的特点为依据而被归入某个法系或法圈的，这类特点之一可能是在将法律作为调整社会生活的工具时所赋予它怎样的法律地位，这一点正是远东诸国法制与其他法系有着根本差异所在；所有西方法制，无论它属于大陆法系、普通法系或社会主义法系，都公认社会生活首先应当由客观的法律规则而不是仅由习俗、伦理或道德的规则来调整。远东诸国法律制度中，私法并非解决纠纷的唯一可能的方法，在有些社会中，纠纷是通过法律诉讼以外的方法解决的，尽可能规避在国家法院的大庭广众之下相互争斗，而是以一种友好的方式通过和解来解决纠纷。② 姑且不论远东法系是否妥当，笔者认为两位教授关于中国法、前苏联法分属两个法系的划分是合理的。

实行社会主义制度只是成为社会主义法系的一个必要条件，而非唯一的条件。如果能够以社会制度的单一指标来划分法系，那所谓的大陆法系、英美法系、北欧法系都可以归入一个统一的资本主义法系了，不过这样简单的划分方法实际上对于研究具体的刑事法制帮助并不大，如果不在资本主义法系之下再进一步划分，很难进行比较研究。作为古代法律体系的中华法系解体了，不过古代中国法是中华法系的母法，"中国法律之儒家化可以说是始于魏、晋，成

① 参见［德］K. 茨威格特、H. 克茨：《比较法总论》，潘汉典、米健、高鸿钧等译，法律出版社 2003 年版，第 450 页。

② 参见［德］K. 茨威格特、H. 克茨：《比较法总论》，潘汉典、米健、高鸿钧等译，法律出版社 2003 年版，第 507～508 页。

于北魏、北齐，隋、唐采用后便成为中国法律的正统"。① 这种儒家化的法律正统仍然底蕴深厚。清末刑法改制到新中国成立之前对大陆法系刑法的移植只是在西方法系压力之下所实行对刑法规则的简单模仿和单向输入，没有使大陆法系刑法在中国成为一种实在法，不过在此间引入的大陆法系刑法理论对当代中国的刑法发展有所影响。社会主义中国对前苏联刑法虽然有学习和移植的成分，不过受前苏联影响的 1979 年《刑法》制定之后，中国随即实行改革开放政策，很快颁布大量单行刑法和附属刑法丰富了刑法典内容，现行《刑法》是一部社会主义市场经济的保障法，是一部有中国特色的社会主义刑法典。简而言之，虽然新中国成立后学习与移植了西方某些法律制度，不过仍然应该自成体系，或者归入另外独立的法系。

第二，社会主义法与社会主义法系是两个不同的概念，不将社会主义法系列为一个独立的法系并非意味着社会主义法的消失。社会主义法是就某一法域的性质而言的，而社会主义法系则是具有一定共性的社会主义法的家族。在前苏联时代，即使中国不被归入社会主义法系，东欧社会主义阵营的存在也使得社会主义法系具有独立存在的必要性。不过，前苏联解体，东欧剧变之后，资本主义法在这些国家重新实施，实施社会主义法的国家只余下中华人民共和国、朝鲜民主主义人民共和国、古巴共和国、越南社会主义共和国、老挝人民民主共和国这 5 个国家。这 5 个国家的法律秩序或者说刑法，我们如果以社会主义法来概括是可以的，不过如果称之为社会主义法系，则没有必要。因为原先的社会主义法系是以前苏联法作为母法，以苏维埃社会主义共和国联盟、经济互助委员会、华沙条约组织作为组织结构支撑，以资本主义阵营和社会主义阵营之间的冷战为国际环境的，法系内部也主要以前苏联法的单向输出为特征。不过如今现存的 5 个社会主义国家 4 个在亚洲，5 个国家都在进行社会主义改革，除朝鲜还没有开放国门外，其余 4 个国家都

①　瞿同祖：《中国法律与中国社会》，中华书局 2005 年重印版，第373～374 页。

实行对外开放政策，中国、越南的改革的进程相对快一些，社会主义法系作为独立法系的某些条件也不存在了。"刑法作为最具强制性的部门法，其阶级职能虽比其他部门法更为显著，但它同样具有社会管理职能。各国刑法的阶级职能虽然存在差异甚至对立，但其社会管理职能却同样具有共性。"① 在目前的社会主义国家，在保证刑法的社会主义法性质的基础上，刑法的阶级职能越来越被淡化，同时刑法的社会管理职能日益重要，以其都实行社会主义法而冠之以社会主义法系之名，没有必要。在新的历史条件下社会主义法仍在更新发展，如果将其归为一个社会主义法系反而抹杀了其发展的最新成就。

第三，原先被归入社会主义法系的国家以及实施社会主义法的国家，原本就有各自的刑法传统。社会主义法系从来就不是在真空地带产生的。共产党统治下的各国拥有属于各种差别较大法系的早已确立的法律制度。以前的波兰和罗马尼亚被归入罗马法系，东欧、中欧以及东南欧的大部分地区则与德国—奥地利法具有一种紧密的亲和关系，中国则属于远东法系，非洲的一些由马克思主义政治家领导的新兴国家如埃塞俄比亚等只能在作出很大保留的情况下才能归入社会主义法系，因为他们的法律秩序中伊斯兰法、殖民时代的法律传统、本地的非洲习惯法同时并存。② 因此，社会主义法国家有其固有的刑法传统，在当代的刑法发展道路上，现存的社会主义法国家有些重新实施资本主义法；有些则一方面保持固有刑法传统和社会主义法传统，一方面进行刑法的改革，吸纳人权保护的思想，结合刑法的民族性和国际性。

（六）远东法系更名为东亚法系更具前瞻性

笔者认为，"远东法系"将中国法、日本法与西方法律系秩序

---

① 苏彩霞：《中国刑法国际化研究》，北京大学出版社 2006 年版，第 21 页。

② 参见［德］K. 茨威格特、H. 克茨：《比较法总论》，潘汉典、米健、高鸿钧等译，法律出版社 2003 年版，第 447～453 页。

单独分类有合理之处，不过改称"东亚法系"更加合理。《比较法总论》的一位译者认为，"从法学理论及两国法律现代化的历史发展与现实深入考察来看，'远东法'说不免流于片面，殊欠妥恰。笔者（潘汉典）曾与日本比较法同道大木雅夫教授（现任日本比较法学会会长）论及此问题，大木教授亦赞同鄙见，以中日两国现代法分属两个法系为是"。① 对这一观点，有学者持怀疑态度，认为二三十年前仅从法律结构或形式的角度谈及远东法系，这种观点是可以接受的；不过，在 21 世纪的今天，从法律的社会功能或法律文化角度讨论远东法系时可以作进一步的思考：（1）法系的分类方法是相对的，西洋学者区分西洋法和远东法往往将法律观念的不同作为重要标准，以此日本人和中国人的法律观念共性多于个性。（2）中外学者否定远东法系的最主要原因是在于中华人民共和国成立之后，中国走上了社会主义道路，所以中国法带有社会主义性质，可以划归社会主义法系。不过中国自 20 世纪 70 年代末走上改革开放道路之后，借鉴和参考了包括日本在内的外国经验，曾经分道扬镳的中日两国的法正在不断缩小距离。（3）在日本实现了法律的西洋化，不过大量的研究已经证实现代日本社会仍然深受传统法律文化的影响，中国在大量借鉴外国法的基础上基本建成社会主义法律体系，从而使得中国法和日本法在形式上的区别相对弱化，中日两国的法又具备了区别于西洋法的共同特征。（4）20 世纪 80 年代以后，随着日本及东亚、东南亚一些国家经济上的崛起，有关儒家文化圈或东亚共同体的讨论曾热闹一时，在世界经济一体化、区域化的大潮之下，亚洲或东亚与东南亚开展区域性合作的倾向不会改变。因此，尽管远东法系的称谓可能不太科学，不过在这一区域内形成某种"法律家族"的可能性不容否定。②

---

① ［德］K. 茨威格特、H. 克茨：《比较法总论》，潘汉典、米健、高鸿钧等译，法律出版社 2003 年版，中译者序第 4 页。

② 参见华夏、赵立新、［日］真田芳宪：《日本的法律继受与法律文化变迁》，中国政法大学出版社 2005 年版，第 272 ~ 274 页。

笔者赞同后一种观点及其四大理由，认为"远东法系"之名反映了欧洲中心主义的思维，应该摒弃，不过"远东法系"之实在发展则可以期待，"东亚法系"之名现在可以提倡。"东亚法系"是处于形成和发展之中的法系，可以考虑包括社会主义中国法、日本法、韩国法、越南法、老挝法、朝鲜法等。具体理由，笔者再略加补充说明。

第一，东亚地区的古代刑法有中华法系的传统，近代或者现代刑法表现出向大陆法系学习的倾向，是具有中华法系传统与大陆法系倾向的混合法系。中华法系解体之后，中国、日本、韩国仍然保留了许多中华法系的传统，儒家文化的影响仍然比较大，近现代刑法则深受大陆法系尤其是德国刑法理论和刑事立法的影响而形成混合法系。具体而言，近代以来日本刑法深受大陆法系的刑法理论和刑事立法影响，1880 年《日本刑法典》是日本最早出现的近代刑法，受 1810 年《法国刑法典》的强烈影响，同时参考了比利时、意大利等其他西欧国家的刑法。1907 年《日本刑法典》是主要以 1871 年《德国刑法典》为蓝本制定的，吸收了刑事社会学派的理论；第二次世界大战以后日本于 1947 年为适应新宪法而对刑法典作了部分应急的修改，废除了危害皇室罪等，不过并没有对刑法理论和刑事政策进行根本变革。① 1948—1986 年期间日本刑法共修改了 7 次，不过每次修改内容不多，自 1987 年起日本立法机关开始频繁修改刑法典、单行刑法、行政刑法，主要是实现了刑法典的通俗化、刑事立法的活性化、刑法保护的早期化和刑罚处罚的重刑化。② 一言以蔽之，"现在日本刑法学受德国刑法学的影响很深，这种影响并不是现在才开始的，早在 1880 年打算以普鲁士宪法为蓝本制定旧宪法时就已经出现了这种现象，在制定受德国刑法影响

---

① 参见华夏、赵立新、[日] 真田芳宪：《日本的法律继受与法律文化变迁》，中国政法大学出版社 2005 年版，第 80~84、136~141、193~195 页。

② 参见张明楷：《日本刑法的发展及其启示》，载《当代法学》2006 年第 1 期，第 3~5 页。

的现代刑法的 1907 年，这种倾向就基本固定了"。①

　　而且，日本刑法借鉴大陆法系的倾向，在其 20 世纪上半叶的殖民过程中也带给了我国台湾地区及朝鲜半岛。1895—1945 年这 50 年期间，台湾地区处于日本的殖民统治之下，仿效法国法的日本 1880 年刑法典自 1896 年起在台湾地区实施，日治初期出于便利的考量也在台湾地区实施近代型的刑事诉讼程序，② 同样，1910—1945 年这 35 年间日本对朝鲜半岛的殖民统治也同样对韩国刑法向大陆法系国家尤其是德国刑法的借鉴起了重要作用。虽然我国台湾地区、韩国等法域后殖民主义时代的刑法已经经过了修改，都力图摆脱日本殖民地刑事法色彩，不过在韩国、我国台湾地区接受大陆法系的刑法理论，移植大陆法系刑事立法的倾向已经形成，两个法域的刑事立法在体现固有传统文化的同时，受日本、德国的刑法理论影响仍然比较深。

　　有学者用"追赶型"法治来概括东亚和南亚现代法治的特殊性，认为 20 世纪八九十年代东亚与南亚全面转向市场经济，掀起经济现代化浪潮，开始了大规模法治建设，使这一地区进入现代法治形成的新阶段。这轮经济与法治同步推进的浪潮持续到 21 世纪，均属于"后发型"法治、"外生型"法治，具有明显的"追赶型"特征。③ 借鉴这种归纳，可以得出结论认为，中国古代刑法传统是中华法系的传统，清末至新中国建立之前则学习与移植大陆法系，社会主义中国初期借鉴前苏联刑法，改革开放以后刑法理论开始主要受日本、德国刑法的影响，中日两国都属于"追赶型"法治，可以一同归入东亚法系。

---

　　① ［日］西原春夫主编：《日本刑事法的形成与特色：日本法学家论日本刑事法》，中国·法律出版社/日本国·成文堂 1997 年联合出版，第 14 页。

　　② 参见王泰升：《台湾法的近代性与日本殖民统治》，载《月旦法学》（台北）2003 年第 1 期，第 197～211 页。

　　③ 参见温晓莉：《论现代"追赶型"法治——东亚与南亚现代法治的特殊性》，载《现代法学》1999 年第 6 期，第 27 页。

第二，中国刑法不宜归入社会主义法系，日本刑法归入大陆法系也不妥当，两国刑法可以归入同一法系。日本刑法、韩国刑法以及我国台湾地区刑法如果放在一个法系之中，可能争议会少一些，因为这三个法的刑法均是资本主义性质，而且都直接或间接的受德国刑法影响。不过，当代中国的刑法理论倾向于借鉴和引进德国、日本的刑法理论，犯罪构成理论、期待可能性、主观主义与客观主义的争论，行政刑法的探讨等就是明显的范例，刑事立法和刑事司法的法治化进程也在逐步推进。随着日中刑事法学术交流的日益推进和中、日两国对各自刑法发展经验的总结，中国当代刑法加快了法治化进程，日本刑法也在反思过度欧美化带来的缺陷，认为应该在刑法体系中加入传统性，两国可以归入同一法系。笔者这样认为，并非否定中日两国在刑法方面的差别；① 而是着眼于中国刑法与日本刑法在宏观上的共性，是从中日两国刑法发展的传统性和互相交流、互相借鉴的必要性及可能性上来说的。而且，大木雅夫教授也承认，在法观念方面，"中日两国的宗教乃至哲学思想中确实存在儒教和佛教这两个共同点，而且不能否定两国的学术和教育方

---

① 西原春夫教授曾指出中日刑法的本质差别：（1）在刑法结构上，中国采用现行刑法典的立法形式，将应当受到处罚的犯罪集中规定在一个法律之中；日本刑法典所处罚的犯罪只限于不太受时代影响的严重违反规范的行为，其他绝大多数犯罪交由特别刑法或行政刑法处理。（2）中国刑法中"惩罚与教育相结合"的刑事政策思想是中国刑法思想的重要支柱之一，在非犯罪化方面比日本进步；而日本对于违反行政取缔规则的刑罚的适用上有过头的倾向。（3）中国刑法中的"原则性和灵活性相结合"的刑事政策思想非常有特色；灵活性原则在日本刑法中没有如此重要的地位。（4）在刑法解释方面，中国刑法通过最高人民法院、最高人民检察院、公安部发布司法解释的方式，意图实现解释基准的统一化；日本所采取的方针是对犯罪成立要件，法律条文只做最低限度的简洁规定，对于现实中所发生的案件，法院一方面主动参考学说上提出的解释基准，另一方面总结过去的判例经验，使解释的标准与时俱进。参见［日］西原春夫：《日本刑法与中国刑法的本质差别》，载赵秉志主编：《刑法评论》第7卷，法律出版社2005年版，第121～128页。

法（我认为它对文化的形成和国民的思维有重大影响）亦有许多相似之处。无论东洋文化如何呈现出难以与西洋文化的一体性相比的混杂状态，但是如果以中国和日本为例将之与西洋相比较的话，至少可以说在中日两国之间存在着一种亲近性"。① 关于中国刑法和日本刑法在形式上西方法系化的同时，谋求形成亚洲标准的必要性和可能性问题，西原春夫教授曾经指出，希腊罗马以来，指导了两千年人类世界文明的是欧洲民族，现在的世界标准也仍然是以欧美的思想和制度为中心所建立的，不管是中国还是日本至少都要以一种文明的外形把自己消化，才能够参与到世界的政治和经济中去；东北亚历史上就有很多强烈的共同性，东南亚的共同性也正在逐步地扩大。在亚洲可能形成超过各个国家标准的亚洲标准，并且使亚洲标准与世界标准相竞争以保持它的存在。②

综上所述，无论以何种标准来对当代刑法划分法系，都可以发现这样一个不争的事实：已经不存在纯粹的东方法系，所有的非西方法系或多或少都是本土法系与西方法系的混血法系，非西方法系各国刑法的发展都有西方法系化的倾向。这一切，是由于西方法系的开放性造成的。西方法系的开放性是指作为母法的大陆和英美两大法律体系（地理范围大致为现今的欧美诸国，不包括两大法律体系的传播区，澳洲、拉丁美洲、近代以后的土耳其及日本均不在此列）对外能够交流和联系、对内能够自我更新进而取得不断发展的一种机能。③ 近代以来，通过直接的殖民统治或者殖民化的压

① ［日］大木雅夫：《东西方的法观念比较》，华夏、战宪斌译，北京大学出版社 2004 年版，第 29～30 页。

② 参见［日］西原春夫：《日本与德国的刑法和刑法学——现状和将来展望》，载 http://bbs.law.ytu.edu.cn/archiver/? tid-8094.html［2007-02-03］。根据该网页的注解，该文为西原春夫教授 2005 年应邀在中国社会科学院法学研究所发表的演讲，评论人为最高人民法院研究室副主任胡云腾教授、中国人民大学法学院冯军教授。

③ 参见张中秋：《中西法律文化比较研究》，南京大学出版社 1999 年版，第 207 页。

力，西方法系的开放性冲击了非西方法系，使许多法域尤其是中华法系、伊斯兰法系、印度法系这三大东方法系国家开始实施包括刑法在内的改革，少数国家彻底地西方法系化，少数伊斯兰法国家仍然坚守传统，大多数国家则以西方法系为参照系进行刑事法律改革。第三世界国家独立以后，西方法系国家仍然通过各种隐蔽的手段输出自己的法律文化，保持对第三世界国家的控制。如当代美国的法律与发展运动，其创建者就旨在告诉开发机构和第三世界的精英当中的政策制定者怎样去建立"现代的"法律体系和怎样运用法律使第三世界的社会"现代化"。① 中国当代刑法的发展既是在新的历史条件下借鉴其他国家刑法从而改良革新的产物，也是传统的东方法律经过改革后的延续。既然在改革时主要是向西方法系学习，在某些领域与其他法域的刑法趋于相似或相同，表征出大趋同现象也是在所难免的。

二、人权事务的国际化

超国家、超民族的价值观的不断增加，促进了人权事务的国际化。刑法既是善良人的大宪章，又是犯罪人的大宪章，是最大的人权保障法，这些不断增加的普世价值观需要刑法的保护。刑事司法人权是人权的重要组成部分，人权事务的国际化意味着国际人权标准的逐渐形成，这也必然引起各国刑法与联合国刑事司法准则的趋同。人权事务的国际化主要表现为国际人道主义法、国际人权法的形成与发展。目前，国际人道主义法和国际人权法均形成了成熟的规则体系，人权事务已经高度国际化。

一方面，国际人道主义法的规则体系主要是 1949 年的日内瓦四公约及 1977 年的两个日内瓦附加议定书。国际人道主义法得到了国际社会的普遍认可，中国比较早就加入了日内瓦四公约体系，而且在法律和实践中积极贯彻实施了日内瓦公约的规定。

---

① 参见〔美〕戴维·杜鲁贝克：《论当代美国的法律与发展运动》，王力威译，潘汉典校，载《比较法研究》1990 年第 2 期，第 47 页。

另一方面，国际人权法是主要由联合国制定或认可的有关人权的国际标准及其实施机制的法律规范的总和。国际人权法是有关实体性规范和程序性规范的总和，联合国的有关文件是国际人权法的主要法律渊源，主要的规则体系是六大国际人权公约：《公民权利和政治权利国际盟约》、《经济、社会、文化权利国际盟约》、《消除一切形式种族歧视国际公约》、《消除对妇女一切形式歧视公约》、《禁止酷刑和其他残忍、不人道或有辱人格的待遇或处罚公约》（简称《禁止酷刑公约》、《儿童权利公约》,① 以及一系列关于刑事司法人权等权利的联合国文件。② 国际人道主义法和国际人权法的规则体系构成了人权的国际共同标准之强有力证明。姑且不讨论这些公约是否合理，是否反映了国际社会的共同意旨。国际关系的历史与现状已经表明：如果一个国家不成为或不努力成为这些公约的当事国，或者公然违背这些公约的标准，那么其在人权领域会受到国际社会的巨大压力。南非白人政府因实行种族隔离政策受到国际社会的共同隔离就是一个例子。因此，人权事务的国际化使得是否加入主要的国际人道主义公约和国际人权公约，是否积极贯彻实施国际人道主义公约、国际人权公约既是一个法律问题，也是一个政治问题。

具体就国际人权法而言，首先，中国加入国际人权公约促进了当代中国刑法领域的大趋同。中国政府意识到不能脱离寻求和遵循国际共同人权标准的国际环境，于是，积极开展人权的国际对话，加入国际人道主义法和国际人权法体系，利用这个体系来发表本国政府有关人权的主张成为中国政府理性的选择。国务院新闻办公室

① 本书第二章第二节已经对当代中国刑法与国际人权法、国际人道主义法的初步接轨进行了专门论述，故本节对第二章已经提及的国际条约之签署、中国加入等具体资料不再注解。

② 参见［加］杨诚：《国际人权法的体系与贯彻》，载程味秋、［加］杨诚、杨宇冠编：《联合国人权公约和刑事司法文献汇编》，中国法制出版社2000年版，第31～36页。

发布的《中国政府白皮书：中国人权发展50年》就表达了这样一种信号。目前，六大国际人权公约体系，除《公民权利和政治权利国际盟约》之外，中国已经全部加入；《禁止并惩治种族隔离罪行的国际公约》等其他一系列国际人权公约中国也已经加入。加入这些国际人权公约，就必须履行相应的国际义务，这使得当代中国刑法在刑法文化、刑事立法、刑事司法诸领域都表现出了与其他国家的趋同性。

同时，还必须注意的一点是，包括六大国际人权公约，联合国有七个人权公约设有执行公约的机构，即：《公民权利和政治权利国际盟约》的人权事务委员会（CCPR）、《经济、社会、文化权利国际盟约》的经济社会和文化权利委员会（CESCR）、《消除一切形式种族歧视国际公约》的消除种族歧视委员会（CERD）、《消除对妇女一切形式歧视公约》的消除对妇女歧视委员会（CEDAW）、《禁止酷刑和其他残忍、不人道或有辱人格的待遇或处罚公约》的禁止酷刑委员会（CAT）、《儿童权利公约》的儿童权利委员会（CRC）、《保护所有迁徙工人及其家庭成员权利公约》的保护所有迁徙工人及其家庭成员权利委员会（MWC）。① 根据相关国际条约的规定，这些联合国人权条约机构一方面可以通过一般性意见或一般性建议，对公约的条文进行解释，另一方面可以受理和审议缔约国的报告、受理国家间的指控、受理个人来文，进行国际调查。这对督促缔约国切实贯彻实施公约所规定的人权保护机制，并弥合各国对公约的不同理解起着至关重要的作用，这有利于建立公约的统一实施机制，在公约的体系下促进了各缔约国在刑法相关领域的趋同。

---

① 七个联合国人权条约机构中，六个是公约本身设立的。不过《经济、社会、文化权利国际盟约》本身没有建立公约的执行机构，而是规定由经社理事会负责监督公约的实施，1978年经社理事会在审议缔约国报告时成立了一个由15人组成的工作组来协助进行工作，1985年经社理事会通过决议，建立了经济、社会、文化权利委员会代替前述工作组。参见徐显明主编：《国际人权法》，法律出版社2004年版，第119页。

其次，即使中国尚未正式加入的国际人权公约，也对当代中国刑法领域的大趋同的形成有影响。目前，人权事务的国际化使当代中国刑法面临的趋同化压力主要集中于《公民权利和政治权利国际盟约》和《旨在废除死刑的公民权利和政治权利国际盟约第二项任择议定书》。对于前者，中国政府虽然已经于 1998 年签署，但还没有批准这一国际条约。在这一点上，国内外学者和各国政府都翘首以待，希望中国政府能早日批准这一公约。无论多久，既然已经签署，批准《公民权利和政治权利国际盟约》就只是时间问题。《公民权利和政治权利国际盟约》是国际刑事司法人权准则的集中体现，对人民自决权、生命权，免受酷刑或其他残忍、不人道或有辱人格的待遇或处罚权，禁止奴隶和强迫劳动，人身自由和安全权，被剥夺自由的人应给予人道及尊重其固有的人格尊严的待遇的权利，不因无力履行约定义务而被监禁的权利，公正审判权，隐私、家庭、住宅或通信不受任意干预，言论、出版、结社和集会自由，思想、良心和宗教自由，国籍权，选举和参与公共事务权，法律的平等保护权等公民和政治权利作了规定。其中，有关刑事司法人权的主要是：第 6 条规定的生命权，强调了对生命权的程序保障；第 7 条规定的免受酷刑或其他残忍、不人道或有辱人格的待遇或处罚权第 9 条人身自由和安全权，列举了不受任意逮捕和拘留的情形；第 10 条规定的被剥夺自由的人应给予人道及尊重其固有的人格尊严的待遇的权利；第 14 条规定的公正审判权，这一条对无罪推定、辩护权与法律援助、不得强迫自证其罪、对未成年人的特别保障、刑事赔偿、反对双重危险进行了详细的规定。在《公民权利和政治权利国际盟约》的人权目录中，我们发现了目前中国刑事司法领域学者们的诸多理论主张的身影。中国现行刑事立法、刑事司法与盟约的规定还有一定的差距。为了能够最终批准这一盟约，中国必然事先推动本国的刑事立法和刑事司法与《公民权利和政治权利国际盟约》的趋同化进程。而且，《公民权利和政治权利国际盟约》没有包括退出条款，根据《维也纳条约法公约》第 56 条，即使一公约没有包括有关退出的条款，也只有在所有缔约国有允许退出的原意或由条约之性质可以推论出退出之权利的情况下，退出该条约才是可以允许的；而从准备工作的材料看，缔约国没有允许退出《公民权利和政治权利国际盟约》的原意，只有在取得了所有缔约国的同意的情况下才能够退出《公民权利和政治权利国际盟约》。① 考虑到这一点，中国批准《公民权利和政治权利国际盟约》的日期不会很快到来。在正式批准该公约之前，公约的各项规定，将成为中国刑法文化、刑事立法、刑事司法大趋同的重点领域。

至于《旨在废除死刑的公民权利和政治权利国际盟约第二项任择议定书》，中国政府还没有签署，目前也还看不到任何中国政府会签署这一议定书的迹象。即使中国政府决定签署，相信也是在完成国内刑事法制的相关改革，批准《公民权利和政治权利国际盟约》之后。何时能完成这一过程难以预测，只能说是相当漫长。不过，无论中国政府是否加入《旨在废除死刑的公民权利和政治权利国际盟约第二项任择议定书》，死刑始终是中国刑事司法人权中引人关注的一点，中国的刑事法制会向限制死刑这个方向前进。中国现行《刑法》限制死刑的立法倾向和死刑复核程序的收回就表明了这一点。2007 年 1 月 1 日死刑复核权收回由最高人民法院统一行使之后，死刑的数字肯定会降低，死刑的适用标准也会统一，做到符合《公民权利和政治权利国际盟约》第 6 条"在未废除死刑的国家，判处死刑只能是作为对最严重的罪行的惩罚"的要求。这一切，无疑也会增加中国刑事法制与其他法域刑事法制的趋同性。

再次，联合国其他人权机构的人权保护监督机制也使当代中国刑法面临趋同化压力。联合国除了人权公约所建立的人权条约机构之外，根据《联合国宪章》联合国也建立了一系列的人权监督机

---

① 参见［奥］曼弗雷德·诺瓦克：《民权公约评注：联合国〈公民权利和政治权利国际公约〉》（上），毕小青、孙世彦主译，夏勇审校，生活·读书·新知三联书店 2003 年版，导论第 0011～0012 页。

制，包括联合国大会、联合国六大机构之一的联合国经济及社会理事会，附属于联合国经济及社会理事会的联合国人权委员会，联合国人权委员会设立的联合国促进和保护人权小组委员会，联合国经济及社会理事会建立的联合国妇女委员会，属于联合国秘书处组成部分的联合国人权事务高级专员，联合国人权专家机制，联合国处理大规模侵犯人权的 1503 号和 1235 号程序。① 这些机构使得联合国能掌握会员国的人权状况，关注各国的人权实践，促进国际人权标准在各国的贯彻实施，而且可以通过决议、宣言、咨询、调查等形式促进各国刑法在人权最低保护限度上的趋同。如联合国预防犯罪和刑事司法委员会作为联合国经济及社会理事会的专门委员会之一，就审议通过了大量的国际文书，为联合国刑事司法准则的形成作出了巨大的贡献。本书第二章所论及的《制定和实施刑事司法调解和恢复性司法措施》、《关于在刑事事项中采用恢复性司法方案的基本原则》的决议草案就是由该委员会首先审议通过再送交经社理事会审议通过的。

对于联合国的人权机构，还必须注意一个新动向对联合国人权事务的影响。2005 年联合国前秘书长安南在关于联合国改革的《大自由》（*In Larger Freedom*）报告中首次提出来的建立新的人权理事会，并得到了 2005 年世界首脑会议的赞同。2006 年 3 月 15 日第 60 届联合国大会通过决议，设立有 47 个席位的人权理事会以取代已经运作了 50 多年的人权委员会。美国在表决中投了反对票。决议规定，人权理事会是联大的下属机构，联大将在 5 年后对该理事会的地位进行审查。人权理事会的 47 个席位按公平地域原则分配。其中，亚洲和非洲各占 13 席，拉美及加勒比地区占 8 席，西欧（包括北美及大洋洲发达国家）和东欧各占 7 席和 6 席。人权理事会的总部设在日内瓦。2006 年 5 月 9 日，第 60 届联大以无记名投票的方式选出了新成立的人权理事会首届 47 个成员，其中包

---

① 参见徐显明主编：《国际人权法》，法律出版社 2004 年版，第 110～119 页。

括中国、法国、俄罗斯和英国4个联合国安理会常任理事国。美国没有参加竞选，但表示会支持新的人权理事会的工作。2006年6月19日联合国新成立的人权理事会在日内瓦举行首次会议，安南秘书长在开幕式上发表讲话，呼吁新人权理事会与旧人权委员会的陈规陋习彻底决裂，建立新的工作作风，开创人权事业的新时代。① 这样一种变化，提高了联合国专门人权机构的地位，一方面会使联合国在国际人权标准的国内贯彻实施方面发挥更大的作用；另一方面，对于中国而言，原先的联合国人权委员会中经常有美国操纵的针对中国人权状况的反华提案；在新的人权理事会中，相信中国作为联合国常任理事国，自然希望发挥更大的作用。如果要在人权理事会中取得更大的发言权，在国内刑法中积极贯彻实施国际人权公约和联合国刑事司法准则，继续实现国内刑法与国际人权法的趋同必将成为当代中国刑法面临的紧迫任务和挑战之一。

简而言之，联合国本身就是一个最大的人权机构，正如联合国人权事务主页（中文）所载明的："创立一个全面的人权法体系是联合国所取得的重大成就之一。这是一个普遍适用并受到国际社会保护的法规，所有国家都可以奉行这个法规，人人都可以为之追求和向往。联合国所界定的权利范围广泛并广为国际社会所接受，其中包括经济权利、社会权利、文化权利以及政治权利和公民权利。此外，联合国还建立了相关机制，以促进和保护这些权利并协助各国政府履行自己的责任。这个人权法体系的基础是《联合国宪章》和《世界人权宣言》，它们分别由联合国大会于1945年和1948年通过。自《联合国宪章》和《世界人权宣言》获得通过以来，联合国逐步扩大了人权法的范围。如今，人权法包括了专门用以保护妇女、儿童、残疾人、少数人种、移徙工人和其他弱势群体权利的有关标准。这些人享有的权利使他们得以免受歧视性惯例和做法的

---

① 参见联合国网站新闻中心：《安南呼吁人权理事会革故鼎新继往开来》，http：//www. un. org/chinese/News/fullstorynews. asp？ newsID = 5881. [2007-02-05].

侵害，而长期以来这些做法在许多社会曾经是非常普遍的。联合国大会通过的一系列具有开创意义的决议扩大了人权涉及的范围，并逐步确立了其普遍适用性、不可分割性以及与发展和民主的相互关联性。教育运动使全世界人民了解了自己拥有的不可剥夺的权利，同时各成员国的司法和刑事系统通过联合国培训方案和技术咨询得到了强化。负责监督人权公约执行情况进行的联合国机构在各成员国中拥有相当大的凝聚力和影响。联合国人权事务高级专员承担的任务是加强和协调联合国的有关工作，保护和促进全世界人民的全部人权。联合国秘书长将人权事务视为一个中心任务，联合国在和平与安全、发展、人道主义援助以及经济与社会事务等关键领域开展的工作都围绕着人权事务。几乎所有的联合国机构和专门机构开展的工作都在一定程度上涉及人权保护问题。"① 中国作为联合国常任理事国，广泛的参与着联合国事务，肩负着积极参与国际人权法的制定以及实施的责任，必须在刑事司法人权领域实现与联合国人权标准的趋同性。

三、刑法的国际法化

刑法的国际法化是指制裁犯罪的实体和程序事项全面进入国际条约领域，它与国际刑法的产生和发展是一脉相承的。"国际刑法（international criminal law）是国际条约中旨在制裁国际犯罪，维护各国共同利益的各种刑事法规范的总称，主要由国际社会共同制定的国际条约中有关规定和惩罚国际犯罪、进行国际刑事合作的规范性条款组成。国际刑法将制裁国际犯罪的实体法、程序法和执行法通过国际条约的形式融为一体，构成一个独立的法律体系。"② 惩罚犯罪原本是属于国内刑法的事务，第一次世界大战之后和第二次

---

① 联合国网站新闻中心：《联合国人权事务》，http：//www. un. org/chinese/hr/issue/．［2007-02-05］.

② 张智辉：《国际刑法通论》（增补本），中国政法大学出版社 1999 年版，第 1 页。

世界大战之后对战争罪犯的惩治，使国际社会开始通过国际法来惩治战争罪犯，标志着国际刑法的诞生。

此后，刑法的国际化主要沿着两条主线展开。一条主线是国际人权保护，当前刑法的国际法化主要围绕制裁灭绝种族罪、危害人类罪、战争罪、侵略罪、种族隔离罪、种族歧视罪、贩卖和使用奴隶罪等侵犯人类基本人权的犯罪展开。经过纽伦堡国际军事法庭（The International Military Tribunal at Nuremberg）、远东国际军事法庭（The International Military Tribunal for the Far East Tokyo）、前南斯拉夫国际刑事法庭（The International Criminal Tribunal for the Former Yugoslavia）和卢旺达国际刑事法庭（The International Criminal Tribunal for Rwanda）的国际刑法实践，国际社会发展了对国际罪犯进行审判的机制。最终《国际刑事法院罗马规约》在2002年7月1日生效，常设性的国际刑事法院成立，国际刑法的直接适用模式得以创立。国际刑事法院的成立是人类惩治最严重罪行的重大成就之一。[①] 刑法的国际法化在国际人权保护这一领域的发展已经到达一个新的起点，给各国刑法带来的挑战，中国也不例外。由于罗马外交大会所达成的规约文本的若干条款未能满足中国政府的一些合理关切，中国没有签署罗马规约。不过，"国际刑事法院虽然不是国际刑法中唯一的决定因素，但是现在起着核心的作用"，[②] 中国一直面临加入罗马规约的国际压力。而且，中国是罗马规约的观察员国，国际刑事法院的活动对中国也还会有些影响。

另一条主线是打击和预防跨国犯罪。20世纪中叶以来，由于

---

① 《国际刑事法院罗马规约》第5条规定："（一）本法院的管辖权限于整个国际社会关注的最严重犯罪。本法院根据本规约，对下列犯罪具有管辖权：1. 灭绝种族罪；2. 危害人类罪；3. 战争罪；4. 侵略罪。"《国际刑事法院罗马规约》的文本（中英文），参见加拿大人权与民主发展国际中心、加拿大刑法改革与刑事政策国际中心：《批准与执行国际刑事法院罗马规约手册》，赵秉志、王秀梅译，杨诚审校，中信出版社2002年版。

② ゲーアハルト・ヴエルレ：《国际刑法と国内刑事司法》，フイリップ・オステン訳、《刑法雑誌》第44巻第2号（2005年）第138頁。

跨国犯罪的增多，国际社会在制裁海盗、种族隔离、劫持航空器、劫持人质、毒品犯罪、计算机网络犯罪、有组织集团犯罪、妨害司法犯罪、腐败犯罪、枪支犯罪、贩运人口罪、侵犯文化遗产罪等领域制定了一系列的国际条约，对这些犯罪行为的犯罪构成标准和各国在制裁这些犯罪时的刑事合作准则作了具体规定，刑法的国际法化趋势非常显著，而且还在加强。目前的情势，正如联合国秘书处在为第 10 届联合国预防犯罪和罪犯待遇大会所准备的工作文件《促进法制和加强刑事司法系统》中指出的那样："没有几个国家会接受在国际一级运用传统的法制要素而必然造成的国家主权的削弱，但是已经朝着这个方向作出了一些努力……这个目标是为了确保在处理特定的跨国犯罪问题时，所有法域都确立了有效的罪名，使犯罪分子无法逃脱罪责，所有地方的规则完全一致，防止犯罪分子以风险最低或潜在回报最高为标准来选择法域。"① 因此，为了防范和打击跨国犯罪领域，推进刑法的国际法化，实现各国在特定刑法领域的趋同，已经成为联合国打击跨国犯罪的主要策略。

对于中国来说，当前形势下刑事案件呈稳定上升趋势，从 1980 年至 2001 年这 22 年全国法院刑事一审案件的统计情况来看，刑事一审案件的收案数年平均增长率为 6.79%，结案数的年平均增长率为 6.62%。② 而且随着中国经济发展程度的提高，移动通信、互联网、传真等现代通信技术和汽车、飞机等现代交通工具在给日常生活带来便利的同时，也给犯罪分子提供了降低犯罪成本和犯罪风险的机会。同时，中国的刑事法网并不严密，司法以外防范和打击犯罪的行政措施也并不是很得力。这样，一方面，中国成为有组织跨国犯罪的一个节点，如毒品犯罪、枪支犯罪、洗钱犯罪等；另一方面，中国的犯罪嫌疑人外逃现象日益增多，贪官外逃现

---

① 《促进法制和加强刑事司法系统》，载杨宇冠、杨晓春编著：《联合国刑事司法准则》，中国人民公安大学出版社 2003 年版，第 40 页。

② 参见莫洪宪、王明星、张勇：《重大刑事案件趋升原因及对策》，中国人民公安大学出版社 2005 年版，第 37 页。

象就是明显的例子。"据一位曾供职于最高人民检察院外事部门的人士透露：近期以来，每年惊动高检外事部门的职务犯罪出逃案件为 20～30 件，引渡回国者为 5 名左右。但这只是冰山一角，因为另外一大部分案件并不是通过检察院办理的。据目前情况看，外逃贪官的去向主要有三处：其一，就近避难，潜入中国的邻国，如泰国、缅甸、蒙古及越南等，把这些国家作为逃亡其他国家的跳板；其二，逃往处于转型期或者法制不很健全的国家，如一些非洲或拉丁美洲国家，逃往这些国家者往往隐姓埋名，过着普通人的生活；其三，逃往发达国家，如加拿大、澳大利亚等。在前几年，职务犯罪者往往是'东窗事发'后或有'风吹草动'之时方才仓皇而逃。最近，职务犯罪外逃者又呈现出新的特点，即在任职期间就把资产转移到国外，同时让亲属加入他国国籍，在其未被查处之前就从容而逃。"① 如果不能有效堵住贪官外逃的窟窿，那无异于为职务犯罪者注入了一针强心剂。因此，经济的全球化使得犯罪风险也开始全球化，中国单纯依靠本国的力量已经无法遏制某些犯罪的上升趋势，必须通过国际合作来携手他国打击犯罪。最有效的国际合作机制当然是国际条约。所以，由于国内严峻的犯罪形势，当代中国刑法始终面临着这样的压力，亦即加入国际刑事条约，在特定领域实现与国际准则的趋同。最近几年，中国积极参与国际刑事条约的谈判工作，对于符合我国政府立场的一般第一时间签署，尽快交存批准书。例如我国就积极参与了《联合国打击跨国有组织犯罪公约》和《联合国反腐败公约》的谈判工作，并已经交存了批准书。同时，也签署了《联合国打击跨国有组织犯罪公约关于打击非法制造、贩运枪支及其零部件和弹药的补充议定书》。

　　总体而言，"在历经整整一个世纪的变迁后，虽然各国刑法的差异犹在，但其间的趋同现象也愈加明显。尤其值得注意的是国际刑法的发展。因为两次世界大战的影响与比较法和国际法的共同作

---

　　① 莫洪宪、王明星：《论职务犯罪的特点、原因及其刑事对策》，载《犯罪研究》2003 年第 2 期，第 16 页。

用，国际刑法已逐步从理论形态转化为实在法，第二次世界大战以来问世、生效的国际刑法公约愈来愈多；在当今错综复杂的国际形势下，国际刑法日渐'司法化'，成为'活的法律'（living laws）。纽伦堡审判和东京审判之后，通过国际审判的方式将国际刑法付诸实施、将国际罪犯绳之以法成为通例"。① 中国当代刑法领域的大趋同也是这种国际趋势的产物。

四、刑法的区域化

刑法的区域化是指在特定区域内形成共同的刑事法律规范。② 刑法区域化的典型是欧洲，"当今欧盟的话题，就是刑法的'欧洲化'"。③ 欧洲刑法的区域化主要体现在两个方面，其一是欧洲各组织废除死刑的政策；其二是欧洲迈向共同刑法的努力。

（一）欧洲各组织废除死刑的政策使中国寻求刑事司法协助时面临压力

欧洲的各个组织如欧洲委员会、欧盟、欧安组织都持废除死刑的政策。④ 欧洲的死刑政策围绕着"人权"这一话语展开，以欧

---

① 赵秉志、卢建平：《总序》（2002 年 10 月为《当代外国刑法教科书精品译丛》所作的序言），载［韩］李在祥：《韩国刑法总论》，［韩］韩相敦译，中国人民大学出版社 2005 年版，总序第 5 页。

② 本书"刑法的区域化"的提法得益于"区域刑法"概念的启发。有学者在如下的意义上使用区域刑法这个名称：区域刑法可以是一个大洲的刑法；它也可以是分区域的刑法，如欧盟刑法；区域刑法还可以是次区域或亚区域刑法，如北欧刑法。并指出，不论是大洲的刑法，还是分区域的刑法，抑或是亚区域或小区域的刑法，都被通称为区域刑法。总之，有别于那种全球性的国际刑法。参见赵永琛：《区域刑法论：国际刑法地区化的系统研究》，法律出版社 2002 年版，第 3～4 页。由于采纳了不同译法，该书所指"欧洲理事会"，即为本书所指的"欧洲委员会"。具体翻译问题，请见附录第 8 项。

③ ［美］乔治·P. 弗莱彻：《刑法的基本概念》，王世洲主译与校对，中国政法大学出版社 2004 年版，第 2 页。

④ 欧洲政治组织的基本情况，见附录第 8 项。

洲委员会制定的《欧洲人权公约》① 等欧洲人权文件作为核心法律依据。《关于废除死刑的〈保护人权与基本自由的公约〉第六议定书》第 1 条规定："死刑应予废除。任何人不应被判处死刑或被处决";第 2 条规定:"缔约各国可在法律中对战时或有紧迫的战争威胁时所实施的犯罪作出判处死刑的规定,但死刑应只适用于法律中规定的情况,并依据法律规定适用之。各该缔约国应将其法律中有关死刑的规定通知欧洲委员会秘书长。"该议定书要求缔约国废除和平时期的死刑。"2002 年,欧洲委员会又通过了《欧洲人权公约第十三议定书》,将废除死刑的范围由原来的和平时期推广到包括战争时期。"②

"欧洲委员会议会在反对死刑上尤为坚决。欧洲议会在其 1044 (1994) 号决议和第 1246 (1994) 号建议中,吁请世界上尚未废除死刑的各国议会依照欧洲委员会大多数成员国的做法迅速废除死刑。它而且主张死刑在现代文明国家的刑事制度中没有合法的地位,执行死刑完全可以同酷刑相提并论,可以将死刑视为《欧洲人权公约》第 3 条所指的不人道和有辱人格的惩罚。为此,欧洲议会为加入欧洲委员会设置了一个先决条件,即任何想加入欧洲委员会的国家均应同意立即暂停处决犯人,并随后在若干年内签署和批准《欧洲人权公约》第 6 号议定书。欧洲委员会议会在 1097 (1996) 号决议并再次在 1187 (1999) 号决议中重申了有关建立无死刑欧洲的这一立场(正如欧洲委员会在对第六份调查所作出的答复中指出的)。事实证明,这一政策在说服包括俄罗斯联邦和乌克兰的若干东欧新成员国不顾在暂停处决要求方面所遇到的国内政治压力而停止处决上发挥了重要作用。欧洲委员会在 1999 年出版了一本欧洲主张废除死刑的主要人物的文集,这体现了欧洲委员会

---

① 欧洲人权公约的基本情况,见附录第 9 项。

② 刘仁文:《死刑政策:全球视野及中国视角》,载《比较法研究》2004 年第 4 期,第 80 页。该文原文中,"欧洲委员会"为"欧洲理事会",笔者引用时根据本书采纳的译法改为"欧洲委员会"。

对废除死刑和促进尊重人权、民主和法治的承诺"。①

"同样，欧洲联盟将废除死刑作为加入欧盟的先决条件"。②
欧洲组织废除死刑的政策使希望融入欧洲或加入欧盟的所有东欧国
家和部分前苏联国家加快了废除死刑的步伐。1989 年以来27 个欧
洲国家已经不再保留死刑，其中彻底废除死刑的国家为25 个——
斯洛文尼亚（1989 年）、罗马尼亚（1989 年）、捷克（1990 年）、
斯洛伐克（1990 年）、匈牙利（1990 年）、爱尔兰（1990 年）、安
道尔（1990 年）、马其顿（1991 年）、克罗地亚（1991 年）、瑞士
（1992 年）、意大利（1994 年）、西班牙（1995 年）、摩尔多瓦
（1995 年）、比利时（1996 年）、波兰（1997 年）、英国（1998
年）、保加利亚（1998 年）、立陶宛（1998 年）、爱沙尼亚（1998
年）、乌克兰（1999 年）、马耳他（2000 年）、波斯尼亚和黑塞哥
维那（2001 年）、塞尔维亚和黑山（2002 年）、希腊（1993 年废
除对普通罪行的死刑，2004 年彻底废除死刑）、阿尔巴尼亚（2000
年废除了对普通罪行的死刑，2007 年废除了对所有犯罪的死刑）；
此外，拉脱维亚 1999 年废除了对普通罪行的死刑，俄罗斯最后一
次执行处决的年份是 1996 年，事实上废除了死刑。从这份清单中
可以看出，中东欧国家为了加入欧盟，纷纷废除死刑，2004 年欧
盟第 5 次扩大的 10 国和 2007 年欧盟第 6 次扩大的两国全部在 1989
年以后废除了死刑，而俄罗斯自 1996 年加入欧洲委员会后囿于欧
洲委员会废除死刑的政策，也事实上废除了死刑。同时，1987 年
之前，已经有 15 个欧洲国家废除了死刑：圣马利诺（1865 年）、
冰岛（1928 年）、摩纳哥（1962 年）、奥地利（1968 年）、梵蒂冈
（1969 年）、瑞典（1972 年）、芬兰（1972 年）、葡萄牙（1976
年）、丹麦（1978 年）、挪威（1979 年）、卢森堡（1979 年）、法
国（1981 年）、荷兰（1982 年）、德国（1987 年）、列支敦士登
（1987 年）。因此，欧洲委员会废除死刑的努力通过《关于废除死

---

① Para. 67，E/2000/3.

② Para. 68，E/2000/3.

刑的〈保护人权与基本自由的公约〉第六议定书》欧洲委员会及欧洲联盟的准入标准迅速推进了欧洲国家废除死刑的步伐，欧洲44 个国家中，目前已经有43 个国家废除了死刑，而且其中41 个是废除对所有罪行死刑的国家。也就是说，欧洲只有1 个国家，也就是白俄罗斯是保留死刑的国家。不过，白俄罗斯执行死刑的人数也在降低，在1993—1998 年期间执行死刑的人数为168 人，1999—2003 年期间已经降低为37～52 人，执行死刑的状况也在改善。《欧洲人权公约第十三议定书》的生效将促进在欧洲44 国彻底废除对所有罪行的死刑，这个任务看起来几乎快完成了。而且这种废除死刑的政策已经影响了欧洲周边国家，横跨欧亚两洲的土耳其为了加入欧盟，在2002 年废除了对普通罪行的死刑后，随即又于2004 年彻底废除了死刑；同样，地处亚欧交界的格鲁吉亚于1997 年彻底废除了死刑，阿塞拜疆于1998 年彻底废除了死刑，塞浦路斯共和国也于2002 年彻底废除了死刑。① 下一步，欧洲委员会、欧盟的目标必然将是进一步扩大无死刑区，这种政策对中国当代刑法必然产生一定影响。

———————————

① 各国废除死刑的资料，主要见 E/2005/3 附件一。此外，阿尔巴尼亚2007 年废除了对所有犯罪的死刑的资料，又见"大赦国际"之最新统计。Abolitionist and Retentionist Countries. http: //www. deathpenaltyinfo. org/article. php? scid = 30&did = 140. [2007-10-08].

另外需注意，2006 年6 月3 日黑山共和国宣布独立，塞尔维亚和黑山分立为塞尔维亚共和国、黑山共和国，欧洲国家的总数由43 个增加到44 个。由于"塞尔维亚和黑山"废除死刑时仍是一个国家，在 E/2005/3 附件一中也是以"塞尔维亚和黑山"的国名出现的，为了保持所引资料的原貌，本书所述"1989 年以来27 个欧洲国家已经不再保留死刑，其中彻底废除死刑的国家为25 个"，仍然将"塞尔维亚和黑山"视为1 个国家。不过，在"欧洲44 个国家中，目前已经有43 个国家废除了死刑，而且其中41 个是废除对所有罪行死刑的国家"的统计数字方面，笔者已经将塞尔维亚共和国、黑山共和国统计为2 个国家。另外，需注意，横跨欧亚两洲的土耳其和以希腊族为主体建立并与欧洲联系紧密的塞浦路斯共和国，在政治版图上被视为亚洲国家，不属于欧洲44 国的范围。

虽然，中国并非地处欧洲，不会因为欧洲委员会、欧洲联盟的加入标准而被迫废除死刑，不过，废除死刑已经成为欧洲国家的外交政策。欧洲委员会、欧洲联盟、欧安组织一直在通过各种方式促进第三国废除死刑。"欧洲委员会议会和部长理事会不仅在其自己的范围之内，而且还在其他所谓的'第三国'，一直坚持利用通过决议、（诸如在白俄罗斯和俄罗斯联邦开展的）提高认识活动和出版物，坚决反对死刑。除其他活动外，欧洲联盟还支持在其他国家开展的项目，例如与菲律宾大学合作促进对脱氧核糖核酸（DNA）检测的使用，并且为仍然保留死刑的国家的议员和其他舆论制造者提供培训。欧安组织民主制度和人权办公室编写了一份关于欧安组织成员国内死刑使用情况的年度背景文件。"① 欧盟 1998 年通过了《关于第三国之死刑之欧盟政策方针》（Guidelines to EU policy towards third countries on the death penalty），② 宣称：（1）欧盟所坚持的一项政策观点就是要全世界逐渐废止死刑；在适当情况下，欧洲联盟将在同第三国之对话中提出死刑问题。（2）对维持死刑的国家，欧盟将强调国家当局应该按照附上之文件内规定之最低标准才能实施死刑，使用死刑时应该保持最低限度的透明度；欧盟制定行动方针时将特别考虑到某一国家使用死刑之政策是否在升高。（3）当欧盟获知个别违反最低标准死刑案例时，欧盟将考虑制定特别行动方针。（4）欧盟的目标是要在可能的范围内劝告第三国废止死刑。为达到此目标，欧盟将鼓励各国考虑加入《ICCPR 第 2 份任意议定书》以及同性质的地区性书面文件。因此，由于欧盟旗帜鲜明的废除死刑的政策，在死刑这个领域，中国与欧盟进行外交活动时面临着巨大的外交压力。即使刑事立法上一时不会废除死刑，在刑事司法实践中，严格限制死刑的政策也必须坚持。

而且，"在 2000 年欧盟通过的《欧洲基本权利宪章》中，明

---

① Para. 56, E/2005/3.

② Guidelines to EU policy towards third countries on the death penalty, http：//ue. eu. int/uedocs/cmsUpload/HR_ 9199. 98ZH. pdf. ［2007-02-10］.

确规定了禁止将任何人引渡给一个有死刑危险的国家，除非对方保证将其引渡回去后不判死刑。其实，早在 1989 年，欧洲人权法院审理的一个案件中，就已经确立了不能将有死刑危险的犯罪嫌疑人引渡回去的规则。欧盟还明确宣布，这一规则也应适用于对美国'9·11'后所声称的恐怖分子的引渡"。① 欧盟死刑犯不引渡的这个条件成为中国与欧洲发达国家签订引渡条约的拦路虎，给我国追缉外逃犯罪分子造成了极大的困难。为了缉捕以贪官为主的外逃案犯，我国在刑事司法实践中迈出了务实的一步。2005 年 11 月，我国与西班牙缔结了双边引渡条约，即《中华人民共和国和西班牙王国引渡条约》（以下简称《中西引渡条约》）。中国首次在引渡条约中写入"死刑犯不引渡条款"，明确载明："根据请求方法律，被请求引渡人可能因引渡请求所针对的犯罪被判处死刑，除非请求方作出被请求方认为足够的保证不判处死刑，或者在判处死刑的情况下不执行死刑"，否则被请求方"应当拒绝引渡"。2006 年 4 月 29 日全国人大常委会批准了《中西引渡条约》，《中西引渡条约》成为我国与欧美发达国家之间生效的首个引渡条约。这样，多米诺骨牌已经被推倒，以《中西引渡条约》为模板，预计与欧盟其他国家签订引渡条约将只是一个时间问题。实际上，这种效果已经成为现实。2007 年 3 月 20 日，中法签署《中华人民共和国和法兰西共和国引渡条约》（以下简称《中法引渡条约》），法国成为继西班牙之后第二个与中国签订此类条约的欧美发达国家，该条约也规定，任何与死刑或政治有关的案件将不会适用于这个引渡条约。

《中西引渡条约》、《中法引渡条约》的签订是符合现行法律规定的，2000 年 12 月 28 日起实施的《中华人民共和国引渡法》第 50 条规定："被请求国就准予引渡附加条件的，对于不损害中华人民共和国主权、国家利益、公共利益的，可以由外交部代表中华人民共和国政府向被请求国作出承诺。对于限制追诉的承诺，由最高

---

① 刘仁文：《死刑政策：全球视野及中国视角》，载《比较法研究》2004 年第 4 期，第 80 页。

人民检察院决定；对于量刑的承诺，由最高人民法院决定。"所以，《中西引渡条约》的签订不会引起目前刑事立法的变化。不过，中国对"死刑犯不引渡"的认可是刑事司法领域大趋同的一个重要表现。虽然这并不涉及刑事立法的修改，也不意味着我国在废除死刑问题上会有所提速，不过这表明我国的死刑政策作出了重大调整，将可能使得刑事司法实践中的死刑数字降低，而且也有可能对在事实上废除贪污贿赂罪等非暴力犯罪死刑有所推动。因为外逃的贪官一般犯罪数额巨大，而且逃到外国，主观恶性更重。根据《中西引渡条约》、《中法引渡条约》，这样的罪犯引渡回国之后不判死刑，那么其他罪名相似、情节类似的罪犯，如果未逃到国外，或者逃到未签订类似引渡条约的国家之后被引渡回国，假如被判死刑，就存在一个量刑是否公正的问题了。那么，此时尽量少对贪污贿赂罪等非暴力犯罪判处死刑，也许会成为刑事司法实践中优先考虑的一个选择。因此，在限制乃至废除死刑这个领域，面对欧盟统一而坚决的废除死刑政策和劝说第三国废除死刑的方针，中国政府面临着巨大的外交压力，刑法精英文化已经表现出了高度的趋同性，刑事司法也开始表现出务实的倾向，在这个领域继续表征出趋同性应该是非常可能的。

（二）欧洲迈向共同刑法的努力及其对当代中国刑法的趋同性影响

1. 欧洲迈向共同刑法的努力

欧洲委员会自从成立以来，已经通过了近 20 部刑事法公约及其相关文件交付其成员国签署，这些公约包括：1957 年《欧洲引渡公约》、1959 年《欧洲刑事司法互助条约》、1964 年《欧洲缓刑和假释公约》、1964 年《欧洲惩处道路交通肇事罪公约》、1970 年《关于刑事判决的国际效力的欧洲公约》、1970 年《关于遣返少年犯的欧洲公约》、1972 年《欧洲刑事诉讼移转管辖公约》、1974 年《关于反人道罪和战争罪不适用时效的欧洲公约》、1975 年《欧洲引渡公约附加议定书》、1975 年《关于剥夺驾驶机动车辆权利的国际效力的欧洲公约》、1977 年《欧洲惩处恐怖主义公约》、1978 年

《关于外国法律资料欧洲稿约附加议定书》、1978 年《欧洲引渡公约附加议定书》、1978 年《关于个人持有或拥有武器的欧洲公约》、1983 年《移交被判刑人的欧洲公约》、1983 年《关于暴力犯罪受害人赔偿的欧洲公约》、1985 年《关于文化财产犯罪的欧洲公约》、1990 年《关于洗钱行为和搜查、扣押和没收犯罪收益的公约》、1998 年《通过刑法保护环境公约》，等等。① 这些国际公约的签署和实施促进了欧洲各国刑法的趋同。欧洲学者主要从以下方面解释为什么要实现刑法的趋同：（1）趋同具有相应的控制犯罪的效果；（2）废除刑法界限为罪犯消除优越性；（3）趋同导致刑法合作的完善；（4）国际司法协助的废除，因为国际司法协助一般表示比较慢、欠缺和复杂；（5）一视同仁，必须协调应用的刑事程序规章；（6）把趋同当做目的，《阿姆斯特丹条约》第 29 条说明人们需要一个相近的刑法规章；（7）完善刑法，趋同同样也是达到目的的手段，趋同的可能有助于确定一个国家呼吁另一个国家接受乐于接纳的刑事政策制度。②

在刑法的趋同的基础上，欧洲开始了迈向共同刑法的努力，这主要体现在欧盟法领域。对于欧盟刑法的地位，有学者特别指出，"刑法并非像通常所认为的那样，仅仅属于'第三根支柱'（《欧洲联盟条约》第五章——在打击刑事犯罪方面的警察和司法合作）的范围，从而被排除在欧共体法之外。根据《欧洲共同体条约》，如果是出于达到共同体目标的必要性，欧共体立法者的权力在一定的范围内可以包括刑法措施，这些权力优先于第三根支柱"。③《欧洲

---

① 参见赵永琛：《区域刑法论：国际刑法地区化的系统研究》，法律出版社 2002 年版，第 69~70 页。该书原文中，"欧洲委员会"为"欧洲理事会"，笔者引用时根据本书采纳的译法改为"欧洲委员会"。

② André Klip：Harmonisierung des Strafrechts—eine fixe Idee? NStZ 2000 Heft 12 628-629.

③ Martin Wasmeier, Nadine Thwaites：The "Battle of the Pillars"：Does the European Community have the Power to Approximate National Criminal Laws?, (2004) 29 *E. L. Rev.*, p. 613.

共同体条约》包含着共同体刑法的趋同的内容范围，但权限的背景只有一个充分的范围，由于以前没有第三根支柱的基础，其范围仅可能限于欧洲第一支柱框架。因此这个问题的基本定义是，根据共同体单独的限制原则的内在界限，仅允许以指派权限和活动为目的的规则。"《欧洲共同体条约》第 280 条 IV 确定：根据总会计署必须采取预防控制诈骗行为可能侵犯共同体经济利益的措施，成员国为了保护共同体的经济利益，必须接受一个实际给予共同体经济利益和国内财政利益等值保护的与第 251 条相适应的建议程序，而该措施没有提及成员国刑法刑事裁判权的适用和刑事裁判权的保留。"① 这就减少了欧盟迈向共同刑法的法律障碍。

在共同刑法的制定方面，欧盟是从经济刑法领域开始的，更具体地说，是从保护欧盟共同财政利益开始的。"欧洲联盟建立以来，欧共体法律对成员国的宪法性地位的确立，直接适用原则和优先原则为维护欧共体法律的效力和地位所起的重要作用，共同体法律的统一性在整个共同体领域内的有效保障，使欧洲一体化的进程有了很大发展。但在欧共体法律体系中'欧洲刑法'以及欧洲刑事司法都相对滞后，与欧洲一体化的步伐不相协调。欧共体各成员国的刑事法律无力对付日益严重的跨国犯罪和侵害欧共体财政利益犯罪的严峻挑战。然而广泛的欧洲财政来源，以及在资助和津贴、税收、支付和结算等方面却急需刑法保护。为此，欧洲刑法学界围绕走出刑事司法困境，开展比较刑法研究，提出建立统一的欧洲经济刑法体系的设想。"② 在当时欧盟条约第 K3 条的基础上，1995 年 7 月 26 日成员国通过了《保护欧共体财政利益条约》（PIF），

---

① Helmut Satzger: Auf dem Weg zu einem Europäischen Strafrecht—Kritische Anmerkungen zu dem Kommissionsvorschlag für eine Richtlinie über den strafrechtlichen Schutz der finanziellen Interessen der Gemeinschaft, ZRP 2001 Heft 12 553.

② 参见莫洪宪、张颖纬：《欧洲刑法发展的"特洛伊木马"》，载《法学评论》2001 年第 5 期，第 95 页。

确立了封闭的保护欧洲共同体的众多经济利益的原则，这一公约的目的是为了控制共同体经济的财政金融利益债务的诈骗行为和减少其带来的危险。不过，欧盟经济利益不仅通过诈骗，而且也通过贿赂或者国家公职人员对国家的损害被侵犯。因此，1996 年 9 月 27 日 PIF 公约通过了第一个议定书，是有关控制行贿行为的补充规定，贿赂犯罪构成的本质是损害或者使欧盟的经济利益受到威胁。1997 年 6 月 19 日，PIF 公约通过了第二个议定书，补充了洗钱罪和法人的刑事责任。成员国选择刑法中洗钱罪确定的法律依据是法律规定的职责义务，1996 年 11 月 29 日 PIF 公约解释的记录通过欧洲法院的方式获得初裁。不过条约和议定书并没有得到成员国的广泛支持。①

目前，欧盟拟议从刑法的角度保护其财政利益，正在讨论《法典》（Corpus Juris）草案。② 为了有效地加强对侵犯欧盟财政利益犯罪的打击，《法典》建议建立一个由成员国和欧共体机构结合的混合型制度，也即欧洲刑法、刑事诉讼法和各国国内法律结合的制度。《法典》首先规定了对 8 种欺诈欧盟财政利益犯罪的定义和处刑：欺诈欧共体财政利益罪及类似犯罪、在订立公共合同方面的欺诈罪、洗钱罪和窝赃罪，坏人结社罪、贿赂罪、贪污罪、滥用职权罪、泄露职务秘密罪。对于这些犯罪，处刑为 5 年有期徒刑，对自然人可并处 365 日的日罚金，对法人可处最高至 1000 万欧元的罚金；在具有加重情节的情况下，剥夺自由刑的最高期限提高为 7 年，对于自然人来说，最重罚金提高到 540 日的日罚金；对于团体来说，最高罚金将为 1500 万欧元。同时，《法典》建议设立欧洲检察院对这些犯罪进行调查。欧洲检察院由欧洲总检察长和派驻

---

① Helmut Satzger: Auf dem Weg zu einem Europäischen Strafrecht—Kritische Anmerkungen zu dem Kommissionsvorschlag für eine Richtlinie über den strafrechtlichen Schutz der finanziellen Interessen der Gemeinschaft, ZRP 2001 Heft 12 551.

② 《法典》（Corpus Juris）的基本情况，见附录第 10 项。

到各成员国的欧洲检察官组成（《法典》的汉译为"欧洲检察官代
表"），欧洲检察官可以在整个欧盟的领土上进行侦查。所以，欧
洲检察院是一个权力下放的分权式的机构，但其成员在欧盟的 15
个国家中拥有相同的权力，这是《法典》草案的主要突破。不过，
《法典》草案并没有建议设立一个欧洲刑事法院，而是坚持由成员
国国内法院受理侵犯欧盟财政利益的犯罪，《法典》规定的犯罪最
终由成员国国内法院审判。案件准备阶段的司法保障，由各成员国
在其国内法院中任命的独立的和公正的"自由法官"来承担。对
于《法典》的解释、欧洲检察院的纪律事项和涉及案件管辖权等
问题，则交给欧共体法院审理。《法典》草案在国际刑法方面具有
重要的影响。它抛开了在国家之间的传统合作模式（司法协助、
引渡等），而选择了基于整个欧洲区域的刑事干预模式：欧洲逮捕
令、欧洲区域侦查行为、对被捕人的移交等。按照米海依尔·戴尔
玛斯—马蒂教授的说法，该草案既有局限，又雄心勃勃。有局限是
因为其只针对侵犯欧盟财政利益的 8 种犯罪统一了欧洲刑法规则，
雄心勃勃是因为它将会建立未来欧洲刑事诉讼的基本模式。从欧共
体法的角度看，《法典》草案有三种可能的前景：一是将其在第三
支柱的框架下作为国际条约来通过，但是，这种条约的批准在很大
程度上依赖于成员国政府，很有可能再次面临《保护欧共体财政
利益公约》一样的失败；二是在经《阿姆斯特丹条约》修改后的
《欧共体条约》第 280 条第 4 款和第 251 条的框架下，以条例的形
式争取通过，这种方式引起了争论，大家怀疑是否可以没有困难地
顺利通过；三是将草案分成两个部分，以两个条例的形式通过，这
种方式似乎更为可行。① 目前，《法典》面临的主要困难，还是如
何克服来自不同法律传统的国家国内法的立法的障碍，有些国家如
英国的法律传统、国家意识对于《法典》的完成仍有很大的阻碍

① 参见赵海峰：《简论欧盟对其财政利益的保护与刑事规定之〈法典〉草案》，载高铭暄、赵秉志主编：《刑法论丛》第 6 卷，法律出版社 2002 年版，第 388~391 页。

作用；此外，《法典》草案仍需要进一步完善，有些法律概念在各成员国并不统一，《法典》不预先定义即进行使用，这类立法上的不明确将给采纳《法典》的成员国修改本国国内法以及适用带来困难。① 简而言之，在欧盟强化经济一体化，推进政治一体化的背景之下，《法典》的前景非常值得期待。

2001 年 12 月 11 日欧盟议会全体会议提出了《欧盟委员会关于以刑法手段保护欧共体财政利益和设立欧洲检察官的绿皮书》（以下简称《绿皮书》），建议设立欧洲检察院，在此框架下讨论欧洲犯罪行为的诉讼程序、欧洲检察官行为的法律监督原则、欧洲检察官代表在欧洲机构层面的法律地位、成员国对欧洲检察官代表的欧洲职务和国内职务之间重叠关系如何处理的选择权。《绿皮书》试图在两方面加强经济刑法的趋同：一则，适用良法以保护欧共体财政利益，各成员国为侵犯欧共体财政利益的行为提供普通的、等值的刑法的保护；另一方面，应该允许减少对欧洲检察官适用成员国一致同意的欧洲法律扩大适用原则。《绿皮书》带来清晰的表述：一致的经济法律是为了减轻欧洲范围内检察、起诉的工作，问题是为了欧洲检察院的工作必须有共同的经济法律，因此最好固定在《绿皮书》框架下设置新的法律符号。对此，显而易见的措施是公开经济刑法所必需的刑事起诉犯罪行为、起诉条件、程序等。这样，经济关系的法律形式可能通过某种方式反过来。经济法律可以充当接受功能，为了趋同应该不需要准备特别的法律基础。在这方面肯定存在一个临界点，特别是就趋同可能没有特殊范围限制而言，基本的问题在于如何规定刑法的公共部分。欧洲共同体承认实际存在的刑法规范和成员国制裁的单独利益，反对为欧洲检察院所管辖的犯罪预先划定界限，认为欧洲检察院应具有动态管辖权。共同体在政治范围内有权支配固定的调节工具，例如团体补贴和津贴属于共同体采取的责任形式。通过诈骗行为侵犯共同体财政利益在

---

① 参见何家弘主编：《刑事司法大趋势——以欧盟刑事司法一体化为视角》，中国检察出版社 2005 年版，第 186 页。

很大程度上可能会受到欧洲层面的责任追究，此外当诈骗行为集中表现为损害特定经济部门的市场功能和干扰市场时，最后也允许产生某一行为属于损害欧盟统一进程的观念。① 因此，欧盟正在积极讨论建立欧洲检察院，寻求将欧洲检察官制度融合到国内法律体系中，这个一体化的刑事司法进程将有利于《法典》草案的顺利通过以及试用，也会为欧洲共同刑法奠定实质性基础。

在《法典》草案的起草和追踪研究中，"欧洲司法区域原则"作为纵向保护欧盟财政利益模式的主干内容，得到了进一步强调。根据这一原则，要达到的目标不再是改善在 15 国当局之间和在 15 国领土之间的合作，而是将欧盟的整个领土看做单一的司法区域，在这一区域所进行的调查和起诉行为就像在一国领土中一样，在这一区域所作的判决可在整个区域内执行。设立欧洲检察院的目的就在于解决面对由于欧盟统一大市场的建立，在欧洲的犯罪和针对欧洲的犯罪日益增加，而对追究这些犯罪的各成员国的国家机构来说，却依然壁垒森严、关卡重重，国家间横向司法合作效率不高等问题。《法典》草案乃是针对这一问题提出的一个彻底的解决办法，是通过建立欧洲检察院和推行欧洲区域原则，在欧洲司法区域内，对针对欧盟财政利益的犯罪，进行更加公正、更为简单和更加有效的打击。该《法典》草案在此方面如果成功，将会是一个重大突破，甚至是一次革命。② 而且，"除了正在进行的目标局限于保护欧盟财政利益的创意和努力之外，欧洲的学者们也没有忘记将《法典》草案置于更为广泛的背景之下：欧盟的扩大和申请国调整其法律和制度结构的必要性的问题；考虑到可能出现的对欧元的管

① Peter Schwarzburg, Kai Hamdorf: Brauchen wir ein EU-Finanz-Strafgesetzbuch? —Materiell-rechtliche Folgerungen aus dem Vorschlag der EU-Kommission zur Schaffung einer Europäischen Staatsanwaltschaft, NStZ 2002 Heft 12 618-619.

② 参见赵海峰：《简论欧盟对其财政利益的保护与刑事规定之〈法典〉草案》，载高铭暄、赵秉志主编：《刑法论丛》第 6 卷，法律出版社 2002 年版，第 387、389 页。

理和保护问题；以及在财政利益之外，在所有的领域，包括经济和伦理领域与所有的损害欧盟的利益的行为作斗争的问题。也就是说，如果《法典》草案的思路得以通过，完全有可能在此基础上扩展其适用范围，构建更为完整的欧洲刑事法"。① 因此，《法典》的相关立法活动，使得"欧洲司法区域原则"得到了进一步强调，使得欧洲在迈向共同刑法的道路又前进了一步。

2. 欧洲迈向共同刑法的努力对当代中国刑法的趋同性影响

"欧洲曾经作为 19 世纪法律国家化的实验室，目前又可以变成在完整意义上的法律世界化的实验室。"② 这对于当代中国刑法已经产生了而且会继续产生趋同性影响。

第一，欧洲刑法统一的趋势将进一步促进中国学习和借鉴欧洲共同刑法的经验。虽然，《法典》还没有成为欧共体的正式法律，但是这标志着欧共体具有刑事立法权，其草案将成为欧洲刑法统一的范本；法国米海依尔·戴尔玛斯—马蒂教授将立法草案形象地称之为欧洲刑法发展的"特洛伊木马"，欧共体刑法统一趋势值得研究。③ 本来，经由对日本刑法理论的借鉴，当代中国刑法已经存在借鉴德国刑法理论的倾向。而在欧洲迈向共同刑法的努力中，德国、法国等大陆法系的刑法经验会进一步得到彰显，这对中国刑法学加强对大陆法系刑法理论和刑事法制的研究会有进一步的促进作用。

第二，欧洲的共同刑法规则会对中国的刑事立法起到示范作用。目前，欧洲迈向共同的努力并不局限于国家间的合作，并不仅

---

① 赵海峰：《简论欧盟对其财政利益的保护与刑事规定之〈法典〉草案》，载高铭暄、赵秉志主编：《刑法论丛》第 6 卷，法律出版社 2002 年版，第 391 页。

② ［法］米海依尔·戴尔玛斯—马蒂：《欧洲司法区域　世界化的实验室》，赵海峰译，载赵海峰主编：《欧洲法通讯》第 1 辑，法律出版社 2000 年版，第 139 页。

③ 参见莫洪宪、张颖纬：《欧洲刑法发展的"特洛伊木马"》，载《法学评论》2001 年第 5 期，第 102 页。

仅满足于协调各国刑事立法，也谋求制定统一的刑事规则。《法典》的主编米海依尔·戴尔玛斯—玛蒂教授明确指出，"在构建欧洲共同刑法的过程中，或许应该将传统的国家间'合作'途径放在一边，单独考虑。因为，此种合作仅限于相互协调，即令互异而独立的各国法律体制联系起来时，即使合作是多边的，其目的也仅限于保证各国法律制度更加有效而不对其演进产生影响。我们可以通过其他途径来影响各国法律制度的发展：或者通过将欧洲利益'视为'国家利益；或者通过'协调'，即不同国家法律制度的相互接近、趋同；或者通过'统一'，它意味着定义某些不仅接近而且是真正一致的规则"。① 在改革日益深化的过程中，如何发挥刑法对于市场经济秩序的保护机能，是当代中国刑法面临的重大问题之一。集欧洲刑法学家之力形成的某些趋同性规则或者统一的规则，会为中国刑法提供一个良好的学习样板。

而且，在共同财政利益方面的共同努力只是欧盟制定共同规则的一个方面，欧盟在其他领域也有可能跟进。在 2000 年 8 月欧洲比较刑法研讨会中，Giuseppe Zuccala 博士代表德国学者发言时提出：为了给欧盟成员国创造有直接约束力的刑法，准备设置欧盟司法管辖范围存在的比率；这些规定刑法权限的效果由《保护欧盟财政金融利益的欧洲共同体条约》第 280 条产生，因为在这之后使得公共倾向于对欺骗行为进行扩大解释；由于犯罪行为可能由经济活动和违法行为产生，建议今后制定严格的欧洲刑法，控制因特网上儿童色情书画、国际恐怖组织、贩毒以及对种族主义的宣传等方面。虽然这些目前还只是建议，不过这表明为了打击威胁全欧洲的犯罪问题，欧洲共同刑法之路还会继续前进。"在刑事合作领域，欧洲法可以为那些带有跨国性质的、特别严重的、因而特别需要在共同的基础上予以打击的犯罪规定统一的定义和刑罚。这些需

① ［法］米海依尔·戴尔玛斯—马蒂：《迈向欧洲共同刑法》，张莉译，载高铭暄、赵秉志主编：《刑法论丛》第 3 卷，法律出版社 1999 年版，第 467 页。

要专门指出的犯罪领域包括恐怖主义犯罪、贩卖人口犯罪、对妇女儿童的性剥削、贩卖毒品犯罪、非法贩卖军火、洗钱犯罪、腐败犯罪、伪造货币犯罪、计算机犯罪和有组织犯罪。"① 由于互联网的发展，恐怖主义、贩毒等已经是世界问题。欧洲在这些领域的趋同性规则，会促进这些领域的全球性国际条约机制的进一步发展，推动中国在国际性犯罪领域刑事法制的进一步趋同。

第三，欧洲刑事司法合作的加强将会使欧洲共同刑事政策对中国的刑事司法产生影响。以欧盟为例，由于能在欧盟几大支柱条约中寻求到法律基础，欧盟逐步在某些特定领域实现刑事司法的一体化是可行的。《阿姆斯特丹条约》，作为欧盟"第三根支柱"的内政和司法合作的标题是"在打击刑事犯罪方面的警察和司法合作"。目前，在这个领域中所达成的条约及决议已经成为欧共体法的组成部分，在大多数成员国可以直接适用（除了英国、爱尔兰和丹麦以外）。1999 年 7 月 1 日，欧洲刑警署正式开始工作并取代了欧洲缉毒署，负责的范围涉及十分广泛的刑事犯罪领域，尤其是恐怖活动、人口走私、针对儿童的刑事犯罪、毒品及物品走私、行贿以及种族主义和排外活动，打击洗钱活动；同时 1998 年决定就司法合作成立一个"欧洲司法署"的新机构，第一个具体计划就是成立"情报交流处"。根据《欧盟条约》第 2 条新的表述，对人员自由流动的保证要与"在边界控制、对避难、移民以及预防和打击犯罪方面采取适当措施"密切相连。把欧盟作为"一个自由、安全与司法的区域来加以维持和发展"，现在已经成为条约所规定的联盟的目标之一。它与建立统一大市场，促进经济和社会团体发展，建立货币联盟及共同的外交和安全政策享有同等地位。② 在经

---

① ［西］胡塞—路易斯·德拉奎斯塔：《欧洲刑事政策：区域范围内刑法国际化的样板》，卢建平译，载赵秉志主编：《刑法评论》第 7 卷，法律出版社 2005 年版，第 270 页。

② 参见［德］贝亚特·科勒—科赫等：《欧洲一体化与欧盟治理》，顾俊礼等译，中国社会科学出版社 2004 年版，第 126～131 页。

济领域，欧盟已经建成一个统一的大市场，中国产品要进入欧盟，必须满足其严格的准入标准。刑法领域虽然不同，不过道理是一样的。欧洲作为一个单一刑事司法区域的逐步扩展，会使得欧盟国家对更多的刑事问题采取统一的对外政策。由于跨国犯罪的增多和追缉外逃犯罪分子的需要，中国将与欧盟国家密切开展刑事司法协助等刑事合作事宜。刑法的大趋同还有发展的前景。

第二节 刑法的大趋同在当代中国形成的国内基础

一、改革开放的基本国策

（一）改革目标之一的社会主义市场经济体制本身需要相应的刑法保护制度

中国 1979 年《刑法》是在学习和借鉴前苏联刑法理论和刑法制度的基础上制定的，是与计划经济体制相适应的。而 20 世纪 80 年代以来当代中国坚持以建设社会主义市场经济体制为导向的改革，承认市场在资源配置中基础性作用，坚持公有制为主体，多种经济成分共同发展的格局，就为刑法提出了许多新课题。而这些课题的解决，无论是根据前苏联的刑事法制经验，还是从马克思主义经典理论中都无法得到现成的答案。为此，主要面向发达的市场经济国家引入刑法理论或者移植刑法制度的必要性就凸显出来了。随之，当代中国刑法的某些领域与其他国家趋于相似或一致也就是自然的结果了。因此，刑法的大趋同的形成与公有制经济的转型，非公有制经济在国家经济总量中所占比例的攀升具有相同的原理。在建立和健全社会主义市场经济体制的过程中，一方面，某些与纯粹的计划经济相适应的刑法理论和刑事立法退出了历史舞台。对于刑法是"刀把子"这种绝对工具价值的批判，对 1979 年《刑法》中比较典型的三个"口袋罪"（投机倒把罪、流氓罪、玩忽职守罪）的具体化就是明显的例子。经过具体化，投机倒把罪被分解成非法经营罪，倒卖文物罪，非法转让、倒卖土地使用权罪等新罪名；流氓罪被分解为强制猥亵、侮辱妇女罪，聚众淫乱罪，聚众斗殴罪，寻衅滋事罪；玩忽职守罪的犯罪构成进行了调整，增设了滥用职权罪。另一方面，《刑法》系统地增设了与社会主义市场经济相适应的罪名。例如，《刑法》分则第三章"破坏社会主义市场经济秩序罪"经过完善，扩充为生产、销售伪劣商品罪，走私罪，妨害对公司、企业的管理秩序罪，破坏金融管理秩序罪，金融诈骗罪，危害税收征管罪，侵犯知识产权罪，扰乱市场秩序罪 8 节，构筑了保护社会主义市场经济秩序的"防火墙"。

（二）改革中滋生的犯罪需要刑法的规制

"犯罪是由人类学因素、自然因素和社会因素相互作用而成的一种社会现象。这一规律导致了我所讲过的犯罪饱和论，即每一个社会都有其应有的犯罪，这些犯罪的产生是由于自然及社会条件引起的，其质和量是与每一个社会集体的发展相适应的。"[①] 当代中国的发展也滋生了相应的犯罪。社会主义市场经济体制的改革，使得当代中国处于转轨过程中，改变了许多社会条件，一方面市场经济体制尚不成熟，法制不健全，对社会越轨行为的监控并不得力，使犯罪分子有机可乘；另一方面，社会主义市场经济创造的物质财富使得某些人唯利是图，为此不惜铤而走险，高经济增长率与高犯罪率由此相伴而生。贪污贿赂犯罪、毒品犯罪、走私犯罪已成为犯罪的重灾区。为此，我国一方面借鉴其他国家的经验，治理这些社会毒瘤，另一方面健全刑事法制，积极加入国际条约，减少犯罪分子利用不同国家刑事法制的差别降低法律风险的机会。例如，1998—2004 年期间，中国的职务犯罪状况一直非常严重，立案数、大案要案数、提起公诉案件数一直处于增长状态。面对这种现状，检察机关具有查办职务犯罪的强烈动力，中国政府也坚定了遏制职务犯罪的立场。因此，我国 2000 年签署并于 2003 年批准《联合国打击跨国有组织犯罪公约》，2003 年签署并于 2005 年批准《联合国反腐败公约》，也就不难理解了。

---

① ［意］菲利：《实证派犯罪学》，郭建安译，中国政法大学出版社 1987 年版，第 43 页。

表 3-1　1998—2002 年全国检察机关查办职务犯罪情况一览表①

类别			合计	单位
立案	合计		207 103	件
	大案		5 541	件
	要案		12 830	人
	查办重点	贪污、受贿、挪用公款、私分国有资产犯罪的国有企业人员	84 395	人
		国家机关工作人员的滥用职权、玩忽职守等渎职犯罪案件	27 416	件
		利用职权侵犯公民人身权利、民主权利的犯罪案件	7 760	件
		充当黑恶势力后台和"保护伞",涉嫌职务犯罪的国家工作人员	554	人
2000 年以来,共捕获在逃职务犯罪嫌疑人			5 115	人
通过办案挽回直接经济损失			220	亿元

（1）大案：贪污、贿赂案数额在 5 万元以上，挪用公款案数额在 10 万元以上；以及其他数额在 50 万元以上的犯罪案件（2001年以前，包括2001年），或是集体私分、巨额财产来源不明、隐瞒境外存款案数额在 50 万元以上以及按照《人民检察院直接受理立案侦查的渎职侵权重特大案件标准（试行）》认定的案件（2002年以后，包括2002年）。该指标主要反映人民检察院立案查办的职务犯罪案件中经济损失大、社会危害严重的案件。

（2）要案：县、处级以上干部的犯罪案件，该指标主要反映国家工作人员中县、处级干部因职务犯罪被人民检察院立案侦查的

---

① 资料来源：《最高人民检察院工作报告》（2003 年）。

情况。①

表 3-2　　2003 年全国检察机关查办职务犯罪情况一览表②

类别			合计	单位
合计			39 562	件
			43 490	人
立案	大案	合计	18 515	件
		涉案金额 1 000 万元以上的	123	件
	要案	合计	2 728	人
		其中　县处级	2 557	人
		地厅级	167	人
		省部级	4	人
		占立案总数	53.7%	—
		同比上升	4.5%	—

---

①　参见:《1998 年全国检察机关直接立案侦查案件情况统计表》注⑤、注⑥,载《中国法律年鉴(1999 年)》,中国法律年鉴社 1999 年版,第 1025 页;又参见:《1999 年全国检察机关直接立案侦查案件情况统计表》注 5、注 6,载《中国法律年鉴(2000 年)》,中国法律年鉴社 2000 年版,第 1213 页;又参见:《2000 年全国检察机关直接立案侦查案件情况统计表》注⑤、注⑥,载《中国法律年鉴(2001 年)》,中国法律年鉴社 2001 年版,第 1260 页;又参见:《2002 年全国检察机关直接立案侦查案件情况统计表》注⑤、注⑥,载《中国法律年鉴(2003 年)》,中国法律年鉴社 2003 年版,第 1324 页。另外,《2001 年全国检察机关直接立案侦查案件情况统计表》没有对"大案"、"要案"进行注解(《2001 年全国检察机关直接立案侦查案件情况统计表》,载《中国法律年鉴(2002 年)》,中国法律年鉴社 2002 年版,第 1242 页),统计标准应该与 1998—2000 年间的标准是一致的。

②　资料来源:《最高人民检察院工作报告》(2004 年)。

续表

类别			合计	单位
立案	查办重点	涉嫌贪赃枉法、徇私舞弊等犯罪的行政执法人员和司法人员	9 720	人
		贪污、受贿、挪用公款、私分国有资产的国有企业人员	14 844	人
		利用职权非法拘禁、刑讯逼供、破坏选举等侵犯公民人身权利、民主权利犯罪的国家机关工作人员	1 408	人
		玩忽职守、滥用职权，导致重大安全事故，给国家和人民利益造成严重损失的国家机关工作人员	7 160	人
提起公诉			22 761	件
			26 124	人
抓获携款外逃的犯罪嫌疑人			596	人
通过办案挽回直接经济损失			43	亿元

表 3-3   **2004 年全国检察机关查办职务犯罪情况一览表**①

类别				合计	单位
立案	合计			43 757	人
	比 2003 年增加			0.6%	
	案件类别	贪污贿赂犯罪		35 031	人
		渎职侵权犯罪		8 726	人
	大案要案	贪污贿赂、挪用公款百万元以上大案	合计	1 275	件
			比 2003 年增加	4.9%	
		要案	合计	2 960	人
			其中 县处级	2 751	人
			厅局级	198	人
			省部级	11	人
			已提起公诉	1 980	人

①   资料来源：《最高人民检察院工作报告》（2005 年）。

226

续表

类别			合计	单位
立案	查办重点	公路建设、房屋拆迁、药品购销、土地征用中涉嫌贪污、受贿等犯罪的国家工作人员	4 414	人
		企业改革和经营活动中侵吞、挪用、私分国有资产涉嫌犯罪的国有企业人员	10 407	人
		滥用职权、玩忽职守、索贿受贿、徇私舞弊的行政执法和司法人员	9 476	人
		严重失职渎职造成交通、煤矿、环境污染等重大安全责任事故的国家机关工作人员	2 892	人
提起公诉			30 788	人
抓获携款外逃的犯罪嫌疑人			614	人
通过办案挽回直接经济损失			45.6	亿元

（三）对外开放政策确立了言论自由的原则，为刑法学术研究的繁荣创造了条件

西原春夫教授曾指出："刚开始召开日中刑事法讨论会的时候，中国学者的发言几乎都是一个腔调。不论什么时候，都是使用政府报告或者党纲中的用词，说得难听一些，给人以是政府和党的发言人的感觉。但是，到了20世纪90年代后半期，在中国的学者当中，也开始能听到多种不同的声音了。学术研究繁荣，出版物也大量增加，这意味着言论自由在实质上已经被确立。"①中日刑事法讨论会的交流历史最为明显地表现了对外开放政策对刑法学术研究的重要作用，上海市人民政府对外交流窗口单位即上海市人民对外友好协会的赞助才使得中日刑事法讨论会得以开始启动，言论自由原则的确立使日中刑事法交流进入了实质层面。刑法是与以犯罪为对象的部门法，与新中国的成立之后以阶级斗争为纲的思维方式联系非常紧

---

① ［日］西原春夫：《日本刑法与中国刑法的本质差别》，载赵秉志主编：《刑法评论》第7卷，法律出版社2005年版，第118～119页。1988年中、日开始举行刑事法讨论会。

密。正是因为中国政府坚定不移地执行对外开放政策,才能不断破除政府对于刑法学术研究领域的一些教条,为中国刑法学者与其他国家刑法学者的交流创造机会,从而促进当代中国刑法的大趋同。

二、中国其他法律部门中趋同现象的多米诺骨牌效应

"当今世界各国的法律制度之间,随着国际经济技术合作与交流的不断扩大和国际间法律文化的相互传播,无论在深度和广度上都在不断加强的法律的这种趋同化走势已变得越来越显著。这种现象的产生决不是偶然的,它既有深刻的社会的、经济的、政治的因素影响,也有法律自身发展演变的要求"。① 当代中国刑法领域的大趋同并非刑法这个法律部门所特有的现象,其他法律部门中的趋同现象也很显著。例如,在宪法领域,依法治国方针的确立,对保护公民权利的重视是世界各国政府民主化、法治化进程的一部分。在民商法领域,《中华人民共和国物权法》的通过,公司法、破产法、知识产权法等法律的建立和健全;经济法领域,财税法、外贸管理法规的完善,反垄断法的制定等,都是与世界贸易组织法律规则相衔接的。这些相邻法律部门的趋同现象,对于当代中国刑法领域大趋同的形成也有着至关重要的作用。

(一)其他法律部门的趋同给刑法以方法论上的启示

当代中国刑法大趋同的形成,移植外国刑法制度在其中起到了重要作用。不过,中国传统的中华法系中刑法文化占据了重要地位,同时当代中国刑法是与社会主义市场经济相适应的法律体系,刑法领域的法律移植面临着协调这两方面关系的问题。什么是法律移植,法律移植的可行性、法律移植的必要性,以及如何协调法律移植与法律民族性的关系,这些问题都是在法律趋同化的实践中逐步明朗并加以解决的。法理学对于法律移植理论的研究以及其他法

---

① 李双元、张茂、杜剑:《中国法律趋同化问题之研究》,载《武汉大学学报(哲学社会科学版)》1994年第3期,第3页。

律部门法律趋同化的实践，使我国法学界形成了基本共识："在当代中国法制转型过程中，对应那些反映社会管理及市场经济运行一般规律的外域法律文化的有益因素，应当加以继承与采纳，以便使当代中国的法制与世界文明的通行规则接轨沟通。闭关自守，盲目排外，只能导致法律文明进步张力的丧失，甚或某种危机。"① 这些共识，为刑法领域引入外国刑法理论、移植外国刑法制度、缔结或参加国际条约奠定了方法论的基础。

（二）刑法的保障性使得其他法律部门的趋同延伸到刑法领域

刑法具有保障性，是其他部门法的保护法，因此，其他部门法的趋同也会使刑法所保护的社会关系进一步拓展。例如，在建立社会主义市场经济体制的过程中，现代企业制度和知识产权保护体系的建立非常关键。公司法制方面，全国人大常委会 1993 年 12 月 29 日通过了《中华人民共和国公司法》，1995 年 2 月 28 日全国人大常委会就通过了《关于惩治违反公司法的犯罪的决定》，规定了虚报注册资本罪，虚假出资、抽逃出资罪，欺诈发行股票、债券罪等罪名，现行《刑法》分则第三章第 3 节专节规定"妨害对公司、企业的管理秩序罪"，系统的完善了针对公司、企业犯罪的有关规定。知识产权法制方面，中国于 1980 年加入《建立世界知识产权组织公约》，1985 年加入《保护工业产权巴黎公约》，1989 年加入《商标国际注册马德里协定》，1992 年加入《保护文学艺术作品的伯尔尼公约》和《世界版权公约》，1994 年加入《专利合作条约》。相应地，全国人大常委会 1982 年制定了《中华人民共和国商标法》并于 1993 年进行了第一次修正，1984 年制定了《中华人民共和国专利法》并于 1992 年进行了第一次修正，1990 年制定了《中华人民共和国著作权法》，1993 年制定了《中华人民共和国反不正当竞争法》，建立健全了对商标权、专利权、著作权、商业秘密等知识产权的民法保护体系。为了给予知识产权更加全面的保

---

① 公丕祥：《法制现代化的理论逻辑》，中国政法大学出版社 1999 年版，第 387 页。

护，打击侵犯知识产权的犯罪行为，面对我国 1979 年《刑法》仅仅在第 127 条规定了假冒注册商标罪的现实，最高人民法院 1985年 2 月 16 日发布了《最高人民法院关于开展专利审判工作的几个问题的通知》，规定假冒他人专利，情节严重的，对直接责任人员比照刑法第 127 条的规定，以假冒他人专利罪处罚。全国人大常委会 1993 年 2 月 22 日通过了《关于惩治假冒注册商标犯罪的补充规定》，完善了假冒注册罪的规定，增设了销售假冒注册商标的商品罪，非法制造、销售非法制造的注册商标标识罪；1994 年 7 月 5日通过了《关于惩治侵犯著作权的犯罪的决定》，规定了侵犯著作权罪、销售侵犯复制品罪，初步建立了知识产权的刑法保护体系。现行《刑法》第三章第 7 节专节规定"侵犯知识产权罪"，增设了侵犯商业秘密罪，完善了假冒注册商品罪等罪名的规定，健全了刑法的知识产权保护体系。

第三节　刑法的大趋同在当代中国形成的根本基础：自主的刑法趋同化

一、国际与国内基础的融合

刑法的大趋同在当代中国形成的国际基础与国内基础的地位并不是等同的，也不是彼此孤立的，而是彼此联系，相互融合并存在互动关系的。其相互关系，如图 3-4 所示。

第一，在国际基础方面，西方法系的开放性这一因素是根本。人权事务的国际化、刑法的国际法化、刑法的区域化，其主要内容归根结底是以西方法系亦即大陆法系、英美法系的刑法文化、刑事立法、刑事司法制度为主导的，其动力源泉也基本来自于西方法系国家。其结果则是西方法系的刑法文化、刑事立法、刑事司法制度在世界其他国家得到了进一步的传播，在形式上，西方法系的刑法文化、刑事立法、刑事司法制度在世界其他国家得到了更多的认可。

第二，在国际基础方面，人权事务的国际化、刑法的国际法

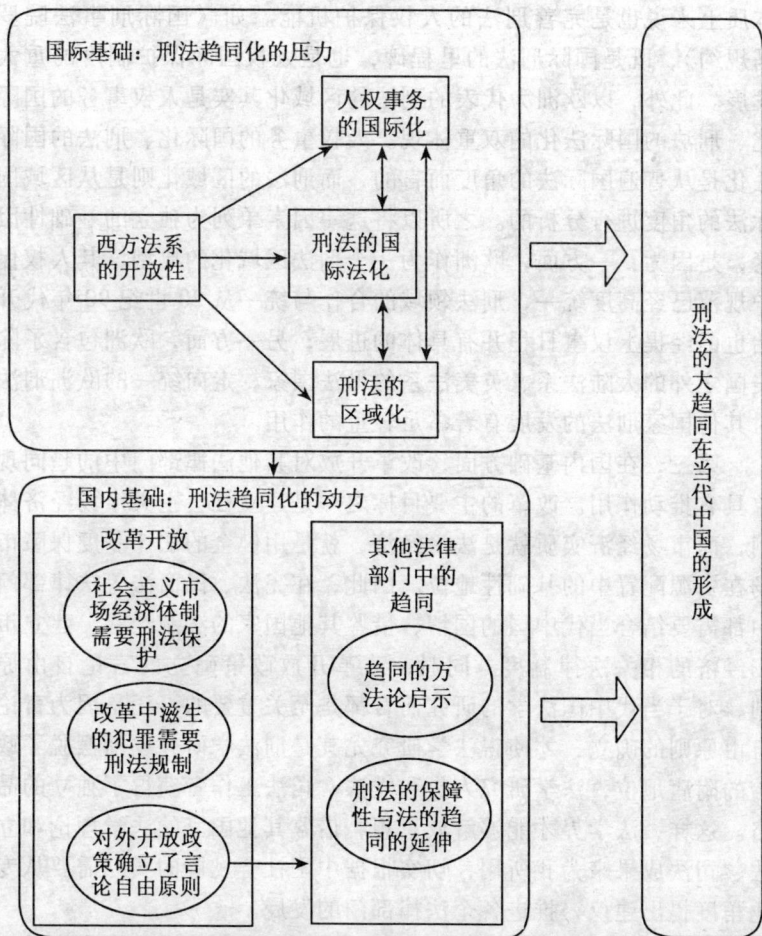

图 3-4 刑法的大趋同在当代中国形成的基础解析图

化、刑法的区域化均体现了国际法的发展，相互之间具有互动关系。国际人权法中有相当一部分涉及刑事司法人权，从广义的来说，人权事务的国际化也可以说包含了一部分刑法的国际法化。同时，刑法的国际法化，其实也就是协调各个国家的刑事法制，确立各国追究犯罪和对待罪犯的最低标准以及追究犯罪的共同程序，从本质上来说也是完善刑法的人权保护机能。如《国际刑事法院罗马规约》，既是国际刑法的里程碑，也是人权国际保护制度的重大发展。此外，以欧洲为代表的刑法的区域化其实是人权事务的国际化、刑法的国际法化的双重体现。人权事务的国际化、刑法的国际法化是从普遍国际法的角度而言的，而刑法的区域化则是从区域国际法的角度进行分析的。之所以将这一因素单列为独立的基础性因素，是因为：一方面，欧洲作为一个刑法区域化的典型，其人权保护规范已经高度统一，刑法领域的合作与统一从 20 世纪 90 年代开始也已经提上议事日程并有具体的进展；另一方面，欧洲包含了除美国之外的大陆法系、英美法系的母法国家，走向统一的欧洲刑法对其他国家刑法的发展有着举足轻重的作用。

第三，在国内基础方面，改革开放对其他法律部门中的趋同现象具有推动作用。改革的主要目标之一是建立社会主义市场经济体制，而市场经济实质就是法治经济，就是用健全的法律制度保障市场在资源配置中的基础性地位。因此，在宪法、民商法等法律部门中都需要结合当代中国的国情，借鉴其他国家的法制经验，建立市场经济的相关法律制度。同时，改革开放政策确立的言论自由原则，对于当代中国法学的研究而言都是至关重要的。正是因为言论自由原则的确立，才使得法学研究尤其是刑法学研究逐渐摆脱了政治的附庸地位，法学研究人员和立法、司法工作者获得了独立的品格。这样，法学界才能够解放思想，借鉴其他国家的法学理论和立法、司法成果来为我所用，切实根据中国社会发展的实际需要从专业角度提出建议，推进各个法律部门的发展。

第四，国际基础、国内基础形成了合力国际基础对国内基础具有影响。总体来看，国际基础、国内基础分别形成了合力。国际基础表明刑法的趋同已经成为当代世界刑法的发展趋势，对当代中国刑法形成了趋同化的压力。国内基础则体现了当代中国法的趋同的普遍性，当代中国刑法具有趋同化的动力。从整体上看，国际基础对国内基础也有影响，在中国实行改革开放政策的过程中，中国逐渐与世界形成为一体，世界刑法走向趋同和欧洲刑法走向统一的趋势也势必对中国的法学研究和法律改革产生影响。

二、自主的刑法趋同化

中国的刑法与其他国家的刑法趋于相似或一致的情形，近代以来中国也曾经发生过两次。一次是清末刑法改制对大陆法系刑法的学习与移植，① 另外一次是社会主义中国对前苏联刑法的学习与移植。② 不过，这两次刑法的趋同现象与当代中国刑法的大趋同所处的时代环境不同，形成基础也不同。清末刑法改制，是大清王朝迫于帝国主义国家在中国的治外法权，为了废除领事裁判权，③ 维护

---

① 清末刑法改制的相关研究，参见田宏杰：《中国刑法现代化研究》，中国方正出版社 2001 年版，第 28 ~ 44 页；苏彩霞：《中国刑法国际化研究》，北京大学出版社 2006 年版，第 40 ~ 50 页。清末刑法改制和民国法律改革的研究，参见王云霞：《东方法律改革比较研究》，中国人民大学出版社 2002 年版，第 28 ~ 35 页。

② 社会主义中国对前苏联刑法的学习与移植的研究，参见苏彩霞：《中国刑法国际化研究》，北京大学出版社 2006 年版，第 50 ~ 58 页。

③ 论及清末刑法改制时，学术界往往论及《中英续议通商行船条约》的影响。"为求西方列强放弃治外法权，清王朝不得不在《中英续议通商行船条约》中增加第 12 款如下：'中国深欲整顿本国律例以期与各西国律例改同一律，英国允愿尽力协助，以成此举，一俟查悉中国律例情形，及其审断办法，及一切相关事宜皆臻妥善，英国即允弃其治外法权。'于是才有了晚清政府的变法求新，有了沈家本、伍廷芳的奉旨修律，有了中国历史上空前的翻译外国法律及法学著作的学习西法运动。"赵秉志、卢建平：《总序》（2002 年 10 月为《当代外国刑法教科书精品译丛》所作的序言），载 [韩] 李在祥：《韩国刑法总论》，[韩] 韩相敦译，中国人民大学出版社 2005 年版，总序第 2 ~ 3 页。不过，近来有学者对《中英续议通商行船条约》的转折性地位提出了质疑，认为清末修律宗旨的形成不是受到中英商约影响的结果。参见陈亚平：《〈中英续议通商行船条约〉与清末修律辨析》，载《清史研究》2004 年第 1 期，第 62 页。

笔者认为，陈亚平的观点只是对于《中英续议通商行船条约》本身的作用提出质疑，并未否认收回领事裁判权与清末刑法改制的关系。正如有学者所言，"鸦片战争后西方列强在中国领事裁判权的攫取，则成为晚清刑事法制变革的直接动因"。田宏杰：《中国刑法现代化研究》，中国方正出版社 2001 年版，第 36 页。

司法主权而作出的被动选择；而社会主义中国对前苏联刑法的学习与移植，一方面是由于新中国全面废除了国民政府以六法全书为代表的法律制度，给新中国留下了刑事法制空白，新中国有移植其他国家刑事法制的必要性；另一方面，由于外交上的原因，新中国实行全面倒向前苏联的外交政策，向同样实行社会主义制度的前苏联学习刑法理论和移植刑事法制成为一种自然选择。这些学习和移植其他国家刑法的做法，或多或少有被动趋同化的因素掺杂其间。这段历史对当代中国刑法的大趋同在方法上有一定的影响，不过，当代中国刑法的大趋同并不是这两段历史的简单延续。

在当代，自 20 世纪 80 年代以来中国的实力得到了显著增强，和平崛起已经是不争的事实，具有独立自主地选择本国刑法发展道路的能力。因此，从根本上分析，刑法的大趋同在当代中国形成的基础是自主的刑法趋同化。正是因为中国实行改革开放政策，将社会主义市场经济体制作为改革的目标之一，才会产生学习其他国家的刑法文化、刑事立法、刑事司法制度的需要，才会形成刑法的趋同化的动力，从而与国际社会刑法的趋同化的压力对接，逐步促使刑法的大趋同在当代中国之形成。简而言之，刑法的大趋同在当代中国形成的国际基础与国内基础中，国内基础是国际基础发挥作用的平台，国内基础是根本。正如有学者所言，"一般来说，在属于混合式法制现代化模式的国家，域外法律文化的冲击是引起该社会法律改革的重要动因，但是这种外部力量并不具有决定性意义，它终究要通过该社会内部的经济、政治、社会、文化诸方面而发生作用。因此，混合式法制现代化模式是指因各种内外因素相互作用而推动传统法制向现代法制的转型与变革过程。这种模式以中国为典型代表"。① 因此，刑法的大趋同在当代中国的形成，是当代中国法制现代化的组成部分之一，其根本基础归根结底是自主的刑法趋同化。

---

① 公丕祥：《中国的法制现代化》，中国政法大学出版社 2004 年版，第 48 页。

第四章　刑法的趋同在当代中国的发展策略

　　刑法的大趋同在当代中国的形成源于自主的刑法的趋同化。那么，进一步来说，刑法的趋同在当代中国未来的发展战略应当如何呢？这一点，应当以刑法的大趋同在当代中国现实的效应作为分析之逻辑起点。本章第一节将以刑法的大趋同在当代中国的正效应、负效应的分析作为起点，基于正负效应的共生性和正效应居于主流的现状，提出刑法的趋同在当代中国的总体发展策略为"继续趋同化之路：开放大趋同之门，固守小趋同之本"。第二节将具体阐述刑法的大趋同在当代中国的发展策略，认为应该开放大趋同之门，采取互动趋同、有效趋同的方式继续推进刑法的大趋同在当代中国的发展。第三节则详细阐述刑法的小趋同在当代中国的发展策略，主张固守小趋同之本，促进内地刑法的域内趋同，并推进内地、香港、澳门以及台湾刑法的区际趋同，积极促进刑法的小趋同在当代中国的发展。

第一节　刑法的趋同在当代中国的总体发展策略

　　刑法的大趋同在当代中国总体发展策略的形成必须具有实践依据，这应该通过分析刑法的大趋同在当代中国的效应来挖掘。效应是某种事物的发生、发展在社会上所引起的反应和效果,① 刑法的大趋同在当代中国的效应就是刑法的大趋同之形成和发展在当代中国社会所引起的反应和效果,包括正效应和负效应两个方面,正效应是积极的反应和效果,负效应则是消极的反应和效果。本节将依次分析刑法的大趋同在当代中国的正效应、负效应以及正效应和负效应的关系,然后基于效应分析的结论提出刑法的趋同在当代中国的总体发展策略。

一、刑法的大趋同在当代中国之正效应

(一) 刑法的大趋同促进了刑法文化的与时俱进

20 世纪 80 年代以来,中国刑法文化尤其是刑法精英文化逐步表现出与西方刑法文化的趋同性,刑法学研究空前繁荣,对当前中国社会的发展问题形成了有理有据的理论格局,促进了刑法观念的更新和刑法价值的转换。

1. 刑法观念的大趋同密切联系了当代中国刑事法制建设的实际

刑法观念的大趋同主要表征为市民刑法观和"轻轻重重"刑事政策观的形成。这是密切联系当代中国刑事法制建设实际的成果,与当代中国的依法治国方略一脉相承。

第一,市民刑法观促进了刑事法制建设中对人权保障的日益关注。市民刑法观的精神实质是罪刑法定,包含刑法理性观(形式理性优先,兼顾实质理性)、刑法机能观(人权保障优先,兼顾社会保护)、刑法目的观(有效性优先,兼顾惩治性)这三个子观念。市民刑法观的最大贡献是论证了罪刑法定在当代中国刑法中的合理性,张扬了人权保障在刑法中的重要地位。《刑法》对罪刑法

---

① 【效应】。(1) 物理的或化学的作用所产生的效果,如光电效应、热效应、化学效应等;(2) 泛指某个人物的言行或某种事物的发生、发展在社会上所引起的反应和效果。《现代汉语词典》(汉英双语),外语教学与研究出版社 2002 年版,第 2117 页。

定原则的规定，与众多学者对市民刑法观的倡导和对罪刑法定主义的强调是分不开的。罪刑法定主义"法无明文规定不为罪，法无明文规定不处刑"的格言与 1999 年《中华人民共和国宪法修正案》（以下简称《宪法修正案》）"依法治国，建设社会主义法治国家"的精神是一致的，① 也与刑事法制建设中依法惩处各种犯罪行为的实际目标是互相呼应的。人权保障思想的张扬，在刑事法制建设中播撒了刑法是人权保障法的观念，对于刑事法制建设中单纯强调刑法社会保护机能的倾向有一定纠正作用，有利于促进刑事法制建设中对犯罪嫌疑人、被告人、罪犯以及被害人合法权益的保护，对于贯彻"少杀慎杀"的死刑政策也有积极作用。

　　第二，"轻轻重重"的刑事政策观有利于刑事法制建设中对犯罪的理性反应。中国传统刑法有"乱世用重典"的刑罚世轻世重思想和重刑倾向，② 受这种思想的影响，1983 年出台的"严打"政策包含了依靠严厉打击的刑事政策迅速扭转犯罪的严重局面甚至消灭犯罪的指导思想。"严打"政策的初衷被实践证明是一种非理性的一厢情愿，片面的"严打"无法达到预期目的。"轻轻重重"的刑事政策观一方面借鉴其他国家刑法改革的成果，一方面分析"严打"政策的利弊得失，主张理性的刑事政策观，认为应该合理的组织对犯罪的反应，采取两极化的刑事政策，轻其所轻，重其所重。这些观念指导了刑事法制建设中对于非犯罪化、非刑罚化、轻

---

　　① 《中华人民共和国宪法修正案》（1999 年），1999 年 3 月 15 日第九届全国人民代表大会第二次会议通过，1999 年 3 月 15 日中华人民共和国全国人民代表大会公布施行。宪法修正案第 13 条规定："宪法第五条增加一款，作为第一款，规定：'中华人民共和国实行依法治国，建设社会主义法治国家'。"

　　② 刑罚世轻世重的思想，如《周礼·秋官司寇》："掌建邦之三典，以佐王刑邦图，诘四方。一曰刑新国用轻典，二曰刑平国用中典；三曰刑乱国用重典"。重刑思想，如《韩非子·奸劫弑臣》："夫严刑者，民之所畏也。重罚者，民之所恶也。故圣人陈其所畏以禁其邪，设其所恶而防其奸，是以国安而暴乱不起"。

刑化等"轻轻"刑事政策思想的重视，指导了刑事和解、社区矫正的实践，也推动了"严打"政策的完善，有利于形成更加理性的"重重"刑事政策。

2. 刑法价值的大趋同契合了社会主义市场经济的价值规范

刑法价值的大趋同在当代中国形成了正义、秩序、自由、效益的刑法价值体系，达成了刑法的正义是实体正义和程序正义统一体的共识，这与社会主义市场经济自由、平等、互利合作的价值规范是完全一致的。

首先，刑法的自由价值契合了社会主义市场经济自由的价值规范。社会主义市场经济是契约经济，自由是其首要价值规范。市场经济的自由要求保障公民在法律范围内完全的人身自由以及自主生产、经营、交易的权利。刑法的自由价值，一方面主张通过惩治犯罪行为以保障被害人及其他守法公民的合法权益，另一方面主张在刑法范围内追究犯罪嫌疑人的刑事责任以保障犯罪嫌疑人的合法权益，追求刑法对普通公民自由和犯罪嫌疑人自由的双重保障。市场经济自由价值规范的核心是，市场主体只要不违法就是自由的；即使违法，也只承担法律范围内的责任，其责任也是可预测的。犯罪行为是对公民自由的最大侵害，刑事责任是以剥夺公民自由为主的最严厉的法律责任；刑法的自由价值以恶制恶，保障守法公民的自由，同时也依法制恶，保障违法公民的自由，是对市场经济主体自由性的最大保障。

其次，刑法的正义、秩序价值契合了社会主义市场经济平等的价值规范。社会主义市场经济是法治经济，平等的价值规范要求建立平等交易的市场秩序，保护劳动交换的公平和正义。刑法的正义价值要求保证刑法的正当和平等，追求刑法面前人人平等，任何人既平等地被刑法保护，也平等地被追究刑事责任。而秩序价值要求实现由刑法所确立和保护的社会有序状态，严惩和预防危害社会秩序的行为。这两者与市场经济的平等价值规范是完全适应的。

最后，刑法的效益价值契合了社会主义市场经济互利合作的价值规范。社会主义市场经济是道德经济，互利合作的价值规范鼓励市场主体正当利益追求。这就要求市场主体分工合作、自由竞争，实现利益的双赢或者多赢。刑法的效益价值要求刑法在满足自由、正义、秩序价值的前提之下，注重刑法的成本与收益比例，尤其需要关注刑罚的效益和刑事诉讼的效率，实现刑法一般预防和特殊预防的双重目的，这与市场经济互利合作的价值规范也是相通的。

（二）刑法的大趋同增强了刑事立法的开放性

刑事立法的大趋同，在我国刑事法律领域初步构筑了刑事实体法、刑事程序法和刑事执行法的体系，刑事法有法可依的问题得到了一定程度解决。同时，刑事立法中对于其他法域立法经验和国际条约相关规定的关注，促进了刑事立法的开放性。

第一，刑事实体法的大趋同完善了当代中国刑法典，促进了当代中国刑法与国际条约的全面接轨。中国现行的刑事实体法体系以刑法典为核心。一方面，经过 1997 年对刑法典的修订，许多单行刑法被合并到刑法典中，现行单行刑法目前只有 1998 年 12 月 29 日公布并施行的全国人民代表大会常务委员会《关于惩治骗购外汇、逃汇和非法买卖外汇犯罪的决定》。另一方面，附属刑法并不创设独立的罪刑规范，有关刑事责任的条款只是规定应当援引刑法典的责任条款。简而言之，当代中国的刑事实体法体系是以刑法典为核心的大一统模式，刑事实体法规范由刑法典以及对刑法典的修正和解释构成，刑法典的完善对于健全刑事实体法体系至关重要。因此，以刑法典为修正对象或解释对象的刑法修正案、刑事立法解释、刑事司法解释尤其是刑事司法解释的数量不断膨胀，并非表明刑法典初始的立法水平不高，而是由于我国刑事实体法体系结构的固有特点造成的。

总体来说，刑事立法的大趋同全面体现在《刑法》中，无论是总则还是分则，都存在大量与其他国家的刑事立法趋于相似或一致的规范。总则中，明确规定罪刑法定原则，将普遍管辖原则和单位犯罪法典化，表现出限制死刑的立法倾向，扩大管制与罚金的适用范围。分则中，将"反革命罪"修改为"危害国家安全罪"，加大对恐怖活动犯罪的惩治力度，初步构筑知识产权的刑法保护体系，与国际人权法初步接轨，与国际环境公约初步接轨，与联合国三大毒品控制公约初步接轨，与国际打击跨国有组织犯罪、反腐败、反洗钱公约初步接轨，与国际人道主义法的初步接轨。这些趋同性规范，贯穿了《刑法》的始终，从法典结构到条文内容都提升了刑法典的立法水平，与刑法领域、人权法领域、人道主义法领域、环境法领域、知识产权法领域的主要国际条约都初步接轨，与中国的法治建设保持了同步。这些趋同性规范，表明当代中国的刑法典是一个开放的刑法典，能够吸纳国际上先进的立法成果；一个与时俱进的刑法典，能够对改革进程中发生的严重危害社会的行为及时在刑事实体立法中予以反应。

第二，刑事程序法、刑事执行法的大趋同为我国批准《公民权利和政治权利国际盟约》奠定了良好基础。1996 年《刑事诉讼法》一定程度上吸收了当事人主义诉讼模式的某些合理内容，强化了对犯罪嫌疑人或被告人权利的保护，对保护被害人地位和权利也有一定程度规定。这些趋同性规定，一方面，适应了职权主义与当事人主义诉讼模式不断融合的趋势，对侦查、起诉以及审判机关的职权有一定限制，加大了对诉讼参与人权利的保障力度；另一方面，部分吸纳了《世界人权宣言》无罪推定的精神，在简易审判程序、对被告人实施法律援助等方面达到了《公民权利和政治权利国际盟约》的标准。死刑复核程序的规定符合联合国经济及社会理事会《关于保护面对死刑的人的权利的保障措施》的精神，使得《刑事诉讼法》接近或基本符合联合国刑事司法准则，有利于《刑事诉讼法》的进一步修改。同时，刑事执行法关于分类关押、行刑人道性的规定与《公民权利和政治权利国际盟约》的规定也是一致的。这些趋同性规定为全国人大常委会批准《公民权利和政治权利国际盟约》奠定了良好基础。

（三）刑法的大趋同推动了刑事司法的稳健改革

刑事司法的大趋同在当代中国主要表现为社区矫正试点工作的推进，少年司法制度的建立健全，以及刑事和解的探索。这些都是在我国刑事立法的框架内，为了实现刑罚的一般预防和特殊预防目的，降低犯罪率和重新犯罪率，减少和消除因犯罪引发的社会矛盾所逐步实施的司法改革措施，与当代中国构建"和谐社会"的主题是互相呼应的。

首先，社区矫正试点工作的推进有利于刑罚改造功能的发挥和刑罚轻缓化改革。社区矫正的试点工作，是对刑罚执行方式的改革。一方面，社区矫正的试点工作将刑罚的社会内处遇提上改革的议事日程，有利于改变刑事司法中对于监禁执行刑罚方式过于倚重的现状，提高了刑事司法中对于非监禁执行刑罚方式的重视，有利于抑制轻刑犯在机构内行刑时极易发生的交叉感染现象，更好地发挥刑罚的改造功能。另一方面，社区矫正有利于改变非监禁刑、假释被弱化的状况。目前，社区矫正的试点工作主要针对被判处管制，被宣告缓刑，被暂予监外执行，被裁定假释，被剥夺政治权利等五类对象。这五类对象，根据刑事立法的规定应该由公安机关监督管理。然而公安机关由于警力不足，任务繁杂等实际问题，对这五类对象的监管基本流于形式。结果，由于这五类对象在社会上放任自流的现状，管制、缓刑、监外执行、假释、剥夺政治权利在刑事司法中的适用存在被"放鸽子"的后顾之忧。社区矫正试点工作的推进，有利于逐步探索对这五类对象实施社会内监管的模式，提高非监禁刑、假释的适用率。例如，浙江省2003年7月首批开展社区矫正的试点，2002—2004年全省判处非监禁刑（管制、缓刑、适用附加刑）分别占当年受刑事处分罪犯总数的23.1%、23.4%和27.1%，① 非监禁刑比例的提高，与社区矫正试点工作完善了对非监禁执行罪犯的社会监管体系不无关系。社区矫正体系的完善，有利于法官根据犯罪行为和犯罪人的实际状况依法定罪量刑，而排除刑罚执行状况对于法官量刑的不合理干扰，有利于非监禁刑和3年以下自由刑的适用。

同时，社区矫正试点工作虽然是对刑罚执行方式的改革，不过

---

① 参见周步青：《浙江省法院适用社区矫正刑罚的现状、制约因素及对策》，载《中国司法》2006年第3期，第60页。

随着试点工作在全国的全面铺开和经验的不断总结，社区矫正实际上已经成为刑罚制度全面改革的先声。我国刑事司法中重刑化的倾向比较明显，一方面是死刑的适用问题，另一方面是无期徒刑和10年以上有期徒刑的适用率偏高，刑事司法改革的方向无疑是推进刑罚的轻缓化。无论刑事立法是否进行修改，在刑事司法中限制死刑已经成为共识。这种趋势无疑会在刑事审判中引起连锁反应。死刑的适用率降低了，无期和15年以上有期徒刑的适用率自然会上升。这在当前犯罪率、重新犯罪率并没有显著降低的情况下，会增加监狱中的服刑人员，而实践证明，监狱的改造功能并不理想。这样，自由刑改造功能的发挥就会制约刑罚轻缓化改革的进程。因此，社区矫正试点工作的推进，实际上是从终端环节着手进行刑罚轻缓化改革，以便给自由刑、生命刑的这些前端环节的改革积累资本，为刑罚制度的全面改革奠定基础。

其次，少年司法制度的建立健全有利于未成年人犯罪预防机制的完善。少年司法制度在预防少年犯罪，保护少年合法权益方面发挥着巨大作用。少年违法犯罪案件侦查、少年检察工作、少年刑事审判、少年行刑这几个方面，我国已经着手对少年司法制度进行了开拓性的探索。随着少年司法制度的逐步建立健全，未来的改革方向将朝着形成一体化的少年刑事司法制度和构建独立于成年司法制度的少年司法制度发展，这有利于全面贯彻《儿童权利公约》的规定，促进未成年人犯罪预防机制的完善。

最后，刑事和解的探索有利于刑事诉讼模式的改革。我国刑事和解的探索才刚刚起步，主要集中在刑事自诉案件的审查起诉阶段；在刑事附带民事诉讼以及侦查、审判阶段也有一些措施出台。我国的刑事诉讼模式职权主义色彩浓重，强调司法机关对刑事诉讼的主导，注重检察机关对刑事案件的公诉职能。刑事和解以在刑事立法中已经占有一席之地的刑事自诉案件为依托，在特定条件下赋予被害人、犯罪嫌疑人对刑事诉讼进程的决定权；司法机关通过刑事和解的具体配套措施，使被害人能够将自诉权和个人合法权益的恢复、补偿结合为统一体，有利于消除社会矛盾，实现被害人、犯罪嫌疑人、社会的多赢。刑事和解的探索，有利于逐步形成系统的和适用面更广泛的刑事和解程序，为犯罪嫌疑人、被告人和被害人在特定条件下自行解决纠纷提供了一种途径，将改变侦查、起诉、审判机关全面主导刑事诉讼进程的局面，有利于逐步建立控、辩、审三方平衡的刑事诉讼模式。

二、刑法的大趋同在当代中国之负效应

刑法的大趋同在当代中国的负效应，主要体现为刑法文化、刑事立法和刑事司法的大趋同在某些方面和某种程度上的不协调性。事实上，由于中国目前的法学和法制并非由中华法系的传统自然衍生而来，刑法的大趋同的这种不协调与整个中国法学和中国法制所表现出的"无根性"现状是暗合的。自 1978 年，甚至可以上溯至 1840 年以来中国法学和中国法制最根本的特征，在于诸种范式施行于中国所表现出来的各个层次的"无根性"或者说"无根化处理"——短路式的对接与悬置式的曲解。这种"无根性"至少表现在下述几个方面：（1）法学、法制与本土传统、习俗的疏离，这是"法律文化论"和"本土资源论"一贯批判的现象；（2）借鉴、继受西方法制和法律理论过程中的本末疏离，例如法官的独立审判权与现行司法体制改革脱节，以及真正意义上的法学流派在中国缺位；（3）法制、法学与中国问题之现状的疏离；（4）法律内部——实务界与法学界、法理学与部门法学之间的疏离。① 这些无根性在刑法学领域或多或少也有体现，具体到刑法的大趋同领域，集中体现在刑法文化与刑事立法、刑事司法大趋同的不协调，并由此形成的大趋同在不同领域的落差。这种现状，使得刑法学理论阵营、刑事立法机关和刑事司法机关之间缺乏有效沟通，刑法领域难以形成法律职业共同体，各个领域的刑法资源没有整合为步调一

---

①　参见陈林林：《无根基时代的智识努力》，载刘小平、蔡宏伟主编：《分析与批判：学术传承的方式——评邓正来〈中国法学向何处去〉》，北京大学出版社 2006 年版，第 86～87 页。

致、方向统一的整体刑法资源，刑法的理论研究平台和实践平台之间有错位，不利于当代中国刑法的和谐、稳定发展。

（一）刑法文化领域，刑法精英文化与刑法大众文化的大趋同之间具有不协调性

目前，刑法文化的大趋同，主要集中在刑法精英文化层面，刑法文化的大趋同并未在刑法大众文化层面充分展开。死刑问题就是一个明显的例子。从应然的角度看，学者们一般主张废除死刑；从实然的角度看，学者们认为目前全面废除死刑的条件还不成熟，大多主张一方面废除经济犯罪等部分犯罪的死刑，减少死刑罪名；一方面加强程序保障，充分保障可能判处死刑的犯罪嫌疑人、被告人以及已经被判处死刑的被告人的权利。而具体到反映刑法大众文化的民意而言，"就我国目前的情形而论，死刑与民意的关系问题集中在两个层次、两个阶段：一是宏观层次、立法阶段，即死刑存废与民意的关系；二是微观层次、司法阶段，即民意对于个案中死刑适用与否的影响。若将这两个层次联系起来，则会发现两个有趣的现象：一是，在前一个层次上，似乎普遍的民意是反对废止死刑的，这与作为社会精英的法学家强烈要求废止死刑的态度形成鲜明对照；而在后一个层次，虽然也有要求对刘涌执行死刑这样的个案，但在绝大多数情况下，针对具体案件所发表的所谓民意基本上都是要求枪下留人、免处死刑的。二是，虽然目前随着聂树斌、佘祥林等冤案错案的披露，人们对于死刑适用的个别正义有了更多的质疑，但是对于死刑的存置，民意仍然是赞许的"。① 此外，在市民刑法观、"轻轻重重"刑事政策观、刑法价值等问题上也存在一些类似情形。学者们赞同罪刑法定原则，倾向于注重刑法的人权保障机能，赞同刑罚的轻缓化。不过，普通民众一般倾向于追求刑法的社会保护机能，把刑法当做"刀把子"来看待，关注刑法的工具性价值；当自己的权益受到他人侵犯时，总冀望刑法能严惩

---

① 卢建平：《死刑适用与"民意"》，载《郑州大学学报（哲学社会科学版）》2005 年第 5 期，第 107 页。

"坏人"，而不考虑刑法是否已经将这类行为规定为犯罪，也不关注是否能够优先采取其他非刑事的法律救济方法。

而且，还必须注意，刑法精英文化的大趋同一方面与刑法大众文化形成了落差，另一方面研究成果的层出不穷也给中国刑法学自身的进一步发展提出了挑战。"客观地讲，中国刑法学研究基本上还是粗放经营，还停留在成果数量的'数量刑法学'的初级阶段，距离集约化经营、以注重质量、讲究规范、追求高水准、高品位、独立的学术人格为基本特征的'质量刑法学'的高级阶段还相距甚远。中国刑法学要走出初级阶段，摆脱'法学幼稚'的讥讽，成为一门真正意义上的科学，依然任重而道远，还有许多本原性的工作需要完成。"① 刑法精英文化的大趋同在当代中国也还只是在表层展开，在缩小与刑法大众文化落差的同时，刑法学研究也还必须结合当代中国的实际，继续深入研究相关理论问题。

（二）刑事立法领域，刑事实体法、刑事程序法、刑事执行法的大趋同之间具有不协调性

在刑事立法领域，刑事实体法的大趋同表征尤为显著，在总则和分则中均有明显的体现；相比而言，刑事程序法、刑事执行法的大趋同则没有迈开这么大的步伐。刑事程序法的大趋同只是对中国刑事诉讼的职权主义模式进行了一些微调，迈出了刑事诉讼模式"当事人主义化"的第一步，在限制、规范司法机关职权的行使以及保障和增强犯罪嫌疑人、被告人、被害人权益方面仍然有很大的改革诉求和上升空间。刑事执行法领域，还没有形成刑事执行法的统一立法体例，有关刑事执行法的内容仍然散见于不同法典，在立法体例上仍然有待完善；在内容上的系统性方面也有待提升，需要对刑罚执行的具体措施进行补充和细化，加大对刑罚执行的监督力度，探索刑罚执行的多元化方案。

（三）刑事司法领域，公、检、法、司具体司法实践的大趋同

---

① 梁根林、何慧新：《二十世纪的中国刑法学〈上〉》，载《中外法学》1999 年第 2 期，第 29 页。

之间具有不协调性

目前，中国刑事司法的大趋同主要表征为社区矫正、少年司法制度、刑事和解这三个方面，公、检、法、司在具体的司法实践工作中并不同步。各地的社区矫正试点工作，虽然有不同的模式，基本上是以地方党委和政府为领导，以司法行政机关为主要执行机关，公、检、法予以配合。实践中，具体矫正方案的制定和矫正措施的实施主要由司法行政机关拟定和实施，公、检、法在既有的工作范围内参与社区矫正的某些环节。因此，目前的社区矫正试点工作其实是将以前由公安机关应当承担但实际上无力承担的监管职能转由司法行政机关牵头组织行使，将对管制、缓刑、假释、暂予监外执行、剥夺政治权利这五类对象的监督管理和帮扶教育措施逐步落到实处，还没有形成公、检、法、司各个环节一体化的社区矫正制度。

少年司法制度在刑事领域的探索是三个制度中起步相对较早的，公、检、法、司都有相应的措施，对未成年人隐私权的保护也有一致性的规定。不过，多数措施还只是一种地域分散化、机关分散化的措施。如暂缓判决、前科消灭、污点限制公开等都是特定区域司法机关采取的措施，其他机关的配合也是其与相关机关之间通过点对点的个别沟通实现的，并没有一个长效的保障机制。总体而言，少年司法制度方面，从 1984 年上海市长宁区人民法院率先建立中国第一个专门审理未成年人犯罪案件的少年法庭（当时只是"少年刑事案件合议庭"，1988 年才开始独立建制）开始，截至 1998 年年底，全国共有 3 694 个少年法庭，① 由于少年法庭的长期实践，审判机关在少年刑事司法方面的经验更加充足，探索相对超前，需要继续以少年法庭的发展为核心，整合其他机关的少年刑事司法措施，实现少年司法的专业化、独立化。

刑事和解的探索，由于是在刑事自诉及刑事附带民事案件中推

---

① 参见姚建龙：《对我国目前创设少年法院的几点思考：从少年法庭到少年法院》，载《中国青年研究》2001 年第 6 期，第 38 页。

行，目前主要由人民检察院在审查起诉阶段进行，刑事和解实践的典型就是北京市朝阳区人民检察院。检察机关对于刑事和解一般采取积极探索的态度，采取不批准逮捕、撤案、相对不起诉、免于刑事处分、提出缓刑建议、提出撤销案件建议等多种方式在特定条件下促进犯罪嫌疑人、被告人和受害人的和解。侦查阶段、审判阶段关于刑事和解的探索则比较少，一般是对检察机关刑事和解的相关措施予以配合，如侦查机关采纳检察机关撤销案件的建议，审判机关采纳检察机关减刑建议。刑事和解的进一步推进，需要建立相关的监督制约机制，协调刑事诉讼各环节司法机关的刑事和解措施，建立完整的刑事和解制度，使得刑事和解能够在刑事诉讼的各个环节展开，在全面保障人权的同时提高刑事诉讼的效率。

（四）就刑法的大趋同整体而言，刑法文化、刑事立法、刑事司法的大趋同之间具有不协调性

就当前大趋同的整体程度而言，刑法文化、刑事立法、刑事司法领域已经形成了从高到低排列的序列。作为刑法文化重要指数的刑法学研究活跃，成果层出不穷，在刑法观念、刑法价值等方面强调借鉴其他国家经验，主张实现刑法观念、刑法价值的彻底更新和刑事立法、刑事司法的全面转型，研究结论具有一定的先导性和前瞻性，在大趋同的道路上属于积极型模式。刑事立法领域，对国际刑事公约和重要的国际非刑事公约比较重视，大趋同的方式主要是与国际条约接轨，对其他国家理论的引入和立法经验的借鉴方面则步骤稍缓，在大趋同的道路上属于平衡型模式。刑事司法领域，少年司法制度的实践时间稍长，社区矫正、刑事和解的探索起步都比较晚，总体来说均处于分散性的试点阶段，还没有形成整齐划一的司法实践措施，在大趋同的道路上属于保守型模式。

三、刑法的大趋同在当代中国之正负效应的关系

（一）刑法的大趋同在当代中国之正负效应具有共生性

作为刑法的大趋同负效应之不协调性，与刑法理论研究的先导性和前瞻性、刑事立法天然的滞后性以及刑事司法的操作性等因素

均有关联，不过归根结底在于刑法的大趋同缺乏强大的草根力量。这与中国扩大县级政府权力试点的行政体制改革中的某些现象具有相似性。2006 年 11 月，浙江启动了第四轮强县扩权试点，这次扩权试点只有义乌。表面上看，义乌的第四轮扩权是浙江当地各级政府为了化解制约当地经济社会发展的瓶颈而积极推动的结果，但事实上，这背后最根本的推动力却是民营经济及其企业家的影响力。与浙江顺利扩权相反，江苏的强县扩权却遭遇"肠梗阻"。2006 年初在江苏省人大会上，也曾明确要求推进省管县的改革。但到目前，财权难以上收，事权又不愿下放，这项改革已经因为种种原因而被迫停下来了。出现这种现象的根本原因还在于经济格局。在江苏的县域地区，民营经济的发达程度以及民营经济在当地的经济地位与影响力，很难与浙江相提并论；由于民营经济在当地力量的孱弱，使得民营经济及其企业家难以在当地发挥影响力，进而难以推动当地政府进行扩权。2006 年 11 月 12 日结束的江苏省第 11 次党代会上选举产生的新一届省委班子中，出现了许多县（市）委书记的面孔，江苏省可能创造的"第二条路"——采取县级党委书记进入省委委员班子的行政手段，去推动省管县与强县扩权的改革实属不得已。没有强大的草根力量，是难以从根本上推动县级政府顺利扩权的，这就是浙江省与江苏省的根本区别所在。①

当代中国刑法的大趋同，就有些像强县扩权中的江苏省。由于本土刑事法治资源的匮乏，中国刑法学理论研究顺理成章地在刑法的大趋同中扮演了助推器的重要角色，结果刑法精英文化的大趋同程度最高，与刑法的大趋同其他领域出现了落差，不协调性的负面效应由此产生。但也正是中国刑法学理论研究的不断发展和对刑事立法、刑事司法引导作用的充分发挥，构成了刑法的大趋同正面效应的基础性因素。总之，刑法的大趋同在当代中国之正负效应是互相联系的，在原因方面存在共性因素，正效应和负效应是刑法的大

---

① 参见傅白水：《义乌当道》，载《南风窗》2007 年 1 月上半月刊，第 26～27 页。

趋同客观反映和效果的一体两面。

（二）刑法的大趋同在当代中国之正效应是主流

得出这一结论的基本理由在于，刑法的大趋同的负效应其实是正效应的附随结果，负效应是正效应发展过程中的问题，会随着刑法的大趋同的发展而逐步得到缓解。刑法的大趋同促进了刑法文化的与时俱进，增强了刑事立法的开放性，推动了刑事司法的稳健改革，促使了刑法文化、刑事立法、刑事司法的完善和发展。同时，从这些正效应的整体效果来看，刑法的大趋同从整体上也促进了当代中国刑法的完善和发展。而刑法的大趋同的负效应，实际上反映了刑法文化、刑事立法、刑事司法三个领域完善和发展的程度存在差别的现状，是比较刑法文化、刑事立法、刑事司法三个领域之间大趋同现状的结果。例如，刑事和解是刑事司法大趋同的表征之一；刑法学研究中主张恢复性司法理念，在我国引入和应用刑事和解的成果是刑法文化大趋同的表征之一；刑事程序法增强对被害人、犯罪嫌疑人的权利保护以及自诉，刑事附带民事诉讼的规定是刑事立法大趋同的表征之一，在各自领域这些有关刑事和解的大趋同都产生了相应的正效应。不过，正是由于刑法的大趋同之不协调性，使得刑事和解目前还只是停留在刑事司法实践的探索阶段。刑法学研究、刑事立法、刑事司法中关于刑事和解的探讨和努力并没有形成合力，也没有形成互动的平台。刑法学研究关于恢复性司法的研究偏重于介绍外国的经验，理论性较强，对刑事和解的探讨具有抽象性；刑事立法中只有自诉、刑事附带民事诉讼的规定允许了刑事和解的存在，具有模糊性；刑事司法中关于刑事和解的探索过于分散和琐碎，具有操作性。由于法律职业共同体的缺失和互动研究平台的缺乏，抽象性、模糊性、操作性的刑事和解各自处于相对封闭的体系内，难以形成互补关系，导致刑事和解的发展空间和发展步伐受到很大程度限制，其发展前景也不甚明朗。只是，在正视这些负效应的同时，并不能否认关于刑事和解之诸种努力的合理性，不能否认刑事和解的研究和探索是当代中国刑法的进步。推而广之，刑法的大趋同在当代中国的正效应、负效应的关系也是如此。负效应虽有，不过并不妨碍正效应的主流地位。

四、刑法的趋同在当代中国的总体发展策略

基于刑法的大趋同在当代中国之正负效应的关系，刑法的趋同在当代中国的总体发展策略应为"继续趋同化之路：开放大趋同之门，固守小趋同之本"，具体包括两个层次：一是继续趋同化之路，二是开放大趋同之门，固守小趋同之本。

（一）"继续趋同化之路"是刑法的趋同在当代中国的总体发展方向

一方面，就刑法的大趋同在当代中国形成的基础而言，刑法的大趋同在当代中国的形成归根结底是自主的刑法趋同化的结果。既然如此，就应该根据当代中国刑法文化、刑事立法、刑事司法的现状和需要，坚定不移地继续推进刑法的趋同化，促进刑法文化的更新、刑事立法的完善和刑事司法的改革。另一方面，刑法的大趋同在当代中国的正效应是主流，这说明刑法的大趋同在当代中国的反应和效果从整体上来说是良好的，继续推进刑法的趋同化能够增强正效应。而且，负效应只是刑法的大趋同发展中的问题，只要继续推进行刑法的趋同化，就能逐步减少负效应。

例如，对死刑问题的处理，就需要坚持"继续趋同化"的策略，严格限制死刑的适用，逐步减少死刑罪名，直至废除普通罪行的死刑，事实上废除死刑直至最终全面废除死刑。因为就具体情况而言，在表现刑法精英文化的刑法理论中，死刑限制论是通说，死刑废止论亦得到不少学者的支持，死刑的阶段废止论也逐步为某些学者所提倡。现行刑事立法虽然从数量上大量增加了死刑罪名，不过在立法内容中同时也表现出限制死刑的倾向。刑事司法中仍贯彻"保留死刑、少杀慎杀"的死刑政策，死刑复核权从 2007 年 1 月 1 日起统一由最高人民法院行使将有利于严格限制死刑的适用。但是，刑法大众文化中，保留死刑，主张死刑报应性的观点是主流。刑法文化、刑事立法、刑事司法领域这些趋同的不协调性影响了刑事立法有关死刑条款的完善进程，也不合理地影响了司法实践中某

些案件的处理。普通公民一般支持保留死刑，如果囿于普通公民的态度而不严格限制死刑的适用，显然是解决不了这些问题的。解决死刑问题的策略当然应该是继续增强刑法的人权保障机能，推进死刑政策的趋同化，尽快批准《公民权利和政治权利国际盟约》，逐步在刑事立法者、刑事司法者中树立限制乃至废除死刑的明确理念，培养普通公民保障人权、废除死刑的意识，提升有关死刑的民意，以便更好地实现刑法预防犯罪的目的。

（二）"开放大趋同之门，固守小趋同之本"是刑法的趋同在当代中国的具体发展策略

由于当代中国是多法域国家，所以刑法的趋同包括两个方面，亦即刑法的大趋同和刑法的小趋同，继续趋同化之路也应该从这两个方面展开。

第一，在当代中国，刑法的大趋同的发展路径是开放大趋同之门。刑法的大趋同在中国的表征非常显著，在大趋同这个方面继续趋同化之路就是要继续保持当代中国刑法对国际条约、外国刑法的开放性，在刑法文化、刑事立法、刑事司法各个领域全方位、深层次地推进刑法的大趋同，系统地引入国际条约、外国刑法中适合于当代中国刑法的经验，提升当代中国刑法的整体水平，使当代中国刑法在建设社会主义市场经济的背景下实现人权保障和社会保护的双赢。

第二，在当代中国，刑法的小趋同的发展路径是固守小趋同之本。固守小趋同之本就是指当代中国刑法要以整合国内既有资源作为大趋同的根基。刑法的大趋同与中国加入 WTO 有相似之处。从经济的角度看，"技术标准是企业的生命线。中国加入 WTO 后技术标准问题非常突出，也日益引起我们的重视。对于一个企业来说技术标准非常重要，甚至可以说技术标准是企业的生命线。技术标准可以决定一个企业的生死存亡。所以企业界流行一句话：三流企

业卖产品；二流企业卖技术；一流企业卖专利；龙头企业卖标准"，① 刑法领域的道理也是如此。欧美国家的文化也包括刑法文化的大量输出，使得欧美国家的刑法文化已成为国际刑法的主流价值观念，刑法的大趋同只能是当代中国刑法发展的路径之一。但如果只是纯粹的开放大趋同之门，那么中国刑法的发展会形成单向移植刑法的依赖症，中国刑法的本土性会逐渐丧失，有成为法律霸权主义牺牲品的危险。因此，诚如中国加入 WTO 不是为了满足别人的权利而是为了追求自身的经济发展一样，当代中国刑法开放大趋同之门，是在保持中国刑法学学术自主性和刑事立法、刑事司法独立性的前提下实现国内刑法的发展完善。为了实现这一点，在开放大趋同之门的同时，当代中国刑法必须整合国内刑法资源，固守小趋同之本，促进内地刑法的域内趋同，并以此为基础推动内地、香港、澳门、台湾刑法的区际趋同，基于当代中国刑法的国内现状和实际需要为基础来实现中国刑法与国际条约尤其是国际刑事公约的合理对接。

第二节　刑法的大趋同在当代中国的发展策略

面对刑法的大趋同在当代中国的显著表征和潜藏的刑法趋同化之根本基础，"开放大趋同之门"是刑法的大趋同在当代中国的最佳发展策略。那么，开放大趋同之门这一策略的具体实现方式如何呢？本节将从互动趋同、有效趋同这两个方面展开对大趋同方式的论述。

一、互动趋同

互动趋同，是指不同国家的刑法文化、刑事立法或刑事司法通过互相影响的方式趋于相似或一致。在当代中国，刑法的大趋同可

---

① 蒋正华：《技术标准与国家经济安全》，载《中国行政管理》2006 年第 7 期，第 7~8 页。

以采取互动的方式。具体而言，当代中国刑法不能单方面输入其他国家的刑法文化、刑事立法或刑事司法经验，不能单方面趋向其他国家的刑法，同时也应该重视输出中国刑法文化、刑事立法或刑事司法经验，要输入输出并重，避免当代中国刑法被其他国家刑法的完全同化。

（一）输入其他国家刑法时避免全盘照抄

当代中国刑法输入其他国家的刑法文化、刑事立法或刑事司法经验应该避免生吞活剥、全盘照抄。我们固然要承认中华法系的传统不能为当代中国的社会主义市场经济建设提供很多刑法领域的智力支持，输入其他国家的刑法文化、刑事立法和刑事司法经验是必要的，不过输入经验的同时应该时刻保持刑法的学术自主性并秉承"细嚼慢咽"的方式。

首先，当代中国刑法学应该保持学术自主性，避免生吞活剥其他国家的刑法文化、刑事立法或刑事司法经验。任何刑法文化、刑事立法或刑事司法经验都有与之相适应的社会背景，其他国家现行的经验在其本国也许比较好，不过未必适合当代中国的刑法实际，过去的经验也许在其本国已经被淘汰，但却未必不能输入到中国。分析其他国家的经验时，要将其潜藏的社会背景作为参照系，与当代中国的国情进行比较，来寻找那些适合当代中国刑法的目标。诚如一句广告词"只选对的，不买贵的"，输入其他国家刑法文化、刑事立法或刑事司法经验时也应该"只选最适合的，不一定选新的"。

具体来看，1997 年刑法修改之前关于刑法典中是否应该规定罪刑法定的争论，就反映了中国如何借鉴西方国家的刑法文化、刑事立法、刑事司法经验的问题。有学者主张保留类推制度，理由之一就在于从 19 世纪末到 20 世纪初，罪刑法定已度过它的隆盛期而走向衰亡，罪刑法定的固有含义早已烟消云散，罪刑法定原则已经名存实亡了，类推制度重新引起各国的重视，许多西方国家已经从罪刑法定主义绝对禁止类推的束缚中解脱了出来。① 对于这种观点，有学者明确指出：（1）是否在刑法修改中引入罪刑法定主义，存在一个如何正确认识西方法律发展阶段以及我国应当如何选择参照系的问题。（2）西方法律文化的发展阶段存在法治国与文化国的两分法，法治国的法制核心是罪刑法定主义，文化国是最高形态的国家，对包括制服犯罪在内的一切措施采取积极的态度，旨在创造文化，从根源上解决犯罪问题。在文化国中，罪刑法定主义所坚持的阵地一步一步退让出来，西方刑法的发展已由法治国走向文化国，文化国对罪刑法定主义一定意义上的否定只是基于罪刑法定的形式合理性而追求实质合理性。（3）以法治国与文化国为刑法发展的参照系，中国正在走向法治国，需要的是法治国的刑法文化，要着力选择那些蕴藏着巨大的科学和民主精神的罪刑法定主义。② 笔者对此表示赞同。在借鉴其他国家的刑法文化、刑事立法、刑事司法经验时，仅从某些思想或制度在其本国的衰落就断然否定其在当代中国的适用性是不科学的，应当在当代中国与其他国家之间寻找相似的社会背景作为参照系，并以此来分析是否应当借鉴其他国家的经验。

关于如何看待犯罪化与非犯罪化在当代中国刑法中的地位的问题，道理也是如此。虽然自从 20 世纪 70 年代末以来非犯罪化、非刑罚化、轻刑化是西方国家刑法改革的主题，不过并不能就此得出当然的结论认为非犯罪化是世界刑法发展的潮流，因而在当代中国刑法中推进非犯罪化是当务之急。因为，一方面，西方国家刑法中提出非犯罪化是以此前完善的刑法体系中过度犯罪化为背景的，其矛头主要指向违警罪，以及道德犯罪和宗教犯罪，如同性恋、通

---

① 参见侯国云：《市场经济下罪刑法定与刑事类推的价值走向》，载《法学研究》1995 年第 3 期，第 62～65 页。

② 参见陈兴良：《从政治刑法到市民刑法——二元社会建构中的刑法修改》，载陈兴良主编：《刑事法评论》第 1 卷，中国政法大学出版社 1997 年版，第 52～53 页。

奸、堕胎、卖淫，中国刑法在这些方面并没有实际需要；另一方面，由于"敌人刑法"观念的影响，"9·11"以后西方各国刑法加大了对恐怖犯罪的打击力度，犯罪化在西方国家中是与非犯罪化并存的。反观当代中国刑法，虽然大幅度增加了条文，不过总体上是对 1979 年《刑法》以及此后通过的单行刑法、附属刑法经验的总结。《刑法》施行之后，中国的经济体制改革和政治体制改革进一步深化，社会治安形势出现了一些变化，出现了一些新型的严重危害社会的行为，为了有效发挥刑法的人权保障机能和社会保护机能，当代中国刑法的主要任务是适度的犯罪化，在民商法规范、行政法规范不足以保护社会秩序时，合理扩大刑法的调控范围，目前已经通过的 6 件刑法修正案和 1 件单行刑法其实就暗示了当代中国刑事立法适度犯罪化的趋势。

其次，在将输入的刑法文化、刑事立法、刑事司法经验与当代中国刑法对接时，应该采取点对点的对接方式，而非全盘照抄的方式。这就是说，即使其他国家的经验值得借鉴，也应该根据当代中国刑法的实际情况，将值得借鉴的经验具体地融入当代中国刑法的相应领域；而不宜全盘否定中国刑法的固有传统，整体输入其他国家的刑法文化、刑事立法、刑事司法经验。在这方面，民国时期刑法对大陆法系刑法的"全盘照抄"、新中国成立后对前苏联刑法的"全盘照抄"就是值得反思的例子。"民国时期的刑法学的整体品格表现为典型的'移植刑法学'，对西方主要是大陆法系德国、日本的刑法学说，不加分析和批判，不经中国现实社会经验的证明，即盲目地全盘予以移植和照搬。特别是民国时期所处的 20 世纪上半叶，正是世界范围内国家本位主义、社会连带主义甚至法西斯主义思潮盛行的时期，自然法主义、罪刑法定主义、客观主义、报应刑主义刑法思想受到抑制，实定法主义、主观主义、类推解释主义、目的刑主义等刑法思想大行其道。在刑法学移植品格的影响下，民国时期的中国刑法学不可避免地受到了上述社会哲学思潮和刑法学说的影响，而呈现出尾随帝国主义思想的次殖民地性的特点。"① 新中国成立以后，废除了国民政府的六法全书，"从 1949 年至 1957 年的近 10 年间是中国刑法学的转型时期。这个时期的基本特点表现为全面否定旧刑法学说，效仿前苏联刑法学，试图构建新中国的刑法学体系。全面否定旧法学为崭新的社会主义刑法学的创立扫清了障碍，但也割断了刑法学的历史联系。通过学习前苏联刑法学我们学习了马克思主义刑法理论，但也存在不顾中国实际情况全盘照搬前苏联刑法学的教条主义的倾向，从而最终为创建新中国社会主义刑法学的科学体系预设了潜在的障碍"。② 这两个时期中国刑法学发展方式的不科学性已经为历史事实所证明。从中我们可以得出一个结论：其他国家的刑法文化、刑事立法、刑事司法经验如果能够为中国所效仿，也应当是具体就其某一点经验能够补强中国刑法的不足而言的；从抽象和整体的意义上断定某个国家的刑法文化、刑事立法、刑事司法更加先进，从而全面模仿的观点和实践是危险的。

在当代中国刑法的发展过程中，虽然刑法学研究已经取得了一定的成就，但仍然要防止矫枉过正的倾向。特别是不能对于新中国刑法学效仿前苏联刑法学的成果又全部一棍子打倒，主张全面引入大陆法系的刑法理论。如果这样做，无异于矫枉过正，还是会走上丧失学术自主性的老路。当前，中国刑法学中犯罪构成理论的重构思潮就有些矫枉过正的倾向。许多学者主张借鉴德、日的刑法理论对我国的犯罪构成理论进行重构，③ 这实际上是陷入了"将对我国

---

①② 梁根林、何慧新：《二十世纪的中国刑法学〈上〉》，载《中外法学》1999 年第 2 期，第 25 页，26 页。

③ 参见周光权：《犯罪构成理论与价值评价的关系》，载《环球法律评论》2003 年秋季号，第 296～302 页；另参见宗建文：《论犯罪构成的结构与功能》，载《环球法律评论》2003 年秋季号，第 303～308 页。另外，有学者主张直接采用大陆法系的递进式犯罪构成体系，同时积极探索犯罪构成理论，参见陈兴良：《犯罪构成：法与理之间的紧张与对应关系》，载《法商研究》2003 年第 3 期，第 22～23 页。

犯罪构成理论的研究等同于构建新的犯罪论体系"的误区。① 德日的阶层犯罪论体系，实际上也面临体系上前后冲突、现状和初衷背离、唯体系论的倾向偏离了现实司法实践这样的问题。对于我国现有犯罪构成体系的不足，可以进行一些温和的改良，而没有必要大动干戈，推倒重建。目前所提出的变革犯罪构成体系的要求基本上都是出于一种抽象的观念上的认识（如封闭、平面）和对国外（主要是德日刑法）的犯罪构成体系的仰慕，真正从解决司法实践中所遇到的难题的角度提出这个问题的基本上没有，这足以证明我国的犯罪构成理论并没有达到非改不可的地步，贸然做大幅度的修改，效果可能比维持现有的犯罪构成体系更糟。② 因此，虽然中华法系已经解体，虽然新中国建立初期全面效仿前苏联刑法有不妥之处，不过中华法系的精神、前苏联刑法理论在当代中国刑法中仍然留有痕迹，对刑法文化、刑事立法、刑事司法仍然有一定的影响。这些痕迹和影响并不能像存储在电脑硬盘中的资料一样可以随意地格式化，然后全部存储新的资料。这些痕迹和影响已经深入当代中国刑法的骨髓，很难轻易消除，此时最好的方法是改良。这就像电脑的操作系统由于软件安装时间太久而运行不稳定，但因为"硬件"的限制我们不能选择"重装"的方式，这时的方案就是进行"修复"，针对运行中出现的漏洞，安装"补丁"程序，升级操作系统。易言之，对于犯罪构成理论这类问题，从抽象认识的角度艳羡其他国家的刑法理论、刑事立法、刑事司法并整体引进的方案并不现实。关键还是以刑事司法实践中的问题为导向来借鉴其他国家刑法的经验，形成解决方案并与中国刑法对接，从而避免理论上无

① 刘艳红：《晚近我国刑法犯罪构成理论研究中的五大误区》，载《法学》2001 年第 10 期，第 47 页。该学者还提出，开放的构成要件理论可以解决因犯罪构成要件理论研究与司法实践需要相脱节而产生的刑法适用中的种种困惑，参见刘艳红：《开放的犯罪构成要件理论之提倡》，载《环球法律评论》2003 年秋季号，第 291 页。

② 参见黎宏：《我国犯罪构成体系不必重构》，载《法学研究》2006 年第 1 期，第 39～50 页。

谓的争论。

（二）重视中国刑法的输出

当代中国刑法应该重视输出中国刑法文化、刑事立法或刑事司法经验。表面上看中国刑法学习和借鉴其他国家刑法经验的成分更多，似乎没有很多值得与其他国家分享的刑法经验。不过，如何均衡发挥刑法的人权保障和社会保护机能，减少和限制犯罪是一个世界性难题，各国刑法都在不断探索新的方案，并对本国刑法进行改革。因此，对于这些各国面临的共性问题，当代中国刑法的一些探索是可以向其他国家输出的。中国刑法应该选择各国刑法的共性问题，积极挖掘值得对外交流的经验，将中国刑法的相关资料翻译成外文在国外出版发行，同时积极利用国际会议、互联网、外资企业等渠道宣传中国刑法，在双向的交流和互动中取长补短，以寻找最佳的刑法方案。

例如，对待"严打"就可以采用这种方法。"严打"受到很多学者的诟病。不过在正视"严打"初期指导思想和具体实践偏差的同时，也必须承认经过 20 多年的发展，"严打"已经是一项比较理性的刑事政策。目前虽然"严打"政策在执行中也存在一些需要改善的地方，不过这并不能否认"严打"政策的正当性以及"严打"政策在稳定中国治安形势方面所起的积极作用。"2002 年9 月 5 日中共中央、国务院制定下发了《关于进一步加强社会治安综合治理的意见》进一步肯定了'打防结合、预防为主'是做好社会治安综合治理工作的指导方针，要坚持打击与防范并举，治标与治本兼治，重在防范，重在治本。以上可见，我国刑事政策'重重'为主的倾向已得到纠正，'轻轻重重，以轻为主'的刑事政策已经初步树立。学者们的使命不应再追问'严打'的合理性及其弊端，而应对新时期刑事政策完整体系的内涵和价值取向予以关注，系统而充分地阐述新时期刑事政策思想，为刑事政策的实践提供理论支撑，消解实践部门的疑惑，为实践部门正确实施刑事政策指明方向。"① 因此，可以对于当代中国刑法"严打"政策的利弊得失进行总结，重视在与其他国家的刑法交流中输出这些经验，一方面促进其他国家对当代中国刑法的了解，获得反馈信息，消除其他国家可能对中国刑法产生的误解，有利于达成共识；另一方面直接获取其他国家的相关信息并与其相关经验进行现实的对比分析，寻求与其他国家进行刑事合作的可能性。

二、有效趋同

有效趋同，是指不同国家的刑法文化，刑事立法或刑事司法通过实用、高效的方式趋于相似或一致。刑法的大趋同在当代中国的形成，主要通过引入其他国家的刑法文化，移植其他国家的刑法制度，缔结或参加国际条约这三种途径。刑法的大趋同在当代中国的继续发展，仍然会在这几个方面展开，应该采取相应的策略，使得大趋同更加具有效率，更加切合当代中国的刑事法制实际。

（一）引入刑法理论时注重与刑事立法、刑事司法的相容性

引入其他国家的刑法理论，其目的是为了提升中国刑法的理论水平，使得刑法理论能够引导刑事立法。实现这一宗旨的前提是引入的刑法理论达致与刑事立法、刑事司法的相容性，这就需要强调刑法理论对立法和司法之改造性、适应性的并重。20 世纪 80 年代以来，中国的刑事实体法理论主要引入大陆法系的刑法理论，如罪刑法定、构成要件理论、期待可能性、原因自由行为、共犯理论、罪数理论等，这其中有两个倾向值得注意，一是引入理论内容上的体系性倾向，二是引入理论宗旨上的构建性倾向。内容上的体系性倾向是指引入者过分注重相关刑法理论源起、流派、观点的介绍，纠缠于相关刑法理论在其他国家不同观点的论争，并在中国刑法的理论层面引入这些论争。宗旨上的构建性倾向是指引入者倾向于根据引入的刑法理论重构中国相关刑法理论，提出修改现行刑事立

---

① 严励：《"严打"刑事政策的理性审读》，载《上海大学学报（社会科学版）》2004 年第 4 期，第 17 页。

法，构建新型刑事司法制度的建议；而不太注重对现行刑事立法、刑事司法的解释、改造、论证，不太注重提出解决刑事司法实践中现实问题的可操作性方案。这两种倾向的结果往往造成引入的刑法理论对于刑事立法、刑事司法而言似乎成了阳春白雪，在刑事立法、刑事司法中曲高和寡。

因此，引入其他国家的刑法理论，首先需要对其理论背景、理论观点进行完整的论述和研究，这是引入理论的初级阶段。中国刑法学在不同理论观点的研究这一方面比较繁荣，对于各种理论观点与其本国相应社会背景的联系、各种理论观点发展背景的研究则需要进一步加强。其次，引入的理论还需要进一步具备与当代中国现行刑事立法、刑事司法的相容性，才能真正发挥对刑事立法、刑事司法的指导性作用。这就需要在引入其他国家刑法理论时不仅着眼于刑法理论的观点论争，也要挖掘其他国家刑法理论在其本国刑事立法、刑事司法中的具体应用机制和发展状况；注意其与当代中国刑事立法、刑事司法的适应性，注重追求引入的刑法理论对中国刑事立法、刑事司法的改造效果。

总之，刑法理论研究的当务之急并非在于一味引进其他国家的理论，而在于将已经大量引入的构成要件理论、期待可能性理论、原因自由行为理论、共犯理论、罪数理论等表面上"陈旧"实际上悬而未决的理论问题进行梳理。根据当代中国的刑事立法、刑事司法实践来定位理论的发展方向，将某些在当代中国刑事立法、刑事司法中不能成其为问题的"问题"彻底或者暂时束之高阁，集中科研力量深入研究引入的理论对当代中国刑事立法、刑事司法的改造性方案。否则，精英刑法层面的市民刑法观、"轻轻重重"的刑事政策观、刑法价值等领域的大趋同只能局限于刑法理论工作者的纸上谈兵，无法相应地改造刑事立法、刑事司法。

（二）移植外国刑法制度时兼顾完善刑事立法与健全刑事司法

当代中国刑法在移植外国刑法制度时不能忽视健全刑事司法，应兼顾完善刑事立法与健全刑事司法。刑法理论中论及引入外国刑法理论或移植外国刑法制度时，最终落脚点往往倾向于完善立法。

根据当代中国刑法的实际，将"书本上的法"转变成"行动中的法"尤为重要，关注的重点恰恰应该是健全刑事司法。

首先，当代中国刑法移植外国刑法制度时即使首先考虑立法完善，健全刑事司法的过程也必不可少。诚如反对法律移植的论者因为所移植的外国法在本国无法发挥实际作用而认为法律不能移植的那样，① 中国移植外国刑法制度的目的在于解决司法实践中的问题。如果在移植外国刑法制度时首先仅仅考虑完善刑事立法，而罔顾刑法在刑事司法实践中的运行状况，则会有纸上谈兵之嫌，结果不一定能够解决问题，反而可能给司法实践制造难题。这方面，《中华人民共和国企业破产法（试行）》②（以下简称《破产法（试行）》）对外国破产法的移植，就是一个值得反思的例子。建立社会主义市场经济体制必须建立市场经济主体退出市场的法律机制，在借鉴发达国家破产立法来完善立法的这一思想的指导下，《破产法（试行）》得以出台。《破产法（试行）》施行以后，因经营管理不善造成严重亏损，不能清偿到期债务的全民所有制企业实际上很多。可是由于社会保障制度缺位造成的企业原有职工的安置难题，人民法院受理破产案件、宣告企业破产时均持审慎的态度；即使实际进入破产程序的案件，"破产法的试行看来不仅没有减少决

---

① 围绕法律移植形成了两种观点，一种认为法律可以移植，将法律移植看做是一国输入或接受另一国的某些法律；另一种认为法律不能移植，将法律移植理解为外国法在本国发挥实际作用。这两种观点恰恰反映了法律移植的两个阶段，因此所谓法律移植，就是一国（或一地区）接受外国的（或另一地区）法律并使之发挥作用的过程。法律移植大致有三种形式：直接引进外国的某些法律规定；引进外国某些法律所体现的精神（并使之发挥作用）；引进"一种特定的法律现实"并使之发挥作用，所谓法律现实，是指在该外国中围绕某一法律而出现的解释和事实上执行这些法律的方式所组成的全貌。参见吴玉章：《对法律移植问题的初步思考》，载《比较法研究》1991 年第 2 期，第 39 ~ 42 页。笔者赞同吴玉章教授的观点。

② 《中华人民共和国企业破产法（试行）》，全国人大常委会 1986 年 12 月 2 日发布，1988 年 11 月 1 日起施行。

策人或行为人的交易费用，相反增加了其交易费用"。① 从完善立法的角度看，《破产法（试行）》的确可行，不过因为没有考虑到司法实践中同步实施这一法律的现实可能性，导致《破产法（试行）》难以有效运行，而且国务院政策性破产②的规定更是将《破产法（试行）》在司法实践中进一步架空。2006 年 12 月中国加入WTO 后金融领域的过渡期结束之前，出于完善立法的需要，全国人大常委会审议通过了《中华人民共和国企业破产法》（以下简称《破产法》）。这次《破产法》的审议与通过，就充分考虑了担保债权的优先受偿性、企业职工工资等费用的受偿顺序、政策性破产的适用范围这三个影响司法的难题，对政策性破产与《破产法》公布、施行后的商业性破产在司法中的衔接问题高度重视，规定了合理的衔接制度，更加保障了交易安全。

民事立法如此，刑事立法的道理也一样。刑事立法完善固然重要，健全刑事司法也决不可轻视。《刑法》增设了洗钱罪，《刑法修正案（三）》、《刑法修正案（六）》又对这一罪名进行了修正。不过，从刑事司法的操作层面上来看，由于洗钱罪的构成要件中要求"明知"，刑事司法机关对于洗钱罪上游犯罪的所得及其产生的收益缺乏有效的侦查机制和控制手段，在举证方面存在相当大的难度，对洗钱犯罪行为以洗钱罪进行司法追究存在相当大的困难，刑事司法实践中洗钱罪的案例很少。"财政部统计显示，中国每年被'洗'到境外的黑钱高达 2000 亿元人民币"，③ 当前反洗钱的刑事司法实践工作显然是与此极不相称的。司法实践中，对于从事地下钱庄的违法犯罪活动以及协助贪污、走私等犯罪分子转移赃款行为一般都是以非法经营罪来定罪处罚的。公安部与中国人民银行等部门开展合作，反洗钱工作部际联席会议制度，公安部向中国人民银

---

① 苏力：《法治及其本土资源》，中国政法大学出版社 1996 年版，第93 页。

② 中国破产法的基本情况，见附录第 11 项。

③ 钟文倩：《洗钱》，载《21 世纪经济报道》2006 年 12 月 6 日综合版。

行派驻联络员制度、情报会商制度等跨部门协作机制的建设，公安部门、人民银行反洗钱机构和队伍建设，反洗钱国际合作的开展，使得 2005 年以来我国反洗钱工作取得了一定进展。因此，虽然洗钱罪的立法完善已经有较大进展，不过 2005 年以来健全刑事司法的措施为洗钱罪的司法适用创造了空间。2006 年 10 月 31 日全国人大常委会通过了《中华人民共和国反洗钱法》（以下简称《反洗钱法》），规定了侦查机关在反洗钱侦查中的相关职权。《反洗钱法》第 26 条规定，侦查机关可以对调查所涉及的账户资金采取 48 小时的临时冻结措施等，这势必将进一步推动我国反洗钱的刑事司法工作。①

其次，根据当代中国的刑法现状，先从健全刑事司法着手有利于推进刑事立法的完善，也有助于提升刑法大众文化的水平。当代中国刑法的大趋同存在不协调性的负效应，刑法精英文化的趋同化程度比较高，刑事立法趋同化的程度适中；而刑事司法、刑法大众文化的趋同化程度则比较低，而且有时对于刑法精英文化、刑事立法的趋同因素存在抵触情绪。刑法理论一般倾向于通过完善立法来引导司法，来促进刑法大众文化的提升。不过，从中国刑法的状况看，我国的刑事立法并非积极型、引导型的立法，这种优先刑事立法的方案并没有明显的效果。中国在法律渊源上奉行成文法典，严格的刑事立法程序和谨慎的刑事立法指导思想使刑事立法具有一定的滞后性和保守性，未在司法实践中得到验证和认可的项目一般不会提上立法的议事日程。目前，虽然已经通过了 6 个刑法修正案和 1 件单行刑法，不过主要集中在完善恐怖主义犯罪和破坏市场经济秩序罪立法这两个方面，而这两个领域某些法律条文的修正和增补是客观形势的急剧变化使得刑事立法必须尽快作出回应。总体来说，当代中国刑事立法的修正主要是针对刑事司法实践中具体的重大刑法空白问题的回应和对刑事司法实践中成熟经验的总结。

这种保守的立法指导思想，在我国民法典的制定过程中已经尽

---

① 中国的反洗钱立法及打击洗钱犯罪的基本情况，见附录第 12 项。

览无遗。全国人大 1986 年通过《中华人民共和国民法通则》（以下简称《民法通则》）以来，民法学者们一直倡导制定一部统一的民法典，改革开放步伐的加大也需要系统的民事法典。不过立法部门经过再三调研，还是采取了分步立法的模式，全国人大 1999 年通过了《中华人民共和国合同法》，相当于将债法这一部分的民法典先行立法，又于 2007 通过《中华人民共和国物权法》，相当于制定了物权法这一部分的民法典，加上继承法、婚姻法、知识产权法等领域已经通过的立法，制定统一民法典的事项很长一段时间内都不会提上立法的议事日程。刑事立法也是如此。中国 1979 年通过第一部刑法典，改革开放的政策使得社会形势迅速变化，不过直到 1997 年才对这部刑法典进行全面修订。1997 年的修订也主要是对 1997 年之前单行刑法、附属刑法立法经验的总结，积极的创新性立法并不多。相信在短期之内，刑法典很难进行全面修订；若不是迫在眉睫的事项，也很难提上刑法修正案的议事日程。而刑事程序立法方面，1996 年对《刑事诉讼法》的修改并没有达到学者们预期的希望，学者们一直主张再次修改刑事诉讼法典，2004 年十届全国人大常委会已经将刑事诉讼法典的再修改列入了立法规划。不过对新的刑事诉讼法典的修改必然持审慎的态度，不会进行大幅度的改革，主要是从形式上解决刑事诉讼法典与联合国刑事司法准则的衔接问题。至于刑事执行法典的制定，虽然有学者倡议，不过在短期之内还看不到列入立法规划的希望。

因此，完善刑事立法固然重要，不过寄希望通过完善刑事立法来健全刑事司法，提升刑法大众文化的全部重任则不切实际。在当代中国，相对于刑事司法、刑法大众文化而言，刑事立法已经比较完善了，必须注重优先健全刑事司法，在刑事司法中结合刑法精英文化中若干切实可行的观念，使已经被完善的刑事立法能够有效运行，达到刑事司法与刑事立法的同步。例如，当代中国刑法对于死刑问题的处理就比较务实。刑法精英文化中废除死刑的呼声很高，不过刑法大众文化似乎保留死刑的态度比较深厚，刑事司法中也对死刑的威慑功能寄予后望，从立法上削减甚至减少死刑罪名，在短期内面临较大的压力。这种情况下，最高人民法院收回死刑复核权，从健全刑事司法入手减少死刑的务实措施。因为，死刑复核权由最高人民法院收回后，有利于统一死刑的适用标准，也有利于贯彻"少杀慎杀"的死刑政策，必然将降低死刑的判决率和执行率。

（三）对国际刑法规范采用直接适用为辅、间接适用为主的模式

中国缔结或参加国际条约尤其是国际刑事条约后采用直接适用为辅、间接适用为主的模式比较适合。国际法在国内的适用，主要有直接适用和间接适用两种方式，《中华人民共和国宪法》（以下简称《宪法》）和《中华人民共和国立法法》（以下简称《立法法》）对于国际法在国内的适用问题都没有规定，我国立法和司法实践中采取了直接纳入和间接转化相结合的做法。① 《刑法》对于国际刑法规范与中国刑法的关系也没有直接作出规定，国际刑事规范和国内刑事立法的关系并不明确。就刑事实体法而言，虽然《刑法》第9条规定："对于中华人民共和国缔结或者参加的国际条约所规定的罪行，中华人民共和国在所承担条约义务的范围内行使刑事管辖权的，适用本法"，确立了普遍管辖权；不过第3条同时规定："法律明文规定为犯罪行为的，依照法律定罪处刑；法律没有明文规定为犯罪行为的，不得定罪处刑。"这样，实质上将对国际罪行的管辖权局限于《刑法》分则中规定的罪名。虽然《刑法》已经在诸多方面体现了中国已经缔结或参加的国际条约的精神，不过我国刑法分则直接规定的国际罪行并不多，《刑法》的规定与国际刑法规范并不具有完全的对称性，某些国际刑法规范在中国刑法典中尚无相应规定，刑法的趋同化效果尚有待加强。例如，《刑法》中的刑讯逼供罪、暴力取证罪，虐待被监管人罪与《禁止

---

① 采用直接纳入方式的，如《中华人民共和国民法通则》第421条第2款的规定；采取间接转化方式的，如中国加入《巴黎公约》、《商标国际注册马德里协定》、《专利合作条约》等知识产权国际公约之后，对《中华人民共和国商标法》、《中华人民共和国专利法》的修正。

酷刑公约》规定的"酷刑"在犯罪主体等构成要件方面有一定差别。根据《禁止酷刑公约》第 1 条规定："为本公约的目的，'酷刑'是指为了向某人或第三者取得情报或供状，为了他或第三者所为或涉嫌的行为对他加以处罚，或为了恐吓或威胁他或第三者，或为了基于任何一种歧视的理由，蓄意使某人在肉体或精神上遭受剧烈疼痛或痛苦的任何行为，而这种疼痛或痛苦是由公职人员或以官方身份行使职权的其他人所造成或在其唆使、同意或默许下造成的。纯因法律制裁而引起或法律制裁所固有或附带的疼痛或痛苦不包括在内。"而根据《刑法》，刑讯逼供罪、暴力取证罪的主体限定于司法工作人员，虐待被监管人罪的主体限定于监狱、拘留所、看守所等监管机构的监管人员。《禁止并惩治种族隔离罪行的国际公约》所规定的"种族隔离的罪行"以及《防止及惩治灭绝种族罪公约》所规定的"灭绝种族"只能按照《刑法》的故意杀人罪、故意伤害罪来制裁，而这些罪名在犯罪的构成要件和罪质上与种族隔离罪、灭绝种族罪均有一定区别；《联合国反腐败公约》所列举的腐败犯罪的外延也比《刑法》中相应罪名的外延要广，如贿赂外国公职人员或者国际公共组织官员罪在《刑法》中没有相应规定。那么，当代中国在缔结或参加国际条约尤其是国际刑事条约后，应该如何处理国际刑法规范与国内刑法的关系呢？简而言之，采取直接适用为辅、间接适用为主的模式，具体采取以下方法：

第一，在刑事立法、刑事司法中明确国际刑法规范直接适用的补充性以及适用的优先性效力。根据当前《宪法》和《立法法》对于国际法和国内法关系保持沉默的立法现状，虽然采取直接适用模式似乎更加直截了当，不过在立法没有明确规定的情况下，对国际刑法规范全部采取直接适用模式是不现实的，而且国际刑法规范一般仅仅规定缔约国应当将某些行为规定为犯罪行为并界定这些行为的定义、要件以及某些术语的定义，并无刑事责任的规定，这也需要国内刑法进行相应的配套立法。当然，对于国内刑法对相关事项未作规定时国际刑法的直接适用效力，还是应该在刑事立法和刑事司法中得以明确。如果《刑法》第 9 条关于普遍管辖的规定能够得以修改，可以增加两款规定，一款关于国际条约直接适用的补充性，可以规定"对于中华人民共和国缔结或者参加的国际条约所规定的罪行，本法尚未规定的，适用国际条约的规定，但中华人民共和国声明保留的条款除外"；另一款关于国际刑法适用的优先性效力，可以规定"对于中华人民共和国缔结或者参加的国际条约所规定的罪行，同本法的规定不一致的，直接适用国际条约的规定，但中华人民共和国声明保留的条款除外"。即使《刑法》第9条不修改，根据这一条确立的普遍管辖权，以及《民法通则》第142条第2款的立法例，在中国履行国际条约义务的范围内，也可以考虑采取立法解释、司法解释的方式指导刑事司法，以便将某些国际罪行包括在《刑法》某些罪名的构成要件之中，再根据《刑法》追究相应罪行的刑事责任。

第二，刑事立法根据国际条约的内容，及时将国际条约的内容具体转化为国内立法。就刑事实体法而言，有学者主张"凡是我国已经缔结或者参加的国际条约中所规定的国际罪行，在我国刑法中尚无相关条款的，都应该以补充规定等特别刑法的方式增设为新罪，在刑法修订之时纳入到刑法分则的相关章节之中"。①　这未尝不是一种解决方法，不过在《刑法》不大可能短期内全面修订的情况下，这样的立法体例会大量增加刑法修正案和单行刑法的数量，使得《刑法》面目全非，破坏《刑法》的体系性，也有损于《刑法》的严肃性。笔者以为，《德国〈国际刑法典〉施行法》②综合法典的立法体例值得借鉴。

《德国〈国际刑法典〉施行法》设八编，第一编为"《国际刑法典》"，分为"总则"和"违反国际法的犯罪行为"两章，第1

---

①　黄芳：《国际犯罪国内立法研究》，中国方正出版社2001年版，第191页。

②　本法典由德国联邦议会于2002年6月26日通过，法典全文见赵阳、魏武译：《德国〈国际刑法典〉施行法》，载赵秉志、卢建平主编：《国际刑法评论》第1卷，中国人民公安大学出版社2006年版，第454～476页。

条规定："本法适用于其中所规定的一切违反国际法的犯罪行为；对于本法规定的重罪，即使行为是在国外实施并且与本国没有联系，本法亦应适用"；"违反国际法的犯罪行为"这章分为"灭绝种族罪和危害人类罪"、"战争罪"、"其他犯罪行为"三节。第二编为"《〈刑法典〉修正案》"，集中了对《刑法典》（2002 年修订）再次修订的文本。第三编为"《〈刑事诉讼法典〉修正案》"，集中了对《刑事诉讼法典》（2002 年修订）再次修订的文本。第四编为"《〈法院组织法〉修正案》"，集中了对《法院组织法》（2002 年修订）再次修订的文本。第五编为"《〈法院组织法施行法修订法〉修正案》"，集中了对《法院组织法施行法修订法》（1980 年修订）再次修订的文本。第六编为"《〈原德意志民主共和国国家安全部档案资料法〉修正案》"，集中了对《原德意志民主共和国国家安全部档案资料法》（2001 年修订）再次修订的文本。第七编为"《废除德意志民主共和国〈刑法典〉中一条继续有效的规定》"，废除了《德意志民主共和国刑法典》第 84 条。第八编为"生效"，规定"本法自公布次日起生效"。《德国〈国际刑法典〉施行法》这种综合法典的立法体例，将国际刑法的相关实体和程序法律问题统一规定在独立的法典之中，有利于统一协调国内相关法典的规定，一揽子解决国际刑法的施行问题，也便于刑事司法的适用。

因此，如果在刑事立法中将国际罪行进行系统的清理并进行对应性立法，既然《刑法》对于相关国际罪行的规定在罪名设置、罪状规定上与国际条约有一定的差别，与其采取修正《刑法》的方式，不如制定诸如"国际刑法施行法"这类专门的法典。在法典中，一方面对《刑法》第 9 条的规定进行配套修正，同时系统地将中国缔结或参加的国际条约中规定的罪行进行完整、系统的规定，直接将国际条约关于罪名、罪状的规定在法典中加以明确，并进一步规定具体的刑罚；另一方面，还可以根据国际罪行的特点，在犯罪、刑罚、刑罚的具体运用等方面规定仅仅适用于国际罪行的特别制度。

同时，"国际刑法施行法"中还可以考虑一揽子规定刑事程序、刑事执行等相关事项。目前，中国在刑事程序法、刑事执行法方面的立法比较薄弱，也亟需制定新的法律。在刑事程序法方面，《刑事诉讼法》第 17 条规定"根据中华人民共和国缔结或者参加的国际条约，或者按照互惠原则，我国司法机关和外国司法机关可以相互请求刑事司法协助"，只是简单的赋予刑事司法机关对外开展刑事司法合作的职权。具体执行程序，外交部、最高人民法院、最高人民检察院、公安部、司法部 1992 年 4 月 23 日下发的《关于办理引渡案件若干问题的规定》只能作为执行的一个框架性文件。刑事执行法领域也没有专门的法律文件来规定涉外的刑罚执行。既然刑事程序法、刑事执行法领域也需要制定新的法律，而这些事项与国际罪行是紧密联系的，在"国际刑法施行法"进行集中规定则更加系统。总而言之，对于中国缔结或参加的国际条约中涉及的国际刑法规范，采取转化适用的方式，制定一部统一的包括总则、国际刑法、国际刑事司法合作、涉外刑罚的执行这四部分内容的"国际刑法施行法"具有一定可行性，有利于有效地在中国施行国际刑法规范。

第三节　刑法的小趋同在当代中国的发展策略

本书在第一章提出了刑法的趋同之系列概念，其中刑法的大趋同、刑法的小趋同是具有对应性的基本概念。在随后的章节本书重点讨论了刑法的大趋同，探讨了中国与其他国家刑法文化、刑事立法或刑事司法趋于相似或一致的现象。本节将以当代中国刑法为视点，探讨刑法的小趋同问题。刑法的小趋同是一个国家内部的刑法文化、刑事立法或刑事司法趋于相似或一致的现象，包括刑法的域内趋同和刑法的区际趋同两种现象。刑法的域内趋同是指一个法域内部的刑法文化、刑事司法、刑事执法趋于相似或一致的现象，涉及刑事立法与刑事司法、刑事执法的协调问题，这对于内地刑法而言是一个重要课题。刑法的区际趋同是一个国家内部不同法域之间的刑法文化、刑事立法或刑事司法趋于相似或一致的现象。当代中国是复合法域国家，包括内地、香港特别行政区、澳门特别行政区、台湾地区，不同法域之间刑法的协调问题也是一个亟需研究的课题。

一、重视内地刑法的域内趋同

刑事立法只是静态的刑法，刑事司法、刑事执法才是动态的刑法。在中国内地，由于实行成文法典主义，刑事立法是统一的，不过不同地区之间的刑事司法、刑事执法不均衡的情形还比较明显，刑法大众文化与刑法精英文化的距离也比较大，刑事司法、刑事执法、刑法大众文化与刑事立法之间还存在一定的差距，必须重视刑法的域内趋同。普通民众对于刑法的认知是通过对于刑事司法、刑事执法的感性观察逐渐形成的，促进内地不同地区刑事司法、刑事执法之间趋于相似或一致是实现内地刑法域内趋同的最佳策略。

（一）尽量采用标题明示式的罪名立法模式①统一确定罪名

"整个刑法分则就是一个关于罪名以及相应刑罚的集合体，使用刑法实际上也就是使用刑法分则中规定的罪名及其相应的法定刑；罪名是刑法分则中最基本的概念，形形色色的定罪量刑问题莫不发微于此。"② 因此，刑事司法、刑事执法中确定统一的罪名是维护刑事法制的严肃性，达到刑法域内趋同的基本前提。罪名可以

---

① 世界各国刑法典关于罪名的立法模式可以分为明示式和暗示式两种。所谓明示式，是指刑法分则条文对具体犯罪的名称作出了明确规定的罪名立法方式。所谓暗示式，是指刑法分则条文只描述了犯罪行为的特征，对具体犯罪的罪名则没有明确规定，需要根据刑法规定的罪状抽象、概括出相应的名称。参见刘艳红：《罪名研究》，中国方正出版社 2000 年版，第 34～38 页。

② 刘艳红：《罪名研究》，中国方正出版社 2000 年版，第 1～2 页。

分为立法罪名、司法罪名和学理罪名。① 《刑法》中立法罪名很少，1997 年 10 月 1 日前后出版的刑法著作对刑法典罪名的归纳以各自的学理罪名为准，对罪名的名称也进行专门探讨。自从《最高人民法院关于执行〈中华人民共和国刑法〉确定罪名的规定》（以下简称《确定罪名的规定》）、② 《最高人民法院、最高人民检察院关于执行〈中华人民共和国刑法〉确定罪名的补充规定》（以下简称《确定罪名的补充规定》）、③ 《最高人民法院、最高人民检察院关于执行〈中华人民共和国刑法〉确定罪名的补充规定（二）》（以下简称《确定罪名的补充规定（二）》）、④ 《最高人民法院、最高人民检察院关于执行〈中华人民共和国刑法〉确定罪名的补充规定（三）》 （以下简称《确定罪名的补充规定（三）》）⑤ 公布以后，我国基本确立了以司法罪名为主的罪名确定模式，刑事司法中根据两高的司法解释确立罪名，论及刑法分则条文时学理上一般也不再探讨罪名的名称。总体来看，"我国刑法采

---

① 根据罪名的法律效力不同，可将罪名分为立法罪名、司法罪名和学理罪名。立法罪名，是指由立法机关对刑法分则条文所明确规定的罪名。司法罪名，是指由最高司法机关通过司法解释所确定的罪名。在我国，即是指由最高人民法院和最高人民检察院通过司法解释所规定的罪名。学理罪名，是指刑法理论上根据刑法分则条文的具体规定所概括出的罪名。参见刘艳红：《罪名研究》，中国方正出版社 2000 年版，第 14 ~ 16 页。

② 法释［1997］9 号，1997 年 12 月 9 日最高人民法院审判委员会第 951 次会议通过，自 1997 年 12 月 16 日起施行。

③ 法释［2002］7 号，最高人民法院审判委员会第 1193 次会议、最高人民检察院第九届检察委员会第 100 次会议通过，自 2002 年 3 月 26 日起施行。

④ 法释［2003］12 号，2003 年 8 月 6 日最高人民法院审判委员会第 1283 次会议、2003 年 8 月 12 日最高人民检察院第十届检察委员会第 7 次会议通过，自 2003 年 8 月 21 日起施行。

⑤ 法释［2007］16 号，2007 年 8 月 27 日最高人民法院审判委员会第 1436 次会议，2007 年 9 月 7 日最高人民检察院第十届检察委员会第 82 次会议通过，自 2007 年 11 月 6 日起施行。

用的罪名解释化模式使得罪名的适用有据可依，较之旧刑法实施阶段，能够很好地保证司法活动的统一性和严肃性，能够更大限度地发挥刑法的权威性以及预防和教育功能。与以前我国刑法对罪名的规定方式相比，该模式无疑是一种进步"。①

不过，这种司法罪名为主的罪名确定模式或曰罪名解释化模式有两个主要的问题：一则，司法罪名为主有损刑事立法权威。罪名应该是刑法分则罪刑规范的基本组成部分，属于刑事立法的当然组成部分，司法罪名为主的罪名确定模式有越俎代庖之嫌。二则，司法罪名缺乏及时性使得司法罪名与刑事立法并不同步。虽然司法罪名的公布有利于刑事司法中统一确定罪名，不过司法罪名的公布过程表明确定罪名这个问题没有引起司法机关足够的重视。最高人民法院、最高人民检察院在罪名确定这个问题上的立场还未完全协调一致，司法罪名具有相当的滞后性，刑事立法施行之后仍然存在罪名的真空期。《确定罪名的规定》在《刑法》施行之后 76 天才由最高人民法院单独公布。全国人民代表大会常务委员会《关于惩治骗购外汇、逃汇和非法买卖外汇犯罪的决定》1998 年 12 月 29 日起已经施行，最高人民法院、最高人民检察院时隔 3 年多以后才于 2002 年 3 月 15 日公布《确定罪名的补充规定》，就《刑法修正案》、《刑法修正案（二）》、《刑法修正案（三）》中确定罪名的问题进行捆绑司法解释，而《刑法修正案》、《刑法修正案（二）》、《刑法修正案（三）》也已经分别于 1999 年 12 月 25 日、2001 年 8 月 31 日、2001 年 12 月 29 日起施行。《刑法修正案（四）》2002 年 12 月 28 日已经施行，《确定罪名的补充规定（二）》2003 年 8 月 21 日才公布。《刑法修正案（五）》、《刑法修正案（六）》已经分别于 2005 年 2 月 28 日、2006 年 6 月 29 日施行，《确定罪名的补充规定（三）》也是直到 2007 年 10 月 25 日才公布 。这给刑事司法实践中适用相关刑事立法带来了极大的不便。

简而言之，司法罪名为主的罪名确定模式没有完全解决刑事司

---

① 刘艳红：《罪名研究》，中国方正出版社 2000 年版，第 53 页。

法中统一认定罪名的问题。对于这个问题，应该采取结合暂时和彻底两种解决方案。暂时解决方案就是完善司法罪名的公布程序，保持司法罪名与刑事立法同步。这需要立法机关、刑事司法机关的配合。比较合理的方案是新的刑事立法在公布之后的一定日期再施行，在此期间最高人民法院、最高人民检察院联合公布司法解释，并与刑事立法文件在同一日期施行，避免司法罪名真空期的出现。彻底解决方案就是在刑法典再次全面修改的时候，立法机关在总结司法罪名相关司法实践经验的基础上，借鉴德国、日本等国刑法的经验，采取标题明示式的罪名立法模式，在刑法典中统一确定刑法分则罪刑条文所规定的罪名。当然，由于刑法典的稳定性，如果刑事司法实践出现新的情况，刑法典所确定的罪名可能有修改的必要。此时，完全可以采用由立法机关通过刑法修正案的方式，对法典中的罪名、罪状、刑罚进行调整，从而达到刑法确定罪名的统一性、稳定性和灵活性的协调。

（二）通过规范刑事司法解释和刑事判决促进定罪、量刑的趋同

1. 规范和加强刑事司法解释，提高刑事司法解释工作的水平和效率

我国目前发布的刑事司法解释，重点在于对个罪定罪情节、量刑情节的解释。虽然司法解释中的某些内容存在越权解释的嫌疑，但"解释虽然不是万能的，也不是无限的，却是不可低估的，不能轻视的，不可否认，刑法本身的完善有赖于刑法解释的完善"。①在司法实践中，司法解释也是行之有效的规范检察工作、审判工作的途径。因此，指责甚至否定司法解释是不客观的，当务之急是规范司法解释，并大力发挥司法解释的作用。第一步要进行的基础性工作是清理司法解释，在这个方面最高人民法院和最高人民检察院已经开始了卓有成效的工作。不过，仅仅从形式上清理是不够的，

---

① 《日本刑法典》，张明楷译，法律出版社 1998 年版，译者序第 6～7页。

更重要的是从内容上对司法解释进行实质的论证，对于不合理和不合法的地方应该坚决废止或修改。第二步就是建立规范的司法解释制定机制。司法解释由司法机关自行起草，针对的主要是各级司法机关在司法实践中遇到的问题，起草过程中的主观色彩比较浓厚，对内容有时缺乏充分的论证。对此，应该借鉴立法程序的某些做法，严格审查司法解释的内容，以对待法律草案的慎重来审议通过司法解释。在起草和审查司法解释的过程中，应该充分重视学者的作用，听取相关方面的意见，避免仅仅站在司法机关的立场上狭隘理解法律。这样，才能建立一个既无立法活动之繁琐，又有立法活动之严谨的程序，从而发布内容科学的司法解释，不仅指导司法实践，还为刑法的完善提供丰富的经验，并促进理论和实践的结合，形成理论和实践的互动。《最高人民检察院司法解释工作规定》、①《最高人民法院关于司法解释工作的规定》② 的发布就是一个良好的信号，这两个规定进一步将司法解释纳入了规范化管理的轨道。③ 如《最高人民检察院司法解释工作规定》第 3 条明确规定"司法解释应当以法律为依据，不得违背和超越法律规定"。第 23 条规定"司法解释应当按照有关规定报送全国人民代表大会常务委员会备案"。《最高人民法院关于司法解释工作的规定》第 17 条

① 高检发研字 [2006] 4 号，2006 年 4 月 18 日最高人民检察院第十届检察委员会第五十三次会议审议通过，2006 年 5 月 10 日印发执行。

② 法发 [2007] 12 号，最高人民法院 2007 年 3 月 23 日发布，2007 年 4 月 1 日起施行。

③ 最高人民检察院、最高人民法院在《刑法》施行前，曾经分别发布了规范司法解释工作的规定：（1）《最高人民检察院司法解释工作暂行规定》，高检发研字 [1996] 7 号，最高人民检察院第八届检察委员会第六十三次会议通过，1996 年 12 月 9 日发布施行。（2）《最高人民法院关于司法解释工作的若干规定》，法发 [1997] 15 号，1997 年 6 月 23 日发布，1997 年 7 月 1 日起施行。自 2006 年 5 月 10 日起，《最高人民检察院司法解释工作暂行规定》废止。自 2007 年 4 月 1 日起，《最高人民法院关于司法解释工作的若干规定》废止。

则要求"涉及人民群众切身利益或者重大疑难问题的司法解释，经分管院领导审批后报常务副院长或者院长决定，可以向社会公开征求意见"；同时第 26 条规定"司法解释应当自发布之日起 30 日内报全国人民代表大会常务委员会备案。备案报送工作由办公厅负责，其他相关工作由研究室负责。"如果最高人民检察院、最高人民法院能在刑事司法实践中贯彻执行这两项规定，积极总结检察、审判经验，在遵循罪刑法定原则的前提下促进司法解释的规范化、制度化、科学化，将有利于促进不同地区刑事司法、刑事执法的统一化，实现刑事司法、刑事执法的域内趋同。

2. 改进刑事判决书的写作，建立刑事判决书的公布制度

改进判决书的写作，就判决书自身而言，重点可以从两个方面着手，其一，记载少数法官的不同意见，从形式上完善判决书所涵纳的内容。据 2002 年 10 月 18 日《法律服务时报》报道，上海第二中级人民法院尝试将合议庭成员评议案件时的不同意见一并写入判决书。法院判决书中记载少数法官的不同意见，在国外已经由来已久。判决书记载不同意见具有诸多益处，也未必与我国国情不符或者和现行法律规定不一致，上海二中院在判决书中记载少数人不同意见的尝试值得思考和借鉴。① 其二，加强说理，从实质上提高判决书的撰写质量。定罪、量刑的结论载明于判决书，而判决书所论述的定罪、量刑的理由是衡量法官是否准确定罪、适当量刑的重要指标。现行的刑事判决书内容僵化，说理简单，"本院认为"后面的论理成分不足，定罪理由论述不够深入，量刑情节一般只提及法定量刑情节的认定，对酌定量刑情节的适用则很少涉及，法官定罪、量刑的过程没有完全体现在判决书上。如果能够在判决书中加大论证的力度，在判决书中深入阐明适用罪名、确定刑罚的理由，一方面可以发挥刑事司法的主观能动性，在司法实践中总结处理疑难案件的经验，依据刑法典但不教条主义地依靠刑法典来定罪；另

① 参见叶新火：《判决书公布少数法官不同意见之探讨》，载《学海》2003 年第 3 期，第 151 页。

一方面可以避免经验主义的估堆量刑，促进法官对如何适用量刑情节的自觉思考，从而在实践中逐步提高法官素质，形成一套适用量刑情节的方法。简而言之，提高判决书的理论水平，就是提高法官定罪、量刑的水平，有利于促进定罪准确、量刑适当。

改进判决书的写作，最有效的方式是建立刑事判决书的公布制度。因为，如果只是最高人民法院倡议、学者建议，即使判决书写作水平不高，只要判决书对公众保密，法院有选择是否公布刑事判决书的自主权，所谓提高判决书的水平就是一句空话。而一旦建立刑事判决书的公布制度，刑事判决书就置于所有社会公众的监督之下，判决书的写作水平自然会得到法官的重视；而且判决书的公布也有利于法官相互借鉴审判经验，提高判决书的撰写水平，保证刑事裁判的统一性、均衡性，减少定罪不一和量刑畸轻畸重的现象。"公布判决书的方法很多，其中出版是主要的方法。各级法院可以按年度及刑事、民事、行政案例的类别，在当地出版判决书。由于人民法院每年审理的案件数量较多，在目前条件下，可以先选择有代表性的案件进行出版。有条件的法院，还可将判决书上网，这也是另一种形式的出版。而且判决书上网的成本较小，而公开的范围却很大。随着涉外案件的增多，在网上公布判决书也体现了国家司法主权。而且由于判决书都要经过电脑打印，再上传到网上，从技术上讲很容易。国外许多法院，以及我国的香港高等法院、台湾地区的一些法院、海南省高级法院都在网上公布判决书，方便各界人士查阅，应当说效果是很好的。当然在出版判决书的时候，对未成年人犯罪案件，涉及个人隐私、商业秘密的案件及其他不宜公开的内容，可以不予公开，这样可以保证公开出版判决书取得良好的效果。"① 在档案的数字化处理方面，最高人民法院已经进行了一些基础性工作，"中国法院网承担的最高人民法院自成立以来全部诉讼档案和行政档案的数字化处理工作，已使新中国成立以来的每一

---

① 李富金：《公开出版判决书如何》，载《百姓信报》2001 年 8 月 28 日第 11 版。

份档案都可以通过信息网络轻松检索调阅"。① 下一步的工作，一方面是在各级法院推行档案数字化处理的基础性工作，另一方面是制定规范、科学的判决书包括刑事判决书的公布制度，通过出版物和网络来定期公布刑事判决书，发挥上级人民法院的刑事审判案例对各级人民法院刑事审判的指导作用和普通公民对刑事判决的监督作用。

3. 通过量刑规范化改革，促进量刑的趋同

我国刑法规定的法定刑幅度与其他国家相比范围非常之广，因此法院关于宣告刑的决定有着不亚于认定犯罪的实际意义。不仅如此，公诉案件中被告人被宣告无罪的比例极其低下，所以说多数被告人的关心主要集中在量刑上也不言过其实。然而，我国量刑领域的现状并不容乐观。根据一份 2000 年的判刑问题调查报告，上海市法院体系存在量刑不平衡现象。② 这并不是上海市特有的现象，全国范围内量刑不平衡的现象更加严重，基本相似的案件，不同法院，不同法官判处的刑罚有时相差悬殊。因此，除规范和加强刑事司法解释、改进刑事判决书的写作之外，还应采取其他有效措施，促进不同地区法院量刑的趋同。

首先，在宏观体制上，可以考虑借鉴美国量刑委员会的运作模式，建立有效的量刑指导体系。党的十六大提出了推进司法体制改革的要求，为司法体制改革指明了发展方向。在司法体制改革的过程中必然会涉及深层次的改革，可以考虑借鉴美国量刑委员会的运作模式，在司法系统中设立一个量刑指导委员会。根据 1984 年《量刑改革法》，美国量刑委员会作为司法系统中的一个独立机构

① 中国法院网：《本网承接法院档案数字化建设启事》，http：//www. chinacourt. org/public/detail. php? id＝237695，［2007-03-20］。

② 参见中国政法大学刑事法律研究中心赴上海调研组：《对上海市判刑问题的调查报告》，载中国政法大学刑事法律研究中心、英国大使馆文化教育处主编：《中英量刑问题比较研究》，中国政法大学出版社 2001 版，第 337 页。

成立，并被授权制定、完善《量刑指南》。《量刑指南》的核心内容是对联邦刑法中适用最为广泛的监禁刑和罚金刑规定了量刑等级（法定幅度）表；同时《量刑改革法》对如何制定量刑指南，指导委员会如何规定犯罪行为的种类和犯罪特征的种类诸问题作了详尽限定，并规定了量刑委员会制定指南时应该特别注意遵守的4项指示。① 我国在政治体制、法律传统、刑法典的法定刑配置等方面与美国不同，但这种模式的基本理念我们还是可以借鉴的。我国可以考虑设立一个独立性较强的量刑指导委员会，赋予其制定并不断完善量刑指南的权利，同时详尽规定指南的框架内容，以保证量刑指南的灵活性和规范性。

对于我国而言，无论在形式上量刑指导委员会定位为何种性质，实质上必须具备几个基本条件：充足的财政保障，理论和实践俱佳的组成人员，调阅司法资料的权力，机构上的相对独立性，结论的可适用性。只有这样，才能保证量刑指导委员会秉承理性，以客观公正的态度对量刑情节的适用提出具有可操作性的建议，并有效地指导量刑工作。量刑指导委员会成立之后，首先要做的工作应该是调研，也就是进行量刑情节适用状况的全国普查，据此编制相关的报告。然后才能制定"量刑指南"之类的文件，指导全国性的量刑工作。此后，量刑委员会的工作就是跟踪调查"量刑指南"的实施情况，并继续调研量刑工作，定期修改"量刑指南"，以适应形势的需要。至于"量刑指南"的定位，则需要与量刑指导委员会的性质一致。笔者认为，这个机构和指南不一定要在形式上定位很高，实质上却很难施展拳脚，沦落为一个花架子，只要委员会及其制定的"量刑指南"能行之有效地指导量刑即可。例如，我国法院之间是指导与被指导的关系，各级法院之间应该是独立的，但实际上各级法院之间还是参照上下级关系运作的；我国不承认判例法，但最高人民法院公布的案例往往成为定罪量刑的范本，对定

---

① 参见周光权：《法定刑研究—罪刑均衡的建构与实现》，中国方正出版社2000年版，第163～166页。

罪量刑产生倾向性的影响。所以，这个量刑指导委员会虽然以建立科学的量刑情节适用体系，矫正量刑失衡为宗旨，但如果以司法机关对立面的姿态出现，强行制定一个文件，效果未必好。实际上，各级司法机关对于如何确定、适用量刑情节也很困惑，量刑指导委员会应该注重司法机关的参与，着力于制定科学的量刑情节适用规则。这样，即使颁布一个指导性的文件，也能够解决实际问题。

其次，在微观的量刑工作机制上，合理利用计算机软件辅助量刑系统，促进科学量刑。实际上，已经有中国的法院制定了与"量刑指南"类似的量刑细则，并借助计算机软件来辅助量刑工作。2003 年山东省淄博市淄川区人民法院开发出刑事案件量刑软件帮助法官判案；其具体做法是从 2001 年到 2003 年审结的 1300 余起刑事案件中，划分出盗窃、贪污受贿、抢劫等 11 类常见犯罪的量刑情节，定性及刑期，将个案所涉及的犯罪情节、量刑情况进行准确统计，汇编成文，输入电脑，形成量刑的规范；法官只要将被告的犯罪情节输入电脑，轻点鼠标，电脑就会对该被告适当地量刑。2004 年上半年，淄川区法院借助电脑量刑所审理的 190 余起案件，无一上诉、抗诉。① 在不断总结刑事审判经验的基础上，淄川法院对软件进行了改良。2006 年 3 月，淄川区法院的"智能数字化量刑系统"得到最高人民法院的正面评价；2006 年 9 月，山东省高级人民法院决定在山东省全省范围内推行"智能数字化量刑系统"。② 媒体对此褒贬不一，捧杀、棒杀的都有。

媒体的炒作主要是因为"电脑量刑"这个术语能够吸引读者。其实，电脑量刑只是法官使用计算机软件辅助量刑系统来完成量刑工作。所谓"电脑量刑"并非纯粹依靠电脑来完成量刑，也并非取消法官的自由裁量权，而是运用软件辅助法官行使自由裁量权。

---

① 参见崔太水、张其林：《淄博淄川：电脑量刑无一上诉、抗诉》，载《新华每日电讯》2004 年 7 月 10 日第 7 版。

② 参见王雷：《山东争议中推广电脑量刑》，http://www.nanfangdaily.com.cn/southnews/jwxy/200609120782.asp，[2007-03-20]。

作为软件基础的量刑细则的形成，是法官总结刑事审判经验的结果；具体使用软件过程中，对案件事实进行分析，并选择量刑规范，也需要法官行使自由裁量权；软件的不断升级也需要法官继续总结刑事审判经验来修订量刑细则。① 因此，电脑量刑只是运用计算机软件来将法官编制的量刑规范数字化而已，量刑过程中法官仍然起主导作用。"作为量刑规范的数字化表现，电脑量刑只是法官断案的辅助工具，我们固然无需捧杀这一新生事物，也不必棒杀这一积极的尝试。"② 笔者认为，计算机软件辅助量刑系统在我国刑事司法中的引入是一项值得肯定的举措，是促进量刑趋同的有效措施。目前不宜简单争论电脑量刑的利弊，而是应该在刑事司法实践中继续总结经验，逐步扩大计算机软件辅助量刑系统的运用，完善作为计算机软件辅助量刑系统基础之量刑细则的撰写和修订；从减少地区内量刑不均衡的现象着手促进量刑公正，避免在电脑量刑地区和非电脑量刑地区形成另类的量刑不均衡。"可以肯定，量刑规范化改革将是未来司法改革中的一个重要趋势，至于改革在什么范围内进行、以什么形式进行、细节上如何操作，目前还不能定论。从宏观的角度来看，淄川法院的电脑辅助量刑是一个基层法院在量刑规范化之路上自己迈出的一步。以一个区法院微弱的力量进行大规模的研究，并总结出非常细化的实施方法，不管人们现在和将来对之如何评价，公允地说，至少淄川法院法官的敬业精神是值得钦佩的。他们的努力，是量刑规范化之路上一次先锋式的探索。"③

最后，在具体的刑事审判工作中，二审法院应该加大对量刑的审判监督力度，促进量刑公正。《刑事诉讼法》第 189 条第 2 项规

---

① 参见侯晓玲：《"电脑量刑"的曲解与还原》，载《人民法院报》2006 年 9 月 22 日第 6 版。

② 王琳：《电脑量刑：不必捧杀，也无须棒杀》，载《海南日报》2006 年 9 月 27 日第 12 版。

③ 侯晓玲：《"电脑量刑"的曲解与还原》，载《人民法院报》2006 年 9 月 22 日第 6 版。

定二审法院对于量刑不当的上诉案件应该改判。但实践中二审法院的改判率极低，而且重心还放在定罪上，对量刑的一点关注也往往集中于死刑。这样，某些畸轻畸重的量刑得不到纠正，一方面助长了量刑随意的风气，另一方面也难以形成、发现和总结量刑规范，量刑规范的理论研究成果也很难进入司法实践的层面。因此，虽然一时还难以在全国范围内形成一致的量刑规范，但如果二审法院通过个案监督，注重考察每一个上诉案件中量刑情节的适用情况，及时总结经验，发现问题，积极改判，并在改判时充分阐述理由，那么长期积累，不仅能够对量刑失衡进行卓有成效的矫正，还可以形成大量的第一手资料，有利于统一量刑规范的形成。

（三）强化刑罚执行监督，促进刑事执法的趋同

刑罚有法定刑、宣告刑、执行刑的区别。刑事立法决定了法定刑，刑事司法决定了宣告刑，刑事执法决定了执行刑。通常，载明宣告刑的一纸判决使被告人锒铛入狱，意味着被告人从此被打上"罪犯"的烙印，命运从此发生转折。不过，被告人其实还有机会改变自己的命运，这就是争取减刑、假释的机会，获得更短期的执行刑。同时，《刑事诉讼法》基于行刑人道主义的考虑还规定了监外执行制度。合法合理的减刑、假释可以激励罪犯积极改造。但如果减刑、假释、监外执行适用不当，则会适得其反。宣告刑、执行刑的这种差别，就如同税法中名义税率、实际税率的差距一样。"我国现行内外资企业所得税的法定税率均为33%。但由于大量税收优惠政策和税前扣除标准的不同，使内外资企业实际税负存在很大差别。据测算，当前内资企业实际税率为25%左右，外资企业实际税率为13%左右，两种企业实际税率平均相差一倍左右。"[①]2007年全国人大通过《中华人民共和国企业所得税法》，完成了企

---

① 王翠华：《"两法合并"立法趋势探析》，载《地方财政研究》2006年第4期，第38页。

业所得税内外合一的历史使命,① 势必将有利于保证内外资企业纳税人的公平竞争。同样道理,强化刑罚执行监督,促进减刑、假释、监外执行的规范化,保证所有罪犯在同等条件下能够获得同样的执行刑"优惠政策"和人道主义关怀,对于实现刑罚一般预防和特殊预防的双面预防目的,实现刑事执法的趋同至关重要。

1. 强化刑罚执行监督要从加强刑罚执行监督权着手

刑罚执行的监督职能由检察机关行使。目前,我国刑罚执行监督的主要缺陷在于刑事立法的缺位使得刑罚执行监督权先天不足。《刑法》、《刑事诉讼法》没有对检察机关刑罚执行监督作出明确规定;只是《最高人民检察院关于监所检察工作若干问题的规定》②第1条规定:"监所检察工作的任务是:依法对刑罚执行和监管活动实行监督,查办监管人员职务犯罪案件,打击在押人员犯罪活动,维护监管场所的稳定,保护被监管人员合法权益,保障国家法律的统一正确实施";第5条规定:"根据机构改革的规定,设置派出检察院,在监管场所设置派驻检察室。监管场所常年在押人员较少的,应实行巡回检察或派驻专职检察员";第9条规定:"监所检察部门对司法机关的违法行为需要提出书面纠正的,应由监所检察处、科长报请检察长批准后实施。对上一级司法机关违法行为依法提出书面纠正意见后,如果司法机关不接受纠正意见的,下级人民检察院应当提请上一级人民检察院向同级司法机关提出纠正意见。"

① 《中华人民共和国企业所得税法》,2007 年 3 月 16 日第十届全国人民代表大会第五次会议通过,自 2008 年 1 月 1 日起施行;该法第 4 条规定:"企业所得税的税率为 25%"。之前我国实行的是内外资企业所得税的双轨制,内外资企业分别适用 1993 年 12 月 13 日国务院发布的《中华人民共和国企业所得税暂行条例》、1991 年 4 月 9 日第七届全国人民代表大会第四次会议通过的《中华人民共和国外商投资企业和外国企业所得税法》,自 2008 年 1 月 1 日起,这两项法律同时废止。

② 《最高人民检察院关于监所检察工作若干问题的规定》,2001 年 9 月 3 日最高人民检察院第九届检察委员会第九十五次会议通过。

据此，刑罚执行监督是检察机关监所检察的一项职能，根据最高人民检察院的规定，检察机关主要通过派驻检察室，采取检察建议的方式行使监督权。如果执行机关不接受检察建议，并不承担相应的法律后果，这使得刑罚执行监督的力度不强。同时，从具体的程序来看，减刑、假释的裁定直接由监狱向法院提出减刑建议书，并由法院组成合议庭进行审理后裁定，而暂予监外执行的决定则由监狱管理部门直接作出。这样检察机关难以实行事前监督，而事后监督则由于已经"人去楼空"，实际上难以发挥作用。因此，由于刑罚执行监督权在事前"师出无名"，事后也没有"尚方宝剑"，即使检察机关有强化刑罚执行监督的愿望，也是心有余而力不足，难以取得良好的监督效果。

因此，强化刑罚执行监督，促进刑事执法的趋同，根本的症结在于加强立法，规范刑罚执行监督权的法律地位。我国可以借鉴德国刑事诉讼法、日本刑事诉讼法的经验，把减刑、假释、监外执行的程序提起权交由检察机关行使：执行刑罚的监狱根据刑罚执行中的实际情况提出减刑、假释或者暂予监外执行的意见，由监所检察机关依法进行审查，监所检察机关认为应当减刑、假释或暂予监外执行时，由监所检察机关向人民法院或者省以上监狱管理部门提出，再由人民法院或者省以上监狱管理部门依照其职权依法作出裁定或者决定。① 这样，可以将检察机关的刑罚执行监督权落到实处，实现对刑罚执行权的有效制约。

当然，这种强化措施是以刑事立法为前提的。在明确的相关刑事立法出台前，强化刑罚执行监督必须从强化监所检察职能入手。这就需要最高人民检察院从理顺检察系统内部机制入手强化监所检察职能，一方面统一监所检察的体制，强化制度规范，同时多方面保障监所检察的经费，采用计算机网络、监视设备等现代化技术手段实行刑罚执行监督；另一方面，强化监所检察官的队伍建设，加

---

① 参见张智辉：《刑罚执行监督断想》，载《人民检察》2006 年第 4 期，第 6 页。

强培训，提高监所检察官的监督能力，增强刑罚执行监督的效果。

2. 强化刑罚执行监督要对监所职务犯罪常抓不懈

2003 年 1 月至 2004 年 9 月，全国检察机关监所检察部门共立案侦查监管场所发生的涉嫌职务犯罪案件 938 件 1 079 人，其中，失职致使在押人员脱逃的案件 195 件，贪污贿赂案件 141 件，虐待被监管人员案 109 件，徇私舞弊违法减刑、假释、暂予监外执行案 61 件，私放在押人员案 34 件。① 因此，遏制"高墙"内的职务犯罪任重而道远。只有严惩和预防监所职务犯罪，才能及时纠正和补救刑罚执行中的违法犯罪行为，保障刑罚执行权的健康运行。为此，可以从以下几个方面着手：（1）严惩和预防刑罚执行机关的职务犯罪。这就需要监所检察部门加强对监狱、看守所、拘役所职务犯罪线索的挖掘和管理，对应当立案侦查的职务犯罪线索及时立案侦查，树立监所检察的权威，形成严惩和预防监所职务犯罪的安全网。（2）严惩和预防监所监察部门的职务犯罪。这需要检察机关健全制度，对监所检察机关实行严格的规范管理，强化对监所检察权的内部监督。（3）加强对刑事诉讼前端环节职务犯罪的预防。刑罚执行是刑事诉讼的终端环节，这个环节的职务犯罪往往与刑事侦查、刑事起诉、刑事审判等前端环节的职务犯罪交织在一起。"上海首富"周正毅操纵证券交易价格、虚报注册资本案就体现了这样的特点。周正毅 2003 年 5 月 26 日被刑事拘留后一直在上海市看守所收押。据有关部门初查结果，周及其亲属等三人在上海市看守所羁押期间，身为看守所所长的黄坚，接受周的亲属贿赂共计人民币 49 万余元，另有港币、金银首饰若干，为周等人在羁押期间的生活和对外联系提供了方便，上海市看守所所长黄坚因接受周正毅家属贿赂已于 2006 年 12 月下旬被刑事拘留。而 2004 年 4 月 26 日周转至上海市提篮桥监狱服刑，也受到了"一对一"教导员俞金宝的特殊照顾，2006 年 8 月俞金宝因严重违反党纪已被有关部

① 参见郭洪平：《监管场所成司法腐败多发地带》，载《法制日报》2004 年 11 月 4 日第 2 版。

284

门双规。① 因此，严惩和预防刑罚执行环节职务犯罪，必须全盘加强对刑事诉讼全过程职务犯罪的查办，如果出现前端环节职务犯罪的监管盲点，就会顾此失彼。

二、促进内地、香港、澳门、台湾刑法的区际趋同

《香港特别行政区基本法》和《澳门特别行政区基本法》确定在香港特别行政区、澳门特别行政区分别实行"一国两制"的方针，香港特别行政区、澳门特别行政区都拥有行政管理权、立法权、独立的司法权和终审权。至于台湾地区，将来不管如何解决台湾问题，台湾地区应该也会实行高度自治。总体来说，内地、香港、澳门、台湾是同一个国家内部不同法域之间的关系，在刑法方面具有相当明显的差异。与此同时，在实践层面，由于主要居民均为华人，而且地理位置相近，经济上具有一定的互补性，人流、物流来往频繁，跨境犯罪的打击一直困扰两岸。"在港澳回归后，海峡两岸往来不断加强，我国不同法域之间关系日益密切的情况下，犯罪分子可以利用各种名义作掩护进出边境，给跨境犯罪披上'合法'的外衣，所以，在一定时期内，此类犯罪的总量不仅不会减少而且还会增加。据权威部门统计，1997 年内地与港澳侦查部门互发的协查函电不足 2 000 件，1998 年增至 2 174 件，1999 年达到 2 301 件，从一个方面说明跨境犯罪数量增长的趋势。"② 跨境犯罪现象日益猖獗，根本原因就在于内地与港、澳、台分属不同的法域，刑事立法的差异以及刑事司法协助制度的缺位，为犯罪分子合理利用刑法的法域差来逃避侦查和审判提供了机会。因此，促进内地、香港、澳门、台湾刑法的区际趋同刻不容缓。

1. 促进内地、香港、澳门、台湾刑法区际趋同的途径在于采

---

① 参见陈芳：《"灯下黑"里的寻租套路》，载《21 世纪经济报道》2007 年 1 月 18 日第 1 版。

② 马进保、易志华：《我国现阶段的跨境犯罪及其防治对策》，载《河北法学》2001 年第 2 期，第 78 页。

取双边分签模式达成刑事司法协助的协议

内地、香港、澳门、台湾刑事立法的差异是不同的历史发展进程造就的，其间的差异非一朝一夕能够缩小。不过，由于内地、香港、澳门、台湾同属一国，又面临跨境犯罪的共同和紧迫威胁，四个法域之间如果能够及早签订区际刑事司法协助协议，就能够建立双向的刑事合作机制，为四个法域的刑法交流搭建平台，促进四个法域之间刑法的双向了解。只有通过刑事司法协助的窗口达到相互了解其他法域的刑法，四个法域之间才有可能相互学习、借鉴，为刑法的区际趋同奠定基础。

就司法协助协议而言，民商事领域已经先行一步。到 2007 年年底，内地与香港特别行政区、澳门特别行政区之间基本完成民商事司法协助协议的签署工作。1999 年到 2006 年期间，内地与香港特别行政区之间已经协商达成了《关于内地与香港特别行政区法院相互委托送达民商事司法文书的安排》、① 《关于内地与香港特别行政区相互执行仲裁裁决的安排》、② 《关于内地与香港特别行政区法院相互认可和执行当事人协议管辖的民商事案件判决的安排》③。2001 年到 2006 年期间，内地与澳门特别行政区之间已经

---

① 根据《中华人民共和国香港特别行政区基本法》（以下简称《香港基本法》）第 95 条的规定，最高人民法院与香港特别行政区协商达成《关于内地与香港特别行政区法院相互委托送达民商事司法文书的安排》，本安排由最高人民法院 1999 年 3 月 20 日发布，自 1999 年 3 月 20 日起施行。

② 根据《香港基本法》第 95 条的规定，最高人民法院与香港特别行政区协商达成《内地与香港特别行政区相互执行仲裁裁决的安排》，本安排由最高人民法院审判委员会于 1999 年 6 月 18 日第 1069 次会议通过并于 2000 年 1 月 24 日发布，自 2000 年 2 月 1 日起施行。

③ 根据《香港基本法》第 95 条的规定，最高人民法院与香港特别行政区于 2006 年 7 月 14 日签署《关于内地与香港特别行政区法院相互认可和执行当事人协议管辖的民商事案件判决的安排》，在内地由最高人民法院发布司法解释以及在香港特别行政区完成修改有关法律程序后，本安排将由双方发布生效日期并予以执行。

协商达成了《关于内地与澳门特别行政区法院就民商事案件相互委托送达司法文书和调取证据的安排》①、《内地与澳门特别行政区关于相互认可和执行民商事判决的安排》②。至于内地与澳门特别行政区相互认可和执行仲裁裁决的问题，2006 年 9 月内地与澳门特别行政区已经启动了《关于内地与澳门特别行政区相互认可和执行仲裁裁决的安排》的第一次磋商，双方商定 2007 年 3 月举行第二次会谈；最高人民法院 2007 年 2 月 1 日在广东省广州市召开座谈会就《关于内地与澳门特别行政区相互认可和执行仲裁裁决的安排》的具体内容征求广东高院和部分中级法院的意见。③ 这样，内地与香港特别行政区之间、内地与澳门特别行政区之间将分别在相互委托送达民商事司法文书和调取证据、相互认可和执行仲裁裁决、相互认可和执行民商事判决领域形成相对完整的司法协助协议体系。

　　内地与港澳之间的民商事司法协助协议将可以为内地、香港、澳门、台湾的刑事司法协助协议提供比较成熟的模式。内地与港澳之间签署民商事司法协议的方式姑且可以称之为双边分签模式。具体来说，在双边分签模式之下，最高人民法院作为内地的协议签订主体，分别与香港特别行政区律政司、澳门特别行政区行政法务司协商协议的内容，并与特别行政区代表签署协议，协议签订之后最

---

　　①　根据《中华人民共和国澳门特别行政区基本法》（以下简称《澳门基本法》）第 93 条的规定，最高人民法院与澳门特别行政区协商达成《关于内地与澳门特别行政区法院就民商事案件相互委托送达司法文书和调取证据的安排》，本安排由最高人民法院审判委员会于 2001 年 8 月 7 日第 1186 次会议通过，并于 2001 年 8 月 21 日发布，自 2001 年 9 月 15 日起施行。

　　②　根据《澳门基本法》第 93 条的规定，最高人民法院与澳门特别行政区 2006 年 2 月 28 日签署《内地与澳门特别行政区关于相互认可和执行民商事判决的安排》，本安排由最高人民法院审判委员会 2006 年 2 月 13 日第 1378 次会议通过，并于 2006 年 3 月 21 日发布，自 2006 年 4 月 1 日起施行。

　　③　参见高莎薇：《最高法院在广州召开座谈会研讨内地与澳门相互认可和执行仲裁裁决》，载《人民法院报》2007 年 2 月 2 日第 1 版。

高人民法院则以发布司法解释的形式公布协议，香港特别行政区、澳门特别行政区则通过相应的立法程序公布协议。虽然从理论上说，内地、香港、澳门、台湾共同就各项刑事司法协助事务共同签订统一的区际刑事司法协助条约是内地、香港、澳门、台湾携手打击跨境犯罪的最佳方案。不过，内地、香港、澳门、台湾刑法的客观差异和刑事司法协助事务的复杂性将使得这一方案的可行性较低。因此，根据目前的政治现状以及降低协议签订难度的现实需要，内地与香港、澳门之间民商事司法协助的双边分签模式亦将成为内地、香港、澳门、台湾之间签订刑事司法协助协议的发展方向。而且，澳门特区政府、香港特区政府之间已经于 2005 年 5 月 20 日在香港签署了《香港特别行政区政府和澳门特别行政区政府关于移交被判刑人的安排》，于 2006 年 3 月 29 日在澳门签署了《中华人民共和国香港特别行政区惩教署与中华人民共和国澳门特别行政区澳门监狱的合作安排》，这将推动内地、香港、澳门、台湾之间就刑事司法协助的其他事务达成协议，并对将来刑事司法协助的模式产生影响。简而言之，应该借鉴内地与港澳之间民商事司法协助协议的签订模式，采取双边分签模式，内地、香港特别行政区、澳门特别行政区、台湾地区两两法域之间分别逐步就刑事司法文书送达和调查取证、刑事管辖、移交逃犯、被判刑人的移交、相互承认和执行刑事判决签订刑事司法协助协议，① 严惩和预防跨境

---

① 澳门大学法学院赵国强教授对中国区际刑事司法协助协议的签订问题进行了专门论述，参见赵秉志主编：《国际区际刑法问题探索》，法律出版社 2003 年版，第 514~525 页。笔者同意赵国强"协议签订之种类"的基本观点，只是需作一点说明。赵认为，考虑到被判刑人的移管既包括转移被判刑人，也包括对被判刑人的刑罚执行权和监管权，故使用"移管"一词比"移交"一词更加妥当，主张签订"被判刑人的移管协议"，笔者赞同这种观点。不过考虑到 2005 年港澳之间已经签署《关于移交被判刑人的安排》，中国各法域之间如果能够签订类似协议，名称只是一个小问题，从技术性的角度看，后续的双边协议在名称上以保持一致为宜，故笔者认为应该签订的刑事司法协助协议包括"被判刑人的移交协议"。

犯罪。

2. 促进内地、香港、澳门、台湾刑法区际趋同的根基在于刑法文化的区际趋同

对于内地、香港、澳门、台湾的区际刑法的趋同而言，刑事司法协助的协议是一种"硬"方法，即使采取双边分签模式，达成一项协议的过程漫长且难以确定时间表，民商事司法协助协议的签署过程已经证明了这一点。而且，刑事管辖权对于一个法域的独立司法权而言更加敏感，同时刑事司法协助涉及侦查、起诉、审判、执行各个部门，相较于主要涉及法院系统的民事司法协助协议来说更加复杂，内地、香港、澳门、台湾之间将在相当长的时期内面临没有系统的刑事司法协助协议的局面。因此，促进内地、香港、澳门、台湾刑法区际趋同还必须同时通过其他"软"方法，这就是刑法文化的区际趋同。只有促进刑法文化的趋同，才能增加各法域之间的了解和信任，为刑事司法协助的开展奠定思想基础，在实践中逐步形成适宜的双边或多边合作和交流机制，进而促进刑事立法、刑事司法的相关领域趋于相似或一致。

促进刑法文化的区际趋同，可以从三个方面着手。首先，在个案协作中增强共识和互信，逐步形成日常事务的联络协调和重大事务的定期会商机制。目前，内地、香港、澳门、台湾之间在区际刑事司法合作方面主要采取个案协作的方式。粤港澳警方进行了频繁的警务交流与合作，进行犯罪情报交流，粤港警方建立了"会晤"制度和有关方面办案单位的直接联系处理渠道，香港警务处商业罪案调查科和毒品调查科可以就内地与香港的经济犯罪、毒品犯罪活动，同公安部、广东省公安厅、上海市公安局等进行直接联系和协查；大陆与台湾地区之间，自 1990 年海峡两岸红十字会达成有关通缉、偷渡遣返的《金门协议》以来直至 2004 年，台湾方面函请大陆方面协缉的刑事犯共 539 人，大陆缉获遣返者 68 人，另台湾方面未请求协缉，经大陆方面主动遣返者 93 人，双方在遣返私渡

人员上已经有了较为成熟的合作。① 只有进一步拓展这些个案协作的领域，并规范个案协作的方式，才能进一步推动各法域之间形成刑事司法协助协议。一方面，在现有的警务合作的基础上，各法域可以进一步协商，各自以部门规范的形式指定相应部门作为专门性联络机构，规范联络机构的职能，协查通报、情报交流等均经由双方的联络机构直接联系，建立日常事务的联系协调机制；另一方面，各法域之间可以考虑建立重大事务的定期会商制度，在一定周期内召开会议，由双方联络机构、部门领导等高层人员参加，商讨联络机构无法处理的重大事务，交流重大事务的处理意见，同时总结日常事务的处理经验。

其次，依托民间机构，通过学术会议、参观互访等方式促进民间刑法学术交流。中国不同法域之间的官方合作，无论是签订刑事司法协助协议还是日常的警务合作，由于必须考虑政治关系、本法域的刑事立法现状和刑事政策导向等问题，所以官方机构和相关官员的行为都比较慎重，取得任何一点突破都要考虑方方面面的情况。而民间的交流则不然，交往双方的非官方身份使其并不担负任何官方的职能，无论是否能够达成共识，都能够在立场上进退自如。民间机构交流的作用，大陆与台湾红十字会签订的有关通缉、偷渡遣返问题的《金门协议》就是一个典型的例子。20 世纪 90 年代初，台湾当局拒绝"三通"（通邮、通商、通航与探亲），坚持单向遣返私自渡海入台人员，以极不人道的方式遣返大陆渔船私渡人员，1990 年造成了"闽平渔 5540 号" 25 名大陆私渡人员窒息死亡等重大惨案。1990 年 8 月，中国红十字总会向台湾红十字组织建议，双方签定遣返作业协议。1990 年 9 月 11 日至 13 日，两岸红十字组织以个人名义在金门通过商谈达成了《海峡两岸红十字组织有关海上遣返协议》，简称《金门协议》。《金门协议》成为1949 年以来海峡两岸分别授权的民间团体签订的第一个书面协议。

---

① 参见杨金志、刘丹：《迎击境外黑社会跨境犯罪》，载《瞭望新闻周刊》2006 年第 36 期，第 14～15 页。

遣返原则为"应确保遣返作业符合人道精神与安全便利原则";遣返对象为"违反有关规定进入对方地区的居民(但因捕鱼作业遭遇紧急避风等不可抗力因素必须暂入对方地区者,不在此列)"和"刑事嫌疑犯或刑事犯";遣返交接地点为马尾——马祖(马祖——马尾),但依被遣返人员的原居地分布情况及气候、海象等因素,双方得协议另选择厦门——金门(金门——厦门)。同时,《金门协议》还对遣返交接双方均用红十字专用船等遣返程序作了具体约定。①

所以,官方部门应该有意识地依托学术机构、社会团体等民间机构,在经费和人员等方面予以保障,通过定期举办研讨会、定期组织代表团互访,共同出版印刷品等方式来推动法域间的刑法学术交流,扩大各法域间民间刑法学术交流的规模和范围。例如,可以学习中日刑事法学术交流、中韩刑事法学术交流的方式,以内地、香港、澳门、台湾四法域的刑法学术研究机构为各法域的组织者,每年拟定相应的主题,轮流在各法域召开学术研讨会,并出版研究成果,构建法域间的学术交流平台。

再次,加强区际刑法学的教育。内地、香港、澳门、台湾之间刑法的区际趋同,无论是"硬"方法,还是"软"方法,最关键的因素还是在于人。刑法的区际趋同将是一个长期的历史发展过程,只有依靠团队的不懈推动才能有所进展。要形成一个推动刑法区际趋同的团体并使这个团体得到普通公民的认同,最好的方法是加强区际刑法学的教育。增强区际刑法学教育,一方面可以通过在大学教育中设置区际刑法学的相关课程来完成,另一方面则需要在公民法制教育中加强区际刑法知识的宣传。同时,也要在刑事立法者、刑事司法工作者中定期组织区际刑法学的研修班,培养区际刑法学的专门人才。欧洲的经验证明,制定一个完全统一一致的共同法是不可能的,只有在必要和现实的时候才能进行法律的统一,而

---

① 参见张凤山:《"金门协议":两岸签订的第一个协议》,载《两岸关系》2002 年第 2 期,第 38 页。

更为经常的情况是趋同，也即不同制度的接近，而它们之间仍然是不同的。① 就内地、香港、澳门、台湾之间在刑法领域的关系而言，务实的发展策略是促进刑法的区际趋同。促进刑法的区际趋同关键在于不能急于求成，而是踏踏实实地从琐细的日常事务着手，逐步推进各项刑事司法协助事务的制度建设，促进各法域间刑法文化、刑事立法、刑事司法趋于相似或一致。

---

① 参见［法］米海依尔·戴尔玛斯—马蒂：《欧洲司法区域 世界化的实验室》，赵海峰译，载赵海峰主编：《欧洲法通讯》第 1 辑，法律出版社 2000 年版，第 147 页。

附　录

一、"convergence"的代表性译法

本书第一章第一节"一、趋同的词源及概念演变"这部分提及的"convergence"代表性译法的具体信息如下：

（一）《"趋同论"研究》① 一书总结的4种代表性译法

1. 代表性译法原始文献简介与资料补正

《"趋同论"研究》一书提及了"convergence"的四种代表性译法的著作，笔者核对了原始文献，发现书目信息、译文原文与该书所引略有不同。现将经核对的原始文献基本情况介绍如下：

第一，"合流"的译法。采取此种译法的著作之书目信息为：[英]库马：《社会的剧变：从工业社会迈向后工业社会》，蔡伸章译，台湾志文出版社1984年版。该书的主题是未来工业社会，属于论述社会变迁理论的社会学著作，也被归入未来学的文献。

该书第176页相关内容的原文为："十九世纪的所有社会理论家，不论是自由主义派的、实证主义派的，或者马克思主义派的，皆共持有此种观点。依据此种观点，工业主义的到来乃被视为是改变世界历史进程的一种主导力。世界上一切非工业社会皆面临此种选择，全力迈向工业化，要不然便沦为工业国家的属地。然而，本土的工业化——尽管有日本辉煌成就的先例——事实却证明远比持着进化观的大部分十九世纪理论家所预期的要困难得多。在此种情况下，非工业世界将极可能心甘情愿地被拉向已工业化世界的轨

---

① 辛向阳：《"趋同论"研究》，中国人民大学出版社1996年版。

道。如此一来，工业化将在不同程度的威逼利诱之下，由外输入。但是，不管是由内而生的或是由外强加的，全球的未来皆可视为是不断强化工业化的一种必然过程。而此乃意味着，欧洲工业化所呈现的工业秩序的主要形貌，势将普及于世界。在后来学术圈的社会学里，此种观点的中心形貌被形式化为'合流理论'（the thesis of convergence）。"

第二，"趋同"的译法。采取此种译法的著作之书目信息为：〔美〕埃冈·纽伯格、威廉·达菲等著：《比较经济体制——从决策角度进行的比较》，荣敬本、吴敬琏等译，商务印书馆1984年版。该书是美国大学经济系中"比较经济体制"的教科书，主题在于强调用决策理论的方法来比较经济体制。

该书第130～131页相关内容的原文为："从最广泛的表现来说，趋同论点是指：西方世界和共产主义世界的社会制度、经济制度和政治制度显示出一种使它们分离的基本区别得以缩小或消除的发展趋势。按照这种观点，共产主义和西方的社会经济制度和政治制度随着时间的推移会趋同。"

第三，"聚合"的译法。采取此种译法的著作之书目信息为：〔美〕丹尼尔·贝尔：《后工业社会的来临：对社会预测的一项探索》，高铦、王宏周、魏章玲译，商务印书馆1984年版。该书与库马的著作类似，亦属于未来学著作。

该书第129页原文为："这并不是要提出一项聚合的原理，聚合的思想基于这样的前提：确立社会性质的只有一个主要的体制。"

第四，"收敛"的译法。采取此种译法的著作之书目信息为：〔匈〕亚诺什·科尔内：《增长、短缺与效率：社会主义经济的一个宏观动态模型》，崔之元、钱铭今译，四川人民出版社1986年版。该书是有关社会主义经济增长模型的经济学著作，补充和发展了作者短缺经济学的思想。

该书第189页相关内容原文为："今年是荷兰经济学家廷伯根关于收敛理论的具有深远意义的文章发表二十一周年。简言之，他的收敛假设就是：建立在市场基础上的资本主义经济和建立在中央计划基础上的社会主义经济正在向一起靠拢。计划的作用正在资本主义经济中增长，而市场的作用则在社会主义经济中增长。

2. 主要作者、译者信息

第一，采取"趋同"译法的《比较经济体制——从决策角度进行的比较》一书是现代资产阶级经济学的重要分支"比较经济体制"较有代表性的一本著作。译者中，荣敬本、吴敬琏是中国著名的经济学家，1978 年以后到中国社会科学院经济研究所从事比较经济学的研究工作，是比较经济学在中国的开创者，创办了《经济社会体制比较》杂志，吴敬琏还担任中国国务院发展研究中心高级研究员、《比较》杂志主编，两人对推动中国市场化的改革起了积极的作用。

第二，《增长、短缺与效率：社会主义经济的一个宏观动态模型》一书作者亚诺什·科尔内是匈牙利著名经济学家，匈牙利科学院通讯院士，曾任匈牙利科学院计算中心部主任、世界计量学会理事和会长、联合国发展计划委员会副主席，还曾受聘为美国、英国、瑞典等国的客座教授和研究人员，现为世界经济学会（The International Economic Association）会长、布达佩斯高级研究所的终身研究员、匈牙利科学院经济研究所教授。其著作《短缺经济学》、《增长、短缺与效率：社会主义经济的一个宏观动态模型》论及中央计划经济的诸多理论，整整影响了一代中国经济学人。译者中，崔之元，1985 年毕业于国防科技大学系统工程与应用数学系，1995 年获得美国芝加哥大学政治学博士学位，曾任麻省理工学院政治学系副教授，现为清华大学公共管理学院教授，研究领域为政治经济学、政治哲学。

（二）"convergence" 目前的代表性译法

第一，"convergence" 译成"收敛"的文献参见：（1）数学领域："accelerating convergence"加速收敛、"conditional convergence"条件收敛，见张缵绪主编，李忠祥等编：《英汉数理化词典》，中国标准出版社 1991 年版，第 6 页，第 249 页；"强收敛"（strong convergence)、"弱收敛"（weak convergence），见任朗、廖成、王敏锡编著：《数学物理基础》，西安交通大学出版社 2002 年版，第 257 页。（2）物理学领域："收敛频率"convergence ~ 、"convergence"收敛，见杨福国编：《汉英物理学词汇-逆引》，华中理工大学出版社 1993 年版，第 194 页，第 461 页；"approximate convergence" 近似收敛、"circle of convergence" 收敛圆，见季文美主编：《英汉力学词汇》，科学出版社 1998 年版，第 47 页，第 113 页。（3）化学领域："收敛" convergence、"收敛判据" convergence criterion，见《英汉·汉英化学化工词汇（汉英部分)》，化学工业出版社 1996 年版，第 1009 页。

第二，"convergence" 译成"趋同"的文献参见：（1）生物学领域："趋同"（convergence），见张昀编著：《生物进化》，北京大学出版社 1998 年版，第 159 页。（2）经济学领域："Convergence Thesis" 趋同论，见［英］皮尔斯主编：《现代经济学词典》，宋承先等译，上海译文出版社 1988 年版，第 113 页；"组织的趋同" Organizational Convergence，见［英］马尔科姆·沃纳主编：《工商管理大百科全书》第 4 卷，清华大学经济管理学院编译，辽宁教育出版社 1999 年版，第 510 页；"金融系统的趋同及对欧洲和美国监管政策的挑战……（299）"，"Convergence of Financial Systems and Regulatory Policy Challenges in Europe and in the United States ……（299）"，见北京奥尔多投资研究中心主编：《金融系统演变考》，中国财政经济出版社 2002 年版，目录第 1～2 页；"自 20 世纪 80 年代中期以来，趋同（convergence）的概念已成为经济增长理论中的核心概念"，见邓翔：《经济趋同理论与中国地区经济差距的实证研究》，西南财经大学出版社 2003 年版，第 25 页。（3）政治学领域："政治趋同论" Theory of Political Convergence，见刘绪贻、李世洞主编：《美国研究词典》，中国社会科学出版社 2002 年版，第 1095 页。（4）社会学领域："趋同论"（Convergence Theory），见［英］诺埃尔·蒂姆斯、［英］丽塔·蒂姆斯：《社会福利词典》，岳西宽等译，科学技术出版社 1989 年版，第 144 页；

"趋同理论"（Convergence Theory），见（英）肯尼思·麦克利什主编：《人类思想的主要观点：形成世界的观念》上卷，查常平等译，新华出版社 2004 年版，第 322 页。

第三，"convergence"译成"会聚"的文献参见：（1）计算机科学或电子信息科学："2.5.1 会聚子层"CS（Convergence Sublayer），见 ［美］J. A. 希翁格：《ATM 网络互联 Internet 与企业网》，黄锡伟译，人民邮电出版社 2000 年版，第 17 页；"5.3.2 传输会聚子层"（Transmission Convergence Sublayer），见莫锦军等编著：《网络与 ATM 技术》，人民邮电出版社 2003 年版，第 120 页；"Convergence"会聚、"Convergence of Routing Tables"（路由选择表会聚），见 ［美］Tom Sheldon：《网络与通信技术百科全书》，北京超品锐智技术有限责任公司译，人民邮电出版社 2004 年版，第 130 页。（2）生理学或医学领域："多感觉会聚……321" Multisensory Convergence……321，见 ［美］阿德尔曼主编：《神经科学百科全书》，《神经科学百科全书》翻译编辑委员会译，伯克豪伊萨尔出版社、上海科学技术出版社 1992 年版，目次 ［5］。

二、中国主张或接受"趋同"概念的主要法学文献

本书第一章第一节"二、趋同概念在法学领域之提倡"这部分提及的中国法学研究中主张或接受"趋同"概念的文献具体信息如下：

（一）李双元教授关于法律趋同化的研究成果

主要参见：（1）李双元主编：《中国与国际私法统一化进程》，武汉大学出版社 1993 年版。本书 1998 年出版了修订版，增设了中编，对统一私法的国际组织、统一法源、统一方法作了详细论述，这一编的主要内容曾收入《市场经济与当代国际私法趋同化问题研究》一书当中。（2）李双元主编：《市场经济与当代国际私法趋同化问题研究》，武汉大学出版社 1994 年版。（3）李双元、张茂、杜剑：《中国法律趋同化问题之研究》，载《武汉大学学报（哲学社会科学版）》1994 年第 3 期。（4）李双元主编：《中华法商论丛

第一集:现代法学论丛》,湖南师范大学出版社 1995 年版。(5)李双元、于喜富:《法律趋同化:成因、内涵及其在"公法"领域的表现》,载《法治与社会发展》1997 年第 1 期。(6)李双元、徐国建主编:《国际民商新秩序的理论建构——国际私法的重新定位与功能转换》,武汉大学出版社 1998 年版。(7)李双元、李新天:《当代国际社会法律趋同化的哲学考察》,载《武汉大学学报(哲学社会科学版)》1998 年第 3 期。(8)李双元:《走向 21 世纪的国际私法:国际私法与法律的趋同化》,法律出版社 1999 年版。本书系李双元教授的论文集,论文集下篇即为"法律趋同化",共 8 篇论文。5 篇论文曾在期刊上全部或部分发表,《当代国际私法发展的一个重要走势——趋同化问题探讨》一文后来作为单独一章在《中国与国际私法统一化进程》一书中刊出,《法律的历史演进与法律的趋同化问题》、《比较法与国际社会法律的协调发展》2 篇论文系首次发表。(9)李双元、周辉斌、黄锦辉:《趋同之中见差异——论进一步丰富我国国际私法物权法律适用问题的研究内容》,载《中国法学》2002 年第 1 期。(10)李双元、何绍军、熊育辉:《从中国"入世"再谈法律的趋同问题》,载《湖南师范大学社会科学学报》2002 年第 5 期。(11)李双元:《再谈法律的趋同化问题》,载李双元主编:《国际法与比较法论丛》第 4 辑,中国方正出版社 2003 年版。(12)李双元、李赞:《全球化进程中的法律发展理论评析——"法律全球化"与"法律趋同化"理论的比较》,载《法商研究》2005 年第 5 期。

(二)其他主张或接受"趋同"概念的法学文献

1. 赞同"趋同化"论断的文献:

相关论述如:(1)"对法律趋同化研究无论对我国法理学研究还是对我国立法与司法实践都有着极为重要的现实意义,本书也正是从这些方面显示其学术研究价值的。"邓晓俊、李健男:《国际私法的趋同化及其障碍——兼评〈市场经济与当代国际私法趋同化问题研究〉》,载《中国法学》1995 年第 1 期,第 112 页。(2)"市场经济的法律许多方面是相通的,法律趋同化也是一种国际趋势"吴建璠：《"一国两制"与香港基本法》，载《人民日报》1997 年 5 月 23 日第 3 版。

2. 采用"趋同"表述学术观点的文献：

相关研究成果参见：姚辉：《法典化的趋同与鸿沟》，载《法学杂志》2004 年第 2 期，第 24～26 页，等等。

3. 运用"趋同"概念的相关法理学文献

相关研究成果参见：刘益灯、万先运：《法律趋同：法制现代化的必然选择——兼论法的国际化和本土化》，载《浙江社会科学》2000 年第 3 期，第 47～51 页；韦先觉：《法律趋同的人性基础分析》，载《河池师专学报（社会科学版）》2001 年第 3 期，第 58～60 页；徐刚：《论法治理念的分立与趋同》，载《广西大学学报（哲学社会科学版）》2002 年第 1 期，第 46～49 页；倪正茂：《东亚法治趋同论》，载《社会科学》2003 年第 5 期，第 52～59 页（该文亦载于李瑜青主编：《上海大学法学评论——法律文化专题研究》，上海大学出版社 2004 年版，第 33～48 页）；吕世伦主编：《法的真善美——法美学初探》，法律出版社 2004 年版，第 214～215 页，等等。

4. 运用"趋同"概念的相关民商法文献

相关研究成果参见：谢怀栻：《海峡两岸民事立法的互动与趋同》，载谢怀栻：《谢怀栻法学文选》，中国法制出版社 2002 年版，第 319～325 页；张毅辉：《海峡两岸亲属法的互动与趋同》，载梁慧星主编：《民商法论丛》第 30 卷，法律出版社 2004 年版，第 183～213 页；李先波、邓叶芬、张敏纯：《论合同规则的趋同化》，载李双元主编：《国际法与比较法论丛》第 12 辑，中国方正出版社 2004 年版，第 252～303 页；康安峰：《论法律趋同化进程中民法学课堂教学的改革》，载《党史博采（理论版）》2006 年第 9 期，第 81～82 页，等等。

5. 运用"趋同"概念的相关经济学、环境法、民事诉讼法、行政诉讼法文献

相关研究成果参见：黎四奇：《国际经济一体化视野中的法律

规则趋同化现象反思》，载《时代法学》2006 年第 1 期，第 89 ~ 97 页；汪劲：《论全球环境立法的趋同化》，载《中外法学》1998 年第 2 期，第 34 ~ 44 页；温树斌、魏斌：《走向司法公正——民事诉讼模式研究》，广东人民出版社 2001 年版，第 42 ~ 46 页；高巍：《英美法三国行政诉讼制度的趋同及其启示》，载《黑龙江省政法管理干部学院学报》2001 年第 1 期，第 91 ~ 96 页，等等。

6. 运用"趋同"概念的相关刑法学文献

相关研究成果参见：屈学武：《保安处分与中国刑法改革》，《法学研究》1996 年第 5 期，第 60 页；蔡道通：《后现代思潮与中国的刑事法治建设——兼与苏力先生对话》，载陈兴良主编：《刑事法评论》第 7 卷，中国政法大学出版社 2000 年版，第 94 ~ 118 页；胡陆生：《刑法国际化范畴研究》，载中国人民大学刑事法律科学研究中心组织编写：《现代刑事法治问题探索》第 1 卷，法律出版社 2003 年版，第 219 ~ 221 页；苏彩霞：《中国刑法国际化研究》，北京大学出版社 2006 年版，第 10 ~ 12 页，等等。

三、关于未来学的文献

本书第一章第三节"一、刑法的趋同与趋同论的关系"这部分有关未来学的文献，主要参见：(1)［美］阿尔温·托夫勒：《预测与前提——托夫勒未来对话录》，粟旺、胜德、徐复译，国际文化出版公司 1984 年版。(2)［美］阿尔文·托夫勒：《未来的冲击》，孟广均、吴宣豪、黄炎林、顺江译，新华出版社 1996 年版。(3)［美］阿尔文·托夫勒：《第三次浪潮》，朱志焱、潘琪、张焱译，新华出版社 1996 年版。(4)［美］阿尔文·托夫勒：《力量转移——临近 21 世纪时的知识、财富和暴力》，刘炳章、卢佩文、张今、王季良、隋丽君译，新华出版社 1996 年版。(5)［美］阿尔文·托夫勒等：《财富的革命》，吴文忠等译，中信出版社 2006 年版。(6)［美］约翰·奈斯比特：《大趋势——改变我们生活的十个新方向》，梅艳译，姚琮校，中国社会科学出版社 1984 年版。(7)［美］约翰·奈斯比特：《大趋势——改变我们生活的十

个新趋向》，孙道章、路林沙、王金奈、赵英琪译，新华出版社
1984 年版。（8）［美］约翰·奈斯比特：《亚洲大趋势》，蔚文译，
外文出版社 1996 年版。（9）［美］约翰·奈斯比特、娜娜·奈斯
比特、道戈拉斯·菲利普：《高科技·高思维：科技与人性意义的
追寻》，尹萍译，新华出版社 2000 年版。（10）［美］丹尼尔·贝
尔：《后工业社会的来临——对社会预测的一项探索》，高铦等译，
新华出版社 1997 年版。（11）［美］约翰·托夫勒编著：《第四次
浪潮》，华龄出版社 1996 年版。其中，阿尔文·托夫勒是在中国知
名度最高的未来学家，《第三次浪潮》曾风靡全球，2006 年《财富
的革命》全球同步出版发行。

四、世界体系理论的基本观点

本书第一章第三节"二、刑法的趋同与刑法现代化的关系"
提及的世界体系理论基本观点如下：

沃勒斯坦提出了现代世界体系的观点，认为："现代世界体系
是资本主义世界经济体，这就是说，支配它的是无休止的资本积累
的驱动力，有时称为价值法则。这个世界体系是在 16 世纪出现的，
它原来的分工范围包括大部分欧洲（俄罗斯或奥斯曼帝国除外）
及一些美洲地区。这个世界体系经过几个世纪的扩张，将世界其他
地区陆续纳入其分工范围。东亚是最后吸收进来的大地区，此事只
是发生在 19 世纪中叶。自此以后，可以说现代世界体系变成了真
正是世界范围的，即包括全球的第一个世界体系。资本主义世界体
系的构成一方面是由中心—边缘关系支配的世界经济体，另一方面
是由国家间的体系框架中的各主权国家组成的政治结构。""现代
化理论意欲立足于独立个案的有系统的比较，而这就要假定一个有
问题的和全然未经证明的前提，即认为每个国家自主地运作，而且
实质上不受其他边境以外的因素的影响。这种学说还要假定社会发
展的一般法则（所谓诸阶段），进而假定一个进步的过程；这两项
论据也都是未经证实的。因而，这种学说预言：那些现处于发展之
早期阶段的国家能够、愿意，而且应该达到一个目的地，在那里它

们实际上成为那些理论家所认为的最'先进的'一个或几个国家之模式的翻版。"①

此外，关于沃勒斯坦的世界体系分析思想的其他文献，参见：(1) [美] 伊曼纽尔·沃勒斯坦：《现代世界体系（第 1 卷）：16 世纪的资本主义农业与欧洲世界经济体的起源》，尤来寅等译，罗荣渠审校，高等教育出版社 1998 年版。(2) [美] 伊曼纽尔·沃勒斯坦：《现代世界体系（第 2 卷）：重商主义与欧洲世界经济体的巩固（1600—1750）》，庞卓恒主译兼总审校，高等教育出版社 1998 年版。(3) [美] 伊曼纽尔·沃勒斯坦：《现代世界体系（第 3 卷）：资本主义世界经济大扩张的第二个时代（18 世纪 30 年代至 19 世纪 40 年代）》，孙立田等译，高等教育出版社 2000 年版。

弗兰克提出了五千年世界体系的观点，认为："在这部著作中，我用一种'全球学的'视野（这个术语出自阿尔伯特·伯格森 1982 年的那篇文章）来颠覆欧洲中心论的历史学和社会理论。我将从一种涵盖世界的全球视野来考察近代早期的经济史。我试图分析整个世界经济体系的结构与运动，而不是仅仅分析欧洲的世界经济体系（欧洲只是世界经济体系的一部分）。这是因为，在我看来，整体大于部分的总和，如果我们要分析任何部分（包括欧洲）的发展，我们都必须分析整体。对于'西方的兴起'就更是如此，因为事实表明，从一种全球视野看，在近代早期的大部分历史中，占据舞台中心的不是欧洲，而是亚洲。因此，最重要的问题与其说是在欧洲发生了什么，不如说是在整个世界，尤其是在主导的亚洲部分发生了什么。我将从这种更全面的全球视野和目的出发来展示历史事件，从而说明在世界整体中'东方的衰落'和随之而来的'西方的兴起'。这种方法将会摧毁马克思、韦伯、汤因比、波拉尼、沃勒斯坦以及其他许多现代社会理论家的反历史的、科学

---

① [美] 伊曼纽尔·沃勒斯坦：《所知世界的终结：二十一世纪的社会科学》，冯炳昆译，社会科学文献出版社 2003 年第 2 版，第 38 页，第 211 页。

的——其实是意识形态的——欧洲中心论的历史根基。"①

沃勒斯坦与弗兰克都反对欧洲中心论，但都指责对方的理论是欧洲中心论的化身，并展开了"世界体系：五百年，还是五千年？"的讼争。关于双方论争的具体情况及分析，参见何爱国：《亚洲的路灯？抑或欧洲的路灯？——试论弗兰克与沃勒斯坦关于世界体系的著名讼争》，载盛邦和、[日]井上聪主编：《新亚洲文明与现代化》，学林出版社2003年版，第140~166页。

世界体系分析等理论对现代化理论的检讨，美国杜克大学著名汉学家和历史学家阿里夫·德里克曾进行了精彩阐述，他指出："早在70年代初，'世界体系'这一术语就开始流行，主要与伊曼纽尔·沃勒斯坦对资本主义起源的研究相关。'世界体系分析'之所以受到人们积极的认可，其主要原因在于它对现代化话语的挑战，现代化话语自二战结束以来就一直主宰着欧美的社会科学。同样具有影响的还包括萨米尔·阿明、安德列·贡德·弗兰克以及那些拉丁美洲'依附理论派'理论家的著述，他们提出现代化话语的替代物。在所有这些情形中，研究发展问题的新方法是由60年代反对帝国主义的激进运动提出的。由于沃勒斯坦努力超越当代的发展问题，以便对资本主义的崛起——从其在欧洲的起源直到本世纪的全球化——进行系统的描述，因而他的著述更显出其特色。在过去的20多年里，世界体系分析在解释发达和不发达问题时提出了现代化话语的最佳选择。"②

五、联合国人权两公约的版本

本书第二章第一节"一、刑事实体法的大趋同表征"部分提及的《公民权利和政治权利国际盟约》版本问题的具体情况如下。

---

① [德]安德列·贡德·弗兰克：《白银资本——重视经济全球化中的东方》，刘北成译，中央编译出版社2000年版，第1~2页。

② [美]阿里夫·德里克：《全球化政治经济学》，王宁编译，载《马克思主义与现实》1998年第6期，第38页。

关于联合国人权两公约及其两项议定书的名称、正文文本有不同版本。中国内地出版物中有两个版本，区别主要在于名称中"公约"与"盟约"的不同。采用"公约"名称的版本姑且称之为"内地公约版"，其所采纳的名称分别为：《公民权利和政治权利国际公约》（以下简称《A 公约》）、《经济、社会和文化权利国际公约》（以下简称《B 公约》）、《公民权利和政治权利国际公约任择议定书》（以下简称《任择议定书》）、《旨在废除死刑的公民权利和政治权利国际公约第二项任择议定书》（以下简称《第二项任择议定书》）。① 采用"盟约"名称的也可以相应地称之为"内地盟约版"，其所采纳的名称分别为《公民权利和政治权利国际盟约》、《经济、社会、文化权利国际盟约》、《公民权利和政治权利国际盟约任择议定书》、《旨在废除死刑的公民权利和政治权利国际盟约第二项任择议定书》；《A 公约》系列与"内地公约版"仅有"盟"与"公"一字之差，《B 公约》则还存在是否有"和"的差别。② 不过核对两种出版物所载的公约正文文本，除了《联合国人权公约和刑事司法文献汇编》一书所载约文的数字采用阿拉伯数字（如第六条中的"18 岁以下"字样），而《国际人权文件选编》采用中文数字（如第六条中的"十八岁以下"字样）之外，正文文本是完全一致的。因此，中国内地出版物关于这四项国际公约的"内地盟约版"与"内地公约版"仅有名称之别，而无正文文本的差别；本书采用"内地盟约版"的名称和正文文本。

联合国人权两公约之所以会出现"内地公约版"和"内地盟约版"在名称上的差异，主要是一个翻译问题。（1）根据联合国文献中心的资料，1966 年联合国通过人权两公约时的正式中文本是繁体中文本，1966 年联合国大会通过人权两公约的原始决议 A/

---

① 参见程味秋、[加] 杨诚、杨宇冠编：《联合国人权公约和刑事司法文献汇编》，中国法制出版社 2000 年版。
② 参见北京大学法学院人权研究中心编：《国际人权文件选编》，北京大学出版社 2002 年版。

RES/2200（XXI）中，《A 公约》、《B 公约》、《任择议定书》均是手写的繁体中文本；而 1989 年通过的《第二项任择议定书》则是简体中文打印本，这个姑且称之为"联合国文献中心版"。在"联合国文献中心版"中，《A 公约》名称为《公民及政治權利國際盟約》（为保持联合国文献的原貌，对于两公约的繁体版本名称，本书使用繁体中文），《B 公约》名称为《經濟社會文化權利國際盟約》，《任择议定书》的名称为《公民及政治權利國際盟約任擇議定書》。"联合国文献中心版"中，《A 公约》和《B 公约》翻译亦与"内地盟约版"与"内地公约版"是不同的版本，《任择议定书》则只存在有技术性的差别（例如"联合国文献中心版"的"第四编"与"内地盟约版"、"内地公约版"中"第四部分"这类差别）；《第二项任择议定书》的名称为《旨在废除死刑的公民权利和政治权利国际盟约第二项任择议定书》。①（2）因此，后来应该是中华人民共和国对《A 公约》、《B 公约》重新编译了简体中文本，转换了《任择议定书》的表达，这就是今日"内地盟约版"与"内地公约版"版本的源头。这其中的具体过程，因为缺乏相关资料，笔者不得而知。只是有资料载明，《公民权利和政治权利国际公约》旧译《公民权利和政治权利国际盟约》。②

　　不过，联合国文件对这几项公约的引用名称也不一致。（1）联合国大会 1999 年第 54/157 号决议载明："注意到《国际人权盟

---

　　①　参见联合国文献中心：（1）《公民及政治權利國際盟約》，http：//www. un. org/chinese/documents/decl-con/docs/ares2200b. pdf，［2007-01-06］.（2）《經濟社會文化權利國際盟約》，http：//www. un. org/chinese/documents/decl-con/docs/ares2200a. pdf.［2007-01-06］.（3）《公民及政治權利國際盟約任擇議定書》，http：//www. un. org/chinese/documents/decl-con/docs/ares2200c. pdf，［2007 – 01 – 06］.（4）《旨在废除死刑的公民权利和政治权利国际盟约第二项任择议定书》，http：//www. un. org/chinese/documents/decl-con/docs/a-res-44-128. pdf，［2007-01-06］.

　　②　参见中国中央电视台：《公民权利和政治权利国际公约》，载http：//www. cctv. com/zhuanti/renquan/wenjian3. html.［2007-01-06］.

约》是人权领域最早的全面性的且具有法律约束力的国际条约，这两项盟约同《世界人权宣言》一起，构成国际人权法案的核心内容，注意到秘书长关于《经济、社会、文化权利国际盟约》、《公民及政治权利国际盟约》和《公民及政治权利国际盟约任择议定书》的现况的报告"。① 四项公约这个版本的名称姑且称之为"联合国大会决议版"。(2) 联合国其他文件对这几项公约的名称也略有不同。登录联合国主页（中文），查询联合国人权事务网页的"国际人权宪章"栏目（http: //www. un. org/chinese/hr/issue/a. htm），可以发现其所列五项国际公约的名称分别为《世界人权宣言》、《经济、社会、文化权利国际公约》、《公民及政治权利国际公约》、《公民及政治权利国际公约任择议定书》、《旨在废除死刑的公民及政治权利国际公约第二项任择议定书》，前三项公约分别有 htm 和 PDF 两个版本可供浏览，后两项公约则仅有 PDF 版本可供浏览，可以分别称为"联合国人权事务htm 版"、"联合国人权事务PDF 版"。核对 htm 和 PDF 版本之后，发现其所采纳的公约名称与"国际人权宪章"栏目首页所列的名称有差别。经核对，"联合国人权事务htm 版"与"内地公约版"的正文文本是一致的，名称中除《A 公约》的名称为《公民及政治权利国际公约》之外，《B 公约》的名称也与"内地公约版"一致。② "联合国人权事务

---

① 联合国网站新闻中心： 《大会决议 54/157. 国际人权盟约》，http: //www. un. org/chinese/aboutun/prinorgs/ga/54/doc/a54r157. htm. ［2007-01-06］.

② 各 htm 版本,参见联合国网站新闻中心:(1)《公民及政治权利国际公约》, http://www. un. org/chinese/hr/issue/ccpr. htm, 2007-01-06 引用;(2)《经济、社会、文化权利国际公约》, http://www. un. org/chinese/hr/issue/esc. htm. ［2007-01-06］.

PDF版"的名称与正文文本与"内地盟约版"是一致的。①（3）此外，查询联合国青年议题的"宣言、公约和盟约"，可以查到名称与"内地盟约版"一致、但正文文本内容不一致的《A公约》和《B公约》的版本，这应该就是原始的繁体中文本直接转换而成的简体中文本，这可以称之为"联合国青年议题版"。②

　　综上所述，对于这四项国际公约的名称、正文文本，一共有"内地公约版"、"内地盟约版"、"联合国文献中心版"、"联合国大会决议版"、"联合国人权事务htm版"、"联合国人权事务PDF版"、"联合国青年议题版"这7个版本。第一，在名称方面，《A公约》有四个版本：《公民权利和政治权利国际公约》（内地公约版）、《公民及政治权利国际公约》（联合国人权事务htm版）、《公民权利和政治权利国际盟约》（内地盟约版、联合国人权事务PDF版、联合国青年议题版）、《公民及政治权利国际盟约》（联合国文献中心版、联合国大会决议版）。《任择议定书》、《第二项任择议定书》的名称则随《A公约》名称的相应不同也有四个版本。《B公约》的名称则有《经济、社会和文化权利国际公约》（内地公约版、联合国人权事务htm版）、《经济、社会、文化权利国际盟约》（内地盟约版、联合国文献中心版、联合国大会决议版、联合国人权事务PDF版、联合国青年议题版）。第二，在正文文本方面，

　　① 各PDF版本，参见联合国网站新闻中心：（1）《经济、社会和文化权利国际盟约》，http：//www. un. org/chinese/hr/issue/docs/2. PDF，［2007-01-06］.（2）《公民权利和政治权利国际盟约》，http：//www. un. org/chinese/hr/issue/docs/3. PDF，［2007-01-06］.（3）《公民权利和政治权利国际盟约任择议定书》，www. un. org/chinese/hr/issue/docs/4. PDF，［2007-01-06］.（4）《旨在废除死刑的公民权利和政治权利国际盟约第二项任择议定书》，www. un. org/chinese/hr/issue/docs/5. PDF，［2007-01-12］.

　　② 参见联合国网站新闻中心：（1）《公民权利和政治权利国际盟约》，http：//www. un. org/chinese/esa/social/youth/hr. htm.［2007-01-06］.（2）《经济、社会、文化权利国际盟约》，http：//www. un. org/chinese/esa/social/youth/esc. htm.［2007-01-06］.

《A 公约》与《B 公约》有简体文本（内地公约版、内地盟约版、联合国人权事务 htm 版、联合国人权事务 PDF 版）和繁体文本（联合国文献中心版、联合国青年议题版）的区别，其他两项议定书则只有简体中文本一个版本。

对于这四项国际公约的名称、正文文本，本书采纳"内地盟约版"。原因在于：第一，在名称方面，这四项国际公约是联合国大会通过的，PDF 文件是官方正式电子出版物的格式，而"内地盟约版"的《A 公约》名称与"联合国人权事务 PDF 版本"、"联合国青年议题版"的名称一致，表明联合国的最新电子出版物对这一系列名称的认可。同时，"内地盟约版"的《B 公约》名称与"联合国大会决议版"是一致的。另外，《第二项任择议定书》通过时的联合国官方中文语言已经是简体中文，"内地盟约版"的《第二项任择议定书》名称与"联合国文献中心版"的名称也是一致的。可见，"内地盟约版"的名称与联合国人权出版物是一致的。虽然外交部官方网站采纳的名称是"内地公约版"，① 不过这几项国际公约是联合国文献，还是采取"内地盟约版"的名称比较适宜。第二，在正文文本方面，既然中华人民共和国已经对"联合国文献中心版"的繁体中文本重新编译了，公约的正文文本自然就应该采用新的简体中文翻译版本；而且，中华人民共和国于1997 年、1998 年分别签署的《B 公约》、《A 公约》文本应该也是简体中文的翻译版本。除"联合国文献中心版"、"联合国青年议题版"之外，《A 公约》、《B 公约》四种版本的正文文本都是一致的，应该就是中华人民共和国加入时的简体中文翻译文本，应该以此为准。至于《任择议定书》、《第二项任择议定书》，只有一个版本，不存在选择的问题。因此，对于这四项国际公约的正文文本，采纳"内地盟约版"是顺理成章的。当然，本书对这四项国际公

---

① 参见中华人民共和国外交部网站：《中国参加的人权类国际公约一览表》，http://www.fmprc.gov.cn/chn/wjb/zzjg/tyfls/wjzdtyflgz/zgygjrqf/t94508.htm.［2007-01-06］.

约采纳"内地盟约版"的名称，但与其他简体中文资料中述及的以"内地公约版"冠名的这四个国际公约系指相同的国际公约。

六、《制定和实施刑事司法调解和恢复性司法措施》的基本情况

本书第二章第三节"三、刑事和解的大趋同表征"部分提及的《制定和实施刑事司法调解和恢复性司法措施》的具体信息如下：

《制定和实施刑事司法调解和恢复性司法措施》参见联合国文件 E/CN. 15/1999/L. 4 4./Rev. 1，该文件是联合国经济及社会理事会预防犯罪和刑事司法委员会（U. N. Commission on Crime Prevention and Criminal Justice，CCPCJ）于 1999 年 4 月 27 日至 5 月 26 日在维也纳召开的第八届会议通过的决议草案一，建议联合国经济及社会理事会通过，在经济及社会理事会通过之后才能成为决议。① 根据联合国预防犯罪和刑事司法委员会在《关于在刑事事项中采用恢复性司法方案的基本原则》决议草案（E/2002/30-E/CN. 15/2002/14）中的说明，联合国经济及社会理事会 1999 年 7 月 28 日通过了题为"制定和实施刑事司法调解和恢复性司法措施"的第 1999/26 号决议。

联合国文献中心（http://www.un.org/chinese/documents/）所载"经济及社会理事会文件"（http://www.un.org/chinese/aboutun/prinorgs/esc/escdocs.htm），只能查询到 1998 年、2000—2007 年经济及社会理事会的决议、决定和文件。因此，根据目前掌握的资料，笔者暂时还没有查询到第 1999/26 号决议的全文，论文第二章中引用决议草案的内容作为参考。不过，联合国刑事司法准则制定的过程通常是由具体的负责部门，如犯罪预防和刑事司法委员会负责起草，送交经济及社会理事会审议通过，重要的文件再

---

① E/CN. 15/1999/L. 4 4./Rev. 1 全文（中英文对照），见王平主编：《恢复性司法论坛》2005 年卷，群众出版社 2005 年版，第 473~478 页。

送联合国大会审议通过，联合国经济及社会理事会的决议草案在预防犯罪和刑事司法委员会通过之前各国已经订正，一般而言与正式决议是基本一致的。

七、《关于在刑事事项中采用恢复性司法方案的基本原则》的基本情况

本书第二章第三节"三、刑事和解的大趋同表征"这部分提及的《关于在刑事事项中采用恢复性司法方案的基本原则》的具体信息如下：

《关于在刑事事项中采用恢复性司法方案的基本原则》参见联合国文件 E/CN. 15/2002/L. 2./Rev. 1，该文件是联合国经济及社会理事会预防犯罪和刑事司法委员会 2002 年 4 月 16 日至 25 日于维也纳召开的第十一届会议通过的决议草案一，建议联合国经济及社会理事会通过，在经济及社会理事会通过之后才能成为决议。① 《预防犯罪和刑事司法委员会第十一届会议报告》（E/2002/30-E/CN. 15/2002/14）第 8～11 页可以查阅到 E/CN. 15/2002/L. 2./Rev. 1。②

《经济及社会理事会 2002 年的报告第二部分》［A/57/3（Part II)］第 160 项载明："理事会在 7 月 24 日第 37 次会议通过委员会建议题为'关于在刑事事项中采用恢复性司法方案的基本原则'的决议草案一。见理事会第 2002/12 号决议"。根据 A/57/3（Part II)第 56 页的注 38，决议草案见《补编第 10 号和更正》（E/

①　E/CN. 15/2002/L. 2./Rev. 1 全文，见杨宇冠、杨晓春编著：《联合国刑事司法准则》，中国人民公安大学出版社 2003 年版，第 481～488 页；该文件中英文对照本，亦可参见王平主编：《恢复性司法论坛》2005 年卷，群众出版社 2005 年版，第 510～521 页。

②　《预防犯罪和刑事司法委员会第十一届会议报告》，http://daccessdds. un. org/doc/UNDOC/GEN/V02/542/80/PDF/V0254280. pdf? OpenElement. ［2007-01-19］.

2002/30 和 Corr. 1）第 1 章 B 节。① 进一步查阅《补编第 10 号和更正》（E/2002/30 和 Corr. 1）第 1 章 B 节，其内容就是《预防犯罪和刑事司法委员会第十一届会议报告》（E/CN. 15/2002/L. 2./Rev. 1）。

查阅联合国文献中心（http：//www. un. org/chinese/documents/）所载联合国经济及社会理事会 2002 年的决议和决定中，E/2002/12 和 E/2002/12/Corr. 1 决议中没有附上《关于在刑事事项中采用恢复性司法方案的基本原则》。

综上所述，联合国经济及社会理事会 2002 年 7 月 24 日第 2002/12 号决议通过了《关于在刑事事项中采用恢复性司法方案的基本原则》。笔者在目前的资料中没有查询到第 2002/12 号决议的中文全文。不过根据《经济及社会理事会 2002 年的报告第二部分》的正文和注 38 可以得知，该决议中通过的《关于在刑事事项中采用恢复性司法方案的基本原则》与决议草案一（E/CN. 15/2002/L. 2./Rev. 1）应该是一致的，也就是《预防犯罪和刑事司法委员会第十一届会议报告》（E/2002/30-E/CN. 15/2002/14）中所载文本，故论文第 2 章引用 E/2002/30-E/CN. 15/2002/14 所载文本作为参考。

八、欧洲政治组织的基本情况

第三章第一节"四、刑法的区域化"部分提及的欧洲政治组织的具体情况如下：

欧洲的政治组织比较复杂，欧洲委员会、欧盟、欧安组织是三个法律上独立的政治组织。在阅读相关中文资料时，必须注意翻译问题。(1) Council of Europe（COE）和 European Union（EU）是欧洲最主要的两个国际组织，素有大小欧洲之称。European Union

---

① 《经济及社会理事会 2002 年的报告第二部分》，http：// daccessdds. un. org/doc/UNDOC/GEN/N02/614/49/PDF/N0261449. pdf? OpenElement. ［2007-01-19］.

（EU）在国内被统一翻译为欧洲联盟（简称欧盟），Council of the European Union、European Council、European Commission（或 Commission of European Union）都是欧盟（European Union，EU）的机构，在国内一般被分别译为欧盟理事会（Council of the European Union）、欧洲理事会（European Council）、欧盟委员会（European Commission 或 Commission of European Union）。（2）但是，关于 Council of Europe 的译法却存在分歧，有欧洲委员会、欧洲理事会两种译法。联合国文件、新华网、人民网采纳前种译法（欧洲委员会）；① 有些学术论文采纳后种译法（欧洲理事会）。② 本书采纳前种译法。（3）同时，还必须注意，欧盟的官方中文媒体中，欧洲委员会指 European Commission（在国内一般被翻译成欧盟委员会），欧洲委员会驻华代表团（Delegation of the European Commison to China），其实是指"European Union，Delegation of the European Commission"，是欧盟的机构，并非 Council of Europe（COE）。③

因此，欧洲的政治机构中，有两个"Council"，一个是欧盟的机构之一（European Commission），一个是与欧盟独立的另一个国

---

① 参见新华网：《背景资料：欧洲委员会》，http：//news. xinhuanet. com/world/2005-05/16/content_ 2963616. htm.［2007-02-10］. 又参见人民网：《欧洲委员会（COE）》，http：//npc. people. com. cn/GB/28320/52624/52625/4338523. html.［2007-02-10］.

② 参见任晓霞：《欧洲两大法律体系比较——浅谈欧洲理事会法和欧洲联盟法的联系与区别》，载赵海峰主编：《欧洲法通讯》第 1 辑，法律出版社 2000 年版，第 1~45 页。

③ 参见欧洲委员会驻华代表团主页（http：//www. delchn. cec. eu. int/）；又参见欧洲联盟欧洲委员会驻华代表团网站：《欧盟中国通讯》，载 http：//www. delchn. cec. eu. int/newsletters/200501/012. htm.［2007-02-10］. 又参见中华人民共和国外交部网站：《欧洲联盟欧洲委员会驻华代表团》，http：//www. fmprc. gov. cn/chn/wjb/zzjg/xos/gjlb/European-Union/omwy/t235468. htm.［2007-02-10］.

际组织（Council of Europe），在阅读包括"欧洲委员会"、"欧洲理事会"的中文资料时，必须根据资料所附带的英文原文或者资料内容先确定资料所论述的究竟是 Council of Europe（COE）还是 European Council，抑或是 European Commission，以避免张冠李戴。对于译法与本书所采译法不同的资料，笔者在书中已经注明。

欧洲委员会（Council of Europe，COE）简介：（1）"欧洲委员会（Council of Europe）作为一个政治组织是 1949 年建立的，其目的是在欧洲促进统一与合作。欧洲委员会是一个独立的国际组织。它的成员承担了一种密切的，但纯属国家间合作的义务。欧洲委员会最重要的意义是在维护人权方面所做的工作。在欧洲委员会的框架下，制定出了《欧洲人权宣言》（1950 年）、《欧洲社会宪章》（1965 年）。欧洲委员会位于斯特拉斯堡，与它的名称相似而容易混淆的是欧洲理事会（European Council），后者是欧洲联盟的一个机构"。① （2）欧洲委员会于 1949 年 5 月 5 日在伦敦由法国、卢森堡、荷兰、英国、意大利、丹麦、爱尔兰、挪威、瑞典签约成立，会址设在斯特拉斯堡。虽然从名称上看，欧洲委员会是一个泛欧组织，实则它只代表欧洲大陆的一小部分国家。不过，由于有民主方面的要求和一个价值共同体作参照，所以欧洲委员会仍然有一个严格的加入标准，这就是为什么直到 90 年代初它始终是一个纯粹的西欧组织的原因。至于委员会的使命，《欧洲委员会宪章》第 1 条规定，欧洲委员会的目的是"在成员国之间实现更为紧密的联合，以捍卫并促进作为共同财产的理想与原则，促进成员国的经济与社会进步"。这些目标将"通过诸如对涉及成员国共同利益的问题加以研究，达成一致，在经济、社会、文化、科学、司法和行政领域采取共同行动，捍卫和发展人权及基本自由等手段"来实现。②

---

① ［德］贝亚特·科勒-科赫等：《欧洲一体化与欧盟治理》，顾俊礼等译，中国社会科学出版社 2004 年版，第 19 页。

② 参见［法］法布里斯·拉哈：《欧洲一体化史（1945—2004）》，周弘主编，彭姝祎、陈志瑞译，中国社会科学出版社 2005 年版，第 26 页。

（3）20 世纪 90 年代初，在众多国家的要求下，欧洲委员会转变为一个接纳改制中的中东欧国家的机构。作为一个以联合欧洲大陆所有民主国家为使命的组织，斯特拉斯堡机构为欧洲许多国家提供了值得考虑的合作框架。但是，合作基本上仅限于欧洲委员会公约所规定的技术范畴，而且始终以严格的国家间合作为基础，也就是说没有任何自主性。在政治合作领域，欧洲委员会仅限于充当论坛，缺乏具体的措施或行动。对于它而言，合作首先体现在司法领域，手段是建立标准和机制，并鼓励成员国加入。自 1949 年成立以来，欧洲委员会已签署大约 173 个公约或条约，如《欧洲预防酷刑公约》（1978）、《保护少数民族框架公约》（1995）和《人权及生物医学框架公约》（1997）。作为一个组织，欧洲委员会在扩大问题上陷入两难境地：一方面，一国的加入申请一旦获准，那么要惩罚它的不当行为，委员会就只能以暂停或取消成员资格及相应特权相威胁；但是另一方面，这一点小小的惩罚很快就会遇到来自委员会自身基本宪章的过分保护，因为部长委员会可以不对议会大会的建议做出答复。欧洲委员会在人权保护领域的成就最为突出，也是在这同一个领域，一体化的成效最为显著。1998 年 11 月，借 1950 年公约议定书第 11 条生效之际，欧洲委员会对人权监控机制进行了改革，并于 1999 年 9 月成立了人权委员会。此外，为改变现有机制的臃肿状况，还对机构设置进行了合理化改革，特别是成立了一个常设法院，以简化结构，缩短案件受理时间，同时取消部长委员会的决策权，加强该制度的司法特性。法院的判决对所有缔约国一律有效，这使它染上了一定的超国家色彩。许多国家根据法院的判例修订了自己的立法并修改了本国的内部司法程序，以便与公约条款相吻合。① （4）欧洲委员会共有 46 个成员国，5 个部长委员会观察员国（梵蒂冈、加拿大、美国、日本和墨西哥）以及 3 个议会观察员国（加拿大、墨西哥和以色列）。欧洲委员会的主要组

---

① 参见［法］法布里斯·拉哈：《欧洲一体化史（1945—2004）》，周弘主编，彭姝祎、陈志瑞译，中国社会科学出版社 2005 年版，第 96~97 页。

织机构为部长委员会、议会、总秘书处、欧洲人权法院、人权专员署、地方和地区政权代表大会。部长委员会为最高决策和执行机构；议会是咨询机构，有辩论权，无立法权；总秘书处，包括欧委会秘书长和副秘书长办公室、部长委员会秘书处、议会秘书处、地方和地区政权代表大会秘书处、人权专员办公室、欧洲人权法院书记室、3个司（通信和研究司、战略计划司、礼宾司）和6个总司（政治总司、法律总司、人权总司、社会团结总司，教育、文化、遗产、青年和体育总司以及行政和后勤总司）；欧洲人权法院，按《欧洲人权宪章》的要求，法院于1950年成立，当时由人权委员会和法院两部分组成，受理的案件首先由委员会审议，然后交法院判决，1993年欧委会首脑会议决定，将上述两个机构合并，改为常设机构，1997年首脑会议决定，从1998年11月起正式成立单一的欧洲人权法院，每个成员国可推荐一名法官候选人，由议会投票任命；人权专员署由人权专员及其办公室组成，人权专员由议会选举产生，任期6年，不能连任，其职责是在欧委会成员国内促进教育和人权的发展；地方和地区政权代表大会1994年1月成立，是欧委会的一个咨询机构，其宗旨为促进地方和地区自治。此外，欧委会还设有发展银行、南北中心、欧洲青年中心、欧洲民主和权利委员会等机构。①

　　欧盟（European Union，EU）简介：（1）欧盟是通过条约组织起来的。1992年2月7日欧共体12国在荷兰的马斯特里赫特签订了《欧洲联盟条约》（Treaty on European Union，TEU）、附件和《最后文件》。《欧洲联盟条约》于1993年11月1日生效，欧盟正式诞生。欧洲联盟（European Union，EU）包括现存的三个共同体——欧洲共同体（European Community，EC，即原来的欧洲经济共同体EEC）、欧洲煤钢共同体（ECSC）和欧洲原子能共同体

---

　　① 参见中华人民共和国驻斯特拉斯堡总领事馆网站：《欧洲委员会（Conseil de l'Europe）》，http：//www.consulatchine-strasbourg.org/chn/ozjg/t114658.htm.［2007-02-10］.

（EAEC）；除此之外，欧洲联盟还建筑在一些共同的条款和合作政策之上——共同条款（《欧洲联盟条约》第一部分）；共同外交和安全政策（《欧洲联盟条约》。第五部分）；司法和民政领域的合作（《欧洲联盟条约》第六部分）。人们通常把欧洲联盟比作一个由三根柱子支撑起来的神庙：第一根柱子是三个共同体；第二根柱子是共同外交和安全政策；第三根柱子是司法和民政领域的合作；庙顶是共同条款。① （2）欧洲联盟的机构分为两大部分，一部分是代表共同体利益的机构：欧盟委员会、欧洲法院、欧洲议会、欧洲审计院；一部分是代表成员国特殊利益的机构：部长理事会、经济和社会委员会、地区委员会、欧洲理事会。欧盟委员会（European Commission 或 Commission of European Union），是欧洲联盟的常设机构和执行机构，由来自不同成员国的 25 名代表组成，由成员国政府共同协商任命，在 5 年的任期之中不得更换；负责实施欧洲联盟条约和欧盟理事会作出的决定，向理事会和欧洲议会提出报告和立法动议，处理联盟的日常事务，代表欧盟对外联系和进行贸易等方面的谈判等。在欧盟实施共同外交和安全政策范围内，只有建议权和参与权。欧盟理事会（Council of European Union），即部长理事会，主席由各成员国轮流担任，任期半年。欧洲法院（European Court of Justice）是欧盟的仲裁机构，负责审理和裁决在执行欧盟条约和有关规定中发生的各种争执。现有 15 名法官和 9 名检察官，由成员国政府共同任命。欧洲议会（European Parliament），是欧洲联盟的执行监督、咨询机构，在某些领域有立法职能，并有部分预算决定权，并可以 2/3 多数弹劾欧盟委员会，迫其集体辞职。自1979 年起，欧洲议会议员由成员国直接普选产生，任期 5 年。欧洲审计院（European Court of Auditors）负责欧盟的审计和财政管理，1977 年成立，由 12 人组成。经济和社会委员会是个咨询机构，成员由各成员国政府提名，经部长理事会一致通过任命，可以

---

① 参见［英］弗兰西斯·斯奈德：《欧洲联盟法概论》，宋英编译，北京大学出版社 1996 年版，第 15 ~ 17 页。

列席理事会、委员会和欧洲议会的听证会并发表意见。地区委员会是次国家层面各级地方政府的代表机构，代表由部长理事会经一致通过任命，任期4年，职权与经济和社会委员会相似。欧洲理事会（European Council），即首脑会议，不是欧共体的机构，而是欧盟实行政府间合作、大权在握的机构，由成员国国家元首或政府首脑及欧盟委员会主席组成。①

欧盟27国名单：（1）1957年3月5日原欧洲共同体6个成员国（共6国）：法国、德国、意大利、比利时、荷兰、卢森堡；（2）1973年1月1日另外3国加入欧洲共同体（共9国）：英国、丹麦、爱尔兰；（3）1981年1月1日另外1国加入欧洲共同体（共10国）：希腊；（4）1986年1月1日另外2国加入欧洲共同体（共12国）：西班牙、葡萄牙；（5）1995年1月1日另外3国加入欧盟（共15国）：瑞典、芬兰、奥地利；（6）2004年5月1日另外10国加入欧盟（共25国）：波兰、匈牙利、捷克、立陶宛、拉脱维亚、斯洛伐克、爱沙尼亚、斯洛文尼亚、塞浦路斯、马耳他；（7）2007年1月1日，保加利亚和罗马尼亚正式加入欧盟（共27国）。欧盟25国的资料，见欧洲联盟欧洲委员会驻华代表团网站：《哪些是欧洲联盟的成员？》（http://www.delchn.cec.eu.int/cn/eu _guide/F&Q.htm#EUMembers,2007-02-10引用）；第26、27国的资料，见新华网：《欧洲联盟（欧盟）》，（http://news.xinhuanet.com/ziliao/2002-12/19/content_664530.htm.2007-03-05引用）。

在称呼欧盟的相关机构时，欧盟、欧洲委员会（必须注意：正如上文对翻译问题的分析，在中文资料中 European Commission

①　参见［德］贝亚特·科勒-科赫等：《欧洲一体化与欧盟治理》，顾俊礼等译，中国社会科学出版社2004年版，第103～118页；又参见新华网：《欧洲联盟》，http://news.xinhuanet.com/ziliao/2002-12/19/content _664530.htm.［2007-02-10］。各机构英文全称主要参见华翼网（欧洲中文资讯）：《欧洲联盟（European Union）》，载http://www.chinesewings.com/main/abouteu/eu2.shtml.［2007-02-10］。

一般被翻译成欧盟委员会，欧洲联盟欧洲委员会驻华代表团网站所称"欧洲委员会"与中文通常所称的"欧盟委员会"是同一个机构）、欧共体称呼的选择原则为：（1）1993 年 11 月 1 日签署的《马斯特里赫特条约》中开始使用欧洲联盟（EU）的称呼。在讨论在此之前的问题时，使用欧洲共同体（EC）或者更早的欧洲经济共同体（EEC）的称呼更准确些。自 1993 年 11 月 1 日，根据欧盟成员国的意见，欧洲联盟在绝大多数情况下取代了通常使用的欧洲共同体的称呼。欧洲委员会是欧洲联盟的执行机构，负责"公共服务"。欧洲联盟并没有向国外派驻外交代表。驻外代表团代表的是欧洲委员会，因此，其正确的称呼应是：欧洲委员会驻中国代表团。（2）1993 年 11 月 1 日，在获得欧洲共同体所有 12 个成员国批准之后，《欧洲联盟条约》，也被称为《马斯特里赫特条约》开始生效。因此，以前惯称的欧洲共同体（欧共体）被称为欧洲联盟（欧盟）。当然，欧洲共同体仍是欧洲联盟首位的、最重要的基础。因此，欧共体（欧洲共同体）的称呼将继续使用，尤其是在某些法律性文件中，如在建立欧共体条约的基础上签署的正式法案。然而，欧洲联盟的作用和责任并不仅局限于欧洲共同体（包括建立的经济和货币联盟、欧洲煤钢共同体和欧洲原子能共同体等机构）的范畴，根据《马斯特里赫特条约》，它还适用于一些新的领域，如共同外交和安全政策以及在司法和内政事务方面的合作等。从总体上讲，欧洲联盟根据一套单一的机构框架进行运作。原欧共体理事会现被称为欧洲联盟理事会或欧盟理事会。欧洲议会和欧洲法院同欧共体委员会一样保留原来的名称，但欧共体委员会可简称为欧洲委员会。① 必须注意，根据欧洲联盟欧洲委员会驻华代表团的英文网页，中文网页中的欧洲联盟是指 European Union（EU），欧共体是指 European Community（EC），欧盟理事会是指

---

① 参见欧洲联盟欧洲委员会驻华代表团网站：《欧盟指南-常见问题解答》，http：//www. delchn. cec. eu. int/cn/eu _ guide/F&Q. htm # EUMembers. [2007-02-10].

Council of the European Union 或 EU Council，欧洲委员会是指 European Commission。① 关于欧洲委员会法和欧洲联盟法的区别，也有学者进行了论述。②

欧安组织（Organization for Security and Co-operation in Europe，OSCE）简介：（1）欧洲安全与合作组织简称"欧安组织"（Organization for Security and Co-operation in Europe，OSCE），其前身是 1975 年成立的欧洲安全与合作会议（欧安会），它包括西欧国家、苏联解体前的东欧国家以及美国和加拿大，是唯一一个包括所有欧洲国家在内并将它们与北美洲联系到一起的安全机构，主要使命是为成员国就欧洲事务，特别是安全事务进行磋商提供讲坛。欧安组织只有在所有成员国达成一致的情况下才能起作用，其决定对成员国也只具有政治效力而没有法律效力。（2）欧安会是冷战时期东西方为建立对话渠道而召开的。1955 年，在美、苏、法、英 4 国外长讨论德国问题的柏林会议上，苏联首先提出了缓和欧洲紧张局势、废除现有军事集团、建立欧洲集体安全的建议。1966 年 7 月，在苏联的推动下，华沙条约国政治协商会议正式提出召开由欧洲国家参加的欧洲安全与合作会议的建议，遭到美国的反对。之后，美苏经过长期的讨价还价，于 1972 年 5 月就召开欧安会达成协议。同年 11 月 22 日至 1973 年 6 月 8 日，与会 25 国在芬兰首都赫尔辛基召开大使级会议，草拟了《赫尔辛基最后建议蓝皮书》，规定了欧安会讨论的范围和日程。欧安会于 1973 年 7 月至 1975 年 8 月分三个阶段进行，最终签署了《赫尔辛基最后文件》。（3）1975 年 7 月 30 日至 8 月 1 日，欧安会首届首脑会议在芬兰首

---

① A Guide to the European Union-Frequently Asked Questions，http：//www. delchn. cec. eu. int/en/eu_ guide/eu_ guide. htm. ［2007-02-10］.

② 参见任晓霞：《欧洲两大法律体系比较——浅谈欧洲理事会法和欧洲联盟法的联系与区别》，载赵海峰主编：《欧洲法通讯》第 1 辑，法律出版社 2000 年版，第 1～45 页。注意，由于译法不同，该文所述的欧洲理事会就是 Council of Europe，亦即本书前述提及的欧洲委员会。

都赫尔辛基举行,与会国家有 33 个欧洲国家及美国和加拿大。当时阿尔巴尼亚宣布不参加会议(1991 年 6 月 19 日,阿尔巴尼亚被接纳为第 35 个成员国)。会议签署的《最后文件》(又称《赫尔辛基最后文件》)共分四个部分,也称四个"篮子":欧洲安全问题;经济、科学、技术和环境方面的合作;人员、思想和文化交流;续会问题。根据文件规定,与会国家的代表应定期举行续会检查各国执行会议规定的情况,并就"增进欧洲安全与合作"的问题交换意见。《最后文件》还包括《指导与会国之间关系的原则宣言》、《经济、科学技术和环境方面的合作》、《地中海的安全与合作》以及《人道主义和其他方面的合作》。(4)随着 20 世纪 90 年代初该组织秘书处和其他机构的设立以及成员国代表处的建立,欧洲安全与合作会议的工作不断增多和加强。1994 年 12 月,欧安会在匈牙利首都布达佩斯举行的欧安会首脑会议上,认为欧洲安全合作会议的工作已经远远超过"一个会议",决定从 1995 年 1 月 1 日起,将该组织更名为"欧洲安全与合作组织"。(5)欧安组织现有成员国55 个(2007 年 1 月),总部设在奥地利的维也纳,每两年举行一次首脑会议,每年举行一次外长会议。出版物有:《欧洲安全和合作组织年度报告》、《欧洲安全和合作组织通讯》(月刊)、《欧洲安全和合作组织手册》和《建设与成员国声明选编》。①

九、欧洲人权公约的基本情况

第三章第一节"四、刑法的区域化"部分提及的欧洲人权公约的具体情况如下:

1950 年 11 月 4 日欧洲委员会成员国在罗马缔结了《欧洲人权公约》(以下简称《公约》),又称《保护人权与基本自由公约》,于 1953 年 9 月 3 日正式生效。这是第一个区域性国际人权条约。《公约》共分 5 章 66 条。《公约》的实质性条款是以联合国《公民

---

① 参见新华网:《欧洲安全与合作组织(欧安组织)》,http://news. xinhuanet. com/ziliao/2003-01/27/content_ 709626. htm. [2007-02-10].

权利和政治权利国际盟约》的早期草案为依据的，规定了个人权利和政治权利，包括生命权、不受酷刑和非人道的或侮辱人格的待遇或处罚权、不受奴役或强迫劳动的权利、人身自由权、获得公正审判的权利、罪刑法定、隐私权、思想良心及宗教自由权、言论自由权及和平集会与结社自由的权利、结婚和建立家庭的权利等。《公约》的内容在后来通过的 12 项附加议定书中得到了进一步补充和修订。新增加的内容包括：财产权、受教育权、迁徙自由等多项应受到保护的权利和自由，以及禁止集体驱逐外国人、废除死刑等。《公约》还对欧洲人权委员会和欧洲人权法院作了规定。欧洲人权委员会是根据《公约》第 19 条规定成立的常设机构，它有权受理、调解和调查关于缔约国违反公约的申诉，也可以受理个人、非政府组织或个别团体提出的申诉。欧洲人权委员会成立之后，对《公约》的实施发挥了积极作用。根据《公约》第十一项议定书规定，1999 年 11 月 1 日，欧洲人权委员会结束了其使命，它的相关职能由欧洲人权法院统一行使。欧洲人权法院也是根据《公约》第 19 条规定成立的常设司法机构，其主要职责是审理缔约国和欧洲人权委员会所委托的涉及解释和适用公约的一切案件。法院判决为终审判决，欧洲委员会部长委员会有权监督判决的执行。根据欧洲委员会部长委员会的要求，法院可以提供在解释公约和议定书方面的法律问题的咨询意见。①

十、《法典》（Corpus Juris）的基本情况

第三章第一节"四、刑法的区域化"部分提及的《法典》的具体情况如下：

---

① 参见《〈欧洲人权公约〉的主要内容是什么》，载《人民日报》2005年 3 月 21 日第 9 版。该文原文中，"欧洲委员会"为"欧洲理事会"，笔者引用时根据本书采纳的译法改为"欧洲委员会"；"《公民权利和政治权利国际盟约》"为"《公民权利和政治权利国际公约》"，笔者引用时根据本书采纳的译法改为"《公民权利和政治权利国际盟约》"。

《法典》草案（2000 年版）的全文，见赵海峰译：《关于保护欧盟财政利益刑事规定的〈法典〉草案（2000 年版)》，载赵海峰、卢建平主编：《欧洲法通讯》第 2 辑，法律出版社 2001 年版，第 245～274 页；又见赵海峰译：《保护欧盟财政利益之刑事规定的〈法典〉草案》，载高铭暄、赵秉志主编：《刑法论丛》第 6 卷，法律出版社 2002 年版，第 342～370 页。这两份译文内容基本一致，只是后一份译文在标题的编号体例方面有所改变，均译自米海依尔·戴尔玛斯—马蒂（Mireille Delmas-Marty）、维瓦勒（J. A. E. Vervaele）主编，"La mise en ouvre du Corpus Juis dans les Etats membres"，Volum 1，(《"法典"草案在各成员国的实施》，第 1 卷)，Intersentia 出版社，Antwerpen-Groningen-Oxford，2000 年版。

"'《法典》'（Corpus Juris）草案，也译作'学者法案'，是以米海依尔·戴尔玛斯—马蒂为协调人的欧洲主要国家的著名刑法、刑诉法学者组成的专家组，接受欧盟议会的委托，从 1995 年起为欧盟准备的一个条例草案，该草案的目的在于打击针对欧盟财政利益的犯罪，条文的内容是规定在欧洲司法区（un espace judiciaire europeen）框架下的保护欧盟财政利益的指导原则，包括欧洲检察院的设立方案。经过专家们的研究，于 1996 年完成，共计 35 条，分刑法、刑事诉讼法两个部分。有关草案的立法说明，35 条条文草案和对每一条草案的解释内容于1997 年在法国Economica 出版社以法文和英文两种语言出版，书名为 "Corpus Juris portant dispositions pénales pour la protection des intérêts financiers de l'Union européenne"（保护欧盟财政利益的刑事规定的法典），主编为米海依尔·戴尔玛斯—马蒂，该书出版的条文草案后被命名为《1997 年版法典草案》。该草案在欧盟议会经过听证以后，应欧盟议会和欧盟反欺诈办公室的要求，在 1998 年和 1999 年间，欧洲法学家保护欧盟财政利益协会的研究人员对法典草案进行了追踪研究。该研究仍然在戴尔玛斯—马蒂教授的学术负责下进行，主要内容是针对成员国的立法来看法典草案的可行性问题，以及成员国的平行合作和垂直合作的问题。在 2000 年开始出版四卷本的 "Suivi du Corpus juris"（法典草案追踪研究）。其中第 1 卷包括最终的综合分析和法典草案的2000 年版本，以及对法典草案 1997 年版本的可行性从比较法角度所作的综合分析，第 2 卷和第 3 卷是针对 1997 年版本的 35 条条文所作的 15 国的国别报告；第 4 卷讨论了水平合作和垂直合作的问题。法典草案的 2000 年版对 1997 年版进行了修改，增加了条款"。①

　　关于《法典》草案的相关资料，还可参见：（1）［法］米海依尔·戴尔玛斯—马蒂：《迈向欧洲共同刑法》，张莉译，载高铭暄、赵秉志主编：《刑法论丛》第 3 卷，法律出版社 1999 年版，第471～473 页。（2）［法］米海依尔·戴尔玛斯—马蒂：《欧洲司法区域 世界化的实验室》，赵海峰译，载赵海峰主编：《欧洲法通讯》第 1 辑，法律出版社 2000 年版，第 148～155 页。（3）［法］米海依尔·戴尔马斯—马蒂：《论保护欧盟财政利益之刑事规定的〈法典〉的必要性、合法性和可行性》，赵海峰译，载高铭暄、赵秉志主编：《刑法论丛》第 6 卷，法律出版社 2002 年版，第 371～381 页。（4）莫洪宪、张颖纬：《欧洲刑法发展的"特洛伊木马"》，载《法学评论》2001 年第 5 期，第 95～102 页。（5）赵海峰：《简论欧盟对其财政利益的保护与刑事规定之〈法典〉草案》，载高铭暄、赵秉志主编：《刑法论丛》第 6 卷，法律出版社 2002 年版，第 382～391 页。（6）赵永琛：《区域刑法论：国际刑法地区化的系统研究》，法律出版社 2002 年版，第 68 页，第 467 页。（7）何家弘主编：《刑事司法大趋势——以欧盟刑事司法一体化为视角》，中国检察出版社 2005 年版，第 126～187 页。

　　另外，关于翻译问题，笔者要作两点说明：（1）"Mireille Delmas-Marty"的中文译名在《关于保护欧盟财政利益刑事规定的〈法典〉草案（2000 年版）》、《迈向欧洲共同刑法》、《欧洲司法区

---

　　①　赵海峰译：《关于保护欧盟财政利益刑事规定的〈法典〉草案（2000 年版）》，载赵海峰、卢建平主编：《欧洲法通讯》第 2 辑，法律出版社 2001 年版，第 245 页注①。着重号为笔者所加。

域 世界化的实验室》中是"米海依尔·戴尔玛斯—马蒂";在《保护欧盟财政利益之刑事规定的〈法典〉草案》、《论保护欧盟财政利益之刑事规定的〈法典〉的必要性、合法性和可行性》、《简论欧盟对其财政利益的保护与刑事规定之〈法典〉草案》中是"米海依尔·戴尔玛斯—马蒂"。本书采纳"米海依尔·戴尔玛斯—马蒂"的译名。不过,为了保持相关论文的原貌,对于采纳"米海依尔·戴尔玛斯—马蒂"译名之论文的原作者姓名或者直接引用论文原文时,笔者仍保留原文的译名。(2)上述关于《法典》草案的资料中,根据其内容,论述的均是同一份有关保护欧盟财政利益的法律文件,不过采用的译名各不相同。赵海峰所译《关于保护欧盟财政利益刑事规定的〈法典〉草案(2000年版)》、《保护欧盟财政利益之刑事规定的〈法典〉草案》、《欧洲司法区域 世界化的实验室》、《论保护欧盟财政利益之刑事规定的〈法典〉的必要性、合法性和可行性》,及其撰写的《简论欧盟对其财政利益的保护与刑事规定之〈法典〉草案》一文,采纳了《法典》的译名,另外一般还采纳了《法典》草案、保护欧盟财政利益的刑事规定的《法典》草案这类名称。其他资料中,《迈向欧洲共同刑法》一文采用了《保护欧洲联盟财政利益刑事法典》的译名,《欧洲刑法发展的"特洛伊木马"》一文采用了《保护欧盟经济利益的刑法(草案)》的译名,《区域刑法论:国际刑法地区化的系统研究》一书采用了《保护欧盟财政利益刑事法案》的译名,《刑事司法大趋势——以欧盟刑事司法一体化为视角》一书采用了《刑事大法典》的译名。因此,为了统一表述,本书采纳赵海峰对该法律文件的译名,采纳《法典》、《法典》草案、保护欧盟财政利益刑事规定的《法典》草案的名称。本书引用其他资料时,分别将该法律文件的译名改为《法典》。

十一、中国破产法的基本情况

第四章第二节"二、有效趋同"部分提及的破产法的基本情况如下:

政策性破产是指在实施国有企业破产中，根据《国务院关于在若干城市试行国有企业破产有关问题的通知》（国发〔1994〕59号），《国务院关于在若干城市试行国有企业兼并破产和职工再就业有关问题的补充通知》（国发〔1997〕10号）为依据，由政府主导、法院实施的有计划有步骤的破产行为。国务院政策性破产的规定对破产财产认定和债务清偿顺序作出特殊规定并给予财政支持，国有企业在破产时将全部资产首先用于安排失业和下岗职工，而不是清偿银行债务。《国务院关于在若干城市试行国有企业兼并破产和职工再就业有关问题的补充通知》规定，"安置破产企业职工的费用，从破产企业依法取得的土地使用权转让所得中拨付。破产企业以土地使用权为抵押物的，其转让所得也应首先用于安置职工，不足以支付的，不足部分从处置无抵押财产、抵押财产所得中依次支付。破产企业财产拍卖所得安置职工仍不足的，按照企业隶属关系，由同级人民政府负担"。

根据2006年全国企业兼并破产和职工再就业工作领导小组《关于进一步做好国有企业政策性关闭破产工作意见》，我国国有企业实施政策性关闭破产的期限是2005—2008年，2008年后不再实施政策性关闭破产；总体规划实施范围包括新增的拟关闭破产企业共1610户，以及目前已送国有金融机构审核的拟关闭破产企业共506户，共计2116户。

《中华人民共和国企业破产法》（以下简称《破产法》）2006年8月27日由全国人大常委会通过，自2007年6月1日施行。对《破产法》立法过程中争议最大的破产企业职工工资等费用和企业担保人清偿顺序、政策性破产的问题，《破产法》均作了明确规定。（1）第109条规定："对破产人的特定财产享有担保权的权利人，对该特定财产享有优先受偿的权利。"这样明确了担保权人的优先受偿权，保护了交易安全，特别是银行信贷资金的安全。（2）《破产法》第113条规定："破产财产在优先清偿破产费用和共益债务后，依照下列顺序清偿：（一）破产人所欠职工的工资和医疗、伤残补助、抚恤费用，所欠的应当划入职工个人账户的基本养老保险、基本医疗保险费用，以及法律、行政法规规定应当支付给职工的补偿金；（二）破产人欠缴的除前项规定以外的社会保险费用和破产人所欠税款；（三）普通破产债权。破产财产不足以清偿同一顺序的清偿要求的，按照比例分配"。第 132 条规定："本法施行后，破产人在本法公布之日前所欠职工的工资和医疗、伤残补助、抚恤费用，所欠的应当划入职工个人账户的基本养老保险、基本医疗保险费用，以及法律、行政法规规定应当支付给职工的补偿金，依照本法第 113 条的规定清偿后不足以清偿的部分，以本法第 109 条规定的特定财产优先于对该特定财产享有担保权的权利人受偿。"这样《破产法》既规定了担保权人的优先受偿权，也对《破产法》公布前的职工工资等费用仍赋予优先受偿的地位，保证了市场交易安全和职工合法权益的平衡，有利于减少人民法院受理破产案件、进行破产宣告的后顾之忧。(3)《破产法》第 133 条规定"在本法施行前国务院规定的期限和范围内的国有企业实施破产的特殊事宜，按照国务院有关规定办理"。这规定了政策性破产与《破产法》的衔接，《破产法》施行后凡是不在国务院规定的期限（2005—2008 年）和范围（2116 户）内的国有企业实施破产，均应适用《破产法》，实施商业破产。

《破产法》三次审议稿的修改全面反映了破产立法中对破产企业职工工资等费用和企业担保人清偿顺序、政策性破产这几个焦点问题的处理，参见《全国人大法律工作委员会关于〈中华人民共和国破产法（草案）〉审议结果的报告》，载《全国人民代表大会常务委员会公报》2006 年第 7 期，第 583 ~ 585 页。

另，《破产法（试行）》第 32 条规定："破产宣告前成立的有财产担保的债权，债权人享有就该担保物优先受偿的权利。有财产担保的债权，其数额超过担保物的价款的，未受清偿的部分，作为破产债权，依照破产程序受偿。"第 34 条规定："下列破产费用，应当从破产财产中优先拨付：（一）破产财产的管理、变卖和分配所需要的费用，包括聘任工作人员的费用；（二）破产案件的诉讼费用；（三）为债权人的共同利益而在破产程序中支付的其他费用。"第30条规定："破产宣告前成立的无财产担保的债权和放弃优先受偿权利的有财产担保的债权为破产债权。债权人参加破产程序的费用不得作为破产债权。"第37条规定："清算组提出破产财产分配方案，经债权人会议讨论通过，报请人民法院裁定后执行。破产财产优先拨付破产费用后，按照下列顺序清偿：（一）破产企业所欠职工工资和劳动保险费用；（二）破产企业所欠税款；（三）破产债权。破产财产不足清偿同一顺序的清偿要求的，按照比例分配。"这些规定以及国务院政策性破产的规定，侧重于解决企业职工安置问题，不利于保护债权人的正当权益，不利于金融机构信贷资金的安全。中国加入WTO金融领域过渡期结束之后，中国的金融领域将进一步对外开放，外资银行将获得国民待遇，可以开展人民币业务。外资银行开展人民币业务时，最关注的就是担保物权的法律地位问题。因此，《破产法》通过之后，全国人民代表大会2007年3月16日也通过了《中华人民共和国物权法》，自2007年10月1日起施行。

十二、中国的反洗钱立法及打击洗钱犯罪的基本情况

第四章第二节"二、有效趋同"部分提及的中国反洗钱立法及打击洗钱犯罪的基本情况如下：

洗钱罪的规定及修正的基本情况：（1）《刑法》第191条规定："明知是毒品犯罪、黑社会性质的组织犯罪、走私犯罪的违法所得及其产生的收益，为掩饰、隐瞒其来源和性质，有下列行为之一的，没收实施以上犯罪的违法所得及其产生的收益，处5年以下有期徒刑或者拘役，并处或者单处洗钱数额5%以上20%以下罚金；情节严重的，处5年以上10年以下有期徒刑，并处洗钱数额5%以上20%以下罚金：（一）提供资金账户的；（二）协助将财产转换为现金或者金融票据的；（三）通过转账或者其他结算方式协助资金转移的；（四）协助将资金汇往境外的；（五）以其他方法掩饰、隐瞒犯罪的违法所得及其收益的性质和来源的。单位犯前款罪的，对单位判处罚金，并对其直接负责的主管人员和其他直接

责任人员，处 5 年以下有期徒刑或者拘役。"（2）《刑法修正案（三）》将刑法第 191 条修改为："明知是毒品犯罪、黑社会性质的组织犯罪、恐怖活动犯罪、走私犯罪的违法所得及其产生的收益，为掩饰、隐瞒其来源和性质，有下列行为之一的，没收实施以上犯罪的违法所得及其产生的收益，处 5 年以下有期徒刑或者拘役，并处或者单处洗钱数额 5% 以上 20% 以下罚金；情节严重的，处 5 年以上 10 年以下有期徒刑，并处洗钱数额 5% 以上 20% 以下罚金：（一）提供资金账户的；（二）协助将财产转换为现金或者金融票据的；（三）通过转账或者其他结算方式协助资金转移的；（四）协助将资金汇往境外的；（五）以其他方法掩饰、隐瞒犯罪的违法所得及其收益的来源和性质的。单位犯前款罪的，对单位判处罚金，并对其直接负责的主管人员和其他直接责任人员，处五年以下有期徒刑或者拘役；情节严重的，处 5 年以上 10 年以下有期徒刑。"（3）《刑法修正案（六）》将刑法第 191 条第 1 款修改为："明知是毒品犯罪、黑社会性质的组织犯罪、恐怖活动犯罪、走私犯罪、贪污贿赂犯罪、破坏金融管理秩序犯罪、金融诈骗犯罪的所得及其产生的收益，为掩饰、隐瞒其来源和性质，有下列行为之一的，没收实施以上犯罪的所得及其产生的收益，处 5 年以下有期徒刑或者拘役，并处或者单处洗钱数额 5% 以上 20% 以下罚金；情节严重的，处 5 年以上 10 年以下有期徒刑，并处洗钱数额 5% 以上 20% 以下罚金：（一）提供资金账户的；（二）协助将财产转换为现金、金融票据、有价证券的；（三）通过转账或者其他结算方式协助资金转移的；（四）协助将资金汇往境外的；（五）以其他方法掩饰、隐瞒犯罪所得及其收益的来源和性质的。"

2006 年 10 月 31 日全国人大常委会通过了《中华人民共和国反洗钱法》。其中，第 23 条规定："国务院反洗钱行政主管部门或者其省一级派出机构发现可疑交易活动，需要调查核实的，可以向金融机构进行调查，金融机构应当予以配合，如实提供有关文件和资料。"第 26 条规定："经调查仍不能排除洗钱嫌疑的，应当立即向有管辖权的侦查机关报案。客户要求将调查所涉及的账户资金转往境外的，经国务院反洗钱行政主管部门负责人批准，可以采取临时冻结措施。侦查机关接到报案后，对已依照前款规定临时冻结的资金，应当及时决定是否继续冻结。侦查机关认为需要继续冻结的，依照刑事诉讼法的规定采取冻结措施；认为不需要继续冻结的，应当立即通知国务院反洗钱行政主管部门，国务院反洗钱行政主管部门应当立即通知金融机构解除冻结。临时冻结不得超过四十八小时。金融机构在按照国务院反洗钱行政主管部门的要求采取临时冻结措施后 48 小时内，未接到侦查机关继续冻结通知的，应当立即解除冻结"。

公安部和人民银行联合打击洗钱犯罪的具体情况为：第一，不断加大打击洗钱犯罪力度，破获了一批重大案件。各级公安机关会同当地人民银行等部门，不断加大打击洗钱犯罪力度，破获了广东省汪照案、福建省蔡建立和蔡怀泽案、广西黄广锐案等洗钱犯罪案件。

第二，不断加强跨部门的协作机制建设，形成打击合力：（1）建立了由中国人民银行牵头，包括公安部、最高人民法院、最高人民检察院、税务总局、工商总局、银监会、证监会、保监会等 23 个部门参加的反洗钱工作部际联席会议制度，目前已召开了两次工作会议。公安部和中国人民银行在联席会议总体框架下不断加强两部门的反洗钱合作。（2）2005 年年底，经国务院批准，公安部向中国人民银行派驻了联络员，负责双方在案件调查等方面的联络和协调工作，目前已收到初步成效。可疑交易线索工作是公安部和中国人民银行反洗钱合作的重要内容，在严格履行法律程序和充分尊重保障人权的前提下，双方不断加强线索的移送和核查工作。（3）2005 年，公安部、中国人民银行联合下发了《关于可疑交易线索核查工作的合作规定》，确立了情报会商制度。

第三，不断加强反洗钱机构和队伍建设，大力加强反洗钱的培训工作：（1）2002 年 4 月，公安部经济犯罪侦查局成立了洗钱犯罪侦查处，负责督促协调指导地方公安机关开展洗钱犯罪案件的侦办工作，一些省市的公安机关经侦部门也陆续建立了专门的反洗钱机构。(2) 2003 年，中国人民银行成立了反洗钱局，履行指导部署金融业反洗钱工作，负责反洗钱的资金监测等职能。2004 年，中国人民银行成立了中国反洗钱监测分析中心，2006 年又实现了本外币反洗钱工作的统一。

第四，大力加强反洗钱的国际合作：(1) 2004 年 10 月，由中国人民银行牵头组织，公安部等部门积极参加的欧亚反洗钱与反恐融资小组的组建工作，并作为创始成员国在该组织中发挥了重要作用；(2) 2002 年以来，公安部、中国人民银行在其他部门的支持下，为我国加入金融行动特别工作组（Finacial Action Task Forceon Anti-Money Laundermg，FATF）做了大量工作，经努力，2007 年 6 月 28 日，我国成为了该组织的正式成员。①

十三、国际公约和国际文件相关信息的资料来源

依照国际公约、国际文件在本书正文中出现的顺序，其相关信息及资料来源依次如下：

（一）《公民权利和政治权利国际盟约》（第二章第二节首次提及）

该条约约文，参见北京大学法学院人权研究中心编：《国际人权文件选编》，北京大学出版社 2002 年版。本书所引国际公约的约文，未注明出处的，均引自该书。

（二）表 2.1（第二章第二节）

该表所列国际公约相关资料，按照签订日期的先后顺序，从《东京公约》至《万国邮政公约》，参见黄芳：《国际犯罪国内立法研究》，中国方正出版社 2001 年版，第 227～232 页；另外，反劫机三公约的简称和《蒙特利尔议定书》的全称（该书所列全称为《制止在为国际民用航空服务的机场上的非法暴力行为的议定书》）根据其他资料进行了增补与更改，参见张智辉：《国际刑法通论

---

① 《金融行动特别工作组一致同意中国成为其正式成员》，http://www.ce.cn/xwzx/gnsz/gdxw/200706/29/t20070629_12006419.shtml.[2009-05-21].

（增补本）》，中国政法大学出版社 1999 年版，第 203～209 页。

此外，《制止恐怖主义爆炸的国际公约》、《制止向恐怖主义提供资助的国际公约》、《打击恐怖主义、分裂主义和极端主义上海公约》的资料，根据中国人大网、上海合作组织官方网站的资料综合整理而成，参见中国人大网：《全国人民代表大会常务委员会关于加入〈制止恐怖主义爆炸的国际公约〉的决定》，(http://www. npc. gov. cn/zgrdw/common/zw. jsp? label ＝ WXZLK&id ＝ 281286. 2001-10-27 发布，2007-01-20 引用)；参见中国人大网：《全国人民代表大会常务委员会关于批准〈制止向恐怖主义提供资助的国际公约〉的决定》，(http://www. npc. gov. cn/zgrdw/common/zw. jsp? label ＝ WXZLK&id ＝ 345429. 2006-02-28 发布，2007-01-20 引用)；参见中国人大网：《全国人大常委会关于批准打击恐怖主义、分裂主义和极端主义上海公约的决定》，(http://www. npc. gov. cn/zgrdw/common/zw. jsp? label ＝ WXZLK&id ＝ 281314. 2001-10-27 发布，2007-01-20 引用)；参见上海合作组织网站：《上海合作组织大事年表》，(http://www. sectsco. org/html/00003. html，2007-01-20 引用)。

（三）表 2.2（第二章第二节）

该表所列国际公约相关资料，参见中华人民共和国文化部外联局网站：《中国参加的保护知识产权的组织及国际公约》，(http://www. chinaculture. org/gb/cn-law/2004-06/28/content ＿ 49614. htm，2007-01-21 引用)。

（四）第二章第二节"4. 与国际人权法初步接轨"部分

国际公约、国际文件相关信息如下：（1）《世界人权宣言》：联合国大会 1948 年 12 月 10 日通过；（2）《公民权利和政治权利国际盟约》：1966 年 12 月 16 日通过，1976 年 3 月 23 日生效，1998 年 10 月 5 日中国签署；（3）《经济、社会、文化权利国际盟约》：1966 年 12 月 16 日通过，1976 年 1 月 3 日生效，1997 年 10 月 27 日中国签署，2001 年 3 月 27 日中国交存批准书；（4）《公民权利和政治权利国际盟约任择议定书》：1966 年 12 月 16 日联合国大会通过，1976 年 3 月 12 日生效；（5）《旨在废除死刑的公民权利和政治权利国际盟约第二项任择议定书》：1989 年 12 月 15 日联合国大会通过，1991 年 7 月 11 日生效；（6）《消除对妇女一切形式歧视公约》：1979 年 12 月 17 日签订，1980 年 7 月 17 日中国签署，1980 年 11 月 4 日中国交存批准书；（7）《儿童权利公约》：1989 年 11 月 20 日签订，1990 年 8 月 29 日中国签署，1992 年 1 月 31 日中国批准加入，1999 年 4 月 2 日对中国生效；（8）《禁止酷刑和其他残忍、不人道或有辱人格的待遇或处罚公约》：简称《禁止酷刑公约》，1984 年 12 月 10 日签订，1986 年 12 月 12 日中国签署，1988 年 11 月 3 日对中国生效；（9）《消除一切形式种族歧视国际公约》：1968 年 7 月 1 日签订，1992 年 3 月 9 日中国递交加入书，同日对中国生效；（10）《防止及惩治灭绝种族罪公约》：1948 年 12 月 9 日签订，1983 年 4 月 18 日中国交存批准书，1983 年 7 月 17 日对中国生效；（11）《禁止并惩治种族隔离罪行的国际公约》：1973 年 11 月 30 日签订，1983 年 4 月 18 日中国交存加入书，1983 年 5 月 18 日对中国生效。

以上所列国际公约、国际文件相关资料，主要参见中华人民共和国外交部网站：《中国参加的人权类国际公约一览表》，(http://www. fmprc. gov. cn/chn/wjb/zzjg/tyfls/wjzdtyflgz/zgygjrqf/t94508. htm, 2004-04-30 发布,2007-01-21 引用)；又参见北京大学法学院人权研究中心编：《国际人权文件选编》,北京大学出版社 2002 年版。

（五）第二章第二节"5. 与国际环境公约初步接轨"

1. 关于自然和文化遗产保护的两项国际公约

《保护世界文化和自然遗产公约》，1972 年 11 月 26 日联合国教育、科学及文化组织大会通过，1985 年 11 月 22 日全国人大常委会批准；《关于禁止和防止非法进出口文化财产和非法转让其所有权的方法的公约》，1970 年 11 月 14 日联合国教育、科学及文化组织通过，1989 年 9 月 25 日国务院批复接受。

以上两项国际公约相关资料来源于"北大法宝中文在线数据库"(http: //vip. chinalawinfo. com)，参见：（1）《保护世界文化和自然遗产公约》，(http: //vip. chinalawinfo. com/newlaw2002/slc/

slc. asp？db = eag&gid = 100666754. 2007-01-22 引用）；（2）《关于禁止和防止非法进出口文化财产和非法转让其所有权的方法的公约》，（http：//vip. chinalawinfo. corn/newlaw2002/slc/slc. asp？db = eag&gid = 100666772，2007-01-22 引用）。

2. 关于生态环境保护的七项国际公约

七项国际公约的相关信息如下：（1）《南极条约》：1959 年 12 月 1 日签订，1961 年 6 月 23 日生效，1983 年 6 月 8 日中国交存加入书并自该日起对中国生效；（2）《关于环境保护的南极条约议定书》：1991 年 6 月 23 日签订，1991 年 10 月 4 日中国签署；（3）《保护臭氧层维也纳公约》：1985 年 3 月 22 日签订，1988 年 9 月 22 日生效，1989 年 9 月 11 日中国加入，1989 年 12 月 10 日对中国生效；（4）《联合国气候变化框架公约》：1992 年 5 月 9 日签订，1992 年 11 月 7 日全国人大常委会批准；（5）《〈联合国气候变化框架公约〉京都议定书》：1997 年 12 月签订，1998 年 5 月中国签署，2002 年 8 月中国核准，2005 年 2 月 16 日该公约正式生效；（6）《防止荒漠化公约》：1994 年 6 月 7 日通过，1996 年 12 月 26 日生效，1994 年 10 月 14 日中国签署，1997 年 2 月 18 日中国批准该公约，1997 年 5 月 19 日该公约对中国生效；（7）《联合国海洋法公约》（简称《海洋法公约》即 UNCLOS，1982 年 12 月 10 日签订，1994 年 11 月 16 日生效，1982 年 12 月 10 日中国签署，1996 年 5 月 15 日全国人大常委会批准，1996 年 7 月 7 日该公约对中国生效。

以上七项国际公约相关资料，来源于国家环境保护总局（http：//www. sepa. gov. cn）主页"国际环境公约"和"北大法宝中文在线数据库"（http://vip. chinalawinfo. com），参见：（1）《南极条约》，（http：//www. sepa. gov. cn/inte/gjgy/200312/t20031224 _ 87667. htm. 2003-12-24 更新，2007-01-22 引用）；（2）《关于环境保护的南极条约议定书》，（http://vip. chinalawinfo. com/newlaw2002/slc/slc. asp？db = iel&gid = 67109595. 2007-01-22 引用）；（3）《保护臭氧层维也纳公约》，（http://vip. chinalawinfo. com/newlaw2002/slc/

slc. asp? db = iel&gid = 67109430. 2007-01-22 引用);(4)《气候变化框架公约》,(http://vip. chinalawinfo. com/newlaw2002/slc/slc. asp? db = iel&gid = 67109440. 2007-01-22 引用);(5)《〈联合国气候变化框架公约〉京都议定书》,(http://www. sepa. gov. cn/inte/gjgy/200502/t20050216 73794. htm. 2005-02-06 更新,2007-01-22 引用);(6)《防止荒漠化公约》,(http://www. sepa. gov. cn/inte/gjgy/200407/t20040709_61312. htm. 2004-07-09 更新,2007-01-22 引用);(7)《联合国海洋法公约(摘录)》,(http://www. sepa. gov. cn/inte/gjgy/200312/t20031205_88289. htm. 2003-12-05 更新,2007-01-22 引用)。

3. 关于生物多样性保护的三项国际公约

三项国际公约相关信息如下: (1)《国际捕鲸管制公约》:1946 年 12 月 3 日签订,1948 年 11 月 10 日生效,1980 年 9 月 24 日中国外长致函该公约的保存国美国国务卿,通知我国决定加入国际捕鲸公约及国际捕鲸委员会,1980 年 10 月 20 日美国国务院复函,确认中华人民共和国从 1980 年 9 月 24 日起成为本公约当事国;(2)《濒危野生动植物国际贸易公约》:又称《华盛顿公约》,1973 年 3 月 3 日签订,1975 年 7 月 1 日生效,1981 年 1 月 8 日中国政府交存加入书,1981 年 4 月 8 日该公约对中国生效;(3)《生物多样性公约》:1992 年 6 月 5 日签订,1992 年 6 月 11 日中国签署,1992 年 11 月 7 日全国人大常委会批准,1993 年 1 月 5 日中国交存批准书,1993 年 12 月 29 日该公约对中国生效。

以上三项国际公约相关资料来源于国家环境保护总局(http://www. sepa. gov. cn)主页"国际环境公约",参见:(1)《国际捕鲸管制公约》,(http://www. sepa. gov. cn/inte/gjgy/200312/t20031225_87692. htm. 2003-12-25 更新,2007-01-22 引用);(2)《濒危野生动植物物种国际贸易公约》,(http://www. sepa. gov. cn/inte/gjgy/200312/t20031205_88290. htm. 2003-12-05 更新,2007-01-22 引用);(3)《生物多样性公约》,(http://www. sepa. gov. cn/inte/gjgy/200310/t20031017_86631. htm. 2003-10-17 更新,2007-01-22 引用)。

4. 关于危险废物国际公约的两项国际公约

两项国际公约相关信息如下：(1)《控制危险废物越境转移及其处置巴塞尔公约》：又称《巴塞尔公约》，1989 年 3 月 22 日签订，1992 年 5 月 5 日生效，1990 年 3 月 22 日中国签署，1991 年 12 月 17 日交存批准书，1992 年 8 月 20 日对中国生效；(2)《〈巴塞尔公约〉缔约方会议第三次会议通过的决定第 Ⅲ/1 号决定对〈巴塞尔公约〉的修正》：1995 年 9 月通过，1999 年 10 月 31 日全国人大常委会批准。

以上两项国际公约相关资料，来源于国家环境保护总局（http://www.sepa.gov.cn）主页"国际环境公约"和"北大法宝中文在线数据库"（http://vip.chinalawinfo.com），参见：(1)《控制危险废物越境转移及其处置巴塞尔公约》，（http://www.sepa.gov.cn/inte/gjgy/200312/t20031205_88359.htm. 2003-12-05 更新，2007-01-22 引用）；(2)《〈巴塞尔公约〉缔约方会议第三次会议通过的决定第 Ⅲ/1 号决定对〈巴塞尔公约〉的修正》，（http://vip.chinalawinfo.com/newlaw2002/slc/slc.asp? db = eag&gid = 100666764. 2007-01-22 引用）。

（六）第二章第二节"6. 与联合国三大毒品控制公约初步接轨"部分

三项国际公约相关信息为：(1)《1971 年精神药物公约》：简称《1971 年公约》，1971 年 2 月 21 日签订，1985 年 8 月 22 日中国交存加入书；(2)《经〈1972 年修正 1961 年麻醉品单一公约议定书〉修正的麻醉品单一公约》，简称《经修正的 1961 年公约》，1972 年 3 月 25 日签订，1985 年 8 月 22 日中国交存加入书，1985 年 9 月 21 日对中国生效；(3)《联合国禁止非法贩运麻醉品和精神药物公约》：1988 年 12 月 19 日签订，1988 年 12 月 20 日中国签署，1990 年 11 月 11 日对中国生效。

《经修正的 1961 年公约》和《1971 年公约》的资料来源于中国网法制法规大全（http://www.china.com.cn/law），参见：(1)《经〈修正 1961 年麻醉品单一公约的议定书〉修正的 1961 年麻醉品单一公约》,(http://www.china.com.cn/law/flfg/txt/2006-08/08/content_7057194.htm.2006-08-08 发布,2007-01-23 引用);(2)《1971 年精神药物公约》,(http://www.china.com.cn/law/flfg/txt/2006-08/08/content_7057003.htm.2006-08-08 发布,2007-01-23 引用)。

《联合国禁止非法贩运麻醉药品和精神药物公约》的资料来源于"北大法宝中文在线数据库"(http://vip.chinalawinfo.com),参见:《联合国禁止非法贩运麻醉药品和精神药物公约》,(http://vip.chinalawinfo.com/newlaw2002/slc/slc.asp?db=iel&gid=67109435.2007-01-23 引用)。

（七）第二章第二节 "7. 与国际打击跨国有组织犯罪、反腐败、反洗钱公约初步接轨" 部分

《联合国打击跨国有组织犯罪公约》:联合国大会于 2000 年 11 月 15 日通过,2003 年 9 月 29 日该公约生效,2000 年 12 月 12 日中国签署,2003 年 8 月 27 日全国人大常委会批准,2003 年 9 月 23 日中国交存批准书,2003 年 10 月 23 日对中国生效。参见:《中国政府与〈联合国打击跨国有组织犯罪公约〉》,(http://www.fmprc.gov.cn/chn/wjb/zzjg/tyfls/lcybt/t70791.htm.2006-10-25 发布,2007-01-23 引用)。该条约的约文,参见杨宇冠、杨晓春编:《联合国刑事司法准则》,中国人民公安大学出版社 2003 年版,第 68 ~ 102 页。

《联合国反腐败公约》(Anti-Corruption Convention):《联合国反腐败公约》特设委员会于 2003 年 10 月 1 日在维也纳举行的第七届会议确定并核准了《联合国反腐败公约》草案,2003 年 10 月 31 日第 58 届联合国大会全体会议审议通过了《联合国反腐败公约》,12 月 9 日至 11 日在墨西哥南部城市梅里达举行的联合国国际反腐败高级别政治会议上开放供各国签署,并在第 30 个签署国批准后第 90 天生效;2003 年 12 月 10 日,中国外交部副部长张业遂代表中国政府在《联合国反腐败公约》上签字,2005 年 10 月 27 日,十届全国人大常委会第十八次会议以全票通过决定,批准加入《联合国反腐败公约》。截至 2006 年,已有 140 个国家签署了这一

公约，该公约已得到包括中国在内的 80 个国家的批准；该公约于 2005 年 12 月 14 日正式生效。参见《联合国反腐败公约》，（http://news. xinhuanet. com/ziliao/2003-11/01/content-1154341. htm. 2007-01-23 引用）。该条约的约文，参见联合国文献中心：《联合国反腐败公约》，（http://www. unhchr. ch/html/menu3/b/MWCflyer-ch. doc. 2007-01-23 引用）。

《联合国打击跨国有组织犯罪公约关于打击非法制造、贩运枪支及其零部件和弹药的补充议定书》的约文，参见联合国文献中心：《联合国打击跨国有组织犯罪公约关于打击非法制造、贩运枪支及其零部件和弹药的补充议定书》，（http://www. un. org/chinese/documents/decl-con/docs/a55 _ 383add2. pdf. 2007-01-23 引用）。

（八）第二章第二节"8. 与国际人道主义法初步接轨"部分

日内瓦四公约及其两个议定书的名称、签订日期、中国参加情况的资料主要来源于中华人民共和国外交部网站，参见：《中国参加的人权类国际公约一览表》，（http: //www. fmprc. gov. cn/chn/wjb/zzjg/tyfls/wjzdtyflgz/zgygjrqf/t94508. htm. 2004-04-30 发布，2007-01-23 引用）。

日内瓦四公约及其两个议定书的约文，参见联合国文献中心：（1）《1949 年 8 月 12 日改善战地武装部队伤者病者境遇之日内瓦公约》，（http://www. un. org/chinese/documents/decl-con/geneva _ wounded. htm. 2007-01-23 引用）；（2）1949 年 8 月 12 日改善海上武装部队伤者病者及遇船难者境遇之日内瓦公约》，（http://www. un. org/chinese/documents/decl-con/geneva _ sea _ wounded. htm. 2007-01-23 引用）；（3）《1949 年 8 月 12 日关于战俘待遇之日内瓦公约》，（http://www. un. Org/chinese/documents/decl-con/geneva _ prisoners. htm. 2007-01-23 引用）；（4）《1949 年 8 月 12 日关于战时保护平民之日内瓦公约》，（http://www. un. org/chinese/documents/decl-con/geneva_civilians. htm. 2007-01-23 引用）；（5）《1949 年 8 月 12 日日内瓦四公约关于保护国际性武装冲突受难者的附加议定书

（第一议定书）》，（http：//www. un. org/chinese/documents/decl-con/
geneva_protocol_1. htm. 2007-01-23 引用）；（6）《1949 年 8 月 12 日日
内瓦四公约关于保护非国际性武装冲突受难者的附加议定书（第二
议定书）》，（http：//www. un. org/chinese/documents/decl-con/geneva
_protocol_2. htm. 2007-01-23 引用）。

（九）第三章第一节"人权事务的国际化"部分

《保护所有迁徙工人及其家庭成员权利公约》：联合国大会于
1990 年 12 月 8 日以第 45/158 号决议通过，按照第 1 段第 87 条的
规定于 2003 年 7 月 1 日正式生效。截至 2004 年 3 月 5 日，即保护
所有迁徙工人及其家庭成员权利委员会第一届会议闭幕之日，有
25 个缔约国加入了《保护所有迁徙工人及其家庭成员权利国际公
约》；截至 2004 年 3 月 5 日已签署、批准或加入《保护所有迁徙工
人及其家庭成员权利国际公约》的国家为：阿塞拜疆、孟加拉国、
伯利兹、玻利维亚、波斯尼亚和黑塞哥维那、布基纳法索、佛得
角、智利、哥伦比亚、科摩罗、厄瓜多尔、埃及、萨尔瓦多、加
纳、危地马拉、几内亚、几内亚比绍、吉尔吉斯斯坦、马里、墨西
哥、摩洛哥、菲律宾、圣多美和普林西比、塞内加尔、塞舌尔、塞
拉利昂、斯里兰卡、塔吉克斯坦、东帝汶、多哥、土耳其、乌干
达。本条约信息源于联合国人权事务高级专员主页，参见《保护
所有移徙工人及其家庭成员权利委员会的报告》，（http：//
daccessdds. un. org/doc/UNDOC/GEN/G04/425/85/PDF/G0442585.
pdf? OpenElement,2007-02-05 引用）。

该条约的约文，参见联合国文献中心：《保护所有迁徙工人及
其家庭成员权利公约》，（http：//www. un. org/chinese/documents/
decl-con/docs/2002_54. pdf. 2007-02-05 引用）。

（十）第三章第一节"刑法的区域化"部分

《欧洲社会宪章》、《欧洲人权公约》（经第 11 号及第 1、4、
6、7 号议定书修订）、《欧洲人权公约第一议定书》、《欧洲人权公
约第十二议定书》（英文版）、《欧洲保护少数民族框架公约》（英
文版）、《欧洲防止酷刑和不人道或有辱人格的待遇或处罚》，参见

国际人权法教程项目组编写:《国际人权法教程》(第 2 卷,文件集),中国政法大学出版社 2002 年版,第 132~181 页。该书原文中,"欧洲委员会"为"欧洲理事会",笔者引用时根据本书采纳的译法改为"欧洲委员会"。《欧洲人权公约》的基本情况,参见附录第九项。

《关于废除死刑的〈保护人权与基本自由的公约〉第六议定书》1983 年 4 月 28 日签订于斯特拉斯堡,约文参见邱兴隆主编:《比较刑法(第 1 卷·死刑专号)》,中国检察出版社 2001 年版,第 224~225 页。原文中"欧洲委员会"为"欧洲理事会",笔者引用时根据本书采纳的译法改为"欧洲委员会"。

E/2000/3 的文本,参见联合国文献中心:《死刑和关于保护死刑犯权利的保障措施的执行情况秘书长的报告》,(http://daccessdds. un. org/doc/UNDOC/GEN/V00/527/14/IMG/V0052714. pdf?. OpenElement. 2007-02-10 引用)。在 1973 年 5 月 16 日的第 1745(LIV)号决议中,经济及社会理事会请联合国秘书长自 1975 年开始,每隔 5 年向其提交关于死刑问题的定期最新分析报告。经社理事会在 1995 年 7 月 28 日第 1995/57 号决议中建议,秘书长的 5 年期报告还应继续讨论保护死刑犯权利的保障措施的执行情况。通过该项决议,经社理事会请秘书长利用现有一切资料来编写第六次 5 年期报告,包括目前的犯罪学研究。E/2000/3 是第六次 5 年期报告,审查了 1994—1998 年期间死刑的采用及趋势,包括保障措施执行的执行情况。

E/2005/3 的文本,参见联合国文献中心:《死刑和关于保护死刑犯权利的保障措施的执行情况秘书长的报告》,(http://daccessdds. un. org/doc/UNDOC/GEN/V05/819/19/PDF/V0581919. pdf? OpenElement,2007-02-10 引用。本报告(即第七次 5 年期报告)对 1999—2003 年期间包括保障措施执行情况在内的死刑使用情况及趋势进行了回顾。

参 考 文 献

[1] 韩非子·奸劫弑臣 [M].

[2] 周礼. 秋官司寇 [M].

[3] 辞海 [M]. 第1，第3，第4卷. 上海：上海辞书出版社，1999.

[4] 现代汉语词典（汉英双语）[M]. 2002 年增补本. 北京：外语教学与研究出版社，2002.

[5] 现代汉语词典 [M]. 第5版. 北京：商务印书馆，2005.

[6] 牛津高阶英汉双解词典 [M]. 第6版. 北京：商务印书馆、英国牛津：牛津大学出版社，2004.

[7] 北京大学法学院人权研究中心. 国际人权文件选编 [M]. 北京：北京大学出版社，2002.

[8] 加拿大刑事法典 [M]. 卞建林，译. 北京：中国政法大学出版社，1999.

[9] 苏俄刑法典 [M]. 1978 年修订版. 曹子丹，译. 北京：北京政法学院刑法教研室（印），1980.

[10] 储槐植. 刑事一体化与关系刑法论 [M]. 北京：北京大学出版社，1997.

[11] 陈兴良. 刑法的价值构造 [M]. 北京：中国人民大学出版社，1998.

[12] 陈兴良. 当代中国刑法新视界 [M]. 北京：中国政法大学出版社，1999.

[13] 陈兴良. 走向哲学的刑法学——陈兴良学术自选集

［M］. 北京：法律出版社，1999.

　　［14］程味秋，杨诚，杨宇冠. 联合国人权公约和刑事司法文献汇编［M］. 北京：中国法制出版社，2000.

　　［15］邓正来. 中国法学向何处去——建构"中国法律理想图景"时代的论纲［M］. 北京：商务印书馆，2006.

　　［16］邓翔. 经济趋同理论与中国地区经济差距的实证研究［M］. 成都：西南财经大学出版社，2003.

　　［17］樊期曾. 现代科技革命与未来社会——评两种社会制度"趋同论"［M］. 北京：中国人民大学出版社，1993.

　　［18］高铭暄，赵秉志. 刑法论丛［M］. 第 6 卷. 北京：法律出版社，2002.

　　［19］甘雨沛，何鹏. 外国刑法学［M］. 上册. 北京：北京大学出版社，1984.

　　［20］高鸿钧. 伊斯兰法：传统与现代化［M］. 修订版. 北京：清华大学出版社，2004.

　　［21］公丕祥. 法制现代化的理论逻辑［M］. 北京：中国政法大学出版社，1999.

　　［22］公丕祥. 中国的法制现代化［M］. 北京：中国政法大学出版社，2004.

　　［23］何秉松. 法人犯罪与刑事责任［M］. 北京：中国法制出版社，2000.

　　［24］何家弘. 刑事司法大趋势——以欧盟刑事司法一体化为视角［M］. 北京：中国检察出版社，2005.

　　［25］胡云腾. 存与废——死刑基本理论研究［M］. 北京：中国检察出版社，2000.

　　［26］意大利刑法典［M］. 黄风，译. 北京：中国政法大学出版社，1998.

　　［27］黄芳. 国际犯罪国内立法研究［M］. 北京：中国方正出版社，2001.

　　［28］华夏，赵立新，真田芳宪. 日本的法律继受与法律文化

变迁［M］. 北京：中国政法大学出版社，2005.

［29］金鉴. 监狱学总论［M］. 北京：法律出版社，1997.

［30］季文美. 英汉力学词汇［M］. 北京：科学出版社，1998.

［31］刘艳红. 罪名研究［M］. 北京：中国方正出版社，2000.

［32］刘绪贻，李世洞. 美国研究词典［M］. 北京：中国社会科学出版社，2002.

［33］梁治平. 法律的文化解释［M］. 增订本. 北京：生活·读书·新知三联书店，1998.

［34］梁治平. 法辨：中国法的过去现在与未来［M］. 北京：中国政法大学出版社，2002.

［35］李双元. 中国与国际私法统一化进程［M］. 武汉：武汉大学出版社，1993.

［36］李双元. 国际法与比较法论丛［M］. 第4辑. 北京：中国方正出版社，2003.

［37］李龙. 法理学［M］. 武汉：武汉大学出版社，1996.

［38］李海东. 刑法原理入门（犯罪论的基础）［M］. 北京：法律出版社，1998.

［39］德国刑事诉讼法典［M］. 李昌珂，译. 北京：中国政法大学出版社，1995.

［40］李瑜青. 上海大学法学评论——法律文化专题研究［M］. 上海：上海大学出版社，2004.

［41］刘小平、蔡宏伟. 分析与批判：学术传承的方式——评邓正来《中国法学向何处去》［M］. 北京：北京大学出版社，2006.

［42］梁慧星. 民商法论丛［M］. 第30卷. 北京：法律出版社，2004.

［43］法国新刑法典［M］. 罗结珍，译. 北京：中国法制出版社，2003.

［44］马克昌. 近代西方刑法学说史略［M］. 北京：中国检察出版社，1996.

［45］马克昌. 犯罪通论［M］. 武汉：武汉大学出版社，1999.

［46］马克昌. 刑罚通论［M］. 武汉：武汉大学出版社，1999.

［47］马克昌. 比较刑法原理——外国刑法学总论［M］. 武汉：武汉大学出版社，2002.

［48］莫洪宪. 有组织犯罪研究［M］. 武汉：湖北人民出版社，1998.

［49］莫洪宪，王明星，张勇. 重大刑事案件趋升原因及对策［M］. 北京：中国人民公安大学出版社，2005.

［50］苗有水. 保安处分与中国刑法发展［M］. 北京：中国方正出版社，2001.

［51］莫锦军. 网络与 ATM 技术［M］. 北京：人民邮电出版社，2003.

［52］倪正茂. 法哲学经纬［M］. 北京：上海社会科学院出版社，1996.

［53］吕世伦，文正邦. 法哲学论［M］. 北京：中国人民大学出版社，1999.

［54］钱钟书. 管锥编［M］. 第 1 册. 北京：中华书局，1979.

［55］瞿同祖. 中国法律与中国社会［M］. 北京：中华书局，2005.

［56］邱兴隆. 比较刑法［M］. 第 1 卷. 死刑专号. 北京：中国检察出版社，2001.

［57］强世功. 法制与治理——国家转型中的法律［M］. 北京：中国政法大学出版社，2003.

［58］任朗，廖成，王敏锡. 数学物理基础［M］. 西安：西安交通大学出版社，2002.

[59] 日本刑事诉讼法 [M]. 宋英辉, 译. 北京: 中国政法大学出版社, 1999.

[60] 苏彩霞. 中国刑法国际化研究 [M]. 北京: 北京大学出版社, 2006.

[61] 孙笑侠. 法的现象与观念 [M]. 济南: 山东人民出版社, 2001.

[62] 孙国华. 法学基础理论 [M]. 北京: 法律出版社, 1982.

[63] 孙国华. 马克思主义法理学研究——关于法的概念和本质的原理 [M]. 北京: 群众出版社, 1996.

[64] 田宏杰. 中国刑法现代化研究 [M]. 北京: 中国方正出版社, 2000.

[65] 薛瑞麟、侯国云. 刑法的修改与完善 [M]. 北京: 中国政法大学出版社, 1989.

[66] 辛向阳. "趋同论" 研究 [M]. 北京: 中国人民大学出版社, 1996.

[67] 王明星. 刑法谦抑精神研究 [M]. 北京: 中国人民公安大学出版社, 2005.

[68] 王云霞. 东方法律改革比较研究 [M]. 北京: 中国人民大学出版社, 2002.

[69] 王顺安. 刑事执行法学 [M]. 北京: 群众出版社, 2001.

[70] 王霁. 马克思主义与当代社会思潮——当代社会走向中的思潮论争 [M]. 北京: 中国人民大学出版社, 1994.

[71] 王勇飞, 王启富. 中国法理纵论 [M]. 北京: 中国政法大学出版社, 1996.

[72] 温树斌, 魏斌. 走向司法公正——民事诉讼模式研究 [M]. 广州: 广东人民出版社, 2001.

[73] 许发民. 刑法文化与刑法现代化研究 [M]. 北京: 中国方正出版社, 2001.

［74］德意志联邦共和国刑法典［M］. 许久生，译. 北京：中国政法大学出版社，1991.

［75］瑞士联邦刑法典. 2003修订本［M］. 许久生，庄敬华，译. 北京：中国方正出版社，2004.

［76］徐显明. 国际人权法［M］. 北京：法律出版社，2004.

［77］谢望原. 刑罚价值论［M］. 北京：中国检察出版社，1999.

［78］谢望原. 欧陆刑罚制度与刑罚价值原理［M］. 北京：中国检察出版社，2004.

［79］瑞典刑法典［M］. 陈琴，译. 谢望原，审校. 北京：北京大学出版社，2005.

［80］谢怀栻. 谢怀栻法学文选［M］. 北京：中国法制出版社，2002.

［81］薛波，潘汉典. 元照英美法词典［M］. 北京：法律出版社，2003.

［82］杨宇冠，杨晓春. 联合国刑事司法准则［M］. 北京：中国人民公安大学出版社，2003.

［83］于志刚. 危害国家安全罪［M］. 北京：中国人民公安大学出版社，2002.

［84］英汉·汉英化学化工词汇（汉英部分）［M］. 北京：化学工业出版社，1996.

［85］赵秉志. 刑罚总论问题探索［M］. 北京：法律出版社，2002.

［86］加拿大人权与民主发展国际中心，加拿大刑法改革与刑事政策国际中心. 批准与执行国际刑事法院罗马规约手册［M］. 赵秉志，王秀梅，译. 杨诚，审校. 北京：中信出版社，2002.

［87］赵秉志. 国际区际刑法问题探索［M］. 北京：法律出版社，2003.

［88］赵秉志，卢建平. 国际刑法评论［M］. 第1卷. 北京：中国人民公安大学出版社，2006.

［89］赵永琛. 区域刑法论：国际刑法地区化的系统研究［M］. 北京：法律出版社，2002.

［90］赵海峰，卢建平. 欧洲法通讯［M］. 第 2 辑. 北京：法律出版社，2001.

［91］赵震江，付子堂. 现代法理学［M］. 北京：北京大学出版社，1999.

［92］钊作俊. 死刑限制论［M］. 武汉：武汉大学出版社，2001.

［93］张明楷. 刑法的基础观念［M］. 北京：中国检察出版社，1995.

［94］张智辉. 国际刑法通论［M］. 增补本. 北京：中国政法大学出版社，1999.

［95］张中秋. 中西法律文化比较研究［M］. 南京：南京大学出版社，1999.

［96］杨福国. 汉英物理学词汇—逆引［M］. 武汉：华中理工大学出版社，1993.

［97］张缵绪，李忠祥. 英汉数理化词典［M］. 北京：中国标准出版社，1991.

［98］张昀. 生物进化［M］. 北京：北京大学出版社，1998.

［99］左卫民. 刑事程序问题研究［M］. 北京：中国政法大学出版社，1999.

［100］朱景文. 比较法社会学的框架和方法——法制化、本土化和全球化［M］. 北京：中国人民大学出版社，2001.

［101］卓泽渊. 法学导论［M］. 北京：法律出版社，1998.

［102］周光权. 法定刑研究——罪刑均衡的建构与实现［M］. 北京：中国方正出版社，2000.

［103］周娅. 短期自由刑研究［M］. 北京：法律出版社，2006.

［104］中国政法大学刑事法律研究中心，英国大使馆文化教育处. 中英量刑问题比较研究［M］. 北京：中国政法大学出版

社，2001.

[105] 中国法律年鉴 [M]. 1999，2000，2001，2002，2003年. 北京：中国法律年鉴出版社，1999，2000，2001，2002，2003.

[106] 曼弗雷德·诺瓦克. 民权公约评注：联合国《公民权利和政治权利国际公约》[M]. 上. 毕小青，孙世彦，主译. 夏勇，审校. 北京：生活·读书·新知三联书店，2003.

[107] 斯库拉列夫，列别捷夫. 俄罗斯联邦刑法典释义 [M]. 下册. 黄道秀，译. 北京：中国政法大学出版社，1999.

[108] K. 茨威格特，H. 克茨：比较法总论 [M]. 潘汉典，米健，高鸿钧，等，译. 北京：法律出版社，2003.

[109] 克劳斯·罗克辛. 德国刑法学总论 [M]. 第1卷. 王世洲，译. 北京：法律出版社，2005.

[110] 安德列·贡德·弗兰克. 白银资本——重视经济全球化中的东方 [M]. 刘北成，译. 北京：中央编译出版社，2000.

[111] 贝亚特·科勒-科赫，等. 欧洲一体化与欧盟治理 [M]. 顾俊礼，等，译. 北京：中国社会科学出版社，2004.

[112] 孟德斯鸠. 论法的精神 [M]. 上册. 张雁深，译. 北京：商务印书馆1963.

[113] 亨利·莱维·布律尔. 法律社会学 [M]. 许钧，译. 上海：上海人民出版社，1987.

[114] 勒内·达维德. 当代主要法律体系 [M]. 漆竹生，译. 上海：上海译文出版社，1984.

[115] 勒内·罗迪埃尔. 比较法概论 [M]. 陈春龙，译. 北京：法律出版社，1987.

[116] 卡斯东·斯特法尼，乔治·勒瓦索，贝尔纳·布洛克. 法国刑事诉讼法精义 [M]. 上册. 罗结珍，译. 北京：中国政法大学出版社，1998.

[117] 法布里斯·拉哈. 欧洲一体化史（1945—2004）[M]. 周弘，主编. 彭姝祎，陈志瑞，译. 北京：中国社会科学出版社，2005.

[118] 李在祥. 韩国刑法总论 [M]. 韩相敦, 译. 北京: 中国人民大学出版社, 2005.

[119] 乔治·P. 弗莱彻. 刑法的基本概念 [M]. 王世洲, 主译与校对. 北京: 中国政法大学出版社, 2004.

[120] 阿德尔曼. 神经科学百科全书 [M]. 《神经科学百科全书》翻译编辑委员会, 译. 上海: 上海科学技术出版社, 1992.

[121] C. E. 布莱克. 现代化的动力——一个比较史的研究 [M]. 景跃进, 张静, 译. 杭州: 浙江人民出版社, 1989.

[122] J. A. 希翁格. ATM 网络互联 Internet 与企业网 [M]. 黄锡伟, 译. 北京: 人民邮电出版社, 2000.

[123] Tom Sheldon. 网络与通信技术百科全书 [M]. 北京超品锐智技术有限责任公司, 译. 北京: 人民邮电出版社, 2004.

[124] 埃冈·纽伯格、威廉·达菲. 比较经济体制——从决策角度进行的比较 [M]. 荣敬本, 吴敬链, 等, 译. 北京: 商务印书馆 1984 年版。

[125] 丹尼尔·贝尔. 后工业社会的来临: 对社会预测的一项探索 [M]. 高铦, 王宏周, 魏章玲, 译. 北京: 商务印书馆, 1984.

[126] 克利福德·吉尔兹. 地方性知识——阐释人类学论文集 [M]. 王海龙, 张家宣, 译. 北京: 中央编译出版社, 2000.

[127] 霍贝尔. 原始人的法——法律的动态比较研究 [M]. 严存生, 等, 译. 北京: 法律出版社, 2006.

[128] 伊曼纽尔·沃勒斯坦. 现代世界体系. 第 1 卷: 16 世纪的资本主义农业与欧洲世界经济体的起源 [M]. 尤来寅, 等, 译. 罗荣渠, 审校. 北京: 高等教育出版社, 1998.

[129] 伊曼纽尔·沃勒斯坦. 现代世界体系. 第 2 卷: 重商主义与欧洲世界经济体的巩固 (1600—1750) [M]. 庞卓恒, 主译兼总审校. 北京: 高等教育出版社, 1998.

[130] 伊曼纽尔·沃勒斯坦. 现代世界体系. 第 3 卷: 资本主义世界经济大扩张的第二个时代 (18 世纪 30 年代—19 世纪 40

年代）［M］. 孙立田，等，译. 北京：高等教育出版社，2000.

［131］伊曼纽尔·沃勒斯坦. 所知世界的终结：二十一世纪的社会科学 ［M］. 冯炳昆，译. 北京：社会科学文献出版社，2003.

［132］约翰·托夫勒. 第四次浪潮 ［M］. 北京：华龄出版社，1996.

［133］穗积陈重. 法律进化论（法源论）［M］. 黄尊三，萨孟武，陶汇曾，等，译. 北京：中国政法大学出版社，1998.

［134］木村龟二. 刑法学词典 ［M］. 顾肖荣，等，译. 上海：上海翻译出版公司，1991.

［135］千叶正士. 法律多元——从日本法律文化迈向一般理论 ［M］. 强世功，等，译. 北京：中国政法大学出版社，1997.

［136］大木雅夫. 东西方的法观念比较 ［M］. 华夏，战宪斌，译. 北京：北京大学出版社，2004.

［137］筱田英朗. 重新审视主权——从古典理论到全球时代 ［M］. 戚渊，译. 北京：商务印书馆，2004.

［138］亚诺什·科尔内. 增长、短缺与效率：社会主义经济的一个宏观动态模型 ［M］. 崔之元，钱铭今，译. 成都：四川人民出版社，1986.

［139］菲利. 实证派犯罪学 ［M］. 郭建安，译. 北京：中国政法大学出版社，1987.

［140］贝卡利亚. 论犯罪与刑罚 ［M］. 黄风，译. 北京：中国大百科全书出版社，1993.

［141］梅因. 古代法 ［M］. 沈景一，译. 北京：商务印书馆，1959.

［142］哈特. 法律的概念 ［M］. 张文显，郑成良，杜景义，等，译. 北京：中国大百科全书出版社，1996.

［143］彼得·斯坦，约翰·香德. 西方社会的法律价值 ［M］. 王献平，译. 郑成思，校. 北京：中国法制出版社，2004.

［144］弗兰西斯·斯奈德. 欧洲联盟法概论 ［M］. 宋英，编

译. 北京：北京大学出版社，1996.

[145] 迈克·麦康维尔，岳礼玲. 英国刑事诉讼法（选编）[M]. 程味秋，陈瑞华，杨宇冠，等，译校. 北京：中国政法大学出版社，2001.

[146] 库马. 社会的剧变：从工业社会迈向后工业社会[M]. 蔡伸章，译. 台北：志文出版社，1984.

[147] 肯尼思·麦克利什. 人类思想的主要观点：形成世界的观念[M]. 上卷. 查常平，等，译. 北京：新华出版社，2004.

[148] 布洛克，斯塔列布拉斯. 枫丹娜现代思潮辞典[M]. 中国社会科学院文献情报中心，译. 北京：社会科学文献出版社，1988.

[149] 马尔科姆·沃纳. 工商管理大百科全书[M]. 第4卷. 清华大学经济管理学院，编译. 沈阳：辽宁教育出版社，1999.

[150] 诺埃尔·蒂姆斯，丽塔·蒂姆斯. 社会福利词典[M]. 岳西宽，等，译. 北京：科学技术出版社，1989.

[151] 皮尔斯. 现代经济学词典[M]. 宋承先，等，译. 上海：上海译文出版社，1988.

[152] P. H. 科林. 英汉双解法律词典[M]. 第2版. 陈庆柏，王景仙，译. 北京：世界图书出版公司，1998.

[153] 沃克. 牛津法律大辞典[M]. 李双元，等，译. 北京：法律出版社，2003.

[154] 包健. 刑事自诉案件视野下的和解制度[J]. 法学，2006，（4）.

[155] 柏立华，宋建强. 文化国与教育刑——法制文明的回顾与展望[J]. 北方论丛，2002，（6）.

[156] 储槐植. 再说刑事一体化[J]. 法学，2004，（3）.

[157] 陈兴良. 犯罪构成：法与理之间的紧张与对应关系[J]. 法商研究，2003，（3）.

[158] 陈兴良. 从政治刑法到市民刑法——二元社会建构中

的刑法修改 [J]. 刑事法评论, 1997, (1).

[159] 陈兴良, 梁根林, 等. 合理地组织对犯罪的反应 [J]. 金陵法律评论, 2001, 秋季卷.

[160] 陈卫东. 论刑事证据法的基本原则 [J]. 中外法学, 2004 (4).

[161] 陈卫东. 关于完善死刑复核程序的几点意见 [J]. 环球法律评论, 2006 (5).

[162] 陈金威. 论法律移植 [J]. 求实, 2002 (4).

[163] 陈亚平. 《中英续议通商行船条约》与清末修律辨析 [J]. 清史研究, 2004 (1).

[164] 陈雄飞, 张军. 非犯罪化思潮及其对我国刑事政策的意义 [J]. 广西政法管理干部学院学报, 2006, (2).

[165] 蔡道通. 后现代思潮与中国的刑事法治建设——兼与苏力先生对话 [J]. 刑事法评论, 2000 (7).

[166] 蔡道通. 论"放小"的刑事政策 [J]. 南京师大学报: 社会科学版, 2002 (1).

[167] 蔡道通. 刑事政策中的"放小": 借鉴与结论 [J]. 法学, 2002, (1).

[168] 邓小刚. 刑罚效益论 [D]. 武汉: 武汉大学法学院, 2006.

[169] 邓晓俊, 李健男. 国际私法的趋同化及其障碍——兼评《市场经济与当代国际私法趋同化问题研究》[J]. 中国法学, 1995, (1).

[170] 窦莹. 公司董事行为非犯罪化的刑法学研究 [J]. 江苏经贸职业技术学院学报, 2006, (3).

[171] 房清侠. 论实现刑法正义价值的基础 [J]. 政法论坛, 2000, (1).

[172] 冯玉军. 法律与全球化一般理论的述评 [J]. 中国法学, 2002 (4).

[173] 傅白水. 义乌当道 [J]. 南风窗, 2007, 1 (上半月).

[174] 高铭暄. 20 年来我国刑事立法的回顾与展望 [J]. 中国法学, 1998 (6).

[175] 高巍. 英美法三国行政诉讼制度的趋同及其启示 [J]. 黑龙江省政法管理干部学院学报, 2001 (1).

[176] 郭道晖. 论法与法律的区别——对法的本质的再认识 [J]. 法学研究, 1994 (6).

[177] 侯国云. 市场经济下罪刑法定与刑事类推的价值走向 [J]. 法学研究, 1995 (3).

[178] 胡陆生. 刑法国际化范畴研究 [C] 中国人民大学刑事法律科学研究中心. 现代刑事法治问题探索. 卷 1. 北京：法律出版社, 2003.

[179] 黄进. 中国法制的新发展：从单一法制到多元法制 [J]. 武汉大学学报：哲学社会科学版, 1999 (6).

[180] 黄文艺. 法律国际化与法律全球化辨析 [J]. 法学, 2002 (12).

[181] 黄京平, 陈鹏展. 无被害人犯罪非犯罪化研究 [J]. 江海学刊, 2006 (4).

[182] 何爱国. 亚洲的路灯？抑或欧洲的路灯？——试论弗兰克与沃勒斯坦关于世界体系的著名讼争 [C] 盛邦和, [日] 井上聪主. 新亚洲文明与现代化. 北京：学林出版社, 2003.

[183] 蒋熙辉. 权利发展与刑法改革 [J]. 法制与社会发展, 2005 (5).

[184] 蒋正华. 技术标准与国家经济安全 [J]. 中国行政管理, 2006 (7).

[185] 江宪法. 上海社区青少年工作与预防和减少犯罪工作体系建设 [J]. 犯罪研究, 2006 (1).

[186] 康均心. 刑法基本价值的形式 [J]. 法制与社会发展, 1997 (2).

[187] 李双元, 张茂, 杜剑. 中国法律趋同化问题之研究 [J]. 武汉大学学报：哲学社会科学版, 1994 (3).

[188] 李双元，于喜富．法律趋同化：成因、内涵及其在"公法"领域的表现 [J]．法治与社会发展，1997 (1)．

[189] 李双元，李新天．当代国际社会法律趋同化的哲学考察 [J]．武汉大学学报：哲学社会科学版，1998 (3)．

[190] 李双元，何绍军，熊育辉．从中国"入世"再谈法律的趋同问题 [J]．湖南师范大学社会科学学报，2002 (5)．

[191] 李双元、李赞．全球化进程中的法律发展理论评析——"法律全球化"与"法律趋同化"理论的比较 [J]．法商研究，2005 (5)．

[192] 李希慧，杜国强．我国现行刑事政策反思及完善——以维护社会稳定为切入点 [J]．法学论坛，2003 (4)．

[193] 李峰．对刑法正当性的诘问——罪刑法定含义解析 [J]．上海市政法管理干部学院学报，2001 (2)．

[194] 李霞．试论"轻轻重重"的刑事政策 [J]．山东公安专科学校学报，2004 (3)．

[195] 李先波，邓叶芬，张敏纯．论合同规则的趋同化 [J]．国际法与比较法论丛，2004 (12)．

[196] 李莉．我国死刑制度现状及思考 [J]．世纪桥，2006 (9)．

[197] 来君．安乐死非犯罪化之解析 [J]．青海社会科学，2006 (4)．

[198] 梁根林，何慧新．二十世纪的中国刑法学〈上〉[J]．中外法学，1999 (2)．

[199] 梁根林．非刑罚化——当代刑法改革的主题 [J]．现代法学，2000 (6)．

[200] 梁根林．"刀把子"、"大宪章"抑或"天平"？刑法价值的追问、批判与重塑 [J]．中外法学，2002 (3)．

[201] 刘艳红．开放的犯罪构成要件理论之提倡 [J]．环球法律评论，2003 (秋季号)．

[202] 刘仁文．死刑政策：全球视野及中国视角 [J]．比较

法研究，2004（4）.

[203] 刘涛. 新加坡刑法的渊源及特色 [J]. 中国刑事法杂志，2006（1）.

[204] 刘益灯，万先运. 法律趋同：法制现代化的必然选择——兼论法的国际化和本土化 [J]. 浙江社会科学，2000（3）.

[205] 刘学君，孟丽宏. 市场经济的犯罪化与非犯罪化研究 [J]. 鞍山师范学院学报，2004（3）.

[206] 刘士国. "法"与"法律"的区别与民法解释 [J]. 法制与社会发展，2004（6）.

[207] 卢建平. 死刑适用与"民意" [J]. 郑州大学学报（哲学社会科学版），2005（5）.

[208] 莫洪宪，张颖纬. 欧洲刑法发展的"特洛伊木马" [J]. 法学评论，2001（5）.

[209] 莫洪宪，王明星. 论职务犯罪的特点、原因及其刑事对策 [J]. 犯罪研究，2003（2）.

[210] 马进保，易志华. 我国现阶段的跨境犯罪及其防治对策 [J]. 河北法学，2001（2）.

[211] 黎宏. 我国犯罪构成体系不必重构 [J]. 法学研究，2006（1）.

[212] 倪正茂. 东亚法治趋同论 [J]. 社会科学，2003（5）.

[213] 黎四奇. 国际经济一体化视野中的法律规则趋同化现象反思 [J]. 时代法学，2006（1）.

[214] 逄锦温. 刑法机能的历史考察 [J]. 福建政法管理干部学院学报，2004（3）.

[215] 逄锦温. 刑法机能研究 [D]. 武汉：武汉大学法学院，2002.

[216] 彭勃. "无被害人犯罪"研究——以刑法谦抑性为视角 [J]. 法商研究，2006（1）.

[217] 屈学武. 保安处分与中国刑法改革 [J]. 法学研究，1996（5）.

［218］任晓霞. 欧洲两大法律体系比较——浅谈欧洲理事会法和欧洲联盟法的联系与区别［J］. 欧洲法通讯，2000（1）.

［219］苏彩霞. 中国刑法国际化论纲［J］. 中外法学，2003（2）.

［220］孙力，刘中发. "轻轻重重"刑事政策与我国刑事检察工作［J］. 中国司法，2004（4）.

［221］汪习根，廖奕. 论法治社会的法律统一［J］. 法制与社会发展，2004（5）.

［222］汪劲. 论全球环境立法的趋同化［J］. 中外法学，1998（2）.

［223］汪建成，杨微波. 论犯罪问题非犯罪化处理的程序机制［J］. 山东警察学院学报，2006（3）.

［224］王利明. "饭碗法学"应当休矣［J］. 法学家茶座，2003（4）.

［225］王平. 卷首语：第三只眼睛看刑事司法［J］. 恢复性司法论坛，2006.

［226］王泰升. 台湾法的近代性与日本殖民统治［J］. 月旦法学，2003（1）.

［227］王翠华. "两法合并"立法趋势探析［J］. 地方财政研究，2006（4）.

［228］王志亮. 刑事法律体系的立法论透析［J］. 烟台大学学报：哲学社会科学版，2002（2）.

［229］王劭荣. 浅析刑法现代化的内涵［J］. 前沿，2003（6）.

［230］王平，朱泽培. 刑法契约观［J］. 延安大学学报（社会科学版），2003（4）.

［231］王强军. 非犯罪化在中国［J］. 河南公安高等专科学校学报，2006（1）.

［232］温晓莉. 论现代"追赶型"法治——东亚与南亚现代法治的特殊性［J］. 现代法学，1999（6）.

[233] 文海林. 三分刑法史 [J]. 刑事法评论, 2002 (11).

[234] 吴玉章. 对法律移植问题的初步思考 [J]. 比较法研究, 1991 (2).

[235] 吴建璠. "一国两制" 与香港基本法 [N]. 人民日报, 1997-05-23 (3).

[236] 韦先觉. 法律趋同的人性基础分析 [J]. 河池师专学报: 社会科学版, 2001 (3).

[237] 徐刚. 论法治理念的分立与趋同 [J]. 广西大学学报: 哲学社会科学版, 2002 (1).

[238] 严励. "严打" 刑事政策的理性审读 [J]. 上海大学学报: 社会科学版, 2004 (4).

[239] 游伟, 谢锡美. 整体趋轻, "两极走向"——调整我国重刑化刑罚结构的政策的思路 [J]. 金陵法律评论, 2001 (秋季卷).

[240] 游伟. 重刑化的弊端与我国刑罚模式的选择 [J]. 华东政法学院学报, 2003 (2).

[241] 尤广辉, 时延安. 法律全球化中的刑法现代化——刑法现代化的一个问题 [J]. 山东公安专科学校学报, 2003 (1).

[242] 姚建龙. 论刑法的民法化 [J]. 华东政法学院学报, 2001 (4).

[243] 姚建龙. 对我国目前创设少年法院的几点思考: 从少年法庭到少年法院 [J]. 中国青年研究, 2001 (6).

[244] 姚辉. 法典化的趋同与鸿沟 [J]. 法学杂志, 2004 (2).

[245] 杨惠. 近代中国刑法现代化之初始 [J]. 天津市政法管理干部学院学报, 2001 (2).

[246] 杨金志, 刘丹. 迎击境外黑社会跨境犯罪 [J]. 瞭望新闻周刊, 2006 (36).

[247] 袁彬. 我国刑法现代化及其反思 [J]. 黑龙江省政法管理干部学院学报, 2004 (2).

[248] 叶新火. 判决书公布少数法官不同意见之探讨 [J]. 学海，2003（3）.

[249] 赵秉志. 中国逐步废止死刑论纲 [C] 陈泽宪. 死刑——中外关注的焦点. 北京：中国人民公安大学出版社，2005.

[250] 赵海峰. 简论欧盟对其财政利益的保护与刑事规定之《法典》草案 [J]. 刑法论丛，2002（6）.

[251] 赵宁，黄夏敏. 对我国现行犯罪构成的一点思考 [J]. 集美大学学报：哲学社会科学版，2004（1）.

[252] 张明楷. 日本刑法的发展及其启示 [J]. 当代法学，2006（1）.

[253] 张小虎. 论刑法的价值核心在于公正 [J]. 河南省政法管理干部学院学报，1999（6）.

[254] 张智辉. 刑罚执行监督断想 [J]. 人民检察，2006（4）.

[255] 张爱艳. 非犯罪化与安乐死——以违法性阻却事由和期待可能性理论为视角 [J]. 政法论丛，2005（2）.

[256] 张凤山. "金门协议"：两岸签订的第一个协议 [J]. 两岸关系，2002（2）.

[257] 周光权. 犯罪构成理论与价值评价的关系 [J]. 环球法律评论，2003（秋季号）.

[258] 周永坤. 全球化与法学思维方式的革命 [J]. 法学，1999（11）.

[259] 周永坤. 世界法与法的世界化 [J]. 东吴法学，1996年卷.

[260] 周仲飞. 效益：市场经济刑罚的价值目标 [J]. 江海学刊，1994（2）.

[261] 周步青. 浙江省法院适用社区矫正刑罚的现状、制约因素及对策 [J]. 中国司法，2006（3）.

[262] 宗建文. 论犯罪构成的结构与功能 [J]. 环球法律评论，2003（秋季号）.

［263］汉斯·海因里希·耶施克. 世界性刑法改革运动概要 ［J］. 何天贵，译. 潘汉典，校. 法学译丛，1988（3）.

［264］米海依尔·戴尔玛斯—玛蒂. 迈向欧洲共同刑法 ［J］. 张莉，译. 刑法论丛，1999（3）.

［265］米海依尔·戴尔玛斯—马蒂. 欧洲司法区域 世界化的实验室 ［J］. 赵海峰，译. 欧洲法通讯，2000（1）.

［266］米海依尔·戴尔马斯—马蒂. 论保护欧盟财政利益之刑事规定的《法典》的必要性、合法性和可行性 ［J］. 赵海峰，译. 刑法论丛，2002（6）.

［267］阿里夫·德里克. 全球化政治经济学 ［J］. 王宁，编译. 马克思主义与现实，1998（6）.

［268］戴维·杜鲁贝克. 论当代美国的法律与发展运动 ［J］. 王力威，译. 潘汉典，校. 比较法研究，1990（2）.

［269］西原春夫. 日本刑法的变革与特点 ［C］西原春夫. 日本刑事法的形成与特色：日本法学家论日本刑事法. 中国：法律出版社，日本：成文堂，1997.

［270］西原春夫. 日本刑法与中国刑法的本质差别 ［J］. 刑法评论，2005（7）.

［271］让—菲利普·拉瓦耶.《日内瓦公约》带来的喜讯与希望 ［N］. 人民日报，2006-09-04（3）.

［272］胡塞—路易斯·德拉奎斯塔. 欧洲刑事政策：区域范围内刑法国际化的样板 ［J］. 卢建平，译. 刑法评论，2005（7）.

［273］H. L. A. Hart. The Concept of Law ［M］. 影印本. 北京：中国社会科学出版社，1999.

［274］加纳. A Dictionary of Modern Legal Usage（牛津现代法律用语词典）［M］. 第 2 版. 影印本. 北京：法律出版社，2003.

［275］Black's Law Dictionary ［M］. 8 th ed. West：A Thomson Business，2004.

［276］Rolando V. del Carmen. Criminal Procedure Law and Practice ［M］. 6th ed. Belmont，CA：Wadsworth ／ Thomson

Learning, 2004.

[277] Rudolf B. Schlesinger, Hans W. Baade, Peter E. Herzog and Edward M. Wise eds. , Comparative Law: Cases-Text-Materials [M]. 6th ed. New York: Foundation Press, 1998.

[278] James J. Friedberg. The Convergence of Law in an Era of Political Integration: the Wood Pulp Case and the Alcoa Effects Doctrine [J]. U. Pitt. L. Rev. , 52.

[279] Martin Wasmeier, Nadine Thwaites. The "Battle of the Pillars": Does the European Community have the Power to Approximate National Criminal Laws? [J]. E. L. Rev. , 2004 (29).

[280] ゲーァハルト・ヴエルレ. 国际刑法と国内刑事司法 [J]、フイリップ・オステン，訳. 刑法雜誌, 2005, 44 (2).

[281] André Klip. Harmonisierung des strafrechts—eine fixe Idee? [J]. NStZ, 2000, Heft (12).

[282] Helmut Satzger. Auf dem Weg zu einem Europäischen Strafrecht—Kritische Anmerkungen zu dem Kommissionsvorschlag für eine Richtlinie über den strafrechtlichen Schutz der finanziellen Interessen der Gemeinschaft [J]. ZRP , 2001, Heft (12).

[283] Peter Schwarzburg, Kai Hamdorf. Brauchen wir ein EU-Finanz-Strafgesetzbuch? —Materiell-rechtliche Folgerungen aus dem Vorschlag der EU-Kommission zur Schaffung einer Europä ischen Staatsanwaltschaft [J] . NStZ, 2002 , Heft (12).

[284] Thorsten Fülber. Symposium—Professorin Dr. Ellen Schlüchter [J]. ZRP, 2002, Heft (4).

后　记

　　本书是在我同名博士学位论文基础上修改而成的。完成博士论文，我最大的情怀是感恩，最想说的话是感谢。衷心感谢十年来在学习和生活之路上一直指导我的莫洪宪教授。莫老师治学严谨，平易近人，体贴学生，这是我们法学院学生公认的。本科时莫老师就给我们97级讲授刑法学、犯罪学。莫老师的学者风范深深吸引了我，我总是爱坐在第一排聆听她的讲授，她一年的授课带我步入刑法学的殿堂，也坚定了我报考刑法学研究生的决心。考研需要的是恒心，莫老师的鼓励使我在考研的道路上一直没有动摇。2001年有幸成为莫老师的弟子之后，在刑法学的知识海洋中，我还如同一个蹒跚学步的孩子。正是莫老师在发表论文、参加学术会议、参与科研项目等方面给我的全方位指导，才使得我在刑法学的研究道路上一步一步走到今天。博士论文的选题确定后，我担心写不完，写不好，老师总是鼓励我；资料的收集和翻译有困难，老师也帮着张罗；论文进度不快，老师也不责怪我；论文写作过程中的大纲调整和观点分析，无论是找她面谈还是发信给她，莫老师无论多忙也很快予以接待或者回复。论文写完了，要给莫老师过目了，我很高兴，也有些不安。高兴的是终于写完了；不安的是不知道莫老师满不满意，我怕自己是个"没有学问无颜见爹娘"的"读书郎"。恩师教我十载，我很希望这篇论文能让她有一点点满意。莫老师教导我，并非指望我回报什么，她只是希望我在学业上精进，在生活上幸福。我所能做的，也只能是呈上学业的一点点成果。在武大十载，除了家人之外，恩师已经成为我生命中最重要的人；而若论对我的影响力而言，恩师是排在第一位的。恩师的学术品格和人格魅

360

力使她既是我的良师，也是我的益友，无论是学习上的困惑还是生活中的琐事，我都愿意也能够在恩师面前畅所欲言，与恩师分享我的喜怒哀乐。同时，也衷心感谢恩师的先生徐水生教授。到莫老师家中拜望时，总不免打扰徐老师的研究；经常打电话到莫老师家中，多半也是烦劳徐老师接电话。徐老师学术研究认真，对小事也极为细心。记得有一次莫老师晚上出门没有带手机，我打电话到家中，徐老师让我晚点回电话，后来又亲自出门将手机送给莫老师，请莫老师赶紧给我回电话。接到莫老师给我回电话的时候，我的心中非常感动。莫老师与徐老师对学生的种种关怀，每每思之一种温馨的情感油然而生。师恩难报，无论何时何地，我也只有努力学习和工作，才能不负师恩。

衷心感谢武大刑法教研室全体老师对学生的指导和关怀。衷心感谢马先生对学生的关心和爱护，从马先生的授课、学术讲座、学术著述中学生吸取了诸多学术营养；从马先生的言传身教中我体会到先生一直教导我们的"做学问先做人"这句话应该如何践行；从马先生一直笔耕不辍的身影中，学生感受到什么叫做"活到老、学到老"；从马先生对新事物和新观点的欣然接受，学生感受到什么是学术大师的宽广胸襟和进取精神；从马先生在吃饭饮酒时的豪爽和幽默风趣中，学生也感受到学者的生活并不刻板。同时，衷心感谢喻伟、赵廷光、林亚刚、康均心、许发民、皮勇、陈家林、何荣功、田蒿和曾经执教于武大的李希慧、刘明祥诸位老师。他们的学术风范和高尚品格都使我在学术研究和为人处事方面受益匪浅。特别感谢林老师及夫人姚菲菲女士、康老师及夫人张晶女士在学习和生活上给我的无私帮助。特别怀念林老师、皮老师领导我们一起在刑法羽毛球协会打球的日子。"润物细无声"，正是马先生带领的武汉大学刑事法研究中心这个一流学术团队营造的良好学术氛围，才能使学生从诸位老师的言传身教中不断汲取学术营养，不断获得前进的动力。博士毕业以后能够成为这个团队的一员是我终身的荣耀，我会继续努力工作学习以回报各位老师对学生的关怀。

衷心感谢武大法学院马家军尤其是 04 级各位兄弟姐妹对我的

莫大帮助。特别感谢黄丽勤和周铭川，赵志华及先生毛典辉、刘斌、余磊、王娜、程皓、王昭振、易建国、胡嘉金对我学业的帮助和生活的关怀。衷心感谢黄明儒、黄开诚、童德华、逄锦温及夫人杨林、李朝晖、王安异、安翱、张勇、黄嵩、赵军、陈晓华、赵慧、杨彩霞、廖梅、王雨田、熊永明、童伟华、于改之、董邦俊、邓小刚、王燕飞、李成、王树茂、张芳英、张亚军、张阳、雷山漫、谢雄伟、张忠国、刘爱军、高巍等各位师兄师姐对我的帮助。特别感谢王明星师兄及夫人申宏、周娅师姐及先生杨锋、胡隽师姐及先生张建伟、李娜师姐及先生余翔对我学习的指导和生活的关心。同时，特别感谢老大王昭武在日本攻读博士学位期间帮助我收集博士论文的资料；特别感谢黄旭巍师兄帮助我从上海将老大复印的日文资料带回武汉。衷心感谢黎晓方和先生彭国军、王浩与何云、李磊和夫人付璐、周恒阳、高锋志、胡春莉、陈璇、刘斯凡、李小涛等各位同学对我的无私帮助。

衷心感谢中南财经政法大学法学院的苏彩霞老师、暨南大学法学院胡陆生老师、德国弗来堡马普外国及国际刑法研究所所长Ulrich Sieber 教授、国际民航组织官员黄解放先生对本书写作思路的指教。特别感谢 Ulrich Sieber 教授，本书的选题得益于 Ulrich Sieber 教授 2005 年 6 月在武汉大学所作的"全球化、刑法的趋同与比较刑法观点"之讲演的启发，论文选题确定后我曾发电子邮件向教授求教，后来收到了教授的一封挂号信，对我的写作颇有启发。衷心感谢在马普所攻读博士学位的熊琦同学帮助收集德文资料并帮助我向 Ulrich Sieber 教授询问相关问题，感谢武大法学院的彭琪芳同学帮忙翻译德文资料；衷心感谢英中协会副主任江冰女士帮忙到伦敦的书店查阅英文图书；衷心感谢广西大学法学院张鸿巍教授对我的指导和帮助。

衷心感谢我的家人。感谢生我养我的父母，他们从不吝惜对孩子的教育投资，总是鼓励我们努力学习文化知识，却从不苛求我们要通过读书博取什么功名。"树欲静而风不止，子欲养而亲不在"是为人子女最大的遗憾。父母养育我并不求回报，我所能做到就是抽空常回家看看，陪陪二老。衷心感谢表姐姜玲一家对我学习和生活的帮助。感谢先生聂南在攻读博士学位的繁重学业压力之余对我学业的帮助和生活的悉心照顾，感谢他在博士论文写作期间和修改本书稿件期间对我的鼓励，感谢他对我急躁性格一如既往的包容；他帮助制作了本书第三章的形成基础解析图，也为本书的完成提供了技术支持。

同时，对武汉大学出版社郭园园等各位老师深表谢意！他们严谨的工作态度修正了本书的若干不足，他们卓有成效的工作使本书最终得以问世。

修改本书初稿时，正值汶川大地震期间。改稿时总是心有旁骛，时常在电脑上看震区的实时视频、图片和文字新闻，每次都看得泪流满面，欲罢不能。虽然此前我一向宣称自己的幸福生活公式＝健康＋平安＋快乐，不过各种压力还是时常引发我的急躁情绪。但盯着电脑屏幕，看着网页上死亡人数不断刷新，心中只余下痛彻心肺的感觉。人生无常，健康地活着很奢侈。今后，无论身处何种境况，面对任何困难，都应该努力以平常心处之，为社会做些实在的贡献。是为记，以自勉。

叶小琴

二〇〇八年五月于武大枫园

武汉大学
刑法学
博士文库

书目

图书在版编目(CIP)数据

论刑法的趋同:以当代中国刑法为视点/叶小琴著 . —武汉:武汉
大学出版社,2009.6
武汉大学刑法学博士文库
ISBN 978-7-307-06668-7

Ⅰ.论… Ⅱ.叶… Ⅲ.刑法—研究—中国 Ⅳ.D924.04

中国版本图书馆 CIP 数据核字(2008)第 175994 号

责任编辑:郭园园 责任校对:黄添生 版式设计:马 佳

出版发行:**武汉大学出版社** (430072 武昌 珞珈山)
(电子邮件:cbs22@whu.edu.cn 网址:www.wdp.com.cn)
印刷:湖北省荆州市今印印务有限公司
开本:880×1230 1/32 印张:11.625 字数:320 千字 插页:2
版次:2009 年 6 月第 1 版 2009 年 6 月第 1 次印刷
ISBN 978-7-307-06668-7/D·856 定价:20.00 元